Manual de
CRIMINOLOGIA

Christiano Gonzaga

Manual de
CRIMINOLOGIA

6ª edição
2025

- O autor deste livro e a editora empenharam seus melhores esforços para assegurar que as informações e os procedimentos apresentados no texto estejam em acordo com os padrões aceitos à época da publicação, e todos os dados foram atualizados pelo autor até a data da entrega dos originais à editora. Entretanto, tendo em conta a evolução das ciências, as atualizações legislativas, as mudanças regulamentares governamentais e o constante fluxo de novas informações sobre os temas que constam do livro, recomendamos enfaticamente que os leitores consultem sempre outras fontes fidedignas, de modo a se certificarem de que as informações contidas no texto estão corretas e de que não houve alterações nas recomendações ou na legislação regulamentadora.

- Data do fechamento do livro: 10/12/2024

- O autor e a editora se empenharam para citar adequadamente e dar o devido crédito a todos os detentores de direitos autorais de qualquer material utilizado neste livro, dispondo-se a possíveis acertos posteriores caso, inadvertida e involuntariamente, a identificação de algum deles tenha sido omitida.

- Direitos exclusivos para a língua portuguesa
  Copyright ©2025 by
  Saraiva Jur, um selo da SRV Editora Ltda.
  Uma editora integrante do GEN | Grupo Editorial Nacional
  Travessa do Ouvidor, 11
  Rio de Janeiro – RJ – 20040-040

- **Atendimento ao cliente: https://www.editoradodireito.com.br/contato**

- Reservados todos os direitos. É proibida a duplicação ou reprodução deste volume, no todo ou em parte, em quaisquer formas ou por quaisquer meios (eletrônico, mecânico, gravação, fotocópia, distribuição pela Internet ou outros), sem permissão, por escrito, da **SRV Editora Ltda**.

- Capa: Tiago Fabiano Dela Rosa
  Diagramação: Desígnios Editoriais

- **DADOS INTERNACIONAIS DE CATALOGAÇÃO NA PUBLICAÇÃO (CIP)**
  VAGNER RODOLFO DA SILVA - CRB-8/9410

G643m Gonzaga, Christiano
Manual de criminologia / Christiano Gonzaga. – 6. ed. - São Paulo : Saraiva Jur, 2025.

392 p.
ISBN 978-85-5362-542-0 (Impresso)

1. Criminologia. I. Título.

	CDD 364
2024-4403	CDU 343.9

Índices para catálogo sistemático:
1. Criminologia   364
2. Criminologia   343.9

DEDICATÓRIA

Para a minha esposa, Isabella, que soube me cativar com a química perfeita do amor, sendo a fé e o propósito nossos guardiões, tudo em prol do relacionamento e da família cultivados na Palavra.

Para Helena, minha filha, que um dia tenho certeza que irá conceder o devido valor real aos livros e à Educação.

À minha mãe, Vera, que me criou com muita garra para enfrentar um mundo duro, mas também me ensinou que, se soubermos escolher os lápis de cor corretos, conseguiremos desenhar um cenário colorido com nossa criatividade.

Ao meu pai, Wilson, que dentro de sua sabedoria na vivência da vida soube me mostrar como percorrer certos caminhos da vida com determinação e sem deixar os obstáculos naturais desanimarem, pois eles são passageiros.

Para as alunas e alunos que sempre digo que devemos, hoje, abrir mão de pequenos prazeres para, no futuro próximo, usufruirmos de grandes prazeres.

Meu muito obrigado e vamos com fé descortinando e desenhando horizontes inéditos na jornada da vida.

NOTA DO AUTOR À 6ª EDIÇÃO

Na presente edição, foram acrescentadas temáticas modernas de estudo da Criminologia, tais como a **"Síndrome da Rainha Vermelha"**, muito utilizada para explicar a situação precária de sucateamento pela qual passa a Polícia, de um modo geral, no Brasil. Tal temática tem sintonia fina com os estudos das prevenções da criminalidade.

Também se estudou a teoria da **"Necropolítica"**, de Achille Mbembe, na qual se situa a importância de conhecer as instâncias de poder responsáveis por implementar uma política de morte aceitável contra as populações mais desfavorecidas.

Além disso, por estar bem atual a temática da **"Criminalidade Organizada"**, foi ampliado o capítulo que trata da matéria, de forma a explicitar cada vez mais essa modalidade perigosa de crime que destrói culturalmente toda uma sociedade pautada pelo Estado Democrático de Direito.

Nessa mesma linha de ampliar a obra, acrescentou-se no capítulo dos **"Aspectos Criminológicos das Drogas"** uma análise acerca do crime de tráfico de drogas praticado pelo público feminino, analisando-se as estruturas de poder voltadas para a reprodução do ambiente servil de cunho doméstico, bem como a invisibilidade da mulher nos presídios brasileiros, o que gera uma discriminação ainda maior, pois as políticas públicas de prevenção primária não são voltadas para esse tipo de situação, devendo ser aumentado o enfoque na **Criminologia feminista**.

No capítulo voltado para a **psicopatia**, foram tecidas considerações acerca da classificação dos psicopatas, havendo dez tipos importantes que merecem um destaque especial.

Na presente edição, houve uma das mais importantes inserções doutrinárias. Trata-se de comentários do autor em razão de alteração legal bem relevante e que merece destaque na Criminologia, qual seja, a Lei n. 14.811/2024, que inseriu os tipos penais de *bullying* e *cyberbullying* no ordenamento jurídico brasileiro.

Em razão disso, foi modificada toda a estrutura doutrinária acerca da tipificação penal para os fatos envolvendo tais práticas intimidatórias feitas nos mais variados campos sociais e, modernamente, nas redes sociais e internet de um modo geral.

Dentro da temática do *bullying*, foi acrescido o **linchamento virtual** (visto sob a perspectiva do *cyberbullying*), que hoje tem sido muito comum nas redes sociais e necessita de uma análise num enfoque nas searas da Criminologia, do Direito Constitucional e do Direito Penal.

Também foi dissertado, na mesma temática do *bullying* e dos controles sociais, sobre os **crimes de ódio**, muito comum num ambiente de polarização por causa das escolhas políticas, mas que merecem uma análise mais percuciente por causa das implicações sociológicas e criminais.

Tendo em vista a inclusão de novo tipo penal mais grave, foi acrescido comentário acerca do art. 121-A do Código Penal, que prevê a pena mais elevada do ordenamento jurídico, para o crime de feminicídio, isso tudo em razão da sistemática da Criminologia Feminista.

Além disso, foi comentado importante julgado do Supremo Tribunal Federal sobre a descriminalização do uso de maconha, exclusivamente, nos termos do RE 635.659/STF, em que se decidiu que o porte de 40 gramas ou seis plantas-fêmeas da citada substância não constitui crime. Todavia, algumas considerações específicas acerca desse julgado foram feitas em capítulo próprio.

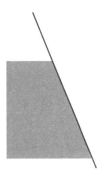

PREFÁCIO
A Criminologia e a função social do amanhã

Para o exercício da análise criminológica é imprescindível a cognoscibilidade quanto à formação, desenvolvimento e consolidação de determinada sociedade. A exemplo dos demais ramos jurídicos, a Criminologia serve-se da interdisciplinaridade como interface ética na dialogicidade com ciências distintas (Edgar Morin. *' com consciência*. Rio de Janeiro: Bertrand Brasil).

Ganham destaque nessa coordenação integrativa não apenas as ciências de conduta, mas acendradamente as ciências sociais.

É bem por isso que a Criminologia caracteriza-se por fundamentos estratégicos (*racionalidade teleológica*) que permitem operar o fato delituoso de maneiras diversas, a considerar: o pragmatismo propositivo (compreensão da realidade social para assumi-la, transformá-la, melhorá-la); o conhecimento aberto (através de vários objetos cuidadosamente observados: a decisão do infrator, os marcos históricos e reais, os fatores espaciais, temporais, as questões individuais); a prevenção e reparação (não bastando a plêiade normativa, são necessárias projeções dissuasórias para evitar novos delitos e formas solidárias de retribuição).

Neste aspecto considera-se necessário: i) reconhecer o delito como problema da sociedade; ii) não se descurar da humanidade inerente ao delinquente; iii) preocupar-se *ex ante* com as potenciais vítimas dos delitos (Antonio García-Pablos de Molina. *O que é Criminologia?* São Paulo: Revista dos Tribunais).

Enquanto o Direito Penal conceitua ontologicamente crime e contravenção de forma abstrata e geral pelos elementos essenciais (Lourival Vilanova. *Estruturas lógicas e o sistema de direito positivo*. São Paulo: Noeses), num constante rigorismo dogmático intransponível, a Criminologia desfazendo-se de 'verdades últimas' percebe nas entranhas da sociedade a ambiência efetiva da produção delitiva (Amilton Bueno de Carvalho. *Direito Penal a marteladas: algo sobre Nietzsche e o Direito*. Rio de Janeiro: Lumen Juris).

Christiano Gonzaga

Daí refletir que, mesmo sendo o Estado detentor do monopólio da força, os *deveres de solidariedade* que colmatam a legalidade constitucional impõem a toda comunidade responsabilidades na mitigação das incidências delitivas.

Mas outro ponto de partida da Criminologia é a pessoa do delinquente! Eis aquele que sendo o centro de imputação do *jus puniendi* em virtude do ilícito penal – *mala prohibita* do direito autônomo (Hans Kelsen. *Teoria pura do direito*. São Paulo: Martins Fontes) – merece, na contemporaneidade, o adequado respeito pela dignidade inerente, porque sobre ele paira base trípode intransponível: direitos humanos, direitos fundamentais e direitos da personalidade.

Ainda, a inserção de estudos sobre as vítimas é relevantíssima no ponto da prevenção e da precaução contra os delitos. Isso equivale dizer que o crime, fruto da sociedade, não escolhe apenas o delinquente, mas igualmente seleciona a vítima em virtude das inúmeras circunstâncias pessoais, do pertencimento a grupos, da localização em centros geográficos. Em suma: a promoção da vítima deve ser construída à luz de uma sociedade livre, justa e solidária, assim como na assunção de riscos diferenciados que potencializam a proximidade de agressão ao bem *constitucionalmente* (não só penalmente) protegido.

Aos passos da Criminologia nesta quadra atual, *por nosso aviso*, também cabe perscrutar quatro elementos sociais presentes e não muito bem explorados na dogmática nacional.

Em primeiro lugar, o reconhecimento da *sociedade em rede*. Rede de criminosos, rede de vítimas, rede de segurança, rede de informação, rede de instituições. O plúrimo tomou conta dos aprestos comunitários e abandonar essa constatação é desperdiçar ferramentas importantes de investigação e proteção.

Em segundo lugar, adaptar-se à *sociedade ciber*. A hiperconectividade existente nos meandros sociais, se teve o êxito de reduzir custos, também produziu diversos malefícios: superexposição, egoísmo, clivagem política, intolerância, enfim, construiu mera '*utopia da democracia eletrônica*' (Arthur Kroker e Michael Weinstein. *Data trash*: The theory of the virtual class. Montreal: New World Perspectives).

Em terceiro lugar, preocupar-se com a *sociedade sustentável*. Os horizontes dos sistemas (especialmente o jurídico) devem compreender argumentos consequencialistas para preservação das futuras gerações: *a função social do amanhã*. Dado isso, os inegociáveis desdobramentos: a sustentabilidade cultural (respeito às tradições); a sustentabilidade social (distribuição de renda rumo à igualdade substancial); a sustentabilidade política (no arrimo

X

à governança global pelos direitos humanos); a sustentabilidade econômica (acessos aos créditos razoáveis). Enfim, justiça sustentável além do meio ambiente (Juarez Freitas. *Sustentabilidade*: direito ao futuro. São Paulo: Saraiva, 2016).

Em quarto lugar, conviver numa *sociedade multicultural*. A aceitação do diferente, do vulnerável, do excluído, do imigrante, da pessoa com deficiência é fundamental para a afirmação cotidiana da democracia, porquanto com base no pluralismo (e não na uniformidade ou generalidade) as decisões revelam-se legítimas.

A excelente obra que agora vai ao mercado editorial, do Promotor de Justiça e Professor Christiano Leonardo Gonzaga Gomes – de quem tive a honra de ser professor e hoje me dobro na condição de aluno –, descortina, sem fuga e sem receio, a Criminologia em todos esses aspectos, sendo capaz não apenas de fundamentar, senão justificar com densidade argumentativa, o estudo da Criminologia como *ciência elementar e imprescindível* na consecução de uma justiça penal, sobretudo, afinada com os valores humanitários e com o futuro das gerações.

Parabéns ao autor e parabéns à editora na construção de livro de notável exposição científica.

Epaminondas Fulgêncio Neto

Outono de 2018.

Professor de Direito Processual Penal e Coordenador do Departamento de Direito Penal e Processo Penal da Faculdade de Direito Milton Campos. Ex-Procurador-Geral de Justiça do Ministério Público do Estado de Minas Gerais.

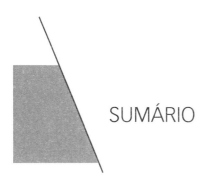

SUMÁRIO

PREFÁCIO IX

1. INTRODUÇÃO À CRIMINOLOGIA 1
1.1 Criminologia Cultural 2
1.2 Método 6
1.3 Objeto 9
    1.3.1 Direito Penal do Inimigo e Direito Penal em Velocidades 10
1.4 Sistemas da Criminologia 21
1.5 Criminologia, Política Criminal e Direito Penal 23
    1.5.1 Criminologia e a Psicanálise 37

2 ESCOLAS CRIMINOLÓGICAS 41
2.1 Escola Clássica (Criminologia pré-científica) 41
2.2 Escola Positivista 44
    2.2.1 Criminologia da Sombra 53
2.3 *Terza Scuola* 57
2.4 Escola/Criminologia Interacionista ou *labelling approach* 62
    2.4.1 Teoria da Coculpabilidade Tradicional e Coculpabilidade às Avessas 64
    2.4.2 Colarinho-Azul, Colarinho-Branco, Cifras Negras e Cifras Douradas 71
    2.4.3 Controles Sociais Informais, Formais e o *Bullying* 74
    2.4.4 Técnicas de Neutralização 87
2.5 Escola de Chicago 90
    2.5.1 Criminologia Ambiental e Criminologia Rural 94
    2.5.2 Teoria dos Testículos Despedaçados 106
    2.5.3 Teoria das Janelas Quebradas 108
    2.5.4 Política de Tolerância Zero 112

Christiano Gonzaga

2.5.5 Movimento da Lei e Ordem 113
2.5.6 Subcultura Delinquente, Contracultura, Anomia e Associação Diferencial 117
2.5.7 Direito Penal do Amigo 128
2.5.8 Erotização do Poder 133
2.5.9 Criminologia *Queer* e Criminologia Feminista 134
2.6 Escola Crítica, Nova Criminologia ou Radical 144
    2.6.1 Modernidade Líquida e Criminologia Crítica 147
    2.6.2 Criminologia Neorrealista 151
2.7 Escola Minimalista 151
    2.7.1 Garantismo Penal 157
        2.7.1.1 Direito Penal Subterrâneo 170
2.8 Escola Abolicionista 174
    2.8.1 Abolicionismo e Administrativização do Direito Penal 178
    2.8.2 Narcisismo do Direito Penal 184
        2.8.2.1 Criminologia de Si e Criminologia do Outro 191
2.9 Resumo das Teorias Macrossociológicas da Criminalidade 193

3 VITIMOLOGIA E VITIMIZAÇÃO 195
3.1 Síndromes da criminologia nos Crimes Contra a Dignidade Sexual.... 207
3.2 Criminologia e Vitimologia Corporativas 209

4 PREVENÇÕES E CRIMINALIZAÇÕES 211
4.1 Síndrome da Rainha Vermelha 222

5 MODELOS DE REAÇÃO AO CRIME 225

6 CRIMINOLOGIA E CRIME ORGANIZADO 241

7 ASPECTOS CRIMINOLÓGICOS DAS DROGAS 247

8 PSICOPATIA, DELINQUÊNCIA PSICÓTICA E PERSONALIDADE PERIGOSA (*SERIAL KILLERS*) 255

9 TERMINOLOGIAS ESPECÍFICAS 259

10 QUESTÕES COMENTADAS 275

REFERÊNCIAS 369

XIV

1 INTRODUÇÃO À CRIMINOLOGIA

O termo **Criminologia** foi formatado pela primeira vez pelas penas de um dos maiores estudiosos da área, chamado **Raffaelle Garófalo** (1851-1934). Considerado o pai da Criminologia, Garófalo, italiano da cidade de Nápoles, desenvolveu as ideias de seu Professor Cesare Lombroso. Com os estudos de Garófalo, a Criminologia passou a gozar de um *status* de **ciência autônoma**, o que possibilitou a conceituação dessa tão importante disciplina.

O conceito, hoje, mais famoso de Criminologia foi cunhado por **Edwin H. Sutherland**, que define a Criminologia como "**um conjunto de conhecimentos que estuda o fenômeno e as causas da criminalidade, a personalidade do delinquente, sua conduta delituosa e a maneira de ressocializá-lo**".[1]

Tal conceito vem sendo aprimorado ao longo do tempo, entendendo-se que outros elementos devem ser inseridos na definição de Sutherland, de forma a aperfeiçoar o campo de análise da Criminologia.

Assim, pode-se dizer que a Criminologia é uma **ciência autônoma que estuda o criminoso, o crime, a vítima, os controles sociais formais e informais** que atuam na sociedade, bem como a **forma de prevenção** da criminalidade.

A inserção da "vítima" no conceito já era algo que deveria ter ocorrido há mais tempo, pois em muitos casos o seu comportamento pode influenciar na prática criminosa. Em inúmeros eventos, a vítima incita o agente a cometer o crime, devendo tal fator ser considerado para o estudo do surgimento da criminalidade.

Não foi com outra razão que o Código Penal de 1940 inseriu em sua Parte Geral, com a Reforma de 1984, o "comportamento da vítima" como algo necessário para o Juiz dosar a pena do condenado, como se depreende do art. 59, *caput*, parte final, do CP.

---

[1] Apud FERNANDES, Newton; FERNANDES, Valter. *Criminologia integrada*, p. 24.

Christiano Gonzaga

1.1 CRIMINOLOGIA CULTURAL

Os demais elementos conceituais assinalados acima permitem uma compreensão precisa da Criminologia, sendo o fenômeno crime um dos mais intrigantes. Como é cediço, tal fenômeno permeia a humanidade desde os momentos mais remotos, como é o caso bíblico de Caim e Abel. Desde então, o homem passou a conviver com o crime, suas causas e consequências. Em alguns momentos históricos, o crime passou a ter, inclusive, o fator *glamour* em torno daqueles que o praticavam, como é o caso da máfia italiana e do lendário Al Capone, durante a "lei seca", em Chicago. Atualmente, o crime ainda exerce uma influência muito grande na sociedade, como se vê nas organizações criminosas e nas comunidades carentes, em que o traficante é o "dono do morro" e nutre-se do respeito e do medo dos moradores de dada localidade. Toda essa sistemática a Criminologia estuda e faz um diagnóstico acerca das soluções que podem ser aplicadas no seio social.

Para se ter uma ideia da influência ilimitada que a Criminologia exerce em todos os campos sociais, destaca-se aquilo que se convencionou chamar de "**Criminologia Cultural**", expressão que representa o *glamour* que **práticas criminosas** exercem no **cotidiano das pessoas**. Atualmente, o crime está em todo lugar, até mesmo em variadas propagandas de televisão, filmes, seriados e até mesmo em jogos. As pessoas se interessam por esse assunto, haja vista a curiosidade e a expectativa, por exemplo, após cada fase deflagrada da famosa operação "Lava-Jato".

Para facilitar a compreensão da expressão "Criminologia Cultural", destaca-se o pensamento acerca do tema esposado por dois autores que bem cunharam a sua definição, nestes termos:

"O crime é embalado e comercializado para os jovens como um romântico, emocionante, *cool e fashion* símbolo cultural. E neste contexto a transgressão torna-se opção de consumo desejável."[2]

Nota-se que há um forte **apelo midiático** para a proliferação de **condutas transviadas e criminosas**, tomando-se como exemplo seriados que retratam a vida de *serial killers* e outros tantos transgressores que despertam o interesse do consumidor em assistir a eles. Isso é a Criminologia norteando todo o modo de pensar de determinada parcela da cultura dominante. Há

---

[2]   YOUNG, Jock; HAYWARD, Keith. *Cultural Criminology*. The Oxford Handbook of Criminology. 4. ed. Oxford: Oxford Press, 2007. p. 109.

Manual de Criminologia

uma certa adoração à **cultura do crime**, principalmente àquilo que o circunda, como personagens caricatos que representam o modelo transgressor e adorado pelos jovens.

Nesse contexto de análise, o Professor Salo de Carvalho explica que:

> "A Criminologia Cultural configura-se como Criminologia estética de análise de ícones e símbolos culturais mercantilizados pelos meios formais e informais de comunicação. Por esse motivo, representações televisivas, cinematográficas, artes plásticas, teatro, expressões e estilos musicais, campanhas publicitárias, websites, videogames, moda urbana e práticas desportivas e de entretenimento, sejam transgressivas ou conformistas, apresentam-se como potenciais objetos de análise que falam sobre o sujeito contemporâneo."[3]

Essa projeção da Criminologia no cotidiano das pessoas é algo que por si só já bem demonstra a importância do estudo de tal ciência no âmbito jurídico, podendo citar como exemplos os inúmeros clipes de música que enaltecem a cultura do crime, em imagens que chocam com artistas cantando músicas empunhando armas de fogo, corpos tomados por joias caras, ladeados por mulheres seminuas, com maços de dinheiros jogados em cima de mesa de sinuca e baldes de gelo lotados de várias bebidas caras. Essa é a **imagem do "sucesso"** representado pelo **mundo do crime**, o que denota uma ideia errada de que o crime compensa.

Ainda no mundo do entretenimento, percebe-se claramente nos esportes como futebol, basquete e lutas marciais, que são os mais populares atualmente nos canais de televisão, a figura contemplada do *"bad boy"*. Nos mais variados esportes, o torcedor sempre nutre uma adoração maior por aquele jogador considerado *"durão"*, *"fora dos trilhos"* e com comportamentos rebeldes. Isso é o que atrai a atenção e, consequentemente, entra no imaginário popular. A população gosta do diferente, do irreverente e daquele que não segue o script do *establishment,* sendo isso que também atrai as empresas de marketing para vender os seus produtos. Tudo isso é cultural e apenas a Criminologia tem material e oxigênio suficiente para fazer uma imersão profunda nesse tipo de comportamento.

A Criminologia faz o estudo minucioso desses **símbolos culturais**, o que permite a assertiva de que o dinamismo das relações contemporâneas

---

[3] CARVALHO, Salo de. *Antimanual de Criminologia*. 5. ed. São Paulo: Saraiva, 2013. p. 90.

Christiano Gonzaga

precisa ser mais bem investigado por uma ciência empírica e menos estática que o Direito Penal, de modo a ofertar os porquês e as soluções para lidar com uma complexa relação humana no mundo moderno.

Como forma de chamar a atenção para um aspecto até pouco tempo comum nas Faculdades de Direito, cita-se a ausência da referida disciplina nos bancos escolares ou até mesmo como matéria optativa, sendo quase sempre a Criminologia um apêndice ou até mesmo estudada junto com a matéria de Direito Penal. Isso demonstrava a sua fragilidade em ser independente e com dogmas próprios, pois para conhecer a Criminologia o corpo discente teria que buscar os conhecimentos no Direito Penal, destoando-se dos estudos mais empíricos e preocupados com aspectos sociológicos. Conhecer a Criminologia sob a lupa do Direito Penal gera os mais variados problemas, pois não se estará adentrando nos campos da Sociologia, da Filosofia, da Psicanálise, entre outros. O que se investigará é a ideia do Direito Penal aplicada na Criminologia, constituindo tal estudo num vício de origem.

Quem bem chamou a atenção para esse tipo de ocorrência foi Gimbernat Ordeig, nesses termos:

"Como nas nossas faculdades normalmente não se ensinam tais disciplinas, não raro o estudante que queira investigar tais assuntos acaba por recorrer ao professor de direito penal no que nem sempre é bem atendido, posto que a Criminologia, além de requerer consideráveis esforços, requer profundos conhecimentos psicológicos e sociológicos, por ser uma disciplina que trabalha com métodos diferentes daqueles normalmente utilizados na esfera jurídico-penal."[4]

Por fim, interessante abordar a forma que a **cultura norte-americana analisa o crime**, notadamente quando televisionam os julgamentos para toda a população assistir, com tomadas de dentro do Tribunal. Por um lado, pode-se entender como algo **extremamente sensacionalista**, expondo de forma nua e crua a realidade do crime, bem como arranhando a imagem da vítima e do autor dos fatos.

Todavia, como preleciona a **criminóloga norte-americana Sue Titus Reid**[5] ao abordar a temática da **mídia** no estudo da criminalidade, muitos

---

[4] GIMBERNAT ORDEIG, Enrique. *Conceito e método da ciência do Direito Penal*. São Paulo: Revista dos Tribunais, 2002. p. 34.

[5] REID, Sue Titus. *Crime and Criminology*. 11. ed. New York: McGraw-Hill, 2006. p. 76.

Manual de Criminologia

julgamentos, e até mesmo execuções de pena de morte, são televisionados não com o intuito sensacionalista, apesar de isso ser inerente à mídia, mas sim com o espeque de gerar uma comoção social e mostrar quais são as consequências para quem viola a lei penal, tanto no campo legal (aplicação de pena) quanto no campo social (exposição da sua imagem em razão do julgamento). Em outras palavras, trata-se de um **método dissuasório** de prevenção do crime.

Essas consequências são bem relevantes para fazer com que potenciais criminosos repensem os seus instintos antes da prática do delito, pois o caminho a ser trilhado é aquele demonstrado de forma explícita na mídia, o que pode trazer uma reflexão por parte da sociedade num eventual cometimento de crimes.

Se por um lado há um apelo sensacionalista, de forma a destacar a **Criminologia Cultural** com pessoas ávidas por saber qual foi o desfecho do crime, suas nuances e a necessária punição, lado outro existe um sinal amarelo acendido na população acerca do destino de quem comete delitos daquela natureza, podendo gerar um efeito anestésico em eventual cidadão que estava prestes a praticar delito da mesma magnitude, trazendo a lume o método dissuasório de impedimento do crime.

No cenário brasileiro, destaca-se a publicidade dos julgamentos feitos **pelo Supremo Tribunal Federal em canal próprio**, o que tem gerado um interesse maior por parte da população por entender os meandros do Poder Judiciário e das leis brasileiras, bem como fonte inesgotável de críticas contra os Ministros que integram a aludida Corte. Trata-se de uma novidade no Brasil, eis que, anteriormente, os julgamentos eram feitos a portas fechadas e acessíveis apenas aos operadores do direito de um modo geral.

De uma forma ou de outra, o certo é que gerou uma possibilidade de criticar as decisões da Suprema Corte, mas também um importante viés de conhecimento por parte da população (todo poder emana do povo) do teor das decisões que inclusive são encaminhadas facilmente, com frequência, pelos mais variados meios de redes sociais. Se nesse ponto a publicidade permitiu uma análise da deturpação institucional do Poder Judiciário, lado outro fez com que a população tivesse acesso ao que está sendo tratado na mais alta Corte do país, realizando-se o princípio constitucional da publicidade dos atos do Poder Judiciário. Não há escolha perfeita quando se trata da publicização de decisão que sempre terá duas alternativas possíveis, o que, fatalmente, agradará à parte que venceu e desagradará à outra que perdeu, todavia, em última análise, permitiu a realização de direitos e garantias constitucionais previstos.

Logo, transmitir ou não um julgamento vai depender das escolhas políticas que permeiam uma dada sociedade inserida num dado momento

5

Christiano Gonzaga

histórico, inexistindo uma resposta fechada para tal indagação, mas o certo é que se trata de um importante viés da citada Criminologia Cultural.

Pelo que se percebe, a disciplina estudada neste Manual tem por base enfoques próprios e bem diferentes do Direito Penal, não podendo ser confundida ou até mesmo ministrada de forma a auxiliar qualquer outra matéria do ramo das ciências criminais.

Assim, o conceito de Criminologia visualizado neste capítulo irá nortear os demais campos de atuação dessa disciplina, sendo feita a incursão em cada um deles nos capítulos seguintes, de forma independente de qualquer outra disciplina das ciências criminais.

1.2 MÉTODO

Na sua acepção etimológica, o método é o caminho pelo qual se atinge um objetivo (do grego *méthodos* = caminho para se chegar a um fim). Sendo a Criminologia uma ciência autônoma, é natural que ela possua **método próprio de estudo de seu objeto.** O método utilizado aqui será o **empírico,** também chamado de **pragmático,** uma vez que o estudioso do crime, da vítima e dos demais elementos conceituais terá de fazer uma observação no campo dos fenômenos para aquilatar de forma correta toda a sua essência.

Percebe-se que tal método é **experimental,** pois, diferentemente das ciências exatas, o estudioso da Criminologia não irá encontrar respostas prontas para a análise de seu objeto, devendo observar os fenômenos sociais que norteiam a criminalidade e, com base nisso, encontrar uma **solução para o caso concreto.** Cumpre ressaltar que cada caso concreto terá uma solução diferente, o que deixa claro que o método aplicado é também conhecido como **indutivo,** bem diferente do método dedutivo, muito utilizado na Matemática para solucionar as suas equações fechadas e sem nenhuma diferença de um caso para outro, todos eles seguindo uma regra já deduzida de algum teorema. No método indutivo, procura-se, previamente, analisar e observar, para somente depois encontrar uma regra para aquele caso concreto, podendo ela variar de um caso para outro.

Essa análise fenomenológica feita pela Criminologia deixa transparecer que a cada ano que se passa as respostas sociais para um determinado tipo de crime tende a mudar, pois o dinamismo social e a evolução das práticas criminosas mudam constantemente, sendo então necessário que o estudioso acompanhe tais modificações. Isso somente é possível pelo método empírico, em que se acompanha de perto todas as transformações sociais por que passa a sociedade.

6

Manual de Criminologia

Como bem destacou Sérgio Shecaira, em seu excelente livro *Criminologia*, há uma clara diferenciação entre o Direito Penal e seu método de estudo e a Criminologia, que possui método próprio e bem específico, como se vê da seguinte parte de sua obra:

"Ocupa-se a criminologia do estudo do delito, do delinquente, da vítima e do controle social do delito e, para tanto, lança mão de um objeto empírico e interdisciplinar. Diferentemente do direito penal, a criminologia pretende conhecer a realidade para explicá-la, enquanto aquela ciência valora, ordena e orienta a realidade, com o apoio de uma série de critérios axiológicos. A criminologia aproxima-se do fenômeno delitivo sem prejuízos, sem mediações, procurando obter uma informação direta deste fenômeno. Já o direito limita interessadamente a realidade criminal, mediante os princípios da fragmentariedade e seletividade, observando a realidade sempre sob o prisma do modelo típico. Se a criminologia interessa saber como é a realidade, para explicá-la e compreender o problema criminal, bem como transformá-la, ao direito penal só lhe preocupa o crime enquanto fato descrito na norma legal, para descobrir sua adequação típica."[6]

Além dessa visão metodológica da Criminologia, destaca-se a ideia **interdisciplinar**, como algo que se refere à **convergência de várias ciências com métodos próprios para análise de um fenômeno**. Trazendo à colação os ensinamentos de Lélio Braga Calhau, pode-se dizer acerca da interdisciplinaridade que:

"A multidisciplinariedade ocorre quando os saberes parciais trabalham lado a lado em distintas visões sobre um determinado problema. Já a interdisciplinaridade existe quando os saberes parciais se integram e cooperam entre si."[7]

O enfoque da **interdisciplinaridade** ganha especial relevo quando se analisam a **Criminologia, a Política Criminal e o Direito Penal**, como se verá mais à frente.

Um ponto importante em relação ao **método utilizado** pela Criminologia refere-se às **técnicas de investigação**. Por meio delas, a Criminologia passa a investigar os fatos da realidade e encontrar respostas concretas aos seus problemas. As técnicas são bem intuitivas e fáceis de serem compreendidas, a saber:

---

[6]   SHECAIRA, Sérgio Salomão. *Criminologia*. 4. ed. São Paulo: RT, 2008. p. 38.
[7]   CALHAU, Lélio Braga. *Resumo de Criminologia*. 7. ed. Niterói: Impetus, 2012. p. 11.

Christiano Gonzaga

1) percepção imediata do fato criminoso;
2) levantamento do local do crime e sua documentação fotográfica;
3) observação dos instrumentos e produtos do crime;
4) exame biocriminológico do acusado para traçar sua personalidade, tipo físico e sua genética;
5) investigações paralelas, que permitem um estudo comparado do criminoso com cidadãos comuns, para tentar analisar semelhanças e diferenças, com o fim de distinguir o comportamento desviado;
6) estudos genealógicos;
7) estudo de casos criminais, por meio da leitura de processos;
8) notícias publicadas na imprensa;
9) anotações funcionais feitas por profissionais que trabalharam na investigação do delito, como médicos, sociólogos e assistentes sociais;
10) autodescrição dos criminosos, como diários, cartas, biografias, memórias;
11) estudos das provas indiciárias, que puderam levar à identificação do autor, para analisar se elas são viciadas na origem ou não;
12) avaliação psicológica por meio de testes, para analisar o criminoso e também as testemunhas;
13) exame cadastral dos criminosos, como órgãos públicos, residência e telefones;
14) estudos do corpo de delito;
15) observação dos novos tipos de prisão e métodos de execução das penas e medidas de segurança;
16) elaboração de enquetes, com o fim de saber a opinião da sociedade sobre algum crime ou fato criminoso.[8]

Cumpre ressaltar que, atualmente, alguns **concursos públicos**, notadamente os **da área investigativa (Delegados Civil e Federal)**, estão dando ênfase em suas provas na análise de tais técnicas de investigação, uma vez que no exercício da sua função fatalmente depararão com tais possibilidades. Mais uma vez é a Criminologia fazendo-se presente não apenas no cotidiano social, mas também nos **concursos** de ingresso em algumas áreas públicas, como **Defensoria Pública, Ministério Público, Delegados e Magistratura**.

---

[8] SEELIG, *Manual de Criminologia*, v. I, p. 33 e s.

Manual de Criminologia

1.3 OBJETO

Alguns doutrinadores afirmam que o objeto central da Criminologia é o crime, tema central de todo o estudo da área criminal[9]. Todavia, o próprio autor reconhece que, numa visão mais avançada e completa da Criminologia, **vários são os seus objetos**, como o **crime, o criminoso, a vítima, os controles sociais informais e formais, bem como as formas de prevenção do crime**[10].

Cumpre ressaltar que o conceito de crime a ser estudado pela Criminologia vai muito além daquele analisado pelo Direito Penal tradicional, como algo que viola a lei penal (meramente formal), ou pela tradicional visão analítica ou tripartida (fato típico, antijurídico e culpável). A análise do criminólogo deve ser bem mais ampla, e estudar o crime na sua concepção social, como algo que viola as chamadas **expectativas sociais**, expressão cunhada por **Niklas Luhmann** (1927-1998), na sua famosa teoria dos sistemas, é o ponto que deve ser buscado.

A vida em sociedade é orientada em torno de expectativas, significando que os homens esperam determinado comportamento do seu semelhante. Se essa expectativa é quebrada, por exemplo, quando alguém ofende um bem jurídico alheio tutelado penalmente, tem-se a figura do crime como algo que desestabiliza a sociedade. Cada membro da sociedade esperava que seus bens jurídicos fossem respeitados, o que não ocorreu, gerando a **insegurança social**. Sob esse enfoque é que se entende o crime numa visão sociológica, ou seja, como um fenômeno que viola o equilíbrio do sistema que estava em perfeita harmonia, em virtude da **autopoiese**. Esta pode ser definida na conceituação destacada abaixo:

> "São assim formados os ciclos 'autorreferenciais' de comunicação no âmbito do subsistema jurídico, compreendendo os atos jurídicos, os procedimentos, as normas e a doutrina. Quando estes ciclos passam a se articular e a se interligar por meio de um hiperciclo 'autorreprodutivo', tem-se o direito autopoiético."[11]

---

[9] DOTTI, René Ariel. *Curso de Direito Penal* – Parte Geral. Rio de Janeiro: Forense, 2005. p. 85.

[10] É com esse intuito que o conceito de Criminologia buscado nesta obra foi o mais amplo possível, atingindo todos os objetos destacados. Estudar apenas o crime, dissociado dos demais elementos, é fazer um estudo estéril e sem funcionalidade alguma acerca do fenômeno criminoso.

[11] ZYMLER, Benjamin. *Política e Direito*: uma visão autopoiética. Curitiba: Juruá, 2002.

Christiano Gonzaga

A autopoiese permite a articulação equilibrada e interligada de todos os atores sociais, sendo o crime o "vilão" que destruirá toda essa harmonia, o que deve ser evitado a qualquer custo.

1.3.1 Direito Penal do Inimigo e Direito Penal em Velocidades

Nesse diapasão, surgem certas teorias que visam impedir que o criminoso faça essa violação sistêmica (quebra de expectativas sociais) de forma grave e sem consequências maiores, colocando-se em xeque a autopoiese, daí a importância de ser analisado o famoso conceito de **Günther Jakobs** acerca do **Direito Penal do Inimigo**[12], como teoria capaz de restabelecer o equilíbrio sistêmico[13].

Com viés extremamente punitivo e sem observância das garantias processuais, o **Direito Penal do Inimigo** almeja punir aquele que **viola as expectativas sociais** e põe em risco toda a coletividade. O inimigo é aquele que não respeita o Estado de Direito, praticando condutas criminosas que ameaçam todos os direitos sociais, como a vida, a segurança pública, a saúde etc. Se assim o for, desrespeitando as leis e a Constituição Federal, o ordenamento jurídico também não deve ser aplicado a ele de forma a tratá-lo igualmente àquele que respeita todos os direitos e as garantias individuais.

Para ter-se uma noção mais precisa da visão de Jakobs, deve ser levado em consideração o caso do **terrorista** que não respeita os direitos de outra nação e que mata milhares de inocentes. Por exemplo, os Estados Unidos da América aplicam claramente a ideia de Direito Penal do Inimigo para os terroristas que ameaçam diariamente a paz social dos seus cidadãos. Lá foi cunhado o chamado **Ato Patriótico**[14], que permite, entre outras coisas, **interceptação de e-mail e telefones sem nenhuma autorização judicial**, bastando que haja indícios de que o indivíduo esteja conspirando para fazer algum ataque àquele país.

De cunho claramente inconstitucional, as medidas previstas no citado Ato Patriótico são possíveis porque não se deve reconhecer o direito à aplicação da Constituição Federal para aquele que não respeita os direitos exis-

---

[12] JAKOBS, Günther; CANCIO MELLIÁ, Manuel. *Derecho Penal del Enemigo*. Madrid: Civitas, 2003.

[13] A par das críticas ferozes a esse tipo de teoria, deve ser destacado que esta obra visa trazer todas as formas de pensamento existentes acerca do fenômeno crime, tendo como escopo que o leitor conheça de forma ampla todas as soluções já pensadas para combater a criminalidade.

[14] Disponível em: <https://epic.org/privacy/terrorism/usapatriot/default.html>. Acesso em: 21 jan. 2018.

Manual de Criminologia

tenciais mínimos. Essa é a ideia de combate implacável ao terrorista. Para o terrorista, as garantias processuais não serão aplicadas, até porque ele não respeita o Estado de Direito.

No sistema penal brasileiro, apesar de não adotado de forma expressa, pode-se dizer que o Direito Penal do Inimigo tem guarida na Lei de Execução Penal (Lei n. 7.210/84), no art. 52, a seguir transcrito, com as novidades legais trazidas pelo **Pacote Anticrime (Lei n. 13.964/2019)**:

Art. 52. A prática de fato previsto como crime doloso constitui falta grave e, quando ocasionar subversão da ordem ou disciplina internas, sujeitará o preso provisório, ou condenado, nacional ou estrangeiro, sem prejuízo da sanção penal, ao regime disciplinar diferenciado, com as seguintes características:

I – duração máxima de até 2 (dois) anos, sem prejuízo de repetição da sanção por nova falta grave de mesma espécie;

II – recolhimento em cela individual;

III – visitas quinzenais, de 2 (duas) pessoas por vez, a serem realizadas em instalações equipadas para impedir o contato físico e a passagem de objetos, por pessoa da família ou, no caso de terceiro, autorizado judicialmente, com duração de 2 (duas) horas;

IV – direito do preso à saída da cela por 2 (duas) horas diárias para banho de sol, em grupos de até 4 (quatro) presos, desde que não haja contato com presos do mesmo grupo criminoso;

V – entrevistas sempre monitoradas, exceto aquelas com seu defensor, em instalações equipadas para impedir o contato físico e a passagem de objetos, salvo expressa autorização judicial em contrário;

VI – fiscalização do conteúdo da correspondência;

VII – participação em audiências judiciais preferencialmente por videoconferência, garantindo-se a participação do defensor no mesmo ambiente do preso.

§ 1º O regime disciplinar diferenciado também será aplicado aos presos provisórios ou condenados, nacionais ou estrangeiros:

I – que apresentem alto risco para a ordem e a segurança do estabelecimento penal ou da sociedade;

II – sob os quais recaiam fundadas suspeitas de envolvimento ou participação, a qualquer título, em organização criminosa, associação criminosa ou milícia privada, independentemente da prática de falta grave.

Christiano Gonzaga

§ 2º (Revogado).

§ 3º Existindo indícios de que o preso exerce liderança em organização criminosa, associação criminosa ou milícia privada, ou que tenha atuação criminosa em 2 (dois) ou mais Estados da Federação, o regime disciplinar diferenciado será obrigatoriamente cumprido em estabelecimento prisional federal.

§ 4º Na hipótese dos parágrafos anteriores, o regime disciplinar diferenciado poderá ser prorrogado sucessivamente, por períodos de 1 (um) ano, existindo indícios de que o preso:

I – continua apresentando **alto risco para a ordem e a segurança do estabelecimento penal de origem ou da sociedade;**

II – **mantém os vínculos com organização criminosa, associação criminosa ou milícia privada,** considerados também o perfil criminal e a função desempenhada por ele no grupo criminoso, a operação duradoura do grupo, a superveniência de novos processos criminais e os resultados do tratamento penitenciário.

§ 5º Na hipótese prevista no § 3º deste artigo, o regime disciplinar diferenciado deverá contar com alta segurança interna e externa, principalmente no que diz respeito à necessidade de se evitar contato do preso com membros de sua organização criminosa, associação criminosa ou milícia privada, ou de grupos rivais.

§ 6º A visita de que trata o inciso III do *caput* deste artigo será gravada em sistema de áudio ou de áudio e vídeo e, com autorização judicial, fiscalizada por agente penitenciário.

§ 7º Após os primeiros 6 (seis) meses de regime disciplinar diferenciado, o preso que não receber a visita de que trata o inciso III do *caput* deste artigo poderá, após prévio agendamento, ter contato telefônico, que será gravado, com uma pessoa da família, 2 (duas) vezes por mês e por 10 (dez) minutos (grifos nossos).

Perceba-se que o preso provisório ou definitivo pode ser colocado no chamado **Regime Disciplinar Diferenciado (RDD) sem o devido processo legal, o contraditório e a ampla defesa,** pelo simples fato de apresentar alto risco para a ordem e a segurança, bem como recaírem fundadas suspeitas de envolvimento ou participação em organizações criminosas. A suspeita já seria suficiente para que ele tenha as suas garantias constitucionais afastadas, o que se assemelha muito com o Ato Patriótico

Manual de Criminologia

dos Estados Unidos da América. No caso do Brasil, o inimigo seria o integrante de organização criminosa, notadamente os traficantes que chefiam a mercancia ilícita de drogas, como os famosos Luiz Fernando da Costa, o "Fernandinho Beira-Mar", e Marcos Willians Herbas Camacho, mais conhecido como "Marcola", líderes, respectivamente, do Comando Vermelho (CV) e do Primeiro Comando da Capital (PCC). Eles encarnam o exemplo de inimigo do Estado brasileiro. Como é cediço, ambos estão no Regime Disciplinar Diferenciado pelo fato de integrarem as citadas facções criminosas, ainda que não houvesse condenação criminal com aplicação dos princípios constitucionais já citados (contraditório, ampla defesa e devido processo legal).

O perigo que eles oferecem para a sociedade não pode ser vislumbrado apenas pela prática de crimes de tráfico de drogas, mas também se faz premente que sejam investigados e condenados pelo delito de organização criminosa. Havendo a condenação por esse crime com trânsito em julgado, pode ser aplicado o referido Regime Disciplinar Diferenciado. Pensar de forma diversa é submeter toda a ordem constitucional, pois a análise rasteira do "risco" e das "fundadas suspeitas" pode levar a algumas injustiças.

Claro que em casos como de dois líderes temidos do tráfico de drogas a constatação de que integram e até mesmo chefiam organizações criminosas é mais fácil. O problema não está aqui, mas sim em outros casos em que o Diretor do Presídio, autoridade que tem o poder de dizer se há esse risco ou as fundadas suspeitas, entenda que o cidadão deva ser colocado no regime diferenciado por "achar" que ele integra, "a qualquer título" (na letra da lei), uma organização criminosa. Há um grande risco de ocorrer algum erro e, consequentemente, uma injustiça.

Veja-se que a citada Lei de Execução Penal deixa claro que o preso inserido no Regime Disciplinar Diferenciado não terá um devido processo legal, bastando um relatório do Diretor do Presídio ou da Autoridade Administrativa semelhante que entenda cabível esse tipo de grave cumprimento de pena. Nem se diga que o Ministério Público e a Defesa vão manifestar previamente, pois isso não é suficiente, uma vez que não haverá nenhuma produção probatória em contrário que demonstre que o indivíduo pertença a uma organização criminosa. O referido relatório tem força quase que vinculante, como se sabe na prática.

Para tornar mais clara ainda a assertiva de que os princípios constitucionais básicos foram violados, veja a seguir o art. 54 da Lei n. 7.210/84:

Christiano Gonzaga

Art. 54. As sanções dos incisos I a IV do art. 53 serão aplicadas por ato motivado do diretor do estabelecimento e a do inciso V, por prévio e fundamentado despacho do juiz competente. (Redação dada pela Lei n. 10.792, de 2003)

§ 1º A autorização para a inclusão do preso em regime disciplinar dependerá de requerimento circunstanciado elaborado pelo diretor do estabelecimento ou outra autoridade administrativa. (Incluído pela Lei n. 10.792, de 2003)

§ 2º A decisão judicial sobre inclusão de preso em regime disciplinar será precedida de manifestação do Ministério Público e da defesa e prolatada no prazo máximo de quinze dias.

Assim, pelo exposto, pode-se afirmar, sem rodeios, que o Brasil também adotou o Direito Penal do Inimigo, assim como os Estados Unidos da América.

Na linha do Direito Penal do Inimigo, não se deve deixar de citar e explicar o **Direito Penal de Terceira Velocidade**, também estudado em paralelo como uma teoria de combate ao crime de forma rápida e sem maiores atenções para com as garantias constitucionais. Antes de passar ao estudo propriamente dito do Direito de Terceira Velocidade, vamos demonstrar o conceito amplo do **Direito Penal em Velocidades**, pensado pelo doutrinador Jesus-Maria **Silva Sanchez.**

A sistematização do Direito Penal em Velocidades refere-se à rapidez com que a processualística penal aplica as penas aos acusados de uma infração penal. Começa com velocidade mais lenta (primeira velocidade) e termina com velocidade mais acelerada (terceira velocidade). A velocidade irá depender da aplicação mais completa ou não das garantias processuais penais.

Iniciando pela **primeira velocidade**, o que se vislumbra é a aplicação de **todas as garantias processuais** penais para culminar-se com a **imposição de penas privativas de liberdade.** Para chegar-se à aplicação da pena de restrição da liberdade, é necessário que o acusado faça jus à aplicação de todas as garantias processuais previstas na Constituição Federal, até porque está-se diante da possível perda de sua liberdade, o que deve ser tratado com bastante cuidado.

O atual sistema penal brasileiro é pautado, na maioria de seus crimes, pelo **Direito Penal de Primeira Velocidade**, uma vez que a aplicação de penas privativas de liberdade é a forma rotineira de punição das infrações penais. Com isso tem-se uma persecução penal morosa norteada pelos princípios constitucionais penais, como o devido processo legal, a ampla

Manual de Criminologia

defesa, o contraditório e a presunção de inocência. Para demonstrar o quão lento é o Direito Penal de Primeira Velocidade, veja-se o caso do princípio constitucional da ampla defesa, em que o acusado pode produzir todos os meios de prova permitidos em lei, notadamente a oitiva de testemunhas que residem em outro país, via carta rogatória. Outro exemplo é a exaustiva via recursal que o sistema brasileiro possui, forte no princípio constitucional do devido processo legal e nos recursos inerentes a ele.

Tudo isso bem sinaliza a lentidão com que se aplica uma pena privativa de liberdade, na sistemática tradicional do Direito Penal brasileiro, o que é salutar, uma vez que se está colocando em risco o bem jurídico mais importante do ser humano depois da vida, qual seja, a liberdade.

Muito se critica a morosidade do Direito Penal brasileiro, pois há uma ampla aplicação de inúmeras garantias processuais penais, o que atrasa a entrega da prestação jurisdicional final. Todavia, é mais importante a demora na aplicação da lei penal com profundidade e consciência do que uma prestação célere e sem análise probatória do feito com possível chance de erro e condenação injusta de alguém. Para acelerar o Direito Penal, o correto é a qualificação dos profissionais da área e a estruturação do ambiente de trabalho, acompanhando-se o dinamismo social e a evolução dos crimes. Não se quer a condenação de alguém com base apenas na análise rasa e afobada para a satisfação de anseios sociais momentâneos, em que pese esse seja o sentimento social dominante nos dias de hoje.

Todavia, não pode o Poder Judiciário ficar refém desse tipo de pensamento, até porque se vive no Estado Democrático de Direito, e as expectativas sociais devem sim ser satisfeitas, mas dentro dos princípios basilares do ordenamento jurídico. Após a correta aplicação principiológica e dogmática dos direitos e das garantias processuais, de fato deve ser almejado e perseguido o efetivo cumprimento da sentença condenatória, caso seja nesse sentido. O que não se pode é querer chegar até a sentença condenatória sem obedecer aos trâmites legais.

Passando adiante, tem-se o **Direito Penal de Segunda Velocidade**. Nesse tipo de marcha, um pouco mais rápida do que a anterior, o que se visa é a supressão de certas garantias processuais para chegar-se a uma aplicação de pena criminal de forma mais célere. Em razão de a velocidade anterior ser bem morosa, principalmente em função da larga observância das garantias processuais penais, vislumbrou-se, nessa sistematização, uma imposição mais célere de certas espécies de penas, suprimindo alguns princípios básicos de Direito Processual Penal. Em que pesem as críticas em contrário, esse tipo de velocidade prima pela aplicação imediata de penas, sem a morosidade de um processo lastreado no devido processo legal,

15

Christiano Gonzaga

gerando uma sensação de punição para a sociedade e ao mesmo tempo de benefício para o acusado.

Nem se diga que esse tipo de velocidade é impensável na atual sistemática processual brasileira, até porque ela existe, é aplicável e regulamentada por lei, haja vista a **Lei n. 9.099/95**, em que os institutos despenalizadores da **transação penal e suspensão condicional do processo** permitem, sem maiores rodeios e claramente, a aplicação imediata de certa espécie de pena, qual seja, restritiva de direito. O agente que teve lavrado contra si um termo circunstanciado de ocorrência (TCO) é levado imediatamente para o Juizado Especial Criminal, sendo oferecido na audiência preliminar o benefício da transação penal, nos crimes cuja a pena máxima abstrata não ultrapassa dois anos. Nessa audiência, o Ministério Público, analisando as condições legais[15], oferta o benefício da transação penal, alertando que ele tem que aceitar o cumprimento de certa espécie de pena restritiva de direito, *incontinenti*, abrindo mão de um processo baseado no contraditório, na ampla defesa, no devido processo legal e na presunção de inocência, por exemplo. Caso aceite, o processo penal não prosseguirá, mas ele terá que cumprir uma pena criminal.

Ora, pelo que se visualiza da sistemática do instituto da **transação penal**, o acusado **abre mão de garantias processuais penais** para não sofrer "As misérias do processo penal", nas palavras de Francesco Carnelutti, em livro de mesmo nome, mas recebe uma pena restritiva de direito, o que chega a ser uma clara violação aos princípios básicos do Processo Penal, pois se trata de espécie de pena criminal, na redação do art. 32 do Código Penal[16].

---

[15] Lei n. 9.099/95: Art. 76. Havendo representação ou tratando-se de crime de ação penal pública incondicionada, não sendo caso de arquivamento, o Ministério Público poderá propor a aplicação imediata de pena restritiva de direitos ou multas, a ser especificada na proposta.

§ 1º Nas hipóteses de ser a pena de multa a única aplicável, o Juiz poderá reduzi-la até a metade.

§ 2º Não se admitirá a proposta se ficar comprovado:

I – ter sido o autor da infração condenado, pela prática de crime, à pena privativa de liberdade, por sentença definitiva;

II – ter sido o agente beneficiado anteriormente, no prazo de cinco anos, pela aplicação de pena restritiva ou multa, nos termos deste artigo;

III – não indicarem os antecedentes, a conduta social e a personalidade do agente, bem como os motivos e as circunstâncias, ser necessária e suficiente a adoção da medida.

[16] Código Penal: Art. 32. As penas são: (Redação dada pela Lei n. 7.209, de 11.7.1984)

I – privativas de liberdade;

II – restritivas de direitos;

III – de multa.

Manual de Criminologia

É muito comum o acusado, por ocasião da audiência preliminar em que se propõe o benefício, querer "provar" a sua inocência com os documentos que ele levou para a referida assentada, mas o membro do Ministério Público tenta a todo custo explicar que aquele ato é apenas para ele dizer se aceita ou não o benefício, devendo a instrução probatória ser feita posteriormente, casos ele não aceite pagar a pena ofertada.

Socialmente, trata-se de benefício que não é dos mais fáceis de explicar para os acusados e cidadãos comuns, uma vez que eles percebem claramente que estão abrindo mão de garantias processuais importantes, em detrimento de não ter para si um processo penal moroso e estigmatizante, além de gastos com honorários advocatícios, o que leva, na maioria das vezes, à aceitação do referido benefício.

Clara é, assim, a ideia de supressão de garantias processuais penais com aplicação de espécie de pena criminal, denotando o que se chama de Direito Penal de Segunda Velocidade.

Para ficar completo o estudo, também é exemplificação desse tipo de velocidade a **suspensão condicional do processo**[17], em que o acusado que não esteja sendo processado por outro crime nem tenha sido condenado, além de a pena mínima do crime em testilha ser igual ou inferior a um ano, possa aceitar a aplicação do benefício com submissão a condições legais e judiciais, sendo algumas delas espécies de penas propriamente ditas. Da mesma forma que na transação penal, o Ministério Público, em audiência preliminar, propõe não continuar a persecução penal, com suspensão imediata do processo, desde que o acusado aceite cumprir as aludidas penas restritivas de direitos.

Na mesma linha de raciocínio do que se disse anteriormente, o acusado colocará de um lado da balança os honorários advocatícios, a morosidade e o estigma de um processo penal de um lado e do outro abrir mão das garantias processuais e receber uma pena, para ao final aceitar o benefício e cumprir a pena imediatamente, ainda que ele seja inocente, porque o gasto processual e seus danos imediatos e colaterais serão bem maiores na sua perspectiva. Todavia, o que importa é única e exclusivamente a incidên-

---

[17] Lei n. 9.099/95: Art. 89. Nos crimes em que a pena mínima cominada for igual ou inferior a um ano, abrangidas ou não por esta Lei, o Ministério Público, ao oferecer a denúncia, poderá propor a suspensão do processo, por dois a quatro anos, desde que o acusado não esteja sendo processado ou não tenha sido condenado por outro crime, presentes os demais requisitos que autorizariam a suspensão condicional da pena.

Christiano Gonzaga

cia de um Direito Penal de Segunda Velocidade em que o legislador brasileiro previu a aplicação de certa espécie de pena criminal com afastamento de garantias processuais penais.

Como novidade imposta pelo **Pacote Anticrime**, pode ser destacado mais um mecanismo de despenalização penal e que se enquadra no **Direito Penal de Segunda Velocidade**, qual seja, o instituto do **acordo de não persecução penal** (ANPP), previsto no art. 28-A do CPP.

O aludido instituto permite, exclusivamente, ao membro do Ministério Público oferecer a suspensão da persecução penal, antes mesmo do oferecimento da denúncia, desde que o acusado confesse a prática de uma infração penal cometida sem violência e sem grave ameaça à pessoa, cuja pena mínima não ultrapasse quatro anos de privação de liberdade. Trata-se de uma novidade legal de suma importância, pois é um benefício pensado para os crimes de colarinho-branco, em que a reprimenda mínima quase sempre é inferior a quatro anos e são cometidos sem violência ou grave ameaça à pessoa.

Como exemplo, vejam-se os tipos penais de peculato, concussão, corrupção passiva ou ativa, dentre outros contra a Administração Pública. Todos esses, sem exceção, possuem pena mínima de dois anos de reclusão e são cometidos sem violência ou grave ameaça à pessoa, bastando que o agente confesse a prática da infração penal e goze do citado benefício despenalizador. Chama a atenção que outros crimes mais brandos na tipificação penal, como o furto eletrônico (art. 155, § 4º-B, CP), não admitem o benefício em testilha, o que é facilmente explicado, pois são delitos de colarinho-azul, demonstrando-se claramente a escolha legislativa em punir de forma mais severa os tipos penais cometidos pela clientela das classes sociais menos privilegiadas.

De forma a espancar qualquer dúvida de que o acordo de não persecução penal é classificado, no pensamento criminológico, como Direito Penal de Segunda Velocidade, o art. 28-A do CPP, permite ao membro do Ministério Público aplicar penas restritivas de direitos, como prestação de serviços à comunidade, prestação pecuniária, entre outras, que são facilmente encaixadas nas espécies de penas do Código Penal.

Ora, sendo assim, vislumbra-se uma **antecipação de pena** sem qualquer aplicação de princípios processuais penais constitucionais, tais como **contraditório, ampla defesa e devido processo legal**, bastando que o acusado coloque o seu aceite e passe a cumprir, imediatamente, aquilo que fora concertado com o membro do Ministério Público.

Por fim, cita-se o **Direito Penal de Terceira Velocidade**, que foi o pivô inicial da análise da doutrina de Silva-Sanchez, com o fito de comparar

Manual de Criminologia

e mostrar o ponto de convergência com o **Direito Penal do Inimigo** do já citado Günther Jakobs. A velocidade mais acelerada da aludida doutrina é a que o acusado terá a **supressão de garantias processuais penais com aplicação imediata de pena privativa de liberdade**. Pelo que se percebe, houve a conjugação da aplicação de pena privativa de liberdade, do Direito Penal de Primeira Velocidade, com a supressão de garantias processuais penais, pertencente ao Direito Penal de Segunda Velocidade, como se fosse uma espécie mista das duas primeiras.

Como é evidente, esse tipo de sistematização é bastante complicado diante da ordem constitucional brasileira, uma vez que se está abrindo mão totalmente de garantias constitucionais legítimas para aplicar-se a pior espécie de pena que é a privativa de liberdade. Ainda que seja clara a violação a toda ideia de Estado Democrático de Direito, tem-se clara aplicação do tipo de Direito Penal de Terceira Velocidade no Brasil. Como já citado na doutrina do Direito Penal do Inimigo, o Regime Disciplinar Diferenciado é notória implementação da pena privativa de liberdade sem a conjugação simultânea e necessária das garantias processuais, haja vista que o preso definitivo ou provisório será colocado numa espécie de pena privativa de liberdade até pior, mediante simples constatação de que existem indícios de que ele integre qualquer espécie de associação criminosa, ainda que não haja o devido processo legal, o contraditório e a ampla defesa. A supressão de garantias é notória com aplicação do Regime Disciplinar Diferenciado com privação, até mais severa, de sua liberdade imediata, tudo isso na forma legal dos arts. 52 e 54 da Lei n. 7.210/84 já citada acima.

Desse modo, pode-se dizer que o Direito Penal brasileiro aplica e adota, legalmente, as três formas de velocidades cunhadas pelo doutrinador Silva Sanchez, além do Direito Penal do Inimigo, na visão de Günther Jakobs.

Apenas para esclarecer e também como forma de adendo ao que se estudou acerca das velocidades do Direito Penal, tem sido citado, como espécie de velocidade, apesar de **não poder atribuir-se ao criador Silva Sanchez**, a **chamada quarta velocidade**. Como é comum no Brasil, criam-se temas e doutrinas decorrentes de algo já originado anteriormente, chegando alguns operadores do Direito a questionar se aquela novidade não deveria ser imputada ao autor que criou o nome base para a teoria, como é o caso do Direito Penal em Velocidades. A resposta negativa se impõe, posto que as novidades ou criações são meras digressões filosóficas de um tema já tratado e sedimentado anteriormente. Não que isso seja errado, sendo até mesmo salutar que se oxigenem as formas de pensar e novas doutrinas possam ser criadas para o desenvolvimento do Direito, evitando-se a estagnação e a monotonia de pensamento.

19

Christiano Gonzaga

Todavia, é importante identificar o que é de um autor de forma originária e o que é mera digressão ou desenvolvimento dogmático, como é o caso do chamado **Direito Penal de Quarta Velocidade**, a ser tratado a seguir.

Numa análise evolutiva das velocidades, em que se começa da mais lenta até chegar aos níveis mais rápidos, pode-se afirmar que a quarta velocidade seria a supressão anômala de garantias processuais penais com aplicação de espécies de penas privativas de liberdade até mais graves do que as existentes no Direito Penal de Terceira Velocidade. Nesse tipo de pensamento, convencionou-se dizer que a adoção de um **Tribunal de Exceção** com imposição de **penas** que podem ser até **perpétuas** seria a conotação clara desse tipo de Direito Penal.

Para tanto, usou-se a admissão do Brasil como signatário do Tribunal Penal Internacional (TPI) como espécie clara de implicação do sistema brasileiro no que se chama de a mais célere velocidade possível do Direito Penal. Isso se dá porque há a sujeição de um brasileiro ao julgamento por um Tribunal de fora da soberania nacional, situado em outro país, com jurisdição própria e regras diferentes, algumas até mesmo colidentes com preceitos constitucionais. Ora, aquele que se submete a um Tribunal que vai julgar fatos praticados em outro local, percebe-se que está abrindo mão da soberania nacional de algo ocorrido em seu território.

Sabe-se, ainda, que os crimes julgados no TPI são de gravidade extrema, como genocídios de etnias e pessoas pertencentes a determinado grupo, em muitos casos contrários ao pensamento político dominante, mas nem por isso o julgamento precisaria ser praticado em outro país. Os Estados Unidos são um exemplo de não aceitação das regras de um Tribunal localizado fora do local dos fatos, pois eles não se submeteram à jurisdição do TPI por questões de soberania nacional.

Para que fique clara a questão, é afirmado que o TPI seria um Direito Penal de Quarta Velocidade porque há possibilidade de aplicar pena perpétua, bem como são suprimidas brutalmente as garantias constitucionais previstas na Carta Maior de 1988, colidindo, inclusive, com a própria **vedação de penas perpétuas** no art. 5º, XLVII, CF[18], mas perfeitamente admiti-

---

[18] Constituição Federal: art. 5º, XLVII – não haverá penas:
a) de morte, salvo em caso de guerra declarada, nos termos do art. 84, XIX;
b) de caráter perpétuo;
c) de trabalhos forçados;
d) de banimento;
e) cruéis;

Manual de Criminologia

do na sistemática do TPI. Ademais, a Constituição Federal **veda** no art. 5º, XXXVII[19], a possibilidade de um **Tribunal de Exceção** para julgar os fatos ocorridos no território brasileiro, sendo a própria existência do TPI uma violação a essa garantia constitucional.

Assim, para aqueles que entendem que existe um Direito Penal de Quarta Velocidade, a exemplificação seria feita pela sistemática utilizada no Tribunal Penal Internacional, que também foi expressamente aceito pelo ordenamento jurídico brasileiro, na forma do art. 5º, § 4º, CF[20].

1.4 SISTEMAS DA CRIMINOLOGIA

Ponto muito controvertido na doutrina, pois muitas são as opiniões acerca das disciplinas que integram ou não a Criminologia, bem como a concepção de interdisciplinaridade.

Para facilitar o estudo, sem perder-se em discussões doutrinárias estéreis, citam-se as duas principais concepções acerca dos aludidos sistemas, quais sejam, a **concepção ampla** patrocinada pela **Escola Austríaca**, também chamada de **enciclopédica**, e a **concepção estrita**.

Valendo-se dos ensinamentos de Luiz Flávio Gomes e Pablos de Molina[21], afirmam os autores que:

"Para a concepção enciclopédica da escola austríaca, pertencem à Criminologia todas as disciplinas que se ocupam do estudo da realidade criminal em suas diversas fases ou momentos, tanto no estritamente processual, como no político-preventivo ou no repressivo. Para a concepção estrita, ao contrário, algumas disciplinas que a concepção enciclopédica inclui nas ciências criminológicas devem ficar segregadas, excluídas. As que suscitam maior polêmica são, fundamentalmente, a Penologia, a Criminalística, e a Profilaxia. Com relação à Vitimologia, não se questiona a sua pertinência com a Criminologia, e sim o seu maior ou menor grau de autonomia no seio daquela."

Assim, como se depreende acima, a posição enciclopédica, em virtude do próprio nome, elenca várias disciplinas como um braço do corpo da Cri-

---

[19] Constituição Federal: art. 5º, XXXVII – não haverá juízo ou tribunal de exceção (...).

[20] Constituição Federal, art. 5º, § 4º O Brasil se submete à jurisdição de Tribunal Penal Internacional a cuja criação tenha manifestado adesão.

[21] Op. cit., p. 159.

21

Christiano Gonzaga

minologia, inexistindo uma autonomia daquelas em relação a esta. Por outro lado, a posição estrita defende uma autonomia das aludidas matérias em relação à Criminologia. Como existem as duas vertentes, tal questionamento em eventual prova de concurso público será para o candidato demonstrar quais são os sistemas existentes, posicionando-se, ao final, caso seja questão dissertativa, por alguma delas; e a opção por uma ou outra não altera em nada a valoração da questão, pois o importante é destacar os sistemas em vigor.

Outro grande tema dentro desse cabedal de conhecimento seriam as **funções da Criminologia**. Na visão mais abalizada da doutrina, a **função prioritária** da Criminologia seria aportar um **núcleo de conhecimentos seguros e fundamentados acerca do crime**, do criminoso, da vítima e do controle social[22]. Após a formatação desse núcleo de pensamentos e diretrizes, a Criminologia possibilita um diagnóstico acerca do fato criminal, de forma a fornecer respostas seguras para a solução do problema que se apresenta.

Todo esse conjunto de respostas ofertado pela Criminologia somente é alcançado por meio do seu **método interdisciplinar e empírico**, uma vez que cada fenômeno social deve ser analisado concretamente para uma perfeita dimensão do problema. Essa análise é bastante pormenorizada e requer uma atenção especial por parte do criminólogo.

Ainda na perspectiva das suas funções, em sua **concepção moderna**, pode-se afirmar, na linha de Luiz Flávio Gomes e García-Pablos de Molina, que há uma **tríplice função, consubstanciada em explicar e prevenir o crime; intervir na pessoa do infrator; e avaliar os diferentes modelos de resposta ao crime**[23].

A primeira função é facilmente perceptível quando se analisa o crime numa **perspectiva sociológica**, conforme visto acima, sendo a prevenção a forma como ele será evitado. A segunda função é meramente especial, posto que irá atuar na pessoa do delinquente, seja neutralizando-o com a reprimenda, seja ressocializando-o. Essa segunda função permite a análise da chamada prevenção especial estudada no Direito Penal tradicional, mas com enfoque na Criminologia. Como se sabe, a prevenção especial pode ser positiva, quando busca a reinserção do criminoso no seio social (ressocialização), enquanto a prevenção especial negativa busca tão somente a neutralização dele, trancafiando-o numa prisão, com a finalidade de evitar

---

[22] MOLINA, Antonio García-Pablos de. *Tratado de Criminologia*. 2. ed. Valencia: Tirant lo Blanch, 1999. p. 212.

[23] MOLINA, Antonio García-Pablos de; GOMES, Luiz Flávio. *Criminologia* – Introdução a seus fundamentos teóricos. 2. ed. São Paulo: RT, 1997. p. 39.

Manual de Criminologia

novos crimes. Por fim, na terceira função, os modelos de reação ao crime são aqueles avaliados pela Criminologia como eficazes para evitar ou frear o nascimento da delinquência, que serão analisados em capítulo próprio.

Outro grande enfoque seria a **interdisciplinaridade**. Na linha do pensamento esposado acima, a Criminologia **relaciona-se com várias áreas do saber, resultando tal interação nas várias soluções propostas para os problemas sociais advindos da criminalidade.** Apenas para frisar, não se busca a multidisciplinaridade, que consiste em vários conhecimentos que se encontram lado a lado sem nenhuma reciprocidade ou intercâmbio de informações. O que se busca é a troca de informações e de saberes entre as inúmeras ciências existentes, como Biologia Criminal, Sociologia Criminal, Direito Penal, Política Criminal etc., com a finalidade precípua de oferecer uma resposta adequada ao fenômeno da criminalidade.

1.5 CRIMINOLOGIA, POLÍTICA CRIMINAL E DIREITO PENAL

Qual será a relação entre o **Direito Penal e a Política Criminal**, saberes estes indispensáveis para a compreensão do crime e dos demais objetos da Criminologia? A resposta a tal indagação é bem mais simples do que se parece.

A **Política Criminal** é como se fosse um **filtro das inúmeras soluções apresentadas pela Criminologia**, de forma a escolher aquelas que sejam as mais viáveis em dado momento histórico e implementá-las legalmente, no combate à criminalidade. É a consubstanciação das experiências alcançadas pela Criminologia, ou seja, transformar pensamentos em realidades, escolhendo aquelas que sejam mais adequadas para aquele tipo de sociedade, permitindo-se a transformação social. Por meio da **Política Criminal**, os legisladores escolhem as soluções ofertadas pelos criminólogos e votam as leis penais, criando-se a regra social a ser seguida por todos, com o famoso efeito *erga omnes*.

Assim, o processo de criminalização de uma conduta sempre irá passar pela Política Criminal, pois a escolha daquilo que vem a ser proibido deverá passar pelo crivo dos legisladores após uma longa maturação de pensamentos. Mais à frente, será tratado de forma especificada o processo de criminalização, que pode ser dividido em primário, secundário e terciário, com especial atenção para o fenômeno da criminalização primária que tem especial relevo para a atuação do legislador penal na elaboração das leis penais.

Na mesma linha de pensamento, a transformação das ideias da Criminologia em realidade, isto é, o **saber positivado, constitui o próprio Direi-**

23

Christiano Gonzaga

to **Penal**. Esse é o **resultado final** da **Criminologia**, passando-se pela Política Criminal, que é a forma de se tornar lei aquilo que a Criminologia experimentou. A **Política Criminal** representa uma **opção** que os formadores de leis entenderam como a mais viável para aquele tipo de situação vivenciada e analisada pela Criminologia.

Para tornar a questão mais sistematizada, o **Direito Penal** pode ser definido como o arcabouço de artigos que prescrevem determinadas teorias adotadas pelo legislador na Parte Geral e outra sequência de artigos que preconizam quais condutas são proibidas pelo ordenamento jurídico na Parte Especial, com a consequente aplicação de penas para quem descumpri-las.

Toda essa sistematização é feita sob o pálio do princípio da legalidade, em que somente a lei ordinária federal é que poderá dispor acerca da matéria Direito Penal, como dispõe a Constituição Federal em seu art. 22, I, a seguir transcrito:

Art. 22. Compete privativamente à União legislar sobre:

I – direito civil, comercial, penal, processual, eleitoral, agrário, marítimo, aeronáutico, espacial e do trabalho;

Quando se lê o Código Penal, na verdade está sendo feita a leitura daquilo que a Criminologia pensou lá atrás, no estudo do caso concreto, com base nos temas mais relevantes para a sociedade.

Como forma de fundamentar o que fora aqui exposto e pela didática clara com que se expôs a questão, traz-se novamente o escólio de Gomes e Molina ao dissertar e abordar as diferenças práticas entre Criminologia, Política Criminal e o Direito Penal, nesses termos:

"A política criminal é uma disciplina que oferece aos poderes públicos as opções científicas concretas mais adequadas para controle do crime, de tal forma a servir de ponte eficaz entre o direito penal e a criminologia, facilitando a recepção das investigações empíricas e sua eventual transformação em preceitos normativos. Assim, a criminologia fornece o substrato empírico do sistema, seu fundamento científico. A política criminal, por seu turno, incumbe-se de transformar a experiência criminológica em opções e estratégias concretas assumíveis pelo legislador e pelos poderes públicos. O direito penal deve se encarregar de converter em proposições jurídicas, gerais e obrigatórias o saber criminológico esgrimido pela política criminal".[24]

---

[24] Op. cit., p. 126.

Manual de Criminologia

Pelo que se depreende da citação acima, a Criminologia, a Política Criminal e o Direito Penal são os pilares de sustentação das **ciências criminais**, sendo imprescindíveis para o correto aprendizado acerca do fenômeno da criminalidade.

Um bom exemplo acerca de um instituto que sofreu a ingerência dessas três áreas do saber é o **comportamento da vítima** para fins de dosimetria da pena. Ora, a Criminologia há muito tempo importa-se com a vítima para o estudo do crime; e a Política Criminal entendeu razoável essa preocupação e transformou em lei tal pensamento, positivando o comportamento da vítima no **art. 59**, *caput*, **do CP**, como algo necessário à dosimetria da pena.

Nessa mesma linha de raciocínio, alguns institutos que existem atualmente na Parte Geral do Código Penal, em virtude da chamada **Reforma Penal de 1984**, somente foram inseridos após os estudos incessantes da Criminologia e a consequente transformação deles em regras positivadas, como é o caso das **atenuantes inominadas (art. 66 do CP)** e do **arrependimento posterior (art. 16 do CP)**. Este último emprestando relevo ao comportamento do criminoso que, voluntariamente, repara o dano causado para a vítima, o que lhe permitirá, caso preenchidos os demais requisitos, a diminuição de sua pena. Como se depreende, o comportamento do delinquente, que é objeto de estudo da Criminologia, foi levado em consideração para fins de criar regras no Direito Penal.

Acerca da **atenuante inominada** prevista **no art. 66 do Código Penal**, deve ser feita uma análise mais pormenorizada, pois as ideias previstas nos estudos da Criminologia foram muito bem destacadas para a sua concepção.

Analisando-se os **controles sociais formais**, percebe-se que o Estado censura vários tipos de condutas desviantes, como se viu acima. Todavia, esse mesmo Estado também é responsável por criar certos criminosos quando se omite em prover a sociedade com os direitos sociais mínimos previstos no **art. 6º da Constituição Federal**, tais como educação, saúde e alimentação. O cidadão que mora numa comunidade carente, vulgarmente chamada de favela, está desprovido de todos esses direitos sociais, estando vulnerável a imiscuir-se no mundo do crime, pois neste ele poderá obter pelo menos alguns direitos que o próprio Estado nega em conceder-lhe. Vários são os casos em que a pessoa dependia do Estado e enveredou para o caminho do crime depois de ter passado por péssimas experiências, como quem teve parentes mortos em filas de hospitais ou pela polícia em casos de abuso ou matrículas negadas em escolas por ausência de vagas.

25

Christiano Gonzaga

Ora, incide nesse campo o fenômeno do **determinismo social**, em que se preleciona que o meio determina o homem. Ciente dessa triste realidade, o **Professor Zaffaroni** cunhou a teoria da **coculpabilidade**, com espeque no **art. 66 do Código Penal**[25]. Pelo enfoque da aludida teoria, o Estado, enquanto deficitário no cumprimento do art. 6º da Constituição Federal, deve **dividir a culpabilidade** com aquele cidadão que entrou para o mundo do crime por falta de opção, incidindo a expressão coculpabilidade como espécie de divisão de responsabilidade, em alusão à expressão coautoria do concurso de pessoas. Se o Estado foi omisso, o criminoso que foi criado (determinismo social) deve responder pelo crime que praticou, mas de forma atenuada, reconhecendo o Estado-Juiz a incidência de uma atenuante inominada prevista no art. 66 do Código Penal. É como se o Estado estivesse assumindo a sua culpa na criação daquele criminoso e respondendo com ele, mas de forma a diminuir a reprimenda, pois impossível o Estado responder criminalmente por isso, então o próprio Estado aplica a atenuante como forma de dividir a responsabilidade.

Em capítulo próprio, tal fenômeno será mais bem explicitado com todas as suas vertentes.

De outra feita, existem institutos que foram **retirados** do Código Penal, em razão dos estudos da Criminologia, como é o exemplo do **sistema do duplo binário**, que foi substituído pelo **vicariante**. Para tornar clara a questão, em se tratando de medidas de segurança, o atual sistema vicariante ou alternativo preconiza que o Juiz aplicará para o imputável uma sanção criminal, enquanto para o inimputável (doente mental) será determinada uma medida de segurança detentiva ou tratamento ambulatorial, na forma do art. 96 do Código Penal[26].

Antes da referida alteração, o Código Penal adotava o chamado sistema do **duplo binário**, em que se aplicavam **medidas de segurança *e* sanção criminal** para o **inimputável**, de forma que o agente que cometesse um fato típico e antijurídico (lembrar que inimputável não possui culpabilidade, daí não praticar crime na acepção tripartida de delito), enquanto doente mental, e recebesse uma medida de segurança qualquer, mas que

---

[25] ZAFFARONI, Eugenio Raul; PIERANGELI, José Henrique. *Manual de Direito Penal brasileiro* – Parte geral. 2. ed. São Paulo: RT, 1999. p. 610-611.

[26] Art. 96. As medidas de segurança são:

I – Internação em hospital de custódia e tratamento psiquiátrico ou, à falta, em outro estabelecimento adequado;

II – sujeição a tratamento ambulatorial.

Manual de Criminologia

convalescesse após o início de seu cumprimento, teria que cumprir na sequência a sanção criminal já imputada por ocasião da sentença. Pelo atual sistema vicariante, caso o agente cometa um homicídio enquanto doente mental e fique internado apenas alguns anos, ele será colocado em liberdade se restabelecer a sua saúde mental.

Os estudos da Criminologia apontaram para a desnecessidade de uma dupla imputação de pena e medida de segurança para o inimputável, uma vez que seria desumano tratar aquele que era doente mental ao tempo da ação ou omissão e não sabia o que estava fazendo de forma a equipará-lo ao imputável. Após o cumprimento de parte da medida de segurança, estando restabelecido, ele não se lembrará do que fez e a pena criminal cairia no vazio e não teria nenhum efeito de prevenção criminal, o que não se coaduna com o atual sistema penal. Daí a sua substituição pelo **sistema vicariante ou alternativo** em que se aplica a **medida de segurança** para o inimputável (isenção de pena) *ou* a **pena** para o imputável, na forma do art. 26, *caput*, do Código Penal[27], mas nunca as duas formas de reprimendas conjuntamente.

De forma a esgotar a matéria e também para demonstrar que existem resquícios do já afastado sistema do duplo binário, traz-se à colação um exemplo de que ele ainda está previsto no Código Penal, mas por uma omissão do legislador que fez a Reforma Penal de 1984 da Parte Geral e se esqueceu de alterar o artigo a seguir citado da Parte Especial.

O **art. 352 do Código Penal**, se lido sob a ótica do sistema vicariante, causa certa perplexidade, uma vez que ele determina a aplicação de pena para o inimputável, como se vê a seguir:

Evasão mediante violência contra a pessoa

Art. 352. Evadir-se ou tentar evadir-se o preso ou o **indivíduo submetido a medida de segurança detentiva**, usando de violência contra a pessoa:

Pena – detenção, de três meses a um ano, além da pena correspondente à violência. (grifos nossos)

Ora, se o indivíduo está cumprindo uma medida de segurança e resolve fugir, após a sua recaptura ele será submetido à nova medida de segurança, mas não à pena de detenção de três meses a um ano prevista no preceito secundário do artigo em tela. Isso somente fazia-se possível quando o siste-

---

[27] Art. 26. É isento de pena o agente que, por doença mental ou desenvolvimento mental incompleto ou retardado, era, ao tempo da ação ou da omissão, inteiramente incapaz de entender o caráter ilícito do fato ou de determinar-se de acordo com esse entendimento.

Christiano Gonzaga

ma era do duplo binário, em que o inimputável poderia receber ambas as espécies de reprimendas e cumpri-las sucessivamente. É em virtude dessa omissão do legislador que se diz que há um resquício do sistema já substituído na Reforma Penal de 1984, que todavia não tem aplicabilidade, uma vez que o inimputável receberá medida de segurança e ao imputável será determinada uma pena, sem que haja cumulatividade.

Importante ressaltar que, em boa hora, o legislador penal brasileiro criminalizou (**criminalização primária, tema analisado verticalmente no item 4 deste** *Manual*) a figura do *bullying* dentro da nova disposição legal prevista no **art. 146-A, CP**, fazendo jus à interdisciplinaridade tratada aqui, na forma transcrita:

> **Art. 146-A.** Intimidar sistematicamente, individualmente ou em grupo, mediante violência física ou psicológica, uma ou mais pessoas, de modo intencional e repetitivo, sem motivação evidente, por meio de atos de intimidação, de humilhação ou de discriminação ou de ações verbais, morais, sexuais, sociais, psicológicas, físicas, materiais ou virtuais: (Incluído pela Lei n. 14.811, de 2024.)
>
> Pena – multa, se a conduta não constituir crime mais grave. (Incluído pela Lei n. 14.811, de 2024.)
>
> **Intimidação sistemática virtual** (*cyberbullying*) (Incluído pela Lei n. 14.811, de 2024.)
>
> Parágrafo único. Se a conduta é realizada por meio da rede de computadores, de rede social, de aplicativos, de jogos *on-line* ou por qualquer outro meio ou ambiente digital, ou transmitida em tempo real: (Incluído pela Lei n. 14.811, de 2024.)
>
> Pena – reclusão, de 2 (dois) anos a 4 (quatro) anos, e multa, se a conduta não constituir crime mais grave. (Incluído pela Lei n. 14.811, de 2024.)

O tipo penal em epígrafe constitui uma clara hipótese da interdisciplinaridade entre a **Criminologia, a Política Criminal e o Direito Penal**, em que a primeira estuda as situações envolvendo casos concretos que precisam de uma resposta social, sendo a segunda responsável pela análise daquilo que de fato será inserido na lei penal e, por fim, a terceira constitui a própria lei penal já alterada com as soluções apresentadas inicialmente. Trata-se de uma perfeita relação entre as três disciplinas, tudo em prol de uma implementação social de orientações voltadas para o desenvolvimento social.

O *bullying* é tema de suma importância para a Criminologia, pois constitui uma das principais fontes de delinquência na sociedade moderna,

Manual de Criminologia

em que os mais fortes acabam por impor, na maioria das vezes por meio da violência, a sua vontade em detrimento dos mais fracos. Daí, então, a necessidade de uma resposta estatal para frear e exemplificar que tal prática constitui crime e receberá uma sanção penal por sua infração.

O tipo penal do *bullying*, previsto no art. 146-A, CP, agora é uma realidade e será objeto de punição estatal. Importante destacar que o legislador exige que a intimidação seja sistemática, ou seja, deve ser feita de forma constante, não bastando um ato isolado de intimidação. Trata-se, então, de um crime habitual, que necessita da reiteração da conduta prevista no tipo penal.

Além disso, o legislador também inseriu a possibilidade de o crime ser praticado no ambiente virtual, ensejando a figura do chamado *cyberbullying*, prevista no art. 146-A, parágrafo único, CP, exigindo-se, da mesma forma, que a intimidação seja feita de forma sistemática (crime habitual).

A principal diferença entre os dois tipos penais está na gravidade do delito, uma vez que o crime de *bullying* previsto no *caput* tem previsão de pena de multa apenas, o que enseja o seu julgamento no Juizado Especial Criminal, aplicando-se os benefícios despenalizadores da transação penal e da suspensão condicional do processo. Já o delito de *cyberbullying* estampado no parágrafo único possui reprimenda de 2 a 4 anos de reclusão e multa, afastando-se a incidência do Juizado Especial Criminal, que é destinado a crimes com penas máximas que não ultrapassem os dois anos, excluindo--se, por consequência, os benefícios despenalizadores da transação penal e da suspensão condicional do processo.

Logo, o que antes constituía mera denominação legal das figuras do *bullying* e *cyberbullying*, hoje constitui figura típica e merece a reprimenda penal prevista em lei, ressalvando que se de tais crimes advir alguma conduta criminosa mais grave, tal como o homicídio ou lesão corporal gravíssima, o enquadramento será feito em um desses dois tipos penais, uma vez que o art. 146-A, CP, na parte das penas, menciona o princípio da subsidiariedade expressa, pois afasta os aludidos crimes (*bullying* e *cyberbullying*), se o fato constituir crime mais grave.

Em outras palavras, caso seja perpetrado um crime de *bullying* ou *cyberbullying* junto com um delito de homicídio ou lesão corporal gravíssima, aplicar-se-ão tais tipos penais, restando afastados aqueles outros, pois são considerados tipos mais brandos, na exata prescrição legal.

Aqui, nesse ponto, não se aplica o princípio da subsidiariedade expressa (em relação ao crime específico de *cyberbullying*) para os crimes de lesão corporal leve e grave, pois tais tipos penais possuem sanções penais menores do que aquele delito, devendo haver a punição, então, pelo crime inicialmente praticado, no caso o *cyberbullying*.

Christiano Gonzaga

De fato, a tornar clara a observação feita, caso alguém pratique um *cyberbullying* (art. 146-A, parágrafo único, CP, cuja pena é de reclusão de 02 a 04 anos e multa), postando de forma sistemática nas redes sociais algo discriminatório contra um colega seu de sala de aula, sendo que quando este vai reclamar recebe um tapa na cara, ocasionando uma lesão corporal leve (art. 129, *caput*, CP, cuja pena é de detenção de 03 meses a 01 ano), a punição se dará apenas pelo crime do art. 146-A, parágrafo único, CP, por ser, no presente exemplo, crime mais grave.

Quanto ao crime específico de *bullying*, previsto no art. 146-A, *caput*, CP, cuja sanção penal é de multa, o princípio da subsidiariedade expressa terá mais incidência quanto à aplicação de outro delito mais grave, pois os crimes de lesão corporal (em todas as suas formas dolosas) e de homicídio possuem a pena mais elevada, com o que restará afastado aquele tipo penal considerado mais brando em detrimento desses últimos.

Ainda na linha da interdisciplinaridade, dentro da vertente da **Criminologia feminista (estudada mais a fundo no item 2.5.9)**, destaca-se a novidade legal inserida no tipo penal previsto no Código Penal, nesse sentido:

> **Violência psicológica contra a mulher** (Incluído pela Lei n. 14.188, de 2021.)
>
> Art. 147-B. Causar dano emocional à mulher que a prejudique e perturbe seu pleno desenvolvimento ou que vise a degradar ou a controlar suas ações, comportamentos, crenças e decisões, mediante ameaça, constrangimento, humilhação, manipulação, isolamento, chantagem, ridicularização, limitação do direito de ir e vir ou qualquer outro meio que cause prejuízo à sua saúde psicológica e autodeterminação: (Incluído pela Lei n. 14.188, de 2021.)
>
> Pena – reclusão, de 6 (seis) meses a 2 (dois) anos, e multa, se a conduta não constitui crime mais grave.

Trata-se de tipificação penal que faz valer a ideia de proteção integral à figura da mulher, constituindo crime qualquer situação que cause dano emocional a ela, resgatando-se a definição legal prevista na Lei n. 11.340/2006, art. 7º, II, que já previa tal hipótese, mas não havia a correspondente tipificação penal para quem praticasse a citada espécie de violência.

Com o fim de demonstrar que o conceito já existia legalmente, cita-se a disposição legal mencionada, nesses termos:

> Art. 7º São formas de violência doméstica e familiar contra a mulher, entre outras: (...)

Manual de Criminologia

II – a violência psicológica, entendida como qualquer conduta que lhe cause dano emocional e diminuição da autoestima ou que lhe prejudique e perturbe o pleno desenvolvimento ou que vise degradar ou controlar suas ações, comportamentos, crenças e decisões, mediante ameaça, constrangimento, humilhação, manipulação, isolamento, vigilância constante, perseguição contumaz, insulto, chantagem, violação de sua intimidade, ridicularização, exploração e limitação do direito de ir e vir ou qualquer outro meio que lhe cause prejuízo à saúde psicológica e à autodeterminação;

Dentro da sistematização de ideias acerca da **Criminologia feminista**, tem-se a implementação de um tipo penal que já era previsto como forma de **violência psicológica** contra a mulher, no art. 7º, II, da Lei n. 11.340/2006, mas sem consequência penal. Com isso, percebe-se, mais uma vez, que as temáticas abordadas pela Criminologia tornam-se relevantes no direito positivo, eis que a proteção à mulher só foi mais bem engendrada quando a Política Criminal passou a dar importância aos movimentos feministas que lutam pela responsabilização legal de atos atentatórios à dignidade de sua condição feminina.

Percebe-se que o legislador se valeu dos mais variados temas que permeiam os movimentos feministas de proteção à figura da mulher, de forma a criar a tipificação penal e diminuir os ataques cometidos contra ela, ainda que seja um crime mais brando que o feminicídio, a correta tipificação do dano psicológico já constitui um freio para que o agressor não chegue às violações dos bens jurídicos mais graves. Funciona como uma espécie de grau inicial de lesão a bem jurídico, protegendo-se a figura da mulher desde os primeiros ataques possíveis à sua dignidade pessoal.

A simples previsão legal sobre o conceito de violência psicológica, sem a resposta penal, torna inócua qualquer tentativa de proteção à mulher, uma vez que as medidas protetivas eventualmente aplicadas não são suficientes para frear o instinto agressivo do sujeito ativo. Em muitos casos, inclusive, o agressor viola as medidas protetivas com pressão psicológica contra a mulher, mas agora isso será devidamente apreciado na seara penal.

A Criminologia, mais uma vez, compreendeu os fatos mais sensíveis envolvendo a mulher e orientou que a **Política Criminal** levasse em consideração tais situações para que fosse criminalizada a figura de dano psicológico, numa clara alusão à ideia de interdisciplinaridade, envolvendo as três disciplinas que se completam, quais sejam, a Criminologia, a Política Criminal e o Direito Penal.

Com a aceitação das ideias propostas pela Criminologia, percebe-se que a análise dos casos concretos mais caros à sociedade passa pelo filtro da **Política Criminal** e acaba, assim, transformando-se em lei.

Christiano Gonzaga

Também não foi diferente quando o legislador trabalhou a **vitimização secundária ou sobrevitimização (temática estudada no item 3 deste *Manual*)**, destacando-se uma novidade legal envolvendo o tratamento conferido à vítima, consubstanciado no tipo penal de **violência institucional** previsto na Lei n. 13.869/2019, a seguir citado:

Violência Institucional (Incluído pela Lei n. 14.321, de 2022)

Art. 15-A. Submeter a vítima de infração penal ou a testemunha de crimes violentos a procedimentos desnecessários, repetitivos ou invasivos, que a leve a reviver, sem estrita necessidade: (Incluído pela Lei n. 14.321, de 2022)

I – a situação de violência; ou (Incluído pela Lei n. 14.321, de 2022)

II – outras situações potencialmente geradoras de sofrimento ou estigmatização: (Incluído pela Lei n. 14.321, de 2022)

Pena – detenção, de 3 (três) meses a 1 (um) ano, e multa. (Incluído pela Lei n. 14.321, de 2022)

§ 1º Se o agente público permitir que terceiro intimide a vítima de crimes violentos, gerando indevida revitimização, aplica-se a pena aumentada de 2/3 (dois terços). (Incluído pela Lei n. 14.321, de 2022)

§ 2º Se o agente público intimidar a vítima de crimes violentos, gerando indevida revitimização, aplica-se a pena em dobro.

Pela análise, é de uma claridade solar que o tipo penal trata da denominada **revitimização**, também chamada de vitimização secundária, uma vez que o legislador usou a expressão "submeter a vítima a procedimentos desnecessários que a leve a reviver as situações" que violaram o seu bem jurídico. A expressão "reviver" destaca claramente a ideia de revitimização, demonstrando que o legislador se atentou para a ideia trazida pela Criminologia atinente ao tratamento que deve ser evitado no trato com a vítima.

Como se não fosse suficiente, para tornar mais óbvia ainda a questão da vitimização secundária tratada na Criminologia, bem como para aquilatar o tamanho da importância da matéria nos dias de hoje, não apenas na prática do cotidiano forense, mas também nos mais variados concursos públicos, o legislador cita, expressamente, nos parágrafos 1º e 2º, a expressão "revitimização" ao mencionar o tratamento que deve ser evitado quanto à relação com a vítima na persecução penal. Isso por si só demonstra quão relevante passou a ser o estudo da Criminologia para compreender-se a parte social envolvendo a criminalidade, mas, também, as constantes alterações legais imbuídas de expressões que antes somente eram estudadas nos livros de Criminologia.

Mais uma vez, a **Criminologia** fornece todo o substrato para que a

Manual de Criminologia

Política Criminal escolha as situações mais condizentes com a realidade da criminalidade e transforme isso em tipificações penais, como ocorre com a previsão legal em testilha.

Ainda dentro da sistemática da **interdisciplinaridade entre Criminologia, Política Criminal e Direito Penal e Direito Processual Penal**, destaca-se o Processo Penal, percebendo-se que não passou ao largo do legislador o estudo que a Criminologia fez de emblemático caso concreto envolvendo a cidadã chamada Mariana Ferrer, que se intitulou como "Caso Mariana Ferrer.

Vamos resgatar o acontecimento, não na parte criminal, eis que o desfecho do suposto crime de estupro não interessa ao que será aqui abordado, mas sim a forma como a suposta vítima foi tratada na audiência de instrução e julgamento.

Ora, os personagens processuais devem ter um cuidado especial ao indagar a vítima de crimes contra a dignidade sexual, notadamente quando for do sexo feminino, eis que há uma fragilização natural em tais situações. Assim, a vida pregressa da vítima ou a forma como ela se veste, por exemplo, não podem ter o condão de ter peso na persecução penal. Ataques, pilhérias e zombarias contra a pessoa da vítima na apuração do crime sexual não devem ser aceitos, eis que isso é uma patente forma de fazer com que ela reaviva o episódio em que se violou o seu bem jurídico, no caso, a dignidade sexual.

Isso é o que a Criminologia quer evitar dentro do estudo da **vitimização secundária**, pois já basta a violação ao seu bem jurídico (vitimização primária), o que pressupõe uma instrução processual em consonância com o fundamento constitucional da dignidade da pessoa humana.

Com base nessa análise doutrinária da Criminologia, o Processo Penal andou bem ao criar a seguinte disposição legal, nesses termos:

Art. 400-A. Na audiência de instrução e julgamento, e, em especial, nas que apurem crimes contra a dignidade sexual, todas as partes e demais sujeitos processuais presentes no ato deverão zelar pela integridade física e psicológica da vítima, sob pena de responsabilização civil, penal e administrativa, cabendo ao juiz garantir o cumprimento do disposto neste artigo, vedadas:

I – a manifestação sobre circunstâncias ou elementos alheios aos fatos objeto de apuração nos autos;

II – a utilização de linguagem, de informações ou de material que ofendam a dignidade da vítima ou de testemunhas.

33

Christiano Gonzaga

Art. 474-A. Durante a instrução em plenário, todas as partes e demais sujeitos processuais presentes no ato deverão respeitar a dignidade da vítima, sob pena de responsabilização civil, penal e administrativa, cabendo ao juiz presidente garantir o cumprimento do disposto neste artigo, vedadas:

I – a manifestação sobre circunstâncias ou elementos alheios aos fatos objeto de apuração nos autos;

II – a utilização de linguagem, de informações ou de material que ofendam a dignidade da vítima ou de testemunhas.

Percebe-se, claramente, que o legislador se abeberou nos conhecimentos da Criminologia, pois é destacada de forma explícita a figura da vítima, que deve ser respeitada em toda a sua extensão, sob pena de ocorrer a tão citada vitimização secundária.

O que o legislador fez na seara processual penal foi acrescentar consequências para o descumprimento do que está imposto pela lei, que é o respeito à dignidade da pessoa humana, sendo tais consequências facilmente percebidas na responsabilização civil, penal e administrativa. Em outras palavras, se não houver a completa atenção ao que consta das disposições legais, ensejará a possibilidade de indenização cível, aplicação de sanção penal e punição administrativa para o infrator.

Na linha de que a Criminologia vem implementando os seus pensamentos dentro do **Direito Penal**, por meio do **filtro feito pela Política Criminal**, destacam-se os novos tipos penais que foram criados nos arts. 359-I a 359-R, que visam à proteção do **Estado Democrático de Direito**. Sob essa ótica, percebe-se, claramente, que a temática da Criminologia refletida foi do **Movimento da Lei e Ordem (temática estudada no item 2.5.5**), com o intuito claro de manter-se a ordem social.

Os tipos penais recentemente criados possuem o escopo de impedir qualquer espécie de atentado às instituições democráticas, sendo que alguns são de difícil conceituação prática, mas a mera previsão legal de sanção penal já é suficiente para garantir um efeito pedagógico almejado.

Para tornar clara a questão, transcrevem-se os delitos citados, *in verbis*:

TÍTULO XII (Incluído pela Lei n. 14.197, de 2021)

DOS CRIMES CONTRA O ESTADO DEMOCRÁTICO DE DIREITO

CAPÍTULO I

DOS CRIMES CONTRA A SOBERANIA NACIONAL

Atentado à soberania

Manual de Criminologia

Art. 359-I. Negociar com governo ou grupo estrangeiro, ou seus agentes, com o fim de provocar atos típicos de guerra contra o País ou invadi-lo:

Pena – reclusão, de 3 (três) a 8 (oito) anos.

§ 1º Aumenta-se a pena de metade até o dobro, se declarada guerra em decorrência das condutas previstas no *caput* deste artigo.

§ 2º Se o agente participa de operação bélica com o fim de submeter o território nacional, ou parte dele, ao domínio ou à soberania de outro país:

Pena – reclusão, de 4 (quatro) a 12 (doze) anos.

Atentado à integridade nacional

Art. 359-J. Praticar violência ou grave ameaça com a finalidade de desmembrar parte do território nacional para constituir país independente:

Pena – reclusão, de 2 (dois) a 6 (seis) anos, além da pena correspondente à violência.

Espionagem

Art. 359-K. Entregar a governo estrangeiro, a seus agentes, ou a organização criminosa estrangeira, em desacordo com determinação legal ou regulamentar, documento ou informação classificados como secretos ou ultrassecretos nos termos da lei, cuja revelação possa colocar em perigo a preservação da ordem constitucional ou a soberania nacional:

Pena – reclusão, de 3 (três) a 12 (doze) anos.

§ 1º Incorre na mesma pena quem presta auxílio a espião, conhecendo essa circunstância, para subtraí-lo à ação da autoridade pública.

§ 2º Se o documento, dado ou informação é transmitido ou revelado com violação do dever de sigilo:

Pena – reclusão, de 6 (seis) a 15 (quinze) anos.

§ 3º Facilitar a prática de qualquer dos crimes previstos neste artigo mediante atribuição, fornecimento ou empréstimo de senha, ou de qualquer outra forma de acesso de pessoas não autorizadas a sistemas de informações:

Pena – detenção, de 1 (um) a 4 (quatro) anos.

§ 4º Não constitui crime a comunicação, a entrega ou a publicação de informações ou de documentos com o fim de expor a prática de crime ou a violação de direitos humanos.

CAPÍTULO II

DOS CRIMES CONTRA AS INSTITUIÇÕES DEMOCRÁTICAS

Abolição violenta do Estado Democrático de Direito

Art. 359-L. Tentar, com emprego de violência ou grave ameaça, abolir o Estado Democrático de Direito, impedindo ou restringindo o exercício dos poderes constitucionais:

Christiano Gonzaga

Pena – reclusão, de 4 (quatro) a 8 (oito) anos, além da pena correspondente à violência.

Golpe de Estado

Art. 359-M. Tentar depor, por meio de violência ou grave ameaça, o governo legitimamente constituído:

Pena – reclusão, de 4 (quatro) a 12 (doze) anos, além da pena correspondente à violência.

CAPÍTULO III DOS CRIMES CONTRA O FUNCIONAMENTO DAS
INSTITUIÇÕES DEMOCRÁTICAS NO PROCESSO ELEITORAL

Interrupção do processo eleitoral

Art. 359-N. Impedir ou perturbar a eleição ou a aferição de seu resultado,
mediante violação indevida de mecanismos de segurança do sistema eletrônico de votação estabelecido pela Justiça Eleitoral:

Pena – reclusão, de 3 (três) a 6 (seis) anos, e multa.

Violência política

Art. 359-P. Restringir, impedir ou dificultar, com emprego de violência física, sexual ou psicológica, o exercício de direitos políticos a qualquer pessoa
em razão de seu sexo, raça, cor, etnia, religião ou procedência nacional:

Pena – reclusão, de 3 (três) a 6 (seis) anos, e multa, além da pena correspondente à violência.

CAPÍTULO IV DOS CRIMES CONTRA O FUNCIONAMENTO
DOS SERVIÇOS ESSENCIAIS

Sabotagem

Art. 359-R. Destruir ou inutilizar meios de comunicação ao público, estabelecimentos, instalações ou serviços destinados à defesa nacional, com o
fim de abolir o Estado Democrático de Direito:

Pena – reclusão, de 2 (dois) a 8 (oito) anos.

Os tipos penais mencionados são voltados para o Movimento da Lei e
Ordem, podendo ser citado, em especial, o **art. 359-L, CP**, que criminaliza
a conduta de qualquer pessoa que atente, por meio de violência ou grave
ameaça, contra os Poderes Constituídos, como exemplo, o Supremo Tribunal Federal.

Em tempos de confusão entre liberdade de expressão e libertinagem,
algumas pessoas defendem a abolição da Suprema Corte com a substituição
desta pelas Forças Armadas. Nada de errado nisso quando se está no campo
das ideias, da liberdade de expressão e de pensamento. Todavia, a situação é
diversa quando se infla a população, com bandeiras e cantos de ordem, a ata-

Manual de Criminologia

car e depredar o local onde fica o Supremo Tribunal Federal, culminando-se na deposição dos Ministros e extinção dessa Corte Superior.

Nesse caso, paralelo ao uso da violência ou da grave ameaça, que são elementares do tipo penal em epígrafe, tem-se o enquadramento legal nessa figura típica, pois já se ultrapassou em muito o direito constitucional de emitir pensamento. Isso só foi possível no Brasil porque, na prática, muitas estavam sendo as manifestações no sentido de abolir a mais alta Corte do Poder Judiciário, o que chamou a atenção da Criminologia para o caso concreto e, consequentemente, da cristalização em figura típica por parte do Direito Penal.

Eis aqui, mais uma vez, a ideia de interdisciplinaridade entre a Criminologia, a Política Criminal e o Direito Penal, relação de suma importância para a compreensão exata das Ciências Criminais.

O enfoque legal foi totalmente baseado nos estudos da Criminologia, ressaltando-se que isso constitui a perfeita aceitação dessa importante Ciência Criminal no cotidiano forense.

Assim, infere-se que muitas foram as contribuições da **Criminologia** para a criação de artigos de lei que positivaram as suas ideias por meio do Direito Penal, em harmoniosa interação entre outros dois ramos do conhecimento, quais sejam, o **Direito Penal e a Política Criminal**.

1.5.1 Criminologia e a Psicanálise

Antes de passar ao próximo ponto, em virtude de uma ligação íntima com outro grande campo de investigação do comportamento humano, é interessante trabalhar a relação da **Criminologia com a Psicanálise**, ainda mais pelas inúmeras **síndromes** que são estudadas naquela, mas que foram inicialmente pensadas nesta última.

Um ponto interessante no **campo da moral**, e mais precisamente na **Psicanálise de Freud**, é a expressão "**criminoso por sentimento de culpa**", também chamada de teoria dos instintos. Como se sabe, os campos da mente humana ainda não foram devidamente explorados, devendo ser atribuído a outras áreas do saber os motivos pelos quais alguém resolve cometer um crime. Aprofundando a pesquisa envolvendo a ideia de culpa e alívio, Freud constatou que existem certos tipos de criminosos que praticam delitos para **aliviar um sentimento de culpa** que fica perseguindo o indivíduo e somente cessa depois do cometimento da infração penal. Numa análise inicial, isso pode parecer loucura, mas não é, pois há pessoas que possuem a necessidade de cometer crimes para sentir-se vivo e também eliminar o sentimento preexistente de culpa.

O Professor Salo de Carvalho, um dos mais notáveis estudiosos da matéria no Brasil, em sua obra *Antimanual de Criminologia* bem retratou essa forma de pensar freudiana, descrevendo que esse tipo de criminoso

Christiano Gonzaga

existe e é real, ao citar trecho do texto de Freud chamado "Os vários tipos de caráter descobertos no trabalho analítico" (1916), nesses termos:

"O psicanalista narra, demonstrando surpresa, que percebera que a prática do crime estava fortemente relacionada ao fato de ser a conduta proibida e de que sua execução produzia profundo alívio na ordem psíquica. Conclui que 'el sujeito sufría, en efecto, de um penoso sentimiento de culpabilidad, de origen desconocido, y una vez cometida una falta concreta, sentía mitigada la presión del mismo. El sentimiento de culpabilidad quedaba así, por lo menos adherido a algo tangible.'"[28]

Essa ideia de fazer o proibido está ligada ao subconsciente do ser humano, que é preparado desde a infância a fazer o correto, o que gera nele uma certa vontade de "quebrar as amarras" (**sensação de alívio**) e realizar aquilo que sempre lhe vedaram, no caso os pais e adultos. Assim, quando chega à adolescência ou até mesmo à idade adulta, ele é dono de si e pode romper com esses limites que lhe foram impostos.

Existem muitos dogmas sociais que são assumidos publicamente, como fidelidade conjugal, respeito ao próximo e atuar sempre com ética nos negócios. Não obstante, **a sensação de quebrar ou violar dogmas considerados imutáveis** traz um poder para quem viola, pois ele se coloca acima do bem e do mal e trata as expectativas sociais como algo que deve ser útil a ele, não o contrário. Em algumas negociações do mundo corporativo, o objetivo está muitas vezes em subjugar o outro do que propriamente fazer um bom negócio, sendo praticamente uma competição entre pessoas para ver qual que sairá ileso após violar o que fora acertado entre eles. Colocar-se acima do outro traz um sentimento de alívio e realização.

Quanto à fidelidade conjugal, a vida de uma pessoa casada é praticamente um abandono da liberdade que se tinha quando solteira e passa a ser regida por regras rígidas de convivência, devendo o casal zelar pelo respeito ao próximo e viver para a família. Todavia, essa vida pode tornar-se monótona e transformar-se numa prisão para aqueles que não estão determinados a constituir uma família e viver até o final de suas vidas com a mesma pessoa. Em virtude disso, surgem situações de adultério que bem retratam o rompimento dos dogmas assumidos quando da constituição da família, conferindo certa liberdade e sensação de alívio para quem faz a violação. Vem à tona aquele sentimento de alívio, que antes fora precedido de um sentimento de culpa. **Com a prática do proibido, rompe-se com aquele sentimento anterior de culpa e o agente ingressa numa fase de regozijo.**

---

[28] CARVALHO, Salo de. *Antimanual de Criminologia*. 5. ed. São Paulo: Saraiva, 2013. p. 402-403.

Manual de Criminologia

Todavia, nessa impulsividade de praticar o proibido, pode-se incorrer em algumas condutas enquadradas no Código Penal, o que ensejará a prática de crime e consequente imposição de sanção criminal, merecendo destaque e análise por parte das mais variadas ciências criminais, ainda que a explicação da motivação do delito esteja na Psicanálise. Assim como infringir as regras sociais gera a sensação de alívio, o cometimento de uma infração penal também gera o mesmo efeito na pessoa do criminoso. O que se busca é a violação de algo tido como errado ou proibido para afastar o sentimento de culpa, ainda que isso implique a aplicação de uma pena privativa de liberdade. O agente já tem a vontade de violar a norma penal, sendo isso parte dos seus pensamentos, ou seja, no *iter criminis*, a fase da cogitação já foi vencida. O que se almeja agora é passar para a fase do alívio e praticar logo a infração penal.

Pelo que se percebe, a Psicanálise possibilita que o investigador vá nas entranhas da mente criminosa para entender as motivações que cercam o crime e as vontades que estão sendo satisfeitas; e com esses elementos em mãos será possível desvendar muitas questões que circundam a criminalidade.

O campo da Criminologia, ao contrário do **Direito Penal**, é mais amplo e menos afeto à **rigidez da dogmática penal**, permitindo-se uma exploração mais livre de vários fenômenos criminosos. No **Direito Penal**, como se vê dos estudos básicos de qualquer doutrina, a análise é fechada a três categorias imutáveis para a imposição final de uma sanção, quais sejam: **fato típico**, **antijurídico** e **culpável**. Nada pode ser ampliado fora desses limites sob pena de violar o já citado princípio da legalidade e toda a estática dogmática penal.

De outro lado, a Criminologia permite uma gama infindável de atuação em vários outros ramos dos saberes, notadamente a **Psicanálise**. Para facilitar e enriquecer a visão que será concretizada a seguir, cita-se um trecho de livro importante no cenário da Criminologia nacional, cuja autoria é de Salo de Carvalho, já citado anteriormente, mas pela claridade de pensar deve ser repetida, nestes termos:

"A Criminologia, porém, em decorrência da fragmentação interna e do desenvolvimento de inúmeros discursos com matrizes epistemológicas distintas (v.g. Antropologia, Sociologia, Psicologia, Psiquiatria, Psicanálise), diferente do Direito Penal, não logrou delimitar unidade de investigação. A pluralidade de discursos criminológicos, com a consequente diversidade de objetos e de técnicas de pesquisa, tornou ilimitadas as possibilidades de exploração, podendo voltar sua atenção ao criminoso, à vítima, à criminalidade, à criminalização, à atuação das agências de punitividade, aos

39

desvios não criminalizados e, inclusive, ao delito e ao próprio discurso dogmático".[29]

Pelo que foi transcrito acima, pode-se perceber a liberdade com que a Criminologia atua na pesquisa dos seus objetos, sendo a Psicanálise importante referência para os seus estudos, uma vez que ela faz uma análise crítica e sem amarras dogmáticas aos mais variados fenômenos criminosos, ofertando, inclusive, inúmeras síndromes que podem facilmente terem aplicação no estudo do criminoso, como exemplo, **Síndrome da Mulher de Potifar**, **Síndrome da Barbie** etc., todas analisadas ao longo desta obra.

---

[29] CARVALHO, Salo de. *Antimanual de Criminologia*. 5. ed. São Paulo: Saraiva, 2013. p. 46-47.

2 ESCOLAS CRIMINOLÓGICAS

2.1 ESCOLA CLÁSSICA (CRIMINOLOGIA PRÉ-CIENTÍFICA)

Antes de adentrar nesta escola, cumpre ressaltar que o fenômeno do crime já existia e era analisado desde a **Antiguidade**, como se vê nos estudos dos grandes pensadores da **Grécia antiga, como Sócrates, Aristóteles e Platão**. Todavia, inexistia algo sistematizado acerca da criminalidade que se pudesse chamar de escola ou marco teórico da Criminologia, pois naquela época a problemática da criminalidade era tratada somente por algumas ciências normativas, como a Ética e o Direito, mas sem possuir a atual conceituação de ser uma ciência autônoma e com objeto próprio.

Não obstante essa visão pouco científica, a Escola em epígrafe permitiu o **abandono de uma ideia sobrenatural ou mágica** para explicar o fenômeno do crime e da criminalidade. Antes, atribuía-se aos deuses e aos eventos sobrenaturais a causa de todos os males, como sói acontecer em todos os períodos históricos chamados de pré-clássicos. Em razão disso, cunhou-se convencionar que a Escola Clássica deveria ser chamada de **pré-científica**, pois antecede à Escola Positivista, que é propriamente conhecida como sendo puramente científica, em razão da escolha do método próprio (dedutivo ou empírico) para o estudo do fenômeno do crime e da criminalidade.

Em razão disso, com o fito de aclarar os nomes relacionados à **Escola Clássica**, cumpre ressaltar que ela fora também chamada de pré-científica, sendo que, na sequência, será feita a imersão verticalizada nessa primeira Escola da Criminologia que estudou o intrigante fenômeno do crime.

A chamada **Escola Clássica ou Criminologia Clássica** foi responsável por fazer uma sistematização acerca da problemática do crime, elegendo-o como o seu objeto de estudo, o que lhe permitiu ser chamada de ciência autônoma.

Importante consideração a ser feita consiste em dizer que a Criminologia Clássica abeberou os seus conhecimentos durante o **Iluminismo**, momento histórico em que imperavam a razão, a liberdade e o humanismo.

Nesse contexto, percebe-se que a preocupação dos estudiosos da época era impingir um viés mais **humanista e proporcional** àquele que cometesse um crime, afastando-se aquelas ideias de suplício para o criminoso, o que estava muito em voga no período da Inquisição. De nada adiantaria impor ao criminoso um sofrimento desproporcional, pois o que se deve buscar é a aplicação da pena como forma de exemplo para os demais não delinquirem.

O chamado "Século das Luzes", em alusão ao período do Iluminismo, pregava um tratamento humanitário ao ser humano, pois o homem vive em sociedade e cedeu parcela da sua liberdade para viver em sociedade, como já dizia J. J. Rousseau (1712-1778), na famosa obra *O Contrato Social*. Logo, devia ser tratado como pessoa, e não como coisa, em repulsa ao pensamento de coisificação do homem.

Importante pensador desse momento histórico e que muito contribuiu para a formatação da Escola Clássica foi **Cesare Beccaria ou Marquês de Beccaria** (1738-1794), que ficou consagrado com sua obra *Dos delitos e das penas*. Beccaria lecionava que o crime deve ser combatido com uma pena proporcional ao mal causado pelo criminoso, sem visar apenas ao seu sofrimento. As penas não devem ser excessivamente elevadas nem extremamente brandas, mas o que deve existir é a **certeza da punição**.

Uma grande contribuição da Escola Clássica é que ela se preocupa com a aplicação da lei, o que ressalta o princípio da legalidade, pois se cunhou de forma sistematizada a ideia de *nullum crimen, nulla poena sine praevia lege* (nulo o crime e nula a pena sem lei anterior). Tendo em vista o período anterior de trevas por que passou a humanidade (Inquisição), quando vigoravam leis incertas e vagas, com especial destaque para a crítica feita por **Franz Kafka** (1883-1924), no livro *O processo*, para os processos incertos, inquisitórios e baseado em leis imprecisas, era necessário que houvesse uma guinada para o pensamento humanista e com exigência de leis claras para a punição de alguém. Assim, a **Criminologia Clássica** passou a fazer uma certa devoção ao **princípio da legalidade** e essa pode ser considerada a grande contribuição de aludida escola para os estudos da Criminologia.

Tendo em vista essa devoção pela lei, a Criminologia Clássica não se preocupava em estudar os fatores que criam o crime e o criminoso, mas apenas estudava o crime enquanto ente definido abstratamente pela lei penal. Em outras palavras, a sua preocupação era com o chamado **método lógico-abstrato ou dedutivo**, sendo despiciendo o estudo das causas da criminalidade (Pablos de Molina, *Criminologia*, p. 102).

42

Outro grande estudioso desse pensamento clássico foi **Francesco Carrara** (1805-1888). Para o ilustrado autor, o crime não é um ente de fato, mas sim **um ente jurídico**. Não é uma ação, mas sim uma infração. Trata-se de um ente jurídico porque sua essência deve consistir necessariamente na violação de um direito entendido enquanto algo pertencente a outra pessoa. Faz-se uma análise racional da violação jurídica, distanciando-se um pouco da ideia meramente positivista de violação à lei enquanto diploma legal pura e simplesmente.

Pelo que se constata do pensamento de Carrara, há uma análise além do aspecto **meramente legalista** que fora feito em Beccaria, sendo relevante perquirir a violação enquanto algo relevante no aspecto transcendental, remontando-se ao pensamento de descumprimento de um dogma preestabelecido entre todos os cidadãos de não violar o direito do outro, posto que se adotou o *Contrato Social* de Rousseau. Analisa-se o campo da racionalidade, retirando-se gradativamente da mera legalidade que fora o grande ponto de análise do Marquês de Beccaria. Na Escola Positivista, perceberá o estudioso da Criminologia que se aproveitará o pensamento mais investigativo de ente criminoso enquanto violação jurídica e será feita uma extensão de suas ideias, mas no campo pragmático e do paradigma etiológico.

A par de conhecer esses modelos de pensamento dos clássicos, afirmava-se ainda que o ser humano era detentor do chamado **livre-arbítrio**, escolhendo praticar o crime com base na liberdade que possui, sendo a pena a imposição legal de algo àquele que desobedeceu ao positivado na lei penal. Mera retribuição exemplar para quem delinquiu. Os porquês do cometimento de um crime por alguém eram desnecessários para análise, restando para outras áreas de conhecimento (Psicologia, Sociologia e Filosofia) tal perquirição.

Foi nesse diapasão que vingaram as **teorias da pena (matéria de Direito Penal)** de **cunho absolutista**. Para os clássicos, a pena é uma **retribuição jurídica** que tem como objetivo o restabelecimento da ordem externa violada. A pena como negação da negação do direito (**segundo Hegel**) ou a pena como justiçamento do último assassino que se encontrasse na prisão, caso a sociedade fosse acabar naquele momento (**segundo Kant**), são exemplos de como ela tinha como objetivo restabelecer a ordem jurídica violada. Evidentemente que o método de estudo subjacente a essa forma de pensar não poderia ser experimental, mas sim o método lógico-abstrato ou o dedutivo, próprio da ciência do Direito Penal. Pelo que se constata, estão intimamente relacionadas as ideias da Escola Clássica com as teorias absolutas da pena, pois ambas estão desprovidas de qualquer análise mais aprofundada do fenômeno da criminalidade.

A principal crítica que se faz à Escola Clássica é exatamente no sentido de entender que as causas da criminalidade não são interessantes, mas tão somente o **estudo da lei e seus corolários jurídicos**, relegando a segundo plano o estudo do homem delinquente e dos motivos pelos quais ele resolveu enveredar-se para a delinquência. Ademais, tal Escola de pensamento **não** destacava a Criminologia como **ciência autônoma**, uma vez que não possuía método próprio de investigação, sendo ainda um **apêndice do Direito Penal**. Foi com esse gancho que se criou a escola a ser estudada na sequência, de cunho totalmente investigativo e empírico.

2.2 ESCOLA POSITIVISTA

Também chamada de **Criminologia Positivista**, passou a perquirir as **causas da criminalidade**, o que lhe conferiu a qualidade de ter iniciado o **paradigma etiológico** (estudo das causas de algum fenômeno), uma vez que a indagação dos motivos de as pessoas cometerem crimes passa a ser a pauta dos seus estudos.

Não se deve confundir a expressão "positivista", que qualifica esta escola, com a ideia de positivismo jurídico, sendo este o estudo do que está positivado na lei, o que fora feito anteriormente pela Escola Clássica. Como já prelecionou René Ariel Dotti, "a criminologia positivista inspirou-se nos modelos de investigação propostos pelo positivismo naturalista que teve grande prestígio no final do século XIX e início do século XX. Esse dado esclarece um dos objetivos fundamentais dessa perspectiva, *i.e.*, a indagação *de por que as pessoas cometem crimes*".[1] Logo, o que se busca com a ideia positivista neste tópico é **investigar os motivos do crime**, em alusão às **ciências médicas**, que buscam analisar as causas de algum fenômeno.

Por tal perspectiva, percebe-se claramente a guinada do método dedutivo ou lógico-abstrato para o **método indutivo ou empírico**, pois a busca agora é pelas **causas da criminalidade (causas do ser em contraposição ao dever ser)**, abstraindo-se da análise puramente legalista feita pela Escola Clássica.

Imbuído desse sentimento etiológico, entra em evidência um dos mais famosos criminólogos: **Cesare Lombroso** (1835-1909), conhecido por alguns como o pai da Criminologia. Lombroso ganhou destaque com sua obra *O homem delinquente*, escrita em 1876, e que chamou a atenção do mundo inteiro ao afirmar que certos fatores biológicos deveriam

---

[1] Op. cit., p. 87.

Manual de Criminologia

ser levados em consideração para aferir o surgimento do crime e do criminoso. Aspectos como fronte fugidia, zigomas salientes, lábios grossos, mãos grandes, orelhas grandes, insensibilidade à dor, vaidade, crueldade e tendência à tatuagem denotam a pessoa do criminoso. Cumpre ressaltar a análise da tendência à tatuagem, uma vez que, no Brasil, em uma simples visita aos principais estabelecimentos prisionais pode-se perceber que os detentos cultuam o amor pela tatuagem, sendo pouquíssimos os casos daqueles que nada desenham no próprio corpo.

É comum encontrar presos com tatuagens com dizeres como "amor de mãe", "vingança", "morte", além de desenhos como caveiras, facas e armas de fogo. É a **cultura delinquente** existente dentro dos presídios e que serve para identificar um grupo de pessoas.

Em trecho retirado de seu famoso livro citado acima, percebe-se que Lombroso fez sua investigação baseada na antropometria e na fisionomia dos criminosos, como se destaca no trecho destacado:

> "Em formas análogas e em iguais proporções às dos selvagens, nos é dado notar outras alterações atávicas, sobretudo da face e da base do crânio: sinos frontais enormes, fronte fugidia, fosseta occipital média, soldura do atlas, aspecto viril dos crânios das mulheres, dupla face articular do côndilo occipital, achatamento do palatino, osso epactal, órbitas volumosas e oblíquas."[2]

Visto que Lombroso estudou certos **aspectos biológicos** no ser humano delinquente, nasce a expressão "criminoso nato", presente no livro já citado. Tal expressão evidencia que certas pessoas seriam destinadas a praticar crimes com base em fatores biológicos, o que poderia ser evitado buscando na sociedade pessoas com essas características e retirando-as previamente do convívio social. Todavia, vale ressaltar que, além desse estudo investigativo das causas da criminalidade, a importante contribuição de Lombroso foi inaugurar o método indutivo ou empírico de investigação do fenômeno crime. Nos ensinamentos de Lélio Braga Calhau, "A contribuição principal de Lombroso para a Criminologia não reside tanto em sua famosa tipologia (onde destaca a categoria 'delinquente nato') ou em sua teoria criminológica, senão no método que utilizou em suas investigações: **o método empírico**".[3]

Pelo que se constata, o positivismo lombrosiano é marcadamente de um **determinismo biológico**, em que a liberdade humana (livre-arbítrio) é

---

[2] LOMBROSO, Cesare. *O homem delinquente*. Porto Alegre: Lenz, 2001. p. 287.
[3] CALHAU, Lélio Braga. *Resumo de Criminologia*. 7. ed. Niterói: Impetus, 2012. p. 19.

uma mera ficção. O homem não é livre de sua carga genética e não consegue evitar e lutar contra a sua natureza criminógena e predisposta para o crime.

Analisando-se a ideia do **fator biológico** no surgimento do crime, bem na linha do que pensa Lombroso, destaca-se a ideia de pais e filhos que praticaram crimes semelhantes, como se fosse uma imitação da jornada, mas que é estudado conforme a **genética**.

Tal estudo foi feito pela criminóloga Sue Titus Reid[4], ao tratar de dois assassinos famosos dos Estados Unidos da América, conhecidos como Ward Francis Weaver Jr. e Ward Francis Weaver III, destacando-se que o primeiro, que era pai do segundo, abandonou a família e praticamente não teve contato com o filho, o que demonstra a noção de que o fator era puramente genético, e não pela convivência ou transmissão do exemplo.

Além disso, várias semelhanças foram estudadas pela criminóloga Sue Titus Reid, a seguir elencadas: ambos eram apelidados de Pete; ambos foram abusados quando crianças e também foram abusadores depois disso; ambos torturavam animais; ambos eram caçadores e serviram no exército; ambos casaram e divorciaram duas vezes; ambos tiveram cinco crianças; e ambos tiveram casos de violência contra mulheres. Destaca-se que o perfil histórico era idêntico sem que eles convivessem, o que chama a atenção para o **fator genético no surgimento do crime**.

Obviamente que nem todo filho de pai criminoso será necessariamente igual a ele, mas deve haver um monitoramento com boa educação, exemplos e capacitação profissional para evitar que aquilo possa ter influência. A genética é um dos fatores que pode ensejar a prática do crime, sendo que nem sempre isso ocorrerá, sendo apenas um fator de estatística que é levado em consideração. O ponto relevante aqui é demonstrar que a Escola Positivista de Lombroso não está totalmente descartada no campo científico, mas sim que existem estudos nesse sentido e que devem ser analisados como sucedâneo para entender a criminalidade, ainda que não seja um fator preponderante.

Um subsídio relevante a ser considerado no elemento genético, conforme estudos da criminóloga Sue Titus Reid, é que o ambiente em que a pessoa vive pode aflorar aquela genética propensa ao crime ou até mesmo estancá-la, o que demonstra que há possibilidade de impedir o surgimento do crime, caso a ambiência seja sadia e voltada para a melhora dos indivíduos.

Em outras palavras, o simples fato de a genética ser impregnada por fatores criminógenos não será suficiente para falar-se no crime, posto que o ambiente em que o filho daquele pai criminoso vive será importante para entender-se o nascimento ou não do comportamento criminoso.

---

[4]   REID, Sue Titus. *Crime and Criminology*. 11. ed. New York: McGraw-Hill, 2006. p. 90.

Outro estudo citado pela criminóloga Sue Titus Reid foi sobre a existência do **cromossomo XYY**[5], surgido no ano de 1961, pelas mãos do médico dinamarquês Petra Jacobsen, daí também ser conhecida como **síndrome de Jacobs**. Entende-se que o cromossomo X é feminino e o Y masculino. A existência do cromossomo XYY denotaria um fator de anormalidade, o que ressaltaria o fator de propensão à agressividade e criminalidade, eis que existiriam dois cromossomos masculinos. Tal pesquisa foi feita nos presídios, assim como o estudo inicial de Lombroso, constatando-se que os presidiários, em boa parte, tinham essa síndrome ou o cromossomo XYY.

Destaca-se que a ideia aqui proposta, assim como a questão genética, não pode ser trabalhada de forma isolada ou como se fosse uma constante, pois o ambiente é imprescindível para o desenvolvimento do perfil criminoso. O simples fato de alguém ser portador desse cromossomo não será suficiente para que seja destinado a práticas de tipos penais. Trata-se de um estudo, que inclusive não é utilizado de forma isolada ou como uma constante nos processos criminais, podendo servir de elemento indiciário ou de interesse doutrinário, mas nunca de fundamentação para condenar alguém.

Assim, tanto o perfil genético quanto o cromossomo XYY são fatores que demonstram a existência de elementos da Escola Positiva encabeçada por Lombroso, que podem ser estudados atualmente de forma científica ou até mesmo por curiosidade, mas nunca como verdades absolutas.

Essa concepção de "criminoso nato" pode ser vista como uma semente para os estudos do chamado **Direito Penal de Autor** (expressão valorizada na primeira metade do século XX, por meio da **Escola Neokantista de Mezger**), que **leva em consideração certas características pessoais para eleger alguém como criminoso**, como é o caso de analisar-se a cor da pessoa. Casos de aplicação do Direito Penal de Autor no Brasil é muito comum, infelizmente, a começar pela população carcerária composta em sua maioria de pessoas de cor negra, ocorrendo de o próprio sistema penal ser **estigmatizante e discriminatório**.

Como o objeto de estudo deste livro não tem por espeque adentrar nas mais variadas Escolas do Direito Penal (Causalista, Neokantista, Finalista e Funcionalista), mas em virtude do amor à **interdisciplinaridade**, apenas deve ser ressaltado que o Direito Penal de Autor é algo que foi iniciado nos estudos dos neokantistas, mas que até hoje perdura na persecução penal, embora não tenha sido adotada tal escola no Direito Penal brasileiro. Só observar que os controles sociais formais (Polícia, Ministério Público e Poder Judiciário) atuam com muito mais severidade quando o criminoso é proveniente dos mais baixos estratos sociais, muito por motivo de sua origem, cor, condição econômica e outras variantes pessoais e biológicas.

---

[5] REID, Sue Titus. *Crime and Criminology*. 11. ed. New York: McGraw-Hill, 2006. p. 93.

Christiano Gonzaga

Em tempo, cumpre ressaltar que essa preleção de criminalizar certas pessoas por cor ou outra característica pessoal já está sendo superada, devendo ser valorizadas e enaltecidas as pessoas da raça negra, que atualmente ocupam importantes cargos de poder no Estado e fora dele, como o ex-Presidente dos Estados Unidos da América, Barack Obama; o ex-Presidente do Supremo Tribunal Federal do Brasil, Ministro Joaquim Barbosa; e inúmeros esportistas de elite no cenário mundial, como Michael Jordan e Tiger Woods, este inclusive em esporte dominado por pessoas de cor branca, para citar alguns apenas.

O crime não pode ter cor, devendo ser levado em consideração o chamado **Direito Penal de Ato**, ou seja, punir-se a pessoa, seja branca, seja negra, pelo ato praticado, **desconsiderando-se qualquer característica pessoal para fins de eleger-se o criminoso**. É a aplicação precisa da imagem da Justiça com uma venda nos olhos, espada na mão e a balança na outra, devendo ela ser imparcial (não importa ver quem está sendo julgado), pesar os interesses em litígio e enfiar a espada naquele que desobedeceu à lei.

Outro grande defensor da Escola Positivista foi **Enrico Ferri** (1856-1929), em sua obra intitulada *Sociologia Criminal* (1884). **Ferri** destacou **elementos sociais** no estudo do criminoso. Enquanto **Lombroso** deu ênfase ao **aspecto antropológico**, Ferri assinala uma visão sociológica do criminoso. Ferri não atribui, de forma exclusiva, ao fator biológico o surgimento dos criminosos, mas sim à contribuição conjunta dos fatores individuais, físicos e sociais. Entende, pois, que o crime é, principalmente, um **fenômeno social**, sendo submetido ao dinamismo que rege as relações entre as pessoas.

Ferri atribuía à **Sociologia Criminal** a solução de todos os males causados pelo crime, dando-se destaque à prevenção do delito por meio de uma **ação científica** dos poderes públicos, que deve estudar e analisar a melhor forma de neutralizar o crime, devendo, inclusive, antecipar-se à sua ocorrência. Tal antecipação seria possível com o estudo das causas do delito, incidindo, então, a ação pública na origem do problema e impedindo que ele alastre. Um estudo prévio das esferas econômica, política, legislativa, religiosa etc. poderia fazer com que o estudioso fizesse um diagnóstico social mais preciso acerca dos fatores que poderiam permitir o crime, evitando assim seu surgimento.

Veja-se que Ferri atribui à **Sociologia Criminal** a **solução dos problemas criminais**, deixando de lado a atuação do Direito Penal, pois este seria ultrapassado e engessado para resolver problemas que possuem um cunho nitidamente social e dinâmico, necessitando-se de uma atuação de outros

Manual de Criminologia

ramos da Sociologia Criminal, como a Psicologia Positiva, a Antropologia Criminal e a Estatística Social, os quais analisam as várias possibilidades de resolução de um fenômeno criminal.

Um dado importante da doutrina de Ferri é sobre a tipologia acerca dos delinquentes, pois, assim como Lombroso, ele destaca a existência de cinco tipos: **nato**, **louco**, **habitual**, **ocasional** e **passional**. Tais criminosos deveriam ser tratados enquanto tais; e tudo deveria ser feito para evitar o surgimento do crime, utilizando-se até mesmo a **pena de morte**, caso as demais medidas preventivas fossem ineficazes.

Nato era o criminoso conforme a classificação original de Lombroso. Caracterizava-se por impulsividade ínsita que fazia com que o agente cometesse o crime por motivos absolutamente desproporcionais à gravidade do delito. Eram precoces e incorrigíveis, com grande tendência à reincidência. O **louco** é levado ao crime não somente pela enfermidade mental, mas também pela atrofia do senso moral, que é sempre a condição decisiva na gênese da delinquência. O delinquente **habitual** preenche um perfil urbano. É a descrição daquele que nascido e crescido num ambiente de miséria moral e material começa, desde novo, com leves faltas (pichações, furtos pequenos e crimes de dano) até uma escalada obstinada no crime, culminando com graves violações aos bens jurídicos, como homicídios e roubos com arma de fogo. Pessoa de grave periculosidade e fraca readaptabilidade, preenche um perfil que se amolda, em grande parte, ao perfil dos criminosos mais perigosos. O delinquente **ocasional** está condicionado por uma forte influência de circunstâncias ambientais: injusta provocação, necessidades familiares ou pessoais, facilidade de execução e comoção pública; não havendo sem tais circunstâncias atividade delituosa que impelisse o agente ao crime. No delinquente ocasional é menor a periculosidade e maior a readaptabilidade social, porque ele pratica o crime com base em fatores externos que não são comuns no cotidiano das pessoas. Por derradeiro, encontra-se o criminoso **passional**, categoria que inclui os criminosos que praticam crimes impelidos por paixões pessoais, bem como políticas e sociais.

Pelo que se percebe da classificação acima, Ferri atribui elementos **biológicos e sociológicos** à conceituação de crime e criminoso. Os criminosos **nato e louco** são trabalhados com a característica **biológica**, pois são elementos inatos a ele que definem tais formas de comportamentos. Já os criminosos **habitual, ocasional e passional** podem ser definidos com **aspectos sociológicos**, pois surgem de uma clara **relação social com terceiros**, inexistindo qualquer característica natural que faça com que eles cometam delitos.

49

Christiano Gonzaga

Para tornar fidedigna a ideia exposta no pensamento de Ferri, traz-se à colação um trecho do seu famoso livro *Os criminosos na Arte e na Literatura*, em que se destacam as mais variadas possibilidades de surgimentos de criminosos, deixando claro que o criminoso pode ter várias características, e algumas delas até mesmo mascaram a personalidade voltada para o crime, *in verbis*:

"O criminoso nato pode ser um assassino tranquilamente selvagem, um depravado violentamente brutal, um refinado obsceno por conta de uma perversão sexual proveniente de uma defeituosa organização física. Ele pode também ser um ladrão ou um falsário. A repugnância em apropriar-se do bem alheio, esse instinto lentamente desenvolvido pela vida social na coletividade, falta-lhe em absoluto (...). Tive ocasião de demonstrar, no estudo psicológico de um homicida nato, que a aparente regularidade de sua inteligência e de seus sentimentos pode encobrir tão completamente sua profunda insensibilidade moral, que seu verdadeiro caráter escapa àqueles que ignoram a psicologia experimental."[6]

Uma forma de tratamento proposta por Ferri eram as **medidas de segurança**, uma vez que a aplicação delas seria mais fácil e menos suscetível de controles formais, o que já não ocorre com a aplicação das penas privativas de liberdade, pois estas exigem todo um formalismo jurídico, tendo em vista a restrição da liberdade e os direitos e as garantias individuais. Ainda nessa linha de pensamento, pode-se dizer que as medidas de segurança no Código Penal brasileiro (arts. 96 a 99) seguem a sistemática proposta por Ferri, uma vez que não possuem, ao menos legalmente (claro que a jurisprudência já vem entendendo que elas não podem ser perpétuas, na esteira da **Súmula 527 do Superior Tribunal de Justiça**)[7], prazo determinado, o que denota o seu caráter extremamente desumano. Todavia, ao menos a sociedade estará resguardada desses criminosos por um bom tempo, sendo esse o fator importante para Ferri, forte na ideia de **defesa social**.

Percebe-se que se prima pela **defesa social** a todo custo, em detrimento dos direitos individuais do criminoso, uma vez que vale mais a proteção social do que a liberdade de um criminoso. A sua doutrina possui um cariz voltado para a ordem social, sacrificando-se os direitos individuais, a segurança jurídica e o princípio da humanidade das penas.

---

[6] FERRI, Enrico. *Os criminosos na Arte e na Literatura*. Porto Alegre: Lenz, 2001. p. 32-35.

[7] Súmula 527 do Superior Tribunal de Justiça: O tempo de duração da medida de segurança não deve ultrapassar o limite máximo da pena abstratamente cominada ao delito praticado.

Manual de Criminologia

O **pensamento de Ferri** pode ser resumido com as seguintes ideias: classificação do delinquente; o Estado deve criar, numa concepção de defesa social, uma rede de proteção da sociedade contra ações criminais; essa forma de realização parte de um conjunto de medidas extrapenais, tendentes a neutralizar o delinquente, valendo-se de métodos curativos ou educativos; prima-se pela prevenção individual com enfoque no tratamento e na ressocialização; a ressocialização tem por foco um estudo científico do fato criminoso com base na personalidade do delinquente.

Por fim, deve-se destacar o último e importante doutrinador do período positivista, o chamado **Raffaelle Garófalo** (1852-1934), a quem se atribui o **positivismo moderado**, em contrapeso ao que se estudou em Lombroso e Ferri, nos matizes antropológicos e sociológicos, respectivamente.

Garófalo distanciou-se do pensamento de definir o criminoso, como pensavam Lombroso e Ferri, sendo importante para ele encontrar a **própria ideia de crime**. Cumpre ressaltar que ele não abandona o viés positivista de estudo, isto é, o método empírico, pois essa análise é característica da Escola Positivista. Buscou-se compreender o crime como algo natural, ou seja, possuidor de certas características nocivas que fazem com que surja o fenômeno criminoso. Para exemplificar, Garófalo entende que uma dada sociedade teria o crime em seu seio caso fosse desprovida de dois tipos de sentimentos imprescindíveis, como a **probidade** (respeito aos direitos de propriedade alheios) e a **piedade** (não causar sofrimento aos demais). Todavia, como bem destacam Luiz Flávio Gomes e Pablos de Molina, tais valores são bem difíceis de serem conceituados, uma vez que é difícil fazer-se um catálogo absoluto e universal de crimes, sobretudo quando se têm elementos tão ambíguos[8].

Com o fim de ilustrar a criminalidade praticada por pessoas que não possuem esses dois vetores psicológicos (probidade e piedade), citam-se os **crimes contra a administração pública e os crimes cruéis realizados contra crianças, idosos e mulheres grávidas**. Tais delitos bem demonstram que os seus autores são pessoas desprovidas desses dois sentimentos. O corrupto ou aquele que desvia dinheiro público não possui o senso de moralidade e trata a coisa pública como se fosse dele, numa ausência total da noção do bem comum. Aqueles que cometem parricídio, feminicídio e outros tipos penais que ilustram a ausência de sentimento de piedade são exemplos de pessoas que podem ter a pecha de psicopatas. O estudo de Garófalo foi bem útil para delimitar esse tipo de criminalidade até mesmo nos dias de hoje.

---

[8] Op. cit., p. 181.

Christiano Gonzaga

Quanto ao aspecto do criminoso em si, rechaça a tese lombrosiana do criminoso nato, porém afirma que ele possui uma **anomalia psíquica ou moral**, não necessariamente uma doença, mas algo que gera um **decréscimo na esfera da moralidade na personalidade do indivíduo** (ausência de probidade e piedade), de base orgânica ou mutação psíquica, que pode ser transmissível pela via hereditária. Isso seria gerado pela ausência da prática de boas condutas, pautadas na probidade e na piedade, o que permitiria essa ausência de aspectos morais sadios. A sociedade ou pessoa que não tivesse o costume de praticar boas ações poderia ter um déficit em tal esfera moral, que poderia ser evitado por boas condutas. Em que pese Garófalo afirmar que não deu ênfase nos aspectos antropológicos e sociológicos, percebe-se, nitidamente, que ele ainda procura no próprio homem (**esfera moral**) e na sociedade (**desprovida de probidade e piedade**) a explicação de sua teoria da criminalidade.

Ainda nos estudos de **Garófalo**, quanto à classificação, ele distinguiu quatro tipos de delinquentes: **assassino, violento, ladrão e lascivo**. É uma conceituação um pouco mais genérica que as anteriores, sem maiores contribuições ao estudo da Criminologia.

De outra feita, uma importante anotação pode ser destacada pela finalidade da pena em relação ao fato criminoso. Garófalo pensa que o **rigor penal** é imprescindível para a eficaz defesa da ordem social, que goza de supremacia radical diante dos direitos do indivíduo, como prelecionam Luiz Flávio Gomes e Pablos de Molina[9]. Parte do pressuposto que os elementos ruins devem ser expurgados da sociedade, assim como ocorre na natureza, onde os animais que não se adaptam ao meio são eliminados pela própria **seleção natural**.

Da mesma forma deve ocorrer na **sociedade**, devendo o Estado eliminar as pessoas consideradas nocivas, pois desprovidas de sentimentos básicos e necessários como piedade e probidade. Tal análise deixa claro que a **pena de morte é perfeitamente aceitável por tal estudioso**, assim como outras de caráter gravoso como **penas perpétuas** ou de **particular severidade**. Não se busca a ressocialização do agente, pois esta é inatingível para aqueles criminosos que possuem uma regressão na esfera moral, posto que ela necessita que o criminoso queira viver em sociedade de forma pacífica, o que inocorre com pessoas de reduzida capacidade moral.

A grande contribuição criminológica de Garófalo, pela análise já feita, foi a tentativa de conceber um conceito de **delito natural**. Sua proposta básica era saber se, entre os delitos previstos pelas leis atuais, existiriam al-

---

[9] Op. cit., p. 181.

Manual de Criminologia

guns que, em todos os tempos e lugares, fossem considerados puníveis pela sua grave repulsa social. A resposta afirmativa parece impor-se, desde que se pensem em atrocidades como o parricídio, o homicídio com o intuito de roubo, o assassinato por mera brutalidade. Seu conceito de delito natural passa a ser apresentado como a violação daquela parte do sentido moral que consiste nos sentimentos altruístas fundamentais de **piedade e probidade**, segundo o padrão médio em que se encontram os seres humanos "superiores", cuja medida é necessária para a adaptação do indivíduo na sociedade.

Após o estudo de cada modo de pensar desses autores, um aspecto crítico que deve ser levado em consideração para analisar o **pensamento positivista** é a ideia de **patologia** que **não existe** nos **crimes de colarinho--branco**. Para os positivistas, o crime e o criminoso devem ser analisados, principalmente, pelo aspecto físico, sendo a Antropologia importante campo do saber para fazer tal investigação. Todavia, essa análise cai por terra quando se perquirem características de regressão atávica, fronte fugidia, entre outras, nos criminosos da elite, uma vez que eles são pessoas bem--afeiçoadas, vestem-se com luxo e não possuem aspecto selvagem.

Não foi outra a conclusão a que chegou **Sutherland** ao dissertar sobre os criminosos de colarinho-branco e os aspectos antropológicos sugeridos pelos positivistas, como se descreve no seguinte trecho:

> "Las hipótesis de que el delito es debido a patologías personales y sociales no se aplica a los delitos de 'cuello blanco', y si las patologías no explican estos delitos no son factores esenciales en los delitos que ordinariamente confrontan los departamentos policiales y los tribunales penales y juveniles".

Em outras palavras, o trecho acima demonstra que os **criminosos de colarinho-branco não possuem nenhuma patologia em especial**, bem como os órgãos de persecução penal não estão acostumados comumente a deparar com esse tipo de criminoso, sendo uma análise totalmente diferente daquilo que ordinariamente ocorre. O criminoso da elite é uma novidade na análise da Criminologia, o que desloca o campo de investigação **para fatores puramente sociais** como se verá nos próximos tópicos.

2.2.1 Criminologia da Sombra

Tema bastante intrigante, a **Criminologia da sombra** pode ser trabalhada como uma extensão do pensamento da Escola Positivista, uma vez que está intimamente ligada à questão psicológica no surgimento da criminalidade.

53

Christiano Gonzaga

Alguns comportamentos criminosos de rompante podem ser estudados dentro dessa área da Criminologia, notadamente os crimes bárbaros que muitos ficam sem entender a motivação, ainda mais quando ocorrem com pessoas que nunca praticaram delitos ou que possuem uma conduta social ilibada. São situações que estão armazenadas no inconsciente e que podem aparecer de forma nua e crua, sem avisos, culminando em condutas brutais. Aquilo que está no inconsciente deveria ter ido, de forma profissional, para o consciente, de forma a desnudar o problema e tratá-lo, em vez de ficar ocultado e nas sombras.

Como exemplo desses comportamentos sombrios, daí o nome Criminologia da sombra, cita-se o caso hipotético, mas que ocorre de forma costumeira na sociedade, de uma mulher de conduta admirável, bem estabelecida profissionalmente, sem perturbação psíquica e que pratica o crime de homicídio contra o seu marido, sem que este tenha dado qualquer motivo para tanto, bem como sem que tenham feito uso de bebidas alcoólicas. Para tanto, usa de uma faca de cozinha e desfere o golpe mortal contra a sua jugular. Após o fato, numa espécie de amnésia, não se recorda de nada, estando na cena do crime com a faca nas mãos e o sangue escorrendo pelo chão.

Nesse episódio, podem ser estudados o consciente e o inconsciente. A consciência nesse caso, ao menos no início, não teve muito a dizer a não ser contar fatos passados aparentemente desvinculados do acontecimento em análise. A inconsciência, por outro lado, com certeza estava armando algo de maneira significativa desde há algum tempo. Aqui deve ser estudado o caso concreto para compreender-se como um episódio de esfaqueamento perpetrado por uma pessoa aparentemente sem problemas pode ser evitado se houver o competente estudo da matéria denominada Criminologia da sombra.

A família da autora era aparentemente normal, não havendo traumas ou tensões em sua vida que fossem perceptíveis de forma consciente, mas com um aprofundamento profissional feito por psicólogos pode ser descoberto que ela tinha múltiplas personalidades, podendo agir como criança, de forma mais masculina e, por fim, com agressividade severa. Tal constatação pode ser feita facilmente por profissionais da área, no caso, psiquiatra ou psicólogo, após algumas sessões tendentes a descobrir algum lado mais sombrio dela. Dito isso, descobre-se que em algum momento existencial lá no passado estava encoberto um fato esquecido e ocultado pela sombra do ego por necessidades adaptativas. A autora dos fatos era filha adotiva e havia presenciado o seu pai biológico, num dado momento de fúria alcoólica, matar a sua mãe. Assim, ela fora adotada por um casal em razão de o pai biológico ter perdido a sua guarda por causa dos fatos.

54

Manual de Criminologia

Todavia, tal fato criminoso nunca fora tratado de forma consciente com a autora, esperando-se que ela esquecesse disso ou que o fato fosse automaticamente retirado de sua memória, como num passe de mágica. Ora, um trágico acontecimento desses não é facilmente esquecido, uma vez que está escondido lá no seu inconsciente e poderia ser aflorado a qualquer momento sem que houvesse o devido tratamento.

A situação deveria ter sido tratada com a autora de forma a lembrar como a mãe teria morrido e o que ocorrera com o pai na sequência (preso e processado), bem como se ele estava vivo ou se morreu no presídio ou após sair. Lado outro, o que fora feito foi conservarem ocultos afetos muito fortes, não se dando qualquer chance para eles serem realmente vividos ou incorporados à consciência, ao contrário, a família adotiva concedeu uma educação refinada e totalmente descomprometida com o passado. Não que isso fosse errado, mas sepultaram o amor anterior pela mãe e ao pai foi dado o luto e o desprezo, desfigurando-se um momento existencial que teria de ser vivido. A experiência passada que se imaginava definitivamente superada, ao invés aflorou como não deveria, primitiva, mal refletida, não chorada o suficiente. Tal como guardada num quarto escuro, quando veio à luz carecia de preparo, estava como era antes, rude e extraordinariamente magoada. A circunstância do novo matrimônio reviveu ou recriou o complexo, pois a estrutura mental dos fatos era semelhante àquela que havia marcado a sua infância: havia novamente um homem em casa, o marido, que poderia representar a figura masculina paterna, bem como a figura feminina, ela própria, que representa a posição destacada de sua genitora.

Pelo que se percebe, essa sombra oculta em seu passado representa algo traiçoeiro, não domesticado, inadequado e não controlado. A autora dos fatos, definitivamente, com a reprodução dos fatos em sua infância, não havia superado o seu trauma infantil. A vítima nunca esperaria que existia uma esposa com outra personalidade oculta, que estava à espreita, violenta, amargurada e que num momento de descuido estampou a conduta homicida. A sombra projetou em seu próprio marido e ocorrera o crime.

Diante disso, vem o questionamento de como resolver de forma antecipada uma situação desse jaez sem que termine de forma trágica. Ora, aqui se faz presente a necessária análise do fenômeno impresso na Criminologia da sombra, devendo ser colocado na claridade solar todo e qualquer fato escondido no inconsciente e que precisa ser enfrentado de forma profissional, permitindo-se que ele faça parte do consciente.

Uma vez presente no consciente, as tristezas, os traumas, as indignações serão expostas e devidamente tratadas, como se fossem feridas que estão

Christiano Gonzaga

sendo curadas e cicatrizadas, evitando-se que sejam expelidas de forma eruptiva quando ficaram anos ali debaixo de uma camada de proteção silenciosa, sem tocar naquilo que poderia gerar incômodos, exatamente como um câncer que poderia ter sido diagnosticado e devidamente tratado anteriormente, mas que pelo desleixo aparece e ocorre a metástase acelerada e sem reparos.

A temática aqui tratada com o nome de Criminologia da sombra foi bem desenhada por Joe Tennyson Velo, em seu livro *Criminologia Analítica*, ao exemplificar com um caso emblemático de assassinato praticado por um padre contra a sua amante, num momento de fúria e por causa da quebra de certos dogmas religiosos, nesses termos:

> "De igual maneira, Marcel Jouhandeau (1888-1979), em 'Trois crimes rituels' de 1962, comenta casos grotescos de homicídio onde a hipótese da sombra contribui para a compreensão. O delito mais interessante aconteceu em 1956 com o padre Desnoyers, da cidade de Uruffe. Ele mantinha um caso secreto com a jovem Régine Fays que ficou grávida. Num ato de barbarismo, Desnoyers mata a golpes de martelo a amante, retira de seu ventre a criança, mata-a, retalha seu corpo e celebra um batismo na mesma ocasião. Jouhandeau observa que nesse caso o sacro e o profano estiveram presentes e ao mesmo tempo tão distanciados um do outro que se realizou um batismo às avessas, o que favorece a hipótese de que Desnoyers projetou na jovem toda a hipocrisia que seu ideal religioso conservava às expensas de uma perigosa sombra[10]".

Veja-se que o padre rejeitava os dogmas religiosos impostos e isso era sua sombra que não fora devidamente trabalhada e, quando fora confrontado pela quebra que ocorrera em razão da gravidez da amante, eclodiu num ato de barbárie conjugado com o batismo da criança logo após a morte, denotando a ideia de que "respeitava" o sagrado no batismo, apesar da relação sexual violadora dos dogmas religiosos, bem como do homicídio. A sombra acompanhou o padre por anos a fio, sem qualquer questionamento ou enfrentamento, o que fez com que a explosão viesse de forma repentina.

Indaga-se se isso poderia ser impedido numa análise criminológica, sendo a resposta positiva devidamente explicada. Ora, a questão poderia ter sido trabalhada no consciente do padre, seja para encerrar o relacionamento amoroso e seguir os dogmas religiosos, seja para contestar os dogmas e, em último caso, ser excomungado ou até mesmo voluntariamente sair do celibatá-

---

[10] VELO, Joe Tennyson. *Criminologia analítica*: conceitos de psicologia analítica para uma hipótese etiológica em Criminologia. São Paulo: IBCCrim, 1998. p. 251 e 252.

Manual de Criminologia

rio. O que não é plausível em tudo isso é a ocorrência da violação brutal de dois bens jurídicos tutelados penalmente pelo fato de não haver a devida exposição consciente dos fatos, deixando-se escondido na sombra do inconsciente e que poderia, como aconteceu, explodir a qualquer momento.

Numa análise comparativa, a contraposição entre refletir sobre dogmas (consciência) e não refletir e deixar nas sombras (inconsciência), a segunda opção é de longe a mais viável e menos traumática no caso concreto, podendo ser evitado um sem-número de crimes bárbaros e aparentemente sem causa.

Portanto, a Criminologia da sombra permeia a ideia psicológica do criminoso e pode ser estudada dentro da Escola Positivista, aquilatando-se a importância de desnudar o inconsciente do agente e torná-lo consciente, resolvendo de forma profissional os medos, traumas e conflitos existenciais que povoam a mente do agente.

2.3 *TERZA SCUOLA*

Após o sucesso das ideias positivistas em que se privilegiou o caráter etiológico da investigação do crime e do criminoso, surgiu uma escola que **conciliou** um pouco dos elementos da **Escola Clássica e da Escola Positivista**, chamada de *Terza Scuola* ou, na tradução, Terceira Escola. Esse marco teórico da Criminologia não abandonou os conceitos já tratados anteriormente, como fez a Escola Interacionista, a ser vista no próximo item. A *Terza Scuola* desenvolveu alguns postulados já aflorados por pensadores anteriores, como se fosse um misto de ideias, daí também ela ser chamada de **Escola Eclética** ou **Intermediária**.

É muito comum no **Direito Penal** a existência sempre de **três teorias**, sendo a **última chamada de mista, intermediária ou eclética**, como no caso do art. 6º do CP[11], ao tratar do lugar do crime. Nesse artigo, a doutrina ensina que existem as teorias da atividade, do resultado e, finalmente, a mista ou da ubiquidade, sendo esta a adotada para efeitos de conceituar o lugar do crime em situações que envolvam dois países, lembrando que quando o fato ocorre dentro do Brasil adota-se o art. 70 do CPP[12], consubstanciado na teoria do resultado.

---

[11] Art. 6º Considera-se praticado o crime no lugar em que ocorreu a ação ou omissão, no todo ou em parte, bem como onde se produziu ou deveria produzir-se o resultado.

[12] Art. 70. A competência será, de regra, determinada pelo lugar em que se consumar a infração, ou, no caso de tentativa, pelo lugar em que for praticado o último ato de execução.

Christiano Gonzaga

Foi com esse modo de pensar que surgiu a escola estudada neste item, composta de três grandes penalistas da época que introduziram também os postulados de Direito Penal, o que faz com que suas ideias não sejam puramente de Criminologia: **Manuel Carnevale, Bernardino Alimena e João Impallomeni**. Eles fixaram os seguintes corolários: distinção entre imputáveis e inimputáveis; responsabilidade moral baseada no determinismo (quem não tiver a capacidade de se levar pelos motivos deverá receber uma medida de segurança); crime como fenômeno social e individual; pena com caráter aflitivo, cuja finalidade é a defesa social.

Pelos corolários expostos, percebe-se que ela mistura elementos de investigação dos pensamentos anteriores e confere um ar **dogmático do Direito Penal** para eles, muito em razão de seus expoentes serem penalistas.

No que se refere à distinção entre **imputáveis** e **inimputáveis**, essa ideia já foi demonstrada no item anterior por Enrico Ferri, ao trabalhar as medidas de segurança. Todavia, esta escola confere uma **distinção clara** de que a pena criminal deve ser destinada para os imputáveis, enquanto as medidas de segurança devem destinar-se aos inimputáveis, não sendo possível aplicar-se as duas espécies de sanções para um determinado grupo de pessoas, como no caso aos inimputáveis, numa aplicação do chamado sistema duplo binário, que inclusive já fora extirpado do atual Código Penal com a Reforma de 1984.

Quanto à chamada **responsabilidade moral**, esse pensamento também adveio de Garófalo quando tratou o criminoso como um elemento que possui um déficit moral, gerando uma dificuldade em ter comportamentos probos e consonantes com os demais postulados sociais. Todavia, houve um acréscimo a esse elemento da moral, qual seja, o determinismo, demonstrando-se a clara ideia da forma mista de pensar, pois Enrico Ferri também já havia constado que o meio deve ser estudado como fomentador de condutas criminosas, o que vem a ser amplamente aceito e estudado na Escola do Etiquetamento, a ser vista posteriormente. Apesar disso, o elemento determinismo foi trabalhado pela *Terza Scuola*, sendo submetido a uma medida de segurança aquele que não possui a capacidade de determinar-se de acordo com a norma penal, o que fora adotado no atual Código Penal[13]. Em outras palavras, trata-se do elemento **exigibilidade de**

---

[13] Art. 26. É isento de pena o agente que, por doença mental ou desenvolvimento mental incompleto ou retardado, era, ao tempo da ação ou da omissão, inteiramente incapaz de entender o caráter ilícito do fato ou de determinar-se de acordo com esse entendimento.

Manual de Criminologia

conduta diversa presente na **culpabilidade**, elemento integrante do conceito analítico ou tripartido de crime ou delito.

O que se percebe pela análise dos elementos aqui tratados é que o Direito Penal está sendo utilizado para implementar investigações criminológicas, não sendo uma escola puramente de Criminologia. Fica claro que os dogmas penais são utilizados pelos seus pensadores, o que retira em muito o caráter empírico e amplo dos estudos criminológicos. Quando se usa postulado de Direito Penal, as amarras dogmáticas são maiores e os conceitos são taxativos e fechados, impedindo maiores digressões mentais e reflexivas, caindo por terra a necessidade de estudo aprofundado e amparado por outras áreas do saber para a descoberta e o combate da criminalidade. Mais à frente serão tratados o grande problema do **narcisismo do Direito Penal** e os obstáculos para se chegar a um pensamento mais oxigenado e eficaz pelas ciências criminais.

Ainda no estudo dos pontos criados e sopesados por essa escola de pensamento, tem-se a constatação de que o crime é um **fenômeno social e individual**. Ora, também na junção de pensamentos anteriores (Lombroso e Ferri), os expoentes desse modo de pensar italiano tratam o delito como algo que é inerente aos aspectos físicos do homem, mas que também sofre influência do meio externo. Como já se afirmou, é um modo de pensar que mistura conceitos, como o próprio nome deixa claro ao usar a expressão *Terza* ou Terceira, em que elementos anteriores são conjugados com pinceladas de Direito Penal.

Sendo o crime algo social e individual, a pena pode ser aplicada para aquele que, podendo escolher uma conduta diferente, baseada no **livre-arbítrio**, acaba escolhendo descumprir a lei penal. Nada mais é do que a formatação da culpabilidade nos dias atuais com o seu elemento **poder-agir-de-outro-modo** ou, simplesmente, **exigibilidade de conduta diversa**. A ideia do individual advém desse modo de pensar baseado no livre-arbítrio, mas ainda se acresceu o **elemento social** na conotação criminológica, deixando claro que outros **fatores externos** podem instigar a prática do crime, como o meio em que o agente vive e mantém contato com outras pessoas que podem influenciá-lo no cometimento de delitos.

Pelo que se percebe, trata-se de um modo de pensar que não elegeu um marco teórico preciso e desenvolveu as suas ideias em cima dele. Ao contrário, elegeram-se todos os temas já estudados para denotar o surgimento do crime e do criminoso, relativizando tudo que é possível para descobrir os fenômenos da criminalidade. Talvez seja por isso que essa escola não tenha sido tão estudada e citada pelos mais variados criminólogos, posto que ela não tem um fundamento próprio e ligado aos temas

Christiano Gonzaga

da Criminologia, misturando conceitos e acrescentando dogmas penais, fato esse extremamente inconciliável entre métodos de pensamento totalmente diversos.

Ora, como trazer no mesmo compartimento teórico o método lógico-abstrato ou dedutivo do Direito Penal com o método empírico ou indutivo da Criminologia? São temas incompossíveis e de difícil convivência dentro do mesmo modo de pensar, pois, ao mesmo tempo que se quer investigar amplamente o fenômeno do crime, encontram-se conceitos fechados de Direito Penal que impedem o seu correto desenvolvimento. Daí ser uma escola que peca por tentar conciliar o inconciliável, misturando-se conceitos complexos com o fito de tentar ser completa, saindo o tiro pela culatra e tornando-se uma escola incompleta e cheia de retalhos.

Por fim, trata a **pena** como algo de **caráter aflitivo**, pugnando apenas pela **defesa social**. Com o viés penalista e despreocupado com o aspecto ressocializador, seus expoentes tratam a sanção criminal como algo que é necessário apenas para retribuir ao mal do crime com o mal da pena, numa alusão meramente **retributivista e hegeliana** do conceito de punição, que será estudada mais à frente nos **modelos de reação ao crime**, sendo exemplo dessa forma de pensar o chamado de **clássico ou dissuasório**.

Apesar das críticas que podem incidir sobre o caráter unicamente aflitivo que a pena deve possuir, de fato essa é a realidade da maioria dos sistemas penitenciários, uma vez que a almejada ressocialização é quase impossível.

Em se tratando de pensamento oriundo de penalistas, entende-se que a motivação de defesa social como fim da pena é algo plausível, uma vez que o Direito Penal é meramente um conjunto de regras que devem ser aplicadas a quem descumpre o seu preceito primário (elementares do crime), sem nenhuma preocupação com a pessoa do condenado.

Nos dias de hoje, percebe-se, claramente, nos **meios de comunicação**, a verve com que os mais variados editoriais e jornalistas pugnam pela punição daqueles que infringiram a lei penal, pouco importando se um dia, lá na frente, eles sairão do sistema penal e voltarão ao convívio social. O que se quer é a **punição imediatista e simplória** daquele criminoso, denotando um caráter prático do Direito Penal, como se este pudesse ser a panaceia de todos os males. São criticados e repreendidos todos aqueles que pensam de forma mais humanitária, como se eles estivessem do lado do "bandido".

Todavia, a ideia não é estar de um lado ou de outro, mas sim lembrar que o homem vive em sociedade e os problemas de hoje que não são adequadamente resolvidos serão os graves e perniciosos problemas de um futuro não muito distante, haja vista as rebeliões tenebrosas que ocorreram nos mais

60

Manual de Criminologia

variados presídios brasileiros por problemas de superlotação e por ausência de preocupação do Poder Público com as condições mínimas de cumprimento de pena. Almejou-se pura e simplesmente encarcerar o criminoso, mas se esqueceu de que ele é um ser humano e possui vontades que podem resultar em atos animalescos e vingativos. O que se pugna é a solução social dos problemas, muito se valendo da **prevenção primária** (que será vista em item próprio) como a correta forma de desenvolver uma nação.

Além disso, a ideia de praticidade não pode ser conferida a uma ciência criminal que tem por método a sistematização lógico-abstrata ou dedutiva, o que constitui um erro duplo que é destacado ao Direito Penal, ou seja, de ser prático e ao mesmo tempo tentar resolver os problemas sociais. Essa missão é da Criminologia.

Pior do que a gana unicamente punitiva (com que os meios de comunicação retratam a realidade das leis penais) é a manifestação de **operadores do Direito** que buscam resolver os problemas sociais com o Direito Penal. No dia a dia forense, constata-se que existe profissional que simplesmente pede a condenação de alguém pelo único fato de ter incidido na tipicidade formal (subsunção do fato ao tipo penal), sem fazer nenhuma análise da tipicidade material (ofensa relevante a bem jurídico) ou se aquele tipo de ação penal possui o interesse-utilidade (casos de prescrição virtual[14]) para a deflagração de um grave processo penal. São operadores do Direito que sistematicamente repetem o pensamento kelseniano de aplicar a pena àquele que violou a norma penal. Esse tipo de visão ultrapassada está sendo cada vez mais afastada do ambiente forense e, inclusive, não é com outro escopo que a maioria dos **concursos públicos** está cobrando em suas provas disciplinas como **Criminologia**, **Filosofia** e **Sociologia**, ciências que estimulam o pensamento crítico e buscam novas soluções para os problemas sociais, dissociando-se do caráter narcisista e dogmático do Direito Penal.

---

[14] Em que pese a existência da **Súmula 438 do Superior Tribunal de Justiça** ("É inadmissível a extinção da punibilidade pela prescrição da pretensão punitiva com fundamento em pena hipotética, independentemente da existência ou sorte do processo penal"), é de uma claridade solar que é o operador do Direito quem deve analisar no caso concreto se há ou não interesse em continuar o processo penal, quando existem casos claros de primariedade do agente, bons antecedentes, impossibilidade de aplicar-se uma pena além do mínimo legal e inevitável decurso de tempo que levará fatalmente à prescrição. Pode-se regozijar, ao menos, de que tal pensamento sumulado não ser de orientação vinculante, como nos casos da súmula vinculante do Supremo Tribunal Federal, pois se assim o fosse seria impossível contornar a sua aplicação, eis que há proibição constitucional para o descumprimento de tais espécies de súmulas.

Christiano Gonzaga

Todavia, noutro giro é baseado naquilo que a Criminologia prega, é um retrocesso pensar que a pena tem sua função única de reprimir aquele que causou um mal social. Nos estudos de modelo de reação ao crime será visto que a pena deve ter por finalidade reprovar e prevenir o criminoso, tendo a prevenção o caráter de ressocialização também. Ademais, esse conceito de reprovação e prevenção foi adotado no Código Penal brasileiro em seu art. 59, *caput*, parte final[15], muito por causa dos estudos da Criminologia, após o necessário filtro produzido pela Política Criminal. Nesse ponto, o Direito Penal cedeu aos estudos da Criminologia e positivou algo natural à pena, que é o seu caráter retributivo e preventivo.

Assim, em que pesem as claras críticas que podem ser feitas aos conceitos da *Terza Scuola*, pelos mais variados motivos já expostos acima, colacionou-se e discorreu-se sobre eles com o fim científico de conferir a esta obra o escopo de completude na análise dos mais variados modos de pensar do sistema criminológico.

2.4 ESCOLA/CRIMINOLOGIA INTERACIONISTA OU *LABELLING APPROACH*

Considerada a **escola criminológica mais rica em teorias**, a **Criminologia Interacionista** pugna por estudar o **aspecto social** do criminoso e do delinquente. Para ela, a sociedade tem grande parcela de contribuição na formatação do criminoso, **não sendo o livre-arbítrio sozinho uma vertente capaz de causar o surgimento do crime e do criminoso.**

A teoria do *labelling approach* (interacionismo simbólico, etiquetamento, rotulação ou reação social) é uma das mais importantes **teorias do conflito.** Surgida nos anos 1960, nos Estados Unidos, seus principais expoentes foram **Erving Goffman** e **Howard Becker**. Por meio dessa forma de pensar, a criminalidade não é uma qualidade da conduta humana, mas a consequência de um processo de estigmatização.

Assim, o criminoso apenas se diferencia do homem comum em razão do estigma que sofre e do rótulo que recebe. Nessa linha de pensar, o tema central é o processo de interação em que o indivíduo é chamado de criminoso.

A sociedade define, por meio dos **controles sociais informais**, o que se entende por comportamento desviado, isto é, todo comportamento considera-

---

[15] Art. 59. O juiz, atendendo à culpabilidade, aos antecedentes, à conduta social, à personalidade do agente, aos motivos, às circunstâncias e consequências do crime, bem como ao comportamento da vítima, estabelecerá, conforme seja necessário e suficiente para **reprovação e prevenção** do crime. (grifos nossos)

Manual de Criminologia

do perigoso, constrangedor, impondo sanções àqueles que se comportarem dessa forma. Condutas desviantes são aquelas que as pessoas de uma sociedade rotulam às outras que as praticam. A teoria da rotulação de criminosos cria um processo de estigmatização para os condenados, funcionando a pena como algo que acentua as desigualdades. Importante ressaltar que as relações sociais pautadas na exclusão social e na discriminação repetem as mesmas interações sociais existentes no ambiente carcerário. Os presídios nada mais são do que reproduções fidedignas das mesmas relações que ocorrem no meio social. No cárcere, presentes estão pessoas que são excluídas dos direitos sociais mínimos e continuam sendo menosprezadas e esquecidas dentro dessas instâncias de poder. Uma vez esquecidos e rotulados na sociedade enquanto portadores de comportamentos desviantes, continuam nas penitenciárias com o mesmo rótulo só que mais esquecidos ainda e mais excluídos do mínimo existencial.

Nessa interação estigmatizante, o sujeito acaba sofrendo, outrossim, a reação da família, de amigos, conhecidos e colegas, acarretando a marginalização nos diferentes meios sociais.

De forma a ilustrar o pensamento desse importante marco teórico da Criminologia, pode ser apontado o **determinismo como um fenômeno social que cria o criminoso tendo em vista o local em que ele vive e relaciona-se com outras pessoas.** Veja-se o exemplo de um menino que mora numa comunidade carente. Ora, essa pessoa é vítima constante do Estado, uma vez que não possui os direitos básicos como cidadão, apesar de a Constituição Federal pugnar em seu art. 6º que:

> Art. 6º São direitos sociais a educação, a saúde, a alimentação, o trabalho, a moradia, o transporte, o lazer, a segurança, a previdência social, a proteção à maternidade e à infância, a assistência aos desamparados, na forma desta Constituição.

Esse mesmo menino tem sua matrícula indeferida na escola local por ausência de vagas; ele também perde a sua mãe em virtude de uma infecção generalizada adquirida na unidade de pronto-atendimento da comunidade carente, uma vez que os órgãos sanitários não fizeram a devida fiscalização; por fim, seu pai é baleado por um policial quando voltava do trabalho, pois fora confundido com um traficante local. O Estado, em vez de dar educação, saúde e segurança pública, ao contrário, retirou os seus entes queridos de sua convivência. Tal fragilização permite que ele fique vulnerável aos traficantes locais, que o assediam para trabalhar para eles de "aviãozinho" no tráfico, fazendo com que se torne um criminoso. Ora, o meio social é que o transformou num criminoso que veio a praticar crimes, sendo o Estado o grande incentivador com sua ausência constante nos grotões de pobreza.

Christiano Gonzaga

2.4.1 Teoria da Coculpabilidade Tradicional e Coculpabilidade às Avessas

Foi nesse contexto que Zaffaroni alertou para um menor âmbito de autodeterminação por causa de fatores sociais[16], sendo possível falar numa maior vulnerabilidade por parte de pessoas que povoam os "grotões de pobreza". Tais pessoas, por serem mais vulneráveis às causas exógenas, deveriam fazer jus a algum tipo de benefício penal.

Nasce, assim, a ideia de **coculpabilidade** intitulada por Zaffaroni em sua já citada obra[17], em que afirma que **a sociedade deve arcar com a alta vulnerabilidade a que está exposta grande parcela da população.**

A coculpabilidade permitiria que o Estado-Juiz pudesse conceder algum tipo de benefício penal para os chamados "**vulneráveis sociais**", sendo no Direito Penal brasileiro a aplicação da **atenuante inominada do art. 66 do Código Penal** a sua correta manifestação. Em outras palavras, como o Estado-Executivo não conseguiu prover os direitos sociais citados acima (saúde, educação, moradia etc.), agora, o **Estado-Juiz**, ao aplicar a pena por algum tipo de infração penal cometida pelo vulnerável-delinquente, deverá arcar com sua parcela de culpa na prática da infração penal, daí o nome coculpabilidade remeter à ideia de concorrência de culpas entre delinquente e Estado-Executivo; este último assume a *mea-culpa* e, por meio do Estado-Juiz, aplica a atenuante do art. 66 do Código Penal.

Deve ser lembrado que a expressão **coculpabilidade** aqui utilizada está referindo-se à **medida de pena** que será dividida entre Estado e criminoso, ou seja, culpabilidade não enquanto elemento do crime na visão tripartida ou analítica, mas sim aquela que incide na **dosimetria da pena** e está inserida no art. 59, *caput*, do CP, permitindo-se a adequação da pena de forma a compensar a ausência estatal na consecução dos direitos sociais básicos.

Ainda na exemplificação do Direito Penal brasileiro acerca do tema da coculpabilidade tradicional, pode ser destacada a disposição da **Lei n. 11.343/2006, em seu art. 33, § 4º**[18]. O chamado "traficante de primeira viagem" é tratado diferentemente daquele que integra organização criminosa ou que se dedique à atividade criminosa, deixando claro que o legisla-

---

[16] Op. cit., p. 546.

[17] Op. cit., p. 547.

[18] § 4º Nos delitos definidos no *caput* e no § 1º deste artigo, as penas poderão ser reduzidas de um sexto a dois terços, vedada a conversão em penas restritivas de direitos, desde que o agente seja primário, de bons antecedentes, não se dedique às atividades criminosas nem integre organização criminosa.

64

Manual de Criminologia

dor quis dar um **tratamento mais benéfico** para aquele que ingressou no mundo do crime por motivos não profissionais. Seria o exemplo daquele cidadão que **não possui condições mínimas** para ter **acesso à saúde e educação**, que vai buscar na mercancia de drogas uma forma de sair da miséria.

Não que isso seja estimulado, mas o legislador nesse ponto considerou a ideia de coculpabilidade e tratou de forma mais benéfica essa situação específica. Há uma clara divisão de pena em que o Estado concede a minorante para compensar a sua ausência nas chamadas comunidades carentes e que de forma indireta permite o surgimento do crime, que deveria ter sido combatido pelo próprio Estado.

O que se percebe é que o Estado não está fazendo o seu dever de casa em prover o mínimo existencial para as pessoas, faltando com a **prevenção primária** e, consequentemente, permitindo o surgimento do crime. Esse criminoso está surgindo por uma falha estatal, o que deve ser compensado de alguma forma, sendo a coculpabilidade a maneira mais eficaz de o Estado diminuir a sua culpabilidade nos problemas sociais, fazendo isso por meio do Poder Judiciário ao aplicar a **dosimetria da pena** (culpabilidade enquanto medida de pena).

Enquanto no art. 66 do Código Penal foi eleita uma atenuante inominada para a diminuição da pena, no art. 33, § 4º, da Lei n. 11.343/2006, escolheu-se uma causa de diminuição de pena. A diferença entre elas é apenas no momento em que vai incidir a diminuição da reprimenda, pois a atenuante é aplicada na segunda fase da aplicação de pena do art. 68 do CP[19], enquanto a minorante ou causa de diminuição de pena incide na terceira fase do sistema trifásico, mas ambas permitem o tratamento benéfico ao agente. Esse raciocínio e aplicação somente foram permitidos porque a Criminologia passou a estudar os casos empíricos envolvendo a criminalidade e a ausência estatal nas zonas mais pobres da cidade e criou um mecanismo de compensação penal, consubstanciada na teoria da **coculpabilidade tradicional**, que foi eleita pela Política Criminal como uma solução adequada para colocar-se no sistema legal.

Para que não se fique apenas no campo teórico, deve ser ressaltado que a **jurisprudência brasileira** vem aceitando a aplicação da teoria da coculpabilidade tradicional em casos concretos, como se vê nos julgados abaixo colacionados:

---

[19] Art. 68. A pena-base será fixada atendendo-se ao critério do art. 59 deste Código; em seguida serão consideradas as circunstâncias atenuantes e agravantes; por último, as causas de diminuição e de aumento.

65

Christiano Gonzaga

"Roubo. Concurso. Corrupção de menores. Coculpabilidade. Se a grave ameaça emerge unicamente em razão da superioridade numérica dos agentes, não se sustenta a majorante do concurso, pena de bis in idem. Inepta é a inicial do delito de corrupção de menores (Lei n. 2.252/54) que não descreve o antecedente (menores não corrompidos) e o consequente (efetiva corrupção pela prática de delito), amparado em dados seguros coletados na fase inquisitorial. O princípio da coculpabilidade faz a sociedade também responder pelas possibilidades sonegadas ao cidadão-réu. [...] (TJRS – 5ª Câmara Criminal; Apelação Criminal n. 70002250371; Rel. Des. Amilton Bueno Carvalhido; j. 21.3.2001).

Apelação-crime. Apropriação indébita. Apelo ministerial. Não se olvida do moderno conceito de coculpabilidade, segundo o qual, na reprimenda, dever-se-ia reconhecer um ônus da sociedade, porque há sujeitos que têm menor poder de autodeterminação, condicionado por causas sociais. Contudo, também não se pode deixar de considerar que a exigibilidade de conduta diversa, no caso em tela, em que o réu se apropriou de coisa alheia, não se altera, ante a presença fatores sociais, como a baixa escolaridade (TJRS – Apelação Crime n. 70009255696; 8ª Câmara Criminal; Rel. Elaine Maria Canto da Fonseca; j. 23.3.2005).

São fortes os argumentos de ambos os lados [Defensoria Pública e Ministério Público]. De fato, não se pode afirmar que a carência de ordem material ou social condicione o sujeito à prática de crimes, assim como a abundância de bens e recursos nunca foi garantia de conduta ilibada. A pergunta que se impõe é a seguinte: poderiam as carências diminuir o âmbito de autodeterminação daqueles aos quais subjugam? Tenho que sim. O que se vê na prática é uma sociedade alienada, que enxerga mas não vê. Uma sociedade que se omite, fazendo vistas grossas à miséria que a rodeia, como se isso não lhe dissesse respeito. As pessoas deparam-se, a toda hora, com levas de crianças mendigando nos sinais – menores desassistidos a quem tudo é negado: carinho, educação, saúde, conselhos, orientação. Essas crianças são ignoradas. Não são "vistas" porque incomodam a sensibilidade na medida em que silenciosamente desnudam a negligência. Essas crianças só são vistas no momento em que empunham um punhal ou um revólver e agridem. Nesse momento, aquela sociedade dantes "cega" abre os olhos e clama por justiça. Qual justiça? A segregação daqueles jovens que, até então, "não enxergaram". Exigem justiça, a ser realizada com a colocação desses jovens atrás das grades, num sistema penal que também descumpre um preceito constitucional (art. 5º, XLVI, e), que proíbe penas cruéis.

Quando penso na iniquidade do sistema penal brasileiro e na negligência com a infância e juventude carente, vem-me à lembrança o depoimento de uma daquelas tristes crianças, vítimas fatais de suas próprias condições de vulnerabilidade conjuntural, retratadas no documentário 'Falcão – Meninos do Tráfico', dirigido pelo rapper MV Bill e por Celso Athayde: 'Se eu morrer, nasce um outro que nem eu, pior ou melhor. Se eu morrer, vou descansar, é muito esculacho nessa vida'.

[...] Todavia, a verdadeira coculpabilidade que entendo agregar à teoria dogmática da culpabilidade não se refere tão só ao fato de o Estado e a sociedade civil serem responsáveis pela produção de cidadãos pobres com mais carências a propendê-los à criminalidade, mas sim o fato de que os cidadãos carentes são muito mais vulneráveis à seletividade criminalizante (Culpabilidade por vulnerabilidade. In Discursos Sediciosos. Crime, Direito e Sociedade, ano 9, n. 14, Rio de Janeiro: Revan, 2004, p. 37). É de se ver que a moeda tem duas faces. 'Daquele a quem muito foi dado, muito será exigido', já diziam as Escrituras. Isto implica em reconhecer que a teoria da coculpabilidade também significa dizer que a conduta típica e antijurídica praticada por um agente privilegiado econômica e socialmente merece maior reprovação, dentro de um contexto democrático, do que a mesma conduta praticada por um agente que se encontra vulnerável por condições materiais e sociais adversas (Ação Penal n. 200150010122308, TRF, 2ª Região. Voto da Des. Maria Helena Cisne)."

Diante dos pontos aqui traçados, é certo que a teoria da coculpabilidade, dado o seu caráter fluido e casuístico, não possui aceitação e aplicabilidade homogêneas. Quanto maiores os problemas estruturais do Estado e, em consequência, mais acentuado o desnível social entre os cidadãos e os problemas decorrentes desse fato, tão maior será a validade de que o juízo de culpabilidade pela prática de certos delitos deve ser consorciado com a sociedade, acarretando uma menor reprovação individual. Dessa forma, a aplicação da teoria fica na dependência de que o delito tenha sido fruto dos desarranjos socioeconômicos que, em última análise, mitigam a autodeterminação individual e colocam a ingerência ou omissão do Estado na origem da cadeia causal do crime.

Noutro giro, numa visão às avessas do tema da coculpabilidade, pode ser levantada a ideia da **baixa vulnerabilidade por parte dos integrantes das classes sociais mais elevadas, conhecida como "elite social"**. Tais pessoas gozam de todos os direitos sociais, podendo educar seus filhos nas melhores escolas nacionais e estrangeiras; usufruindo de segurança particular; tratando-se nos melhores hospitais privados em caso de doença; entre outros privilégios que o dinheiro pode comprar.

Todavia, como a infração penal é algo inerente a todo ser humano, o qual deve lutar diariamente para não enveredar pelo caminho da facilidade que a prática criminosa permite, as "elites sociais" também infringem as leis. Nesse diapasão, cada pessoa pratica o tipo de crime que lhe é peculiar. No caso dos excluídos socialmente, a prática criminosa cinge-se a delitos patrimoniais e tráfico de drogas, enquanto os **ricos** praticam crimes de violação difusa, tais como **lavagem de dinheiro, contra o Sistema Financeiro Nacional, sonegação fiscal e contra a Administração Pública.**

A prática criminosa por pessoas que gozam da totalidade dos direitos sociais deve ser repudiada mais severamente, uma vez que eles optaram pelo "mundo do crime" apenas para aumentar ainda mais a sua satisfação de todos os direitos sociais que já possuíam. Essa busca desenfreada pelo aumento em progressão geométrica dos seus bens materiais deve ser mais rígida pelo Estado-Juiz quando for aplicar a pena pela infração da lei, como exemplo no caso da famosa operação "Lava-Jato", em que políticos e empreiteiros reuniram-se para surrupiar os cofres públicos em cifras bilionárias. O mesmo ocorreu na ação penal 470/STF ("Mensalão"), em que o Ministro-Relator Joaquim Barbosa aplicou penas severas para os chamados "mensaleiros".

Assim, na fase da dosimetria da pena, o Magistrado deverá utilizar-se do **art. 59, *caput*, do Código Penal, para aumentar a reprimenda tendo em vista a baixa vulnerabilidade** a que está exposto o integrante das elevadas classes sociais. A esse fenômeno de aumento da intensidade da pena por causa da baixa vulnerabilidade social, podemos denominar de **coculpabilidade às avessas**, pois estaria aumentando-se a punição do agente por parte do Estado-Juiz na análise dos elementos do art. 59, *caput*, do CP, tais como "os antecedentes, à conduta social, à personalidade do agente, aos motivos, às circunstâncias e consequências do crime", sendo o oposto da coculpabilidade tradicional.

Todavia, cumpre ressaltar que o festejado autor Grégore Moura, em seu livro *Do princípio da coculpabilidade no Direito Penal*, o qual se sugere a leitura, afirma com propriedade que a chamada **coculpabilidade às avessas** ocorre com a **baixa incidência de punição** em relação às pessoas mais abastadas. Sem embargo da nossa visão exposta no parágrafo anterior, que se cinge à forma de aplicação da pena, a visão do citado autor também está correta, sendo analisada numa seara do tratamento penal que as leis brasileiras conferem à "elite social".

Toma-se como exemplo desse tratamento diferenciado as leis tributárias que concedem benefícios penais para os sonegadores de tributos, que, como é cediço, são pessoas que possuem enorme patrimônio financeiro. Veja-se o exemplo do art. 9º, § 2º, da Lei n. 10.684/2003, cuja redação é a seguinte:

> § 2º Extingue-se a punibilidade dos crimes referidos neste artigo quando a pessoa jurídica relacionada com o agente efetuar o pagamento integral dos débitos oriundos de tributos e contribuições sociais, inclusive acessórios.

Percebe-se que a punibilidade é extinta quando o sonegador pagar o débito tributário, não havendo um benefício similar quando se trata de pessoa de baixa renda e que comete crimes patrimoniais. Ora, se o autor de um furto de R$ 1.000,00 (mil reais), tendo em vista o valor elevado e a não aplicação do princípio da insignificância, quiser realizar o pagamento do aludido valor para a vítima, o máximo de benefício penal que ele irá gozar será o previsto no art. 16 do CP, no instituto do arrependimento posterior, como causa geral de diminuição de pena, mas permanecendo o crime intacto.

Por outro lado, o **sonegador de cifras milionárias** que faz uso do art. 9º, § 2º, da Lei n. 10.684/2003, **terá a sua punibilidade extinta**, ainda que o valor seja infinitamente superior aos mesmos R$ 1.000,00 (mil reais) do crime de furto. Isso demonstra o tratamento diferenciado que o legislador confere aos criminosos de alta renda em detrimento daqueles de baixa renda.

Para ilustrar mais um ponto de coculpabilidade às avessas, **modernamente**, tem-se a recente **Lei n. 13.254/2016, que em seu art. 5º prevê expressamente a extinção da punibilidade de inúmeros crimes de colarinho-branco**, como lavagem de dinheiro e contra o Sistema Financeiro Nacional, caso o agente queira repatriar o valor não declarado que possua no estrangeiro. Percebe-se, claramente, o intuito do legislador de tratar de forma mais benéfica os crimes de colarinho-branco, e os criminosos poderão pagar o imposto de 15% (quinze por cento) do valor não declarado anteriormente até a sentença criminal transitar em julgado, trazendo para si a **extinção da punibilidade dos citados crimes**. Para ter-se uma noção e até mesmo acreditar no que o legislador pátrio é capaz de fazer, cita-se trecho pertinente da referida lei:

> **Art. 5º A adesão ao programa dar-se-á mediante entrega da declaração dos recursos, bens e direitos sujeitos à regularização prevista no *caput* do art. 4º e pagamento integral do imposto previsto no art. 6º e da multa prevista no art. 8º desta Lei.**

Christiano Gonzaga

§ 1º O cumprimento das condições previstas no caput antes de decisão criminal, em relação aos bens a serem regularizados, extinguirá a punibilidade dos crimes previstos:

I – no art. 1º e nos incisos I, II e V do art. 2º da Lei n. 8.137, de 27 de dezembro de 1990;

II – na Lei n. 4.729, de 14 de julho de 1965;

III – no art. 337-A do Decreto-Lei n. 2.848, de 7 de dezembro de 1940 (Código Penal);

IV – nos seguintes arts. do Decreto-Lei n. 2.848, de 7 de dezembro de 1940 (Código Penal), quando exaurida sua potencialidade lesiva com a prática dos crimes previstos nos incisos I a III:

a) 297;

b) 298;

c) 299;

d) 304;

V – (VETADO);

VI – no *caput* e no parágrafo único do art. 22 da Lei n. 7.492, de 16 de junho de 1986;

VII – no art. 1º da Lei n. 9.613, de 3 de março de 1998, quando o objeto do crime for bem, direito ou valor proveniente, direta ou indiretamente, dos crimes previstos nos incisos I a VI;

VIII – (VETADO).

§ 2º A extinção da punibilidade a que se refere o § 1º:

I – (VETADO);

II – somente ocorrerá se o cumprimento das condições se der antes do trânsito em julgado da decisão criminal condenatória;

III – produzirá, em relação à administração pública, a extinção de todas as obrigações de natureza cambial ou financeira, principais ou acessórias, inclusive as meramente formais, que pudessem ser exigíveis em relação aos bens e direitos declarados, ressalvadas as previstas nesta Lei.

§ 3º (VETADO).

§ 4º (VETADO).

Manual de Criminologia

§ 5º Na hipótese dos incisos V e VI do § 1º, a extinção da punibilidade será restrita aos casos em que os recursos utilizados na operação de câmbio não autorizada, as divisas ou moedas saídas do País sem autorização legal ou os depósitos mantidos no exterior e não declarados à repartição federal competente possuírem origem lícita ou forem provenientes, direta ou indiretamente, de quaisquer dos crimes previstos nos incisos I, II, III, VII ou VIII do § 1º.

Art. 6º Para fins do disposto nesta Lei, o montante dos ativos objeto de regularização será considerado acréscimo patrimonial adquirido em 31 de dezembro de 2014, ainda que nessa data não exista saldo ou título de propriedade, na forma do inciso II do *caput* e do § 1º do art. 43 da Lei n. 5.172, de 25 de outubro de 1966 (Código Tributário Nacional), sujeitando-se a pessoa, física ou jurídica, ao pagamento do imposto de renda sobre ele, a título de ganho de capital, à alíquota de 15% (quinze por cento), vigente em 31 de dezembro de 2014. (grifos nossos)

Pela nova Lei n. 13.254/2016, estampa-se a adesão do legislador, assim como fez na Lei n.10.684/2003, à teoria da coculpabilidade às avessas, como é cediço em países como o Brasil, que tem a tradição de rezar a cartilha da impunidade para os criminosos de colarinho-branco.

Outra visão da coculpabilidade às avessas confirmada pelo já citado autor (MOURA, 2006) relaciona-se à punição de certas **contravenções penais** como a **vadiagem e a mendicância** (já revogada), previstas no Decreto-Lei n. 3688/41, arts. 59 e 60, respectivamente. O que se está punindo aqui é a exclusão social a que muitos estão submetidos não pelo livre-arbítrio, mas por questões sociais como a falta de oportunidades. Esse tipo de punição concentra-se também nas classes mais pobres, o que gera uma punição estatal pelo simples modo de vida.

Portanto, dentro da ideia de **determinismo social**, podem ser citadas as teorias da **coculpablidade tradicional e da coculpabilidade às avessas**, com as vertentes acima destacadas.

2.4.2 Colarinho-Azul, Colarinho-Branco, Cifras Negras e Cifras Douradas

Aproveitando-se da dicotomia entre infrações penais cometidas por pessoas de alta renda *versus* pessoas de baixa renda, tem-se a importante denominação da Criminologia de *blue-collar* e *white-collar*, a seguir explicada dentro desse viés.

Em 1949, o criminologista **Edwin Sutherland** passou a estudar os crimes cometidos pelos **altos executivos americanos**, os quais infringiam

71

praticamente leis como de combate à **sonegação fiscal** e **lavagem de dinheiro**. Pelo que se percebe, claramente, os executivos sempre estão bem alinhados em ternos caríssimos e com camisas com colarinho-branco impecável, daí surgindo a expressão *white-collar*. De outro lado, os operários braçais que trabalham no chão da fábrica, bem como motoristas de ônibus e pessoas de baixa renda, usam uniformes azuis com colarinhos da mesma cor, o que se convencionou chamar de *blue-collar*. A cor azul é preferida à branca pelo simples fato de que não suja tão facilmente, sendo que os trabalhadores braçais estão sujeitos ao contato inevitável com objetos que sujam as roupas, como graxas, materiais pesados e outros elementos mais poluidores, o que já não ocorre com os empregadores e pessoas que trabalham no sistema financeiro, por exemplo, reclusos em seus gabinetes com ar-condicionado e tudo limpo.

Na sua famosa obra intitulada *O crime de colarinho-branco*, Sutherland delimita dois pontos importantíssimos na análise de tal criminalidade moderna, sendo transcrito o seu pensamento na sequência:

> "1ª) Evidenciar que as pessoas de classe socioeconômica alta cometem muitos delitos e estas condutas deveriam ser incluídas no campo das teorias gerais do delito; e, face às evidências, 2ª) Apresentar hipóteses que possam explicar tanto os crimes de colarinho-branco como os demais ilícitos."[20]

Pelo trecho citado, percebe-se que a prática de crimes não é exclusiva dos criminosos de colarinho-azul, o que afasta o caráter de patologia inerente aos criminosos ou até mesmo a exclusividade de que apenas pessoas pobres delinquem. O **crime** é um **ente social** e deve ser estudado em todas as suas formas, pois ele pode nascer em qualquer local, bastando para tanto que exista uma interação social.

A principal crítica feita por **Sutherland** era a de que os criminosos de colarinho-branco dificilmente são responsabilizados criminalmente por suas condutas, gozando de um verdadeiro "**cinturão de impunidade**", uma vez que estão num determinado estrato social que a justiça criminal não consegue alcançar, muito por causa do poder econômico que ostentam e pelas amizades envolvendo funcionários públicos. O mesmo não ocorre com os criminosos de colarinho-azul, pois o sistema penal parece ter sido feito apenas para eles, bastando uma visita em qualquer penitenciária para constatar que as celas estão recheadas de pessoas da mesma cor e do mesmo estrato social.

---

[20] SUTHERLAND, Edwin. H. *El Delito de Cuello Blanco*. Madrid: La Piqueta, 1999. p. 307.

Manual de Criminologia

Com essa ideia, surge uma **outra dicotomia** consistente nas chamadas **cifras negras ou ocultas e cifras douradas ou de ouro**, também propostas por Edwin Sutherland. Nas chamadas cifras negras ou ocultas estão os crimes de colarinho-branco que não são descobertos e ficam fora das estatísticas sociais. Como os seus autores gozam do chamado "cinturão da impunidade", os seus delitos ficam encobertos, ocorrendo o que se chama de cifra oculta ou negra da criminalidade. Cumpre ressaltar que tais delitos são infinitamente superiores aos delitos que são descobertos e que entram nas estatísticas sociais, uma vez que os crimes de lavagem de dinheiro, sonegação fiscal e contra a administração pública que realmente ocorrem e não são punidos constituem a grande maioria. Já as chamadas cifras douradas ou de ouro correlacionam-se aos crimes de colarinho--branco que são oficialmente conhecidos e punidos, o que, claramente, constituem uma minoria ínfima perto dos que acontecem e não são descobertos. Os **crimes de colarinho-branco conhecidos oficialmente** são bem menores e são chamados de **cifras de ouro**. Essa é a ideia de cifras negras e douradas em Sutherland.

Todavia, numa **versão brasileira**, muitos professores e doutrinadores trouxeram o conceito de cifras negras e douradas para o Brasil com a **simples máxima entre os crimes conhecidos e punidos e os não conhecidos e não punidos, sem reservar o estudo apenas para os crimes de colarinho-branco, como foi a ideia originária de Edwin Sutherland**. Para aclarar o que se entende pela expressão cifras ocultas da criminalidade no Brasil, é citado o escólio de Salo de Carvalho, bem elucidativo por sinal, *in verbis*:

"A cifra oculta da criminalidade corresponderia, pois, à lacuna existente entre a totalidade dos eventos criminalizados ocorridos em determinados tempo e local (criminalidade real) e as condutas que efetivamente são tratadas como delito pelos aparelhos de persecução criminal (criminalidade registrada). E os fatores explicativos da taxa de ineficiência do sistema penal são inúmeros e dos mais distintos, incluindo desde sua incapacidade operativa ao desinteresse das pessoas em comunicar os crimes dos quais foram vítimas ou testemunhas. Como variável obtém-se o diagnóstico da baixa capacidade de o sistema penal oferecer resposta adequada aos conflitos que pretende solucionar, visto que sua atuação é subsidiária, localizada e, não esporadicamente, filtrada de forma arbitrária e seletiva pelas agências policiais (repressivas, preventivas ou investigativas)."[21]

---

[21] Op. cit., p. 174.

Christiano Gonzaga

No Brasil, portanto, a ideia que persiste é a de que os crimes conhecidos (cifras de ouro) são os crimes cometidos por pessoas de baixa renda, ou chamados de *blue-collar*, enquanto os crimes não conhecidos, e por isso não punidos, possuem o conceito de cifras ocultas e são cometidos pelas pessoas de alta renda (*white-collar*). Da mesma forma, que na versão originária de Sutherland, as chamadas cifras negras são bem maiores que as cifras douradas, pois os crimes que de fato acontecem e não são descobertos são infinitamente superiores, tais cifras no Brasil referem-se aos crimes de colarinho-branco e também aos de colarinho-azul.

Foi nessa toada que surgiu **o antagonismo entre criminosos de colarinho-branco e colarinho-azul**, quando se quer referir aos tipos de infrações penais cometidos por pessoas de diferentes classes sociais, sendo muito comum em provas de concursos públicos a utilização de tais expressões, devendo apenas ser atentado para o que foi o pensamento original em Sutherland e o que é o pensamento atual, sendo ambas as formas corretas, devendo apenas ser identificado qual momento histórico está sendo questionado.

2.4.3 Controles Sociais Informais, Formais e o *Bullying*

Retornando-se para a **Escola Interacionista**, também chamada de **teoria do etiquetamento social ou** *labelling approach*, percebe-se que o crime e o criminoso surgem dessa relação social em que se etiquetam as mais variadas classes sociais, como foi visto na análise de crimes de colarinho-branco e colarinho-azul. Esse tipo de rotulagem contribui também para a formação de uma **seletividade e estigmatização** da classe criminosa, sendo os criminosos de colarinho-azul os grandes clientes do sistema penal. Isso não se dá pelo simples fato de que os ricos não cometem crimes, ao contrário, pois eles praticam inúmeros delitos que não são punidos. A seletividade do sistema penal ocorre em relação aos pobres porque a sociedade é preconceituosa e, principalmente, por causa da vulnerabilidade social já estudada acima.

Ademais, o **determinismo social** é muito mais forte nos grotões da pobreza, onde os fatores de exclusão social são imperiosos, retirando as oportunidades sociais das pessoas mais pobres, restando a via do crime como alternativa para conseguir o mínimo existencial. Claro que isso não é a regra, pois é sabido que em muitas regiões pobres as pessoas mais humildes não enveredam para o mundo do crime, apesar de ficarem quase sempre sem os direitos sociais mais básicos. Todavia, esse estudo não interessa à Criminologia, pois é uma exceção numa regra em que o meio determina o homem, ficando reduzido a próximo de zero o livre-arbítrio.

74

Manual de Criminologia

É nesse contexto de etiquetamento e interacionismo que surge o estudo dos chamados **controles sociais formais e informais**. Antes de entender o que são esses controles, importante destacar que existem certos padrões sociais considerados corretos ou de acordo com as **expectativas sociais**. Tudo aquilo que é contrário às expectativas sociais pode ser conceituado como conduta desviada, uma vez que sairia do padrão imposto pelos controles sociais, como asseveram Gomes e Molina[22]. O complexo é apenas definir o que vem a ser o "comportamento adequado" num dado momento histórico, pois ele pode variar de acordo com os anseios sociais.

Os controles sociais constituem formas de **influência** no modo de agir e pensar do ser humano. Desde cedo, o homem passa a ser influenciado pelas mais variadas formas de controle, como a **escola, a igreja e a família**, para serem citados alguns. Isso formata a personalidade de alguém e permite que a pessoa passe a obedecer aos dogmas impostos socialmente.

Todavia, os controles sociais podem gerar uma insatisfação de algum integrante da sociedade, que entende como errôneos os papéis sociais impostos a ele. Com isso, pode ter o surgimento do crime, a forma mais grave de alguém rebelar-se contra o sistema social. É notório que outras formas de insatisfação com o sistema existem, mais brandas, como não respeitar filas em supermercados ou bancos, bem como não tratar com gentileza o semelhante, todavia esses descumprimentos de papéis sociais não geram consequências mais graves a alguém. O importante é saber que todos estão sujeitos aos controles sociais existentes, devendo a obediência ser a regra, sob pena de restar impossível a coexistência numa sociedade organizada.

O crime, então, é um fenômeno tido como uma **conduta desviada** daquilo que a sociedade exige das pessoas, etiquetando-se os desviados como criminosos, tomando-se por base os controles sociais.

Foi nesse modelo de pensamento que surgiu a denominação de **teorias do conflito**, podendo ser perfeitamente enquadrado nesse tipo de análise o *labelling approach* e os **controles sociais formais**, em que os órgãos de controle se utilizam da **força e da coerção** para impor a **vontade estatal**. Trata-se de **impor um modelo de conduta** considerado pelo Estado o correto e que deve ser seguido por todos, o que sói acontecer no caso de aplicação do Direito Penal para os que tiverem comportamentos desviados do que ele prega. Todavia, a lei é um reflexo do pensamento dominante de uma classe em relação a outra, gerando claramente um conflito de valores sociais.

---

[22] Op. cit., p. 67.

Inicialmente, deve ser assinalado o que vem a ser o **controle social informal**. De acordo com o doutrinador Rogério Greco, em seu livro *Direito Penal do equilíbrio*[23], o chamado controle social informal **explica o comportamento delinquente de acordo com as regras sociais, sem a intervenção do Estado**. São espécies de controles sociais informais **a escola, a família, a igreja e, atualmente, a opinião pública**. De outra feita, o controle social formal representa a intervenção estatal no surgimento e na rotulação dos comportamentos desviados ou criminosos, sendo exemplo dele a Polícia, o Ministério Público e o Poder Judiciário.

Em se tratando de controles sociais informais, a começar pela **escola**, onde as crianças aprendem as primeiras lições da vida, pode-se dizer que esse é um controle extremamente marcante. Na escola é onde são lecionadas as primeiras regras do que é certo e errado, bem como onde os comportamentos são estigmatizados, sempre tomando por base o *status* social das pessoas que se relacionam. Trata-se de fato notório que os mais abastados da escola gozam de uma certa superioridade sobre os demais, sendo aqueles jovens que lançam tendências e ditam o que é certo e errado fazer.

A escola é o primeiro contato do indivíduo com uma instituição de controle alheia à família, em que se permeiam vários relacionamentos entre crianças das mais variadas classes sociais. Esse intercâmbio cultural gera padrões de comportamentos, pois as crianças passam a falar, vestir-se e portar-se como os integrantes daquele grupo escolar, haja vista a "febre" entre eles de usar roupas, objetos e marcas referentes a um determinado grupo musical que tenha caído no gosto popular em dado momento histórico.

Tais padrões comportamentais são forjados desde cedo, sendo a Professora ou a Diretora da escola outro personagem importante em tal padronização, pois ela está numa posição de ensinar e repreender quando alguém comporta-se de forma desviante ao que se exige. Aquela Professora, então, lá do jardim de infância, também é responsável por criar um padrão de comportamento que o adulto de hoje possui, não sendo esse um fator único na formatação do caráter de alguém, mas se trata de elemento importante e marcante na vida das pessoas.

Perceba-se que no âmbito das escolas, por meio de várias práticas, como o *bullying*, que será a seguir explicitado, criam-se criminosos num futuro bem próximo, devendo ser feita uma supervisão ou controle social informal desde cedo para evitar que tais tragédias ocorram. Crimes serão evitados com a correta aplicação dos controles sociais informais desde cedo, como é o caso do exercido pelas escolas.

---

[23] Op. cit., p. 38.

Nesse contexto, quem não se encaixa no grupo dominante sofre as mais variadas discriminações, ocorrendo o fenômeno mais atual nas escolas, que é o *bullying*, **conceituado como atos de violência física ou psicológica intencionais e repetidos, praticados por um indivíduo ou grupo de indivíduos, causando dor e angústia e sendo executados dentro de uma relação desigual de poder.** A expressão *bully* correlaciona-se com os chamados "valentões", que nas escolas tiranizam e amedrontam os mais fracos, sendo essa relação de desigualdade causada por força física superior e, modernamente, por questões financeiras, uma vez que os mais ricos tendem a criar grupos entre si e impedem a entrada dos mais pobres, o que causa nesses últimos angústia e frustração.

Para tornar mais clara a questão, inclusive com a visão adotada pelo Poder Legislativo brasileiro, cita-se a **Lei n. 13.185/2015**, que conceituou o que vem a ser o *bullying* e ainda trouxe várias práticas comuns que são feitas por meio desse famigerado meio de intimidação. O conceito está estampado no art. 1º, § 1º, nestes termos:

> No contexto e para os fins desta Lei, considera-se intimidação sistemática (*bullying*) todo ato de violência física ou psicológica, intencional e repetitivo que ocorre sem motivação evidente, praticado por indivíduo ou grupo, contra uma ou mais pessoas, com o objetivo de intimidá-la ou agredi-la, causando dor e angústia à vítima, em uma relação de desequilíbrio de poder entre as partes envolvidas.

A citada lei ainda trata as formas mais comuns de praticar-se o *bullying*, sendo possível até mesmo ser cometido no ambiente virtual, o que é comum nos dias de hoje, em tempos de redes sociais. Foi nesse sentido o que vem adiante no art. 2º:

> Art. 2º: Caracteriza-se a intimidação sistemática (*bullying*) quando há violência física ou psicológica em atos de intimidação, humilhação ou discriminação e, ainda:
>
> I – ataques físicos;
>
> II – insultos pessoais;
>
> III – comentários sistemáticos e apelidos pejorativos;
>
> IV – ameaças por quaisquer meios;
>
> V – grafites depreciativos;
>
> VI – expressões preconceituosas;
>
> VII – isolamento social consciente e premeditado;

VIII – pilhérias.

Parágrafo único. Há intimidação sistemática na rede mundial de computadores (*cyberbullying*), quando se usarem os instrumentos que lhe são próprios para depreciar, incitar a violência, adulterar fotos e dados pessoais com o intuito de criar meios de constrangimento psicossocial.

Muitos crimes surgem por causa dessa violência praticada pelo grupo dominante que, nos Estados Unidos da América, é representado pelo chamado "popular", ou seja, aquele garoto ou garota que pertence ao time da escola, é chefe de torcida ou possui carro do ano e que humilha os demais colegas por se sentir superior. Diante disso, o humilhado começa a criar em sua mente o desejo de cometer crimes contra o "popular", nascendo disso tristes episódios como os retratados pelo cineasta Michael Moore no documentário *Tiros em Columbine*. Nesse documentário é retratada a violência entre os jovens americanos e que culminou num massacre em que várias pessoas foram vítimas de homicídio na escola local de mesmo nome (*Columbine High School*). No documentário não há certeza de quem é a culpa dos homicídios, excluindo-se, claro, os dois jovens que entraram na escola na hora do lanche no refeitório e abriram fogo. O que se pesquisa é a origem da ideia criminosa por parte dos dois atiradores. Se a culpa seria do governo, da forma de criar os filhos, do sistema de ensino, entre outras indagações. O que importa é a sugestão de que cada um tem a sua parcela de culpa na formação dos dois criminosos, sendo esse o estudo da Criminologia.

Esse tipo de relação está intimamente ligado ao *labelling approach* ou teoria do etiquetamento, em que se rotula a pessoa como o "popular" ou "impopular", desencadeando péssimos conflitos psicológicos e até mesmo casos de depressão em jovens que buscam a todo custo pertencer ao chamado grupo dominante. Uma vez inseridos no círculo dos mais populares, passam a subjugar, humilhar e discriminar os que ficaram foram do aludido círculo e, por fim, chegam até mesmo a cometerem crimes ou serem vítimas de massacres como já exposto acima.

Para não ir muito longe, no Brasil, na cidade do Rio de Janeiro, ocorreu um episódio semelhante, na escola municipal Tasso da Silveira, no bairro de Realengo: um homem armado entrou na escola e matou vários estudantes, sobretudo meninas[24]. Esse ódio se deu pelo fato de ele ter sofrido *bullying* na infância de pessoas do sexo feminino que não ti-

---

[24] Disponível em: <http://g1.globo.com/Tragedia-em-Realengo/noticia/2011/04/atirador-entra-em-escola-em-realengo-mata-alunos-e-se-suicida.html>. Acesso em: 21 jan. 2018.

nham interesse nele e o discriminavam. Diante dessa relação psicológica de dor, surgiu a vontade criminosa de realizar os homicídios contra as meninas, que no dia do crime representavam as outras que no passado teriam feito *bullying* contra ele.

A Criminologia explica que esse tipo de comportamento deve ser evitado e vigiado desde cedo, notadamente nas escolas, sob pena de ocorrerem ainda muitos massacres que teriam sido originários lá na infância e maturados ao longo da vida adolescente, culminando com os trágicos episódios aqui retratados.

Importante ressaltar que, em boa hora, o legislador penal brasileiro criminalizou (**criminalização primária, tema analisado verticalmente no item 4 deste *Manual***) a figura do *bullying* dentro da nova disposição legal prevista no art. 147-A, CP, a seguir transcrito:

> **Art. 146-A.** Intimidar sistematicamente, individualmente ou em grupo, mediante violência física ou psicológica, uma ou mais pessoas, de modo intencional e repetitivo, sem motivação evidente, por meio de atos de intimidação, de humilhação ou de discriminação ou de ações verbais, morais, sexuais, sociais, psicológicas, físicas, materiais ou virtuais: (Incluído pela Lei n. 14.811, de 2024)
>
> Pena – multa, se a conduta não constituir crime mais grave. (Incluído pela Lei n. 14.811, de 2024) Intimidação sistemática virtual (*cyberbullying*) (Incluído pela Lei n. 14.811, de 2024)
>
> Parágrafo único. Se a conduta é realizada por meio da rede de computadores, de rede social, de aplicativos, de jogos on-line ou por qualquer outro meio ou ambiente digital, ou transmitida em tempo real: (Incluído pela Lei n. 14.811, de 2024)
>
> Pena – reclusão, de 2 (dois) anos a 4 (quatro) anos, e multa, se a conduta não constituir crime mais grave. (Incluído pela Lei n. 14.811, de 2024)

O tipo penal em epígrafe constitui uma clara hipótese da interdisciplinaridade entre a Criminologia, a Política Criminal e o Direito Penal, em que a primeira estuda as situações envolvendo casos concretos que precisam de uma resposta social, sendo a segunda responsável pela análise daquilo que de fato será inserido na lei penal e, por fim, a terceira constitui a própria lei penal já alterada com as soluções apresentadas inicialmente. Trata-se de uma perfeita relação entre as três disciplinas, tudo em prol de uma implementação social de orientações voltadas para o desenvolvimento social.

Christiano Gonzaga

O *bullying* é tema de suma importância para a Criminologia, pois constitui uma das principais fontes de delinquência na sociedade moderna, em que os mais fortes acabam por impor, na maioria das vezes por meio da violência, a sua vontade em detrimento dos mais fracos. Daí, então, a necessidade de uma resposta estatal para frear e exemplificar que tal prática constitui crime e receberá uma sanção penal por sua infração.

O tipo penal prevê a intimidação sistemática como sendo elementar do crime, devendo haver a reiteração criminosa para que ocorra a consumação. Dessa forma, um ato isolado de intimidação não constitui a infração penal em testilha. Além disso, destaca-se que a violência pode ser feita por meio físico ou psicológico, deixando bem claro o legislador a ideia de que o bullying não é apenas um ato de intimidação física.

Ressalta-se que a Lei n. 13.185/2015, art. 1º, § 1º, já previa a expressão "intimidação sistemática", bem como conceituava isso como qualquer forma de violência física ou psicológica, permitindo, ainda, a figura do *cyberbullying* em seu art. 2º, parágrafo único. O que tal lei não previa era a figura típica com previsão de sanção penal, ocorrendo em boa hora a criminalização primária da famigerada prática social".

Logo, o que antes constituía mera denominação legal das figuras do *bullying* e *cyberbullying*, hoje constitui figura típica e merece a reprimenda penal prevista em lei, ressalvando que se de tais crimes advir alguma conduta criminosa mais grave, tal como o homicídio ou lesão corporal gravíssima, o enquadramento será feito em um desses dois tipos penais, uma vez que o art. 146-A, CP, na parte da pena, menciona o princípio da subsidiariedade expressa, pois afasta os aludidos crimes (*bullying* e *cyberbullying*) se o fato constituir crime mais grave.

Em outras palavras, caso seja perpetrado um crime de *bullying* ou *cyberbullying* junto com um delito de homicídio ou lesão corporal gravíssima, aplicar-se-ão tais tipos penais, restando afastados aqueles outros, pois são considerados tipos mais brandos, na exata prescrição legal.

Aqui, nesse ponto, não se aplica o princípio da subsidiariedade expressa (em relação ao crime de *cyberbullying*) para os crimes de lesão corporal leve e grave, pois tais tipos penais possuem sanções penais menores do que aquele delito, devendo haver a punição, então, pelo crime inicialmente praticado, no caso o *cyberbullying*.

De fato a tornar clara a observação feita, caso alguém pratique um *cyberbullying* (art. 146-A, parágrafo único, CP, cuja pena é de reclusão de 02 a 04 anos e multa), postando de forma sistemática nas redes sociais algo discriminatório contra um colega seu de sala de aula, sendo que quando este vai reclamar recebe um tapa na cara, ocasionando uma lesão corporal

Manual de Criminologia

leve (art. 129, *caput*, CP, cuja pena é de detenção de 03 meses a 01 ano), a punição se dará apenas pelo crime do art. 146-A, parágrafo único, CP, por ser, no presente exemplo, crime mais grave.

Quanto ao crime específico de *bullying* previsto no art. 146-A, *caput*, CP, cuja sanção penal é de multa, o princípio da subsidiariedade expressa terá mais incidência quanto à aplicação de outro delito mais grave, pois os crimes de lesão corporal (em todas as suas formas dolosas) e de homicídio possuem a pena mais elevada, o que restará afastado aquele tipo penal considerado mais brando em detrimento desses últimos.

A outra forma de **controle social informal é a família**, que desde a infância ensina a noção de certo e errado, principalmente com os exemplos paternos. Os pais funcionam como espelhos para a educação dos filhos, que imitam tudo o que eles fazem. Se os pais praticam atos ilícitos ou reprováveis em casa, como abusos sexuais, uso de drogas e tabagismo, há uma tendência de os filhos também seguirem por esse caminho, pois desde cedo estão tendo esse tipo de exemplo diário no seio familiar.

Percebe-se que o determinismo social está agindo dentro da própria família, pois o meio em que a criança vive poderá fatalmente influenciar nas suas escolhas. Por essa ótica, o surgimento do crime pode ocorrer em virtude dos maus exemplos que os filhos possuem dentro da própria casa, sendo o comportamento parental muito importante para ditar o que os filhos devem seguir. Se tiver bons exemplos, vai praticar boas condutas. Ao contrário, se presenciar péssimos exemplos, natural que tenha isso como o correto e pratique condutas semelhantes. Daí a importância dos pais na educação dos filhos como meio de impedir o surgimento de condutas criminosas.

Nessa linha de pensamento, fica claro que o controle social informal representado pela família pode ser tanto ensejador quanto impeditivo de condutas criminosas, a depender da forma com que se analisa a questão.

Ainda dentro do tema controle social informal, tem-se a **Igreja**. Importante destacar que a Igreja não é propriamente apenas a católica, como pode parecer, mas sim todas as religiões que ditam as condutas certas e, em alguns casos raros, fornece maus exemplos, como os casos de abusos sexuais cometidos por padres, pastores etc. Os comportamentos tidos como corretos são salutares e permitem que as pessoas sigam práticas virtuosas. Todavia, como já se viu em mais de uma ocasião, alguns desvios e abusos são cometidos dentro do próprio local onde se exerce a liberdade de culto e de religião, o que torna o exemplo bem negativo, podendo influenciar o comportamento futuro daqueles que foram abusados.

Ora, se aquele que deveria primar por bons ensinamentos, valendo-se do natural temor reverencial que possui, pratica condutas criminosas, como

Christiano Gonzaga

estupros e crimes contra a dignidade sexual, mais uma vez o determinismo social irá atuar e incutir nas vítimas dos crimes a ideia do que vem a ser o "correto", tornando-se, eles próprios, num futuro não tão distante, abusadores sexuais. O mau exemplo aprendido outrora é muito danoso por forjar futuros comportamentos criminosos, daí a importância para que esse tipo de controle social seja corretamente exercido, sob pena de estimular potenciais delinquentes.

Para finalizar a análise desse importante controle social informal, cita-se o filme *Spotlight*, vencedor do Oscar, em que são retratados os abusos cometidos dentro da Igreja católica e as suas consequências nefastas na vida de vários menores, bem na linha do que se expôs acima.

Por fim, a última forma de controle social informal consiste na poderosa ferramenta de incutir ideias na sociedade, que é a **opinião pública**. Por meio dela, as pessoas passam a ter a ideia do certo e errado conforme a opinião ditada por uma influente parcela do meio em que vive.

A mídia tem um poder muito grande de criar rótulos que ela considera corretos e fundamentais na sociedade moderna. Muitos programas jornalísticos, notadamente os de cunho policial, tacham as pessoas de delinquentes conforme as condutas praticadas, muitas vezes antes mesmo de qualquer processo criminal com trânsito em julgado. Como exemplo, citam-se os casos de homicídios praticados por pessoas conhecidas: a mídia faz uma cobertura exaustiva, apontando como assassino o suposto autor do crime. Essa pecha de criminoso atribuída a ele desde o início e maciçamente é dificilmente retirada ao longo do devido processo legal, e os jurados, quando forem julgar o acusado, já possuem uma predisposição para a condenação, tudo isso em razão do que já foi noticiado.

Uma vez conferido o rótulo de homicida pela opinião pública, a sociedade tende a tratá-lo como tal, sendo muito difícil retirar essa característica diante do que é repetido e noticiado por jornalistas que possuem um grande peso na formação da opinião alheia.

Nesse contexto, deve ser constatado que a opinião pública exerce papel fundamental na formação da convicção acerca do comportamento do indivíduo, o que é perigoso, pois uma análise malfeita ou incompleta pode gerar danos permanentes na vida de uma pessoa, sendo praticamente impossível restaurar sua condição anterior. Esse tipo de situação cria um criminoso sem que ele de fato o seja, o que constitui uma importante ferramenta de análise para a Criminologia, que deve fazer as devidas críticas sobre esses comportamentos considerados desviados pela opinião pública.

Para completar o estudo acerca dos controles sociais, destacam-se os **chamados formais**, ou seja, exercidos sob a influência e a coordenação do

Estado. Os principais estudados na área da Criminologia são a **Polícia**, o **Ministério Público** e o **Poder Judiciário**, inclusive em inúmeros concursos para Promotor de Justiça, Defensor Público e Delegados Federal e Civil tal tópico está previsto nos editais de ingresso.

Como já se demonstrou anteriormente, os padrões de comportamento exigidos socialmente exercem uma influência na conduta de cada um, tendo especial destaque quando tal exigência parte do próprio Estado. Ora, a **Polícia**, enquanto órgão repressor de crimes, controla a sociedade efetuando a prisão e investigação de pessoas tidas como delinquentes. Quando é feita a prisão de alguém ou quando a Polícia Federal chega com aquele time de pessoas vestidas de preto, óculos escuros e armas de grosso calibre para cumprir um mandado de busca e apreensão, a sociedade que está ali presente identifica que aquela pessoa visada pela Polícia é um criminoso, ainda que posteriormente seja absolvida das imputações. Percebe-se que nesse ponto o Estado-Polícia está rotulando alguém como criminoso e toda a sociedade ali presente ou que assiste à operação pela mídia também faz o mesmo juízo de valor.

Neste ponto é importante destacar a divulgação que a mídia faz das operações policiais, notadamente aqueles jornais televisivos de cunho apelativo, em que se acompanham de perto e ao vivo as diligências policiais. Ora, a sociedade passa, desde então, a rotular aquela pessoa pega na diligência como sendo um marginal, expressão esta curiosa e que representa aquele que está fora das condutas tidas como corretas pelo controle social, ou seja, vive às margens daquilo que é tido como correto pelo senso comum.

Cumpre ressaltar, todavia, que a Lei n. 7.210/84 (Lei de Execução Penal), em seu art. 41, VIII, veda qualquer tipo de sensacionalismo na exposição de presos provisórios e definitivos, o que nem sempre é respeitado pelas Autoridades Policiais. Esse tipo de exposição seria uma forma de controle social formal exercido diuturnamente pelos mais variados policiais, sendo, em tempos de redes sociais (Facebook etc.), a exposição feita quase que em tempo real.

Além disso, aproveitando-se da entrada em vigor da nova Lei de **Abuso de Autoridade (Lei n. 13.869/2019)**, mais precisamente a tipificação **prevista no art. 13, I**[25], percebe-se que agora é crime fazer a exposição in-

---

[25] Art. 13. Constranger o preso ou o detento, mediante violência, grave ameaça ou redução de sua capacidade de resistência, a:

I – exibir-se ou ter seu corpo ou parte dele exibido à curiosidade pública;

II – submeter-se a situação vexatória ou a constrangimento não autorizado em lei;

Christiano Gonzaga

devida e com o viés de explorar a imagem do preso perante a curiosidade pública. Trata-se de um dispositivo legal voltado para coibir que os controles sociais formais estigmatizem ainda mais a pessoa daquele que está sendo preso.

Nessa mesma linha de raciocínio está o **Ministério Público**, com especial destaque para o Promotor de Justiça que atua na área criminal, pois compete a ele ingressar com a ação penal contra aqueles que infringiram a lei penal. Ora, quando alguém está sendo processado criminalmente, é natural que os integrantes da sociedade que ficam sabendo disso façam um juízo de valor negativo em relação a ele, pois aquela diligência ou prisão efetuada pela Polícia desencadeou em algo mais grave e sério, que é a ação penal. Assim, aquele rótulo inicial de marginal está cada vez mais ganhando robustez e seriedade, em que pese inexista ainda a condenação criminal por parte do Poder Judiciário, todavia a pecha de criminoso já está impregnada em sua imagem social.

Curiosa é a atuação do Promotor de Justiça no Tribunal do Júri, quando exerce a sua função acusatória contra alguém que está no famigerado banco dos réus. Ora, a expressão "eu te acuso", muito bem lançada no Plenário do Júri contra o réu, causa nos jurados uma sensação de que o homem que ali está sendo julgado fez um comportamento desviante, pois, do contrário, o Promotor de Justiça não estaria ali acusando-o. Esse tipo de pecha lançada sobre o réu por aquele que é o representante social (Ministério Público) tem um valor e poder extraordinários para a sociedade que presencia e assiste ao julgamento. É com esse viés que o membro do Ministério Público deve ter segurança e responsabilidade no momento em que for pedir a condenação de alguém, pois, uma vez lançado o rótulo, dificilmente ele será apagado.

Por fim, o último controle social formal existente é o praticado pelo **Juiz**, pois, se este disse que aquele comportamento feito por alguém é desviante dos padrões normais, é porque de fato tal assertiva constitui uma verdade absoluta. Quando alguém é condenado por um crime, após a investigação perpetrada pela Polícia e a deflagração do processo criminal pelo Ministério Público, isso constitui uma atuação completa do sistema penal, não deixando dúvidas de que aquele comportamento é desviante e contrá-

---

III – (VETADO).

III – produzir prova contra si mesmo ou contra terceiro:

Pena – detenção, de 1 (um) a 4 (quatro) anos, e multa, sem prejuízo da pena cominada à violência.

Manual de Criminologia

rio ao que se espera socialmente dele. A **sentença criminal condenatória** possui uma **carga negativa** muito grande sobre o condenado, gerando para a maioria da sociedade a sensação de que aquela pessoa é criminosa, o que irá provocar uma discriminação e uma repulsa social contra ele. Essa ideia de rotular alguém como criminoso ou marginal será estudada ainda mais no capítulo atinente às escolas criminológicas.

Um ponto relevante é que as sentenças criminais condenatórias, mesmo após o seu cumprimento integral, deixam o seu rastro na pessoa do condenado, pois este será conhecido e reconhecido nas ruas pelo crime que praticou e foi condenado. Trata-se de um rótulo indelével que irá acompanhar o egresso do presídio por toda a sua vida.

Destarte, percebe-se que os chamados **controles sociais formais e informais** criam e rotulam os criminosos, pois são eles que capitulam quem são as pessoas que estão tendo **comportamentos desviados** dos padrões sociais adequados, sendo tal objeto da Criminologia bastante estudado para uma perfeita compreensão do fenômeno da criminalidade.

Dentro dessa linha de controles sociais, notadamente na vertente do *bullying* (mais precisamente do *cyberbullying*), cita-se um novo tema de estudo consubstanciado no **linchamento virtual.** Trata-se de temática bem relevante que merece atenção por parte da sociedade, ainda mais nesse meio de redes sociais em que a quase totalidade das relações pessoais são feitas dessa forma eletrônica.

Essa expansão da internet gerou a criação de um ambiente virtual extremamente relevante, tendo deslocado do mundo real para o mundo virtual as discussões e os ambientes de revolta, pois não há mais brigas ou discussões em praças públicas, como na época da Grécia Antiga, mas sim nos diferentes grupos de WhatsApp, Telegram e comunidades no Instagram.

Assim o linchamento, que antes era real, passou para o ambiente virtual. Ocorre que nem sempre o linchamento virtual é ocasionado por pessoas se opondo a desordem social, o que causa a criação de grupos que têm o fim de humilhar uma ou até várias pessoas, fazendo, destas, vítimas. Nesse ponto surge o interesse do estudo da Criminologia, pois aquele que é linchado virtualmente cumpre a função de um bode expiatório, não sendo nem possível que faça qualquer defesa, pois o próprio meio social já o processou, julgou e está executando o cumprimento da pena, que é o próprio linchamento.

Nesse ambiente nem se consegue defender a aplicação dos princípios constitucionais do contraditório, ampla defesa e devido processo legal, eis que são aplicados a um processo formalmente existente, o que não ocorre nos casos de linchamento virtual, uma vez que praticado numa ambiente desprovido de maiores formalidades.

85

Christiano Gonzaga

Além disso, muitos justificam as postagens virtuais que levam ao linchamento, também chamado de cancelamento virtual, no direito de liberdade de expressão. Todavia, há em tela a consideração ao direito da pessoa linchada ou cancelada, que coloca por terra essa perspectiva. No caso dos linchamentos virtuais há uma linha tênue entre dois princípios constitucionais fundamentais: a liberdade de expressão e a dignidade da pessoa humana. Noutro giro, a liberdade de expressão é um direito previsto no art. 5º, IV, da Constituição Federal, sendo que dentro desse direito à liberdade de expressão incluem-se notícias sobre fatos, propagandas de ideias, opiniões, comentários, convicções, avaliações ou julgamentos sobre qualquer assunto, em qualquer forma de comunicação, verbal e não verbal.

Essa garantia constitucional foi planejada, sobretudo, contra as interferências do Poder Público, para evitar quaisquer atos de censura. Em relação a particulares, como acontece em casos de linchamentos virtuais, o direito à liberdade de expressão precisa ser analisado ponderando-se o interesse das partes, principalmente se tiver ódios e preconceitos e colocar em risco o valor intrínseco do ser humano, o que vai ferir de morte outro princípio constitucional não menos relevante que é a dignidade da pessoa humana, previsto no art. 1º, III, da Constituição Federal.

Com esse escopo, não se pode permitir que o linchamento virtual seja praticado sob o escudo protetor da liberdade de expressão, uma vez que a costumeira confusão entre liberdade e libertinagem é algo comum nas culturas de cancelamento em redes sociais, pois muitos levantam a bandeira da liberdade, mas, na verdade, o que está estampado nas entrelinhas é uma libertinagem agressiva de querer aparecer nas redes sociais em detrimento de pessoas que não possuem uma voz mais ativa ou que não são do grupo dos canceladores.

Assim, para muito além dos preceitos constitucionais, devem ser destacados os tipos penais que podem ter incidência nos casos de linchamento virtual, tais quais o novo delito de *cyberbullying* (art. 146-A, parágrafo único), a calúnia (art. 138), difamação (art. 139) e injúria (art. 140), bem como o induzimento ou instigação ao suicídio (art. 122), todos previstos no Código Penal. Essa última figura, do induzimento ao suicídio, pode ocorrer quando a pressão feita em cima do linchado é tão grande que gera nele um sentimento de isolamento e fragilidade, o que acentua a sua vulnerabilidade, ocorrendo a figura típica quando os seus algozes sugerem a ele que retire a sua própria vida.

Em boa hora o legislador criou o tipo penal de *cyberbullying*, pois este prevê expressamente a punição para aqueles que praticam intimidações sistemáticas no ambiente virtual, sendo que antes não havia uma tipificação perfeita, mas agora existe e a pena possui um excelente efeito pedagógico,

86

Manual de Criminologia

pois não é passível de aplicação de benefício despenalizador do Juizado Especial Criminal, uma vez que a pena máxima é superior a dois anos e impede o procedimento sumaríssimo.

Em suma, o **linchamento virtual** pode ser visto sob o prisma da Criminologia no **aspecto sociológico**, do **Direito Constitucional** no aspecto dos princípios constitucionais em balizamento e no **Direito Penal** quanto aos tipos penais envolvidos.

Ainda nessa linha de raciocínio de situações praticadas de forma socialmente radicais, citam-se os **crimes de ódio**. Da mesma forma que o *bullying* ou o *cyberbullying*, os crimes de ódio são uma forma de violência focada a um determinado grupo social com características específicas, ou seja, o agressor escolhe suas vítimas de acordo com seus preconceitos e, fundamentado por estes, coloca-se de maneira hostil contra um particular modo de ser e agir típico de um conjunto de pessoas.

Os grupos afetados por esse delito discriminatório são os mais variados possíveis, porém o crime de ódio ocorre com maior frequência com as chamadas **minorias sociais,** podendo ser enquadrados como tais aqueles conjuntos de indivíduos que histórica e socialmente sofreram notória discriminação. Como exemplo, podemos citar as vítimas de racismo, homofobia, xenofobia, etnocentrismo, intolerância religiosa e preconceito com deficientes.

Em épocas de polarização política, não sendo aceitos os pontos de vista daquele que pensa diferente, o caminho natural é o radicalismo e a incitação ao ódio, o que gera esse ambiente de desestabilização social.

Na parte penal, tais delitos encaixam-se na Lei n. 7.716/89, dentro da temática dos **crimes de racismo**, pois são aqueles resultantes de discriminação ou preconceito de raça, cor, etnia, religião ou procedência nacional, também podendo haver a tipificação dos novos delitos de *bullying* e *cyberbullying*, pois há alusão expressa, como elementar do tipo, de atos de discriminação. Assim, a depender da forma discriminatória exercida, os crimes de ódio podem encaixar na Lei de Racismo ou no próprio Código Penal, mais precisamente no art. 146-A, *caput* ou parágrafo único.

2.4.4 Técnicas de Neutralização

Gresham M'Cready Sykes e David Matza publicaram no jornal acadêmico *American Sociological Review* o texto intitulado *Techniques of neutralization: a delinquency theory*, artigo publicado originalmente no ano de 1957 e consignado alguns anos depois na obra *Delinquency and Drift*. As **técnicas de neutralização** estabeleceram um contraponto entre a Teoria da Associação Diferencial, patenteada por Edwin Sutherland, e as Teorias Subculturais,

Christiano Gonzaga

marcadamente o estudo da delinquência juvenil (*deliquent boys*) conduzido por Albert K. Cohen.

Em síntese, argumentam Sykes e Matza que os delinquentes partilham e aprendem não só símbolos e definições desfavoráveis à justiça, mas, em especial, técnicas de neutralização. Pelo que se visualiza, o infrator não se opõe radicalmente ao cumprimento da lei, pelo contrário, internaliza os seus valores, utilizando-se das chamadas **técnicas de neutralização** para justificar o **desvio**, sem prejuízo do reconhecimento da estrutura valorativa dominante.

Ainda, os autores cindiram a análise de mencionadas técnicas de neutralização em cinco categorias, quais sejam: **a negação da responsabilidade; a negação do dano; a negação da vítima; a condenação dos condenadores; e o apelo a lealdades maiores.**

A Negação de Responsabilidade. Na medida em que o delinquente pode se definir como sem responsabilidade por suas ações desviantes, a reprovação de si ou outros é intensamente reduzida em efetividade como uma influência restritiva. Pode-se também asseverar que atos delinquentes são decorrentes de forças externas ao indivíduo, que estão fora de seu controle, tais como falta de amor dos pais, más companhias ou uma comunidade carente onde nasceu e se desenvolveu. Com efeito, o delinquente se aproxima de um conceito de si como uma "bola de bilhar", no qual ele se vê como impotentemente propelido a novas situações. Trata-se de uma situação em que ele perde o controle de sua vida muito em razão do meio social onde vive (determinismo social). Nesse ponto, percebe-se uma alienação de si próprio, atribuindo-se a culpa pelos seus atos delinquentes a personagens ou situações externas que estão fora de seu "controle". Uma espécie de criminologia de si e de outro, que já fora tratada neste *Manual*, em outro tópico (2.8.2.1).

A Negação do Dano. Uma segunda grande técnica de neutralização se centra no prejuízo ou dano envolvido no ato delinquente. Para o delinquente, a ilicitude pode depender da indagação de que se houve ou não prejuízo financeiro causado à vítima pelo seu comportamento, sendo que essa resposta está aberta a uma variedade de interpretações. O vandalismo, por exemplo, pode ser definido pelo delinquente simplesmente como uma espécie de brincadeira ou ato de revolta, sendo que os prejudicados por tais atos (estabelecimentos comerciais) não sofreram ataques reais e efetivos ao seu bem jurídico tutelado (tipicidade material do Direito Penal). Apesar de haver uma norma penal violada (art. 163 do CP), não se deve levar a cabo a persecução penal pelo simples fato de não haver um prejuízo considerável à vítima, como sói acontecer em ataques feitos às concessionárias de veículos automotores importados. Argumenta-se, então, que o delinquente, de forma obscura, tem a impressão de que seu comportamento não causa realmente qualquer dano maior, apesar de

Manual de Criminologia

o fato ser típico. Assim, como o vínculo entre o indivíduo e seus atos pode ser quebrado pela negação de responsabilidade, também pode o elo entre atos e suas consequências ser rompido pela negação do dano.

A Negação da Vítima. Nesse ponto, a vítima passa a ser merecedora de certos atos e não pode ser alçada ao patamar de um sujeito passivo. Após a análise dos itens anteriores, mesmo se o delinquente aceitar a responsabilidade por seus atos desviantes e estiver disposto a admitir que estes envolvem prejuízo ou dano, a indignação moral própria e de outros pode ser neutralizada por uma insistência de que o dano não é ilícito à luz das circunstâncias. O dano, pode-se argumentar, não é, de fato, um dano; ao revés, é uma forma de punição ou retaliação lícita. Por jogo de palavras, o delinquente passa à posição de vingador, enquanto a vítima é transformada em infratora. Ataques a homossexuais, ataques a membros de grupos minoritários considerados como tendo "saído da linha", lesões a professores que ministram aulas de forma injusta aos olhos de alunos mimados, furtos a um dono de loja "desonesto", todos esses danos podem ser infligidos a um "eleito" transgressor, sob a lupa embaçada do delinquente. Nos crimes sexuais, a figura de uma vítima que não possa ser considerada "honesta", na vetusta ideia de "mulher honesta", faz com que o estupro passe a ser até mesmo aceitável, posto que a figura da vítima não existiu naquele tipo de delito. De criminoso, o autor passa a ser um "corretor" da figura da vítima. Nesse tipo de negação, importa a figura de quem está no grupo dominante, sendo a vítima uma espécie de escória que até mesmo merece ser violada por suas escolhas pessoais não convencionais. Negar a existência da vítima, transformando-a em uma pessoa que merece o dano, é uma forma de escolher alvos apropriados e inapropriados para os atos delinquentes.

A Condenação dos Condenadores. O delinquente muda o foco de atenção dos seus próprios atos desviantes aos motivos e comportamentos daqueles que desaprovam suas violações. Passa-se a rejeitar a figura daqueles que são responsáveis em punir. Os condenadores são hipócritas, desviantes disfarçados ou impelidos por rancor pessoal. Essa orientação com relação ao mundo conformado pode ser de particular importância quando ela se concretiza em um amargo cinismo dirigido contra aqueles com a atribuição de expressar ou fazer cumprir as normas da sociedade dominante. Policiais, pode-se dizer, são corruptos e brutais. Julgadores sempre demonstram favoritismo por uma certa ala política. Por uma leve extensão, as recompensas da conformidade – tal como o sucesso material – tornam-se uma questão de atração ou sorte, diminuindo, assim, ainda mais a importância daqueles que permanecem ao lado dos obedientes à lei. O delinquente, com efeito, mudou o sujeito da conversa no diálogo entre seus próprios impulsos desviantes e as reações dos outros. Atacam-se os responsáveis em punir como uma forma de funda-

Christiano Gonzaga

mentar os seus atos criminosos, pois, se os julgadores e policiais cometem crimes, os flagrados por estes na persecução penal não merecem ser punidos. **O Apelo a Lealdades Maiores.** Em quinto, e por último, controles sociais internos e externos podem ser neutralizados pelo sacrifício de demandas da sociedade em geral pelas demandas dos grupos sociais menores aos quais o delinquente pertence, tais como os irmãos, a gangue ou a turma de amigos. Destaca-se que o delinquente não necessariamente repudia os imperativos do sistema normativo dominante, apesar de sua falha em os seguir. Ao contrário, o delinquente pode se ver em um dilema que precisa ser resolvido, infelizmente, sob o custo de violar a lei. Ele prefere obedecer aos imperativos do grupo a que pertence em vez de servir ao grupo dominante, pois a lealdade é maior àqueles com os quais convive desde a infância. O ponto mais importante é que o desvio de determinadas normas pode ocorrer não porque elas são rejeitadas, mas porque há outras normas consideradas mais prementes ou como envolvendo uma maior lealdade, às quais se dá precedência. Há um conflito interno entre cumprir aquilo que fora imposto pela lei ou aquilo a que o delinquente jurou lealdade, mesmo que esta última seja uma violação àquela disposição legal. São situações como não delatar um amigo ou entregar pessoas da família que irão mover a mente do criminoso, ainda que isso represente uma infringência à norma penal. Justifica-se a violação da lei por causa da lealdade que ele nutre por um grupo ao qual pertence e não era dado virar suas próprias costas.

Assim, as chamadas técnicas de neutralização podem ser estudadas como forma de se compreender a mente do criminoso e os argumentos que ele usa para praticar um delito, sendo muito comum tais fundamentos serem utilizados como forma de justificar o porquê de determinada prática delitiva, atribuindo-se sempre a culpa a um fator externo, como se fosse impossível um livre-arbítrio nas relações sociais, uma vez que as crenças e atitudes do criminoso norteiam a sua conduta.

2.5 ESCOLA DE CHICAGO

Tomando por base o aspecto social da Escola Interacionista, a **Escola de Chicago** encara o fenômeno do crime com base na **ecologia**, ou seja, analisa a **arquitetura da cidade** como formadora do comportamento delinquente.

A **obra fundamental** para a compreensão da **distribuição ecológica** do crime da cidade de Chicago é *Delinquency areas*, de **Clifford Shaw**, datada de 1929. Nessa obra, Shaw sistematizou dados oficiais concernentes à **delinquência juvenil** em Chicago por décadas. Seu objetivo inicial era observar os locais urbanos onde nascia a criminalidade ao longo dos anos, de modo a verificar se existiriam as chamadas áreas criminais (**guetos**). O primeiro passo

Manual de Criminologia

foi a coleta de dados, agrupados de acordo com determinados períodos históricos ou conforme o estatuto jurídico daqueles que compunham as amostras coletadas, variando de pequenos delinquentes a criminosos adultos.

Com base nesse estudo de áreas criminais, aliado ao crescimento desordenado da cidade de Chicago, que se expandiu do centro para a periferia (**movimento circular centrífugo**), foi observado que inúmeros e graves problemas sociais, econômicos e culturais criaram ambiente favorável à instalação da criminalidade, ainda mais pela ausência de mecanismos de controle social. Cumpre ressaltar que essa análise foi feita nos Estados Unidos da América, mas que pode ser aplicada, guardadas as devidas proporções, para outros cantos do mundo, como o Brasil, de forma a explicar o surgimento do crime.

Ela é facilmente perceptível quando se tomam por base **três círculos concêntricos (esse fenômeno também pode ser chamado de teoria das zonas concêntricas)**, em que o **primeiro deles** representa o **centro cívico** (Prefeitura, Polícia, Poder Judiciário etc.) com toda a proteção estatal tradicional, sendo zero a estatística de crimes. O **segundo círculo** representa os **subúrbios** que, na visão norte-americana, seria o local em que as pessoas que trabalham no centro cívico residem. Nesse local, o índice de criminalidade é diferente de zero, mas nada tão expressivo quanto o próximo círculo a ser analisado. Alguns pequenos delitos lá são praticados, como furtos, danos e outros de natureza patrimonial. Por fim, o último círculo existente constitui, na visão da Escola de Chicago, o grande problema social da criminalidade, consubstanciado nos **famosos guetos** (periferia ou favelas, na nomenclatura brasileira), em que a presença estatal é inexistente e, por esse motivo, os crimes são praticados de forma livre e sem repressão policial. Nos filmes de Hollywood são famosos os bairros conhecidos como guetos, como Bronx e Harlem (bairros pobres de Nova Iorque), em que os crimes mais violentos são retratados por meio de homicídios, roubos, estupros, entre outros. Tudo isso por falta de preocupação social do Estado em tais regiões.

Para fundamentar a questão, traz-se à colação o magistério de Shecaira que elucida essas **zonas concêntricas** da seguinte forma, *in verbis*:

> "Uma cidade desenvolve-se, de acordo com a ideia central dos principais autores da teoria ecológica, segundo círculos concêntricos, por meio de um conjunto de zonas ou anéis a partir de uma área central. No mais central desses anéis estava o Loop, zona comercial com os seus grandes bancos, armazéns, lojas de departamento, a administração da cidade, fábricas, estações ferroviárias etc. A segunda zona, chamada de zona de transição, situa-se exatamente entre zonas residenciais (3ª zona) e a anterior (1ª zona), que concentra o comércio e a indústria. Como zona

intersticial, está sujeita à invasão do crescimento da zona anterior e, por isso, é objeto de degradação constante."[26]

Pelo que se constata desse modo de ver a **arquitetura social**, o desenho abaixo permite uma memorização do que vem a ser essa teoria das zonas concêntricas que bem explica o surgimento e a proliferação dos crimes nas diversas cidades do mundo. Se for analisada atentamente essa ideia de círculos concêntricos nos mais variados centros comerciais do mundo, percebe-se que ela se replica de forma clara, existindo no Brasil o êxodo rural para os centros urbanos, criando-se as chamadas "favelas" em que os oriundos do meio rural se estabeleciam. No Brasil, o nome é "favela", enquanto nos Estados Unidos da América cunhou-se a expressão "guetos", mas ambos denotam a ideia de periferia, que é o local onde os excluídos sociais (pelos capitais político e econômico) passam a residir.

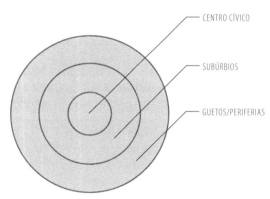

Dessa ideia de periferia e **falta de preocupação estatal** que surge a expressão **marginais**, numa alusão ao local onde residem as pessoas que estão às margens da sociedade, entendida como o centro cívico e os subúrbios, não fazendo parte da sociedade a periferia, pois estão à mercê das políticas públicas. Apesar dessa explicação, é comum usar a expressão marginal em relação àqueles que estão envolvidos com práticas criminosas, mas devendo ressaltar que a expressão está correlacionada corretamente com os excluídos sociais.

Em razão dessa **exclusão social**, as pessoas que residem na periferia passam a agrupar-se (**associação diferencial**), formando um grupo de inte-

---

[26] SHECAIRA, Sérgio Salomão. *Criminologia*. 4. ed. São Paulo: RT, 2008. p. 167.

Manual de Criminologia

grantes que pensam de forma semelhante, mas diferente da cultura dominante existente no centro cívico e nos subúrbios. Essa reunião de pessoas faz com que surjam as gangues, com seus códigos internos de conduta totalmente desvinculados das leis tradicionais votadas no Poder Legislativo. Esse tipo de associação diferencial é chamado de **subcultura delinquente** pela Criminologia, tendo em vista que são criadas condutas de pensar paralelas que, muitas vezes, ocasionam infrações penais. Esses dois pontos (associação diferencial e subcultura delinquente) serão mais bem elucidados abaixo.

Esse crescimento desordenado das cidades faz desaparecer o controle social informal, consubstanciado na igreja, na família e na escola, e as pessoas vão se tornando anônimas, de modo que a família, a igreja, o trabalho, os clubes sociais não conseguem impedir os atos antissociais. Destarte, a ruptura nessa relação social primária enfraquece o sistema, causando aumento da criminalidade nas grandes cidades. No mesmo sentido, a ausência completa do Estado nas zonas periféricas (não há delegacias, escolas, hospitais, creches etc.) cria uma sensação de **anomia e insegurança**, permitindo o surgimento de bandos, gangues e associações criminosas que se arvoram em mantenedores da ordem local.

Outro ponto importante da contribuição da Escola de Chicago foi referente à criação dos chamados **inquéritos sociais** (*social surveys*), em que se perquiriu o fenômeno da criminalidade com base em enquetes sociais feitas de forma minuciosa nos grandes centros urbanos, de forma que os aplicadores de tais inquéritos conseguiram fazer o **mapeamento da criminalidade**, facilitando a compreensão do fenômeno e até mesmo intensificando a forma mais ágil de combater o crime e o criminoso.

Nas palavras de Jorge de Figueiredo Dias e Manuel da Costa Andrade, essa técnica pode ser conceituada no seguinte trecho de sua obra, *in verbis*:

"Trata-se de inquéritos que utilizam um interrogatório direto feito, normalmente por uma equipe, a um número considerado suficiente de pessoas, sobre determinados itens considerados criminologicamente relevantes, sendo os resultados finais apresentados em forma de diagrama."[27]

É que não é possível combater certo tipo de crime sem que se tenha um **mapeamento da criminalidade**, tais como dias e horas em que o fato costumeiramente é cometido. Esse tipo de investigação social permite

---

[27] DIAS, Jorge de Figueiredo; ANDRADE, Manuel da Costa. *Criminologia*: o homem delinquente e a sociedade criminógena. Coimbra: Coimbra Editora, 2013. p. 119.

Christiano Gonzaga

que se aloquem recursos públicos nas áreas mais necessitadas. Por isso, sempre que se tem a necessidade de estabelecer-se uma estratégia, esta deve ser feita segundo parâmetros determinados nesses tipos de inquéritos de larga abrangência, conhecidos como *social surveys*.

Nota-se que a sociedade tem grande participação nesse tipo de investigação, pois esses diagramas de análise são formatados com base nos elementos que cada cidadão fornece, o que torna o método empírico cada vez mais relevante na análise da criminalidade.

2.5.1 Criminologia Ambiental e Criminologia Rural

Na linha do que se expôs acima, tendo em vista os conceitos da Escola de Chicago no aspecto ambiental, este tema está atrelado ao modo como a criminalidade surge nos mais variados **espaços urbanos**. Deve ser ressaltado que o criminoso escolhe praticar certos delitos motivado pelas condições ambientais, analisando fatores como **oportunidade, condições físicas da vítima, horário e espaços favoráveis à prática criminal**.

Torna claro que o delinquente irá sopesar as variantes acima citadas para eleger o local e o momento ideais para a prática de alguma infração penal, podendo os personagens da segurança pública avaliarem os melhores meios para **criar espaços inibidores do crime**, como ambientes bem iluminados, com vigilância constante por meio da presença policial e esteticamente bem cuidado. Há situações ambientais que notoriamente favorecem a atuação do criminoso, como se vê do jargão popular ao alertar para evitar "ruas escuras", "becos sem saída" e horários em que "tudo fica escuro". Essas situações são análises específicas da Criminologia Ambiental e que devem ser estudadas para a correta prevenção de infrações penais.

As pessoas hoje em dia escolhem onde e como vão estabelecer o seu domicílio com base nos fatores espaciais referentes à criminalidade, sendo comum áreas mais próximas das chamadas "zonas perigosas" serem desvalorizadas, em razão da fronteiriça ideia de que o crime está próximo e pode ser cometido a qualquer momento, havendo uma potencialização enorme quanto à possibilidade de alguém tornar-se vítima de algum delito. Ao escolher a compra de um imóvel, o cidadão busca locais mais seguros e menos suscetíveis à criminalidade, sendo a **segurança** um dos principais fatores na escolha do local para viver com a sua **família**.

Destaca-se, nessa sistematização de conceitos e constatação de áreas perigosas em contraposição com a ideia de segurança, a citação de Burke, nesses termos:

94

Manual de Criminologia

"A violência e a expectativa dela deixaram muitos traços na paisagem urbana atual. Em Chicago, as fortalezas dos líderes dos muçulmanos negros chamam a atenção. Os morros cariocas também podem ser considerados como fortalezas, ou como no-go áreas, como dizem em Belfast, onde a polícia normalmente não ousa entrar. Os modernos condomínios de São Paulo, Nova York, Los Angeles e outras cidades, com sua segregação espacial, seus altos muros ou cercas e guardas de segurança na entrada – para não mencionar os cães e sistemas de alarme – são outro sinal da expectativa de violência."[28]

O que se constata nos dias atuais é um acautelamento de pessoas honestas nas suas residências, que têm medo de sair de casa por causa da criminalidade, em detrimento dos criminosos que ficam à solta diante de uma segurança pública fragilizada. Esse é o retrato de muitos países mais pobres, em que o crime reina nas ruas da periferia, o que é claramente perceptível e analisado nas chamadas **zonas concêntricas da criminalidade** citadas e explicadas neste livro.

Em termos sintéticos, a **Criminologia ambiental** explora o modo como as oportunidades para práticas criminosas são geradas, dada a natureza das configurações espaciais existentes. O objetivo é identificar modos de gerenciar os atributos do espaço onde o crime costumeiramente é praticado e criar técnicas para impedir que ele se alastre. Por esse viés, percebe-se que o crime possui quatro condicionantes bem destacadas e que serão exploradas de forma teórica, quais sejam, o **direito** (vontade ou não de cumprir o estatuído em lei), os **transgressores, os alvos e os lugares.**

As localizações, as características dos lugares (becos sem saída e "favelas") e os caminhos com bifurcações (esquinas de ruas escuras e desvigiadas) que permitem o encontro de vítimas e criminosos estão nos estudos da Criminologia Ambiental. No ponto em tela, os padrões de interação e as atividades da vida cotidiana não são aleatórios. Pelo contrário, eles denotam que a rotina diária merece a criação de teorias que auxiliem no combate e na prevenção do surgimento do delito. Tendo em vista que a organização das atividades cotidianas é previsível por pertencer ao tempo e ao espaço, as explicações dos padrões criminosos podem ser identificadas, criando-se adequadamente os meios de impedir a vitimização de pessoas nos mais variados espaços urbanos.

---

[28] BURKE, Peter. Violência urbana e civilização. In: OLIVEIRA, Nilson Vieira (Org.). *Insegurança pública* – Reflexões sobre a criminalidade e a violência urbana. São Paulo: Nova Alexandria, 2002. p. 32-50.

Christiano Gonzaga

Pelo que se descreveu acima, a Criminologia Ambiental é uma espécie de **mapeamento do crime**, com vistas a auxiliar os órgãos de segurança pública no enfrentamento da criminalidade.

Dentro do campo dos fatores condicionantes da criminalidade, surgem quatro teorias que sistematizam a chamada Criminologia Ambiental, a saber: **teoria das atividades rotineiras, teoria da escolha racional, teoria do padrão racional e teoria da oportunidade.**

Na teoria das **atividades rotineiras**, para que ocorra um crime, deve haver a existência de um dos três elementos presentes em qualquer espaço urbano, consubstanciados no **provável agressor, alvo adequado e ausência de guardião.** No que se refere ao primeiro (agressor), ele pode ser um potencial delinquente quando possui uma das seguintes características: patologia individual, maximização do lucro, subproduto de um sistema social perverso ou deficiente, desorganização social e oportunidade.

É curial lembrar que o agressor pode praticar a infração penal por **motivo patológico** (psicopatas e até mesmo doentes mentais), como já se explicou em outro capítulo deste livro, sendo a prática criminosa apenas uma forma de satisfação dos seus desejos perversos.

A **maximização do lucro** está atrelada a crimes patrimoniais ou até mesmo crimes de colarinho-branco, em que o agente busca um incremento patrimonial por meio do ganho fácil. Em vez de obter acréscimo patrimonial por meio de atividades lícitas, pelo fato de ser algo mais moroso, o agente escolhe enveredar-se pelo caminho do crime.

Subproduto de um sistema social perverso ou deficiente que, em outras palavras, significa aquele que não recebeu do Estado os direitos sociais mínimos, sendo relegado a segundo plano e, por isso, foi cooptado pelo mundo do crime para ser utilizado de alguma forma. Trata-se de um infrator que não tem nenhum significado na sociedade, restando para ele apenas o ambiente criminal para obter algum tipo de benefício.

A **desorganização social** é representada pela ausência de uma sociedade forte e unida no propósito de respeitar as expectativas sociais, o que impulsiona o criminoso para a prática do crime, em face da ausência de pessoas cumprindo as leis estabelecidas. Indaga-se, como é cediço, por qual motivo ele irá cumprir as leis se os demais cidadãos estão descumprindo-as de forma sistemática. Como exemplo, destacam-se alguns integrantes da classe política, que deveriam ser exemplos e cumprir a lei, mas que diuturnamente demonstram nos noticiários o desprezo pela coisa pública e, consequentemente, pelas leis pátrias. Isso faz com que os demais cidadãos se sintam imbuídos do sentimento de apatia perante o cumprimento de seus deveres e obrigações.

Por fim, a **oportunidade** é representada pelo velho jargão popular em que "a ocasião faz o ladrão". Se o criminoso não encontra barreiras para a realização do delito, ele irá ser motivado para a sua prática, valendo-se da facilidade que o espaço urbano oferece. Muito comum quando se levam em consideração locais escuros e desertos, e qualquer vítima que por ali transitar estará correndo sério risco de sofrer um ataque ao seu bem jurídico, como patrimônio ou dignidade sexual. Essa é a conjugação perfeita de oportunidade com vítima perfeita.

Outro ponto da teoria das atividades rotineiras diz respeito à **ausência de um guardião capaz**, podendo essa expressão ser representada por policiais, seguranças, sistemas de segurança e testemunhas oculares de uma infração penal. A falta de um guardião que vigie os espaços urbanos é outro ponto que merece destaque, pois o criminoso sente-se seguro e encorajado a cometer crimes quando não existe algum tipo de sistema inibidor. Desaparece o medo de ser flagrado, o que facilita a prática do delito.

É de uma claridade solar que o policiamento ostensivo e constante nos espaços urbanos impede e demove o sentimento criminoso dos agentes delinquentes. Quando se analisa a **prevenção secundária**, no enfoque do combate aos focos de criminalidade, o que se leva em consideração é a segurança pública sendo realizada por rondas policiais, sendo um meio eficaz de combater a criminalidade. Trata-se da figura do **guardião formal**, ou seja, institucionalizado.

Não obstante, ainda existe a figura do **guardião informal**, isto é, não pertencente aos quadros estatais. Nesse ponto, pode ser citada a figura do **vigilante privado** que é representado pela contratação de pessoas particulares para a proteção de patrimônio alheio, tendo em vista a ausência de material humano estatal suficiente para fazer a tutela de todos os cidadãos. Outra figura informal é constituída por **sistemas de segurança**, como câmeras de vigilância, alarmes e cercas elétricas. São figuras mecânicas que criam um certo embaraço na prática criminosa. Por fim, as testemunhas oculares de algum delito, podendo ser citado local de grande concentração populacional, como os centros cívicos das grandes cidades, o que freia os instintos criminosos por causa da possibilidade de várias pessoas poderem presenciar a prática criminosa. Já em locais ermos e de difícil acesso, por ausência de pessoas que por ali transitam, o crime pode ser tranquilamente praticado, uma vez que inexistirá testemunha que possa presenciar e depois comprovar a prática criminosa.

O terceiro personagem de estudo da teoria das atividades rotineiras é a **vítima ou alvo adequado**. O termo vítima/alvo adequado pode referir-se

Christiano Gonzaga

tanto a uma **pessoa** quanto a um **local** ou um **produto**. Tomando como base um crime de arrombamento de um estabelecimento comercial, então o alvo adequado é um local em que se acreditava haver dinheiro ou algum produto com valor patrimonial de revenda. De outro lado, se o crime é um roubo praticado no espaço público, o alvo adequado será uma pessoa que é percebida carregando objetos de valor, estando desprotegida e, provavelmente, sem condições de reagir.

Importante ressaltar que a vítima adequada tem uma certa relativização nos seus aspectos práticos, pois ela pode ser adequada para um certo infrator e não ser para outro. Toma-se como exemplo um agressor forte e robusto que poderia assaltar tanto uma vítima fraca quanto uma de porte maior, não sendo isso um problema para a escolha de seu alvo. Já um agressor franzino e mais ágil irá escolher uma vítima mais frágil e que não ofereça possibilidade de resistência durante a sua fuga. Assim, a escolha do **alvo adequado** irá depender muito do **perfil do agressor**.

Pelo que se percebe pela teoria das atividades rotineiras, há uma certa **triangulação** entre os personagens **agressor motivado, vítima adequada e inexistência de guardião**, devendo os três elementos serem analisados no ambiente em que o delito irá ser praticado, o que ressalta a importância do estudo dos espaços urbanos como forma de prevenir as infrações penais. Se a **vítima for conscientizada** de que não deve transitar pelas ruas com objetos de valor à mostra, bem como que deve evitar locais ermos e desertos, mina-se a oportunidade do delinquente em praticar um certo delito, valendo-se da facilidade do espaço urbano. No quesito guardião, se estiverem presentes os mais variados meios de **dificultar a prática criminosa**, também será bem pequena a chance de uma infração penal ocorrer. São esses os fatores que devem ser levados em consideração para o estudo adequado de prevenir-se o delito.

A outra teoria a ser analisada no ponto da Criminologia Ambiental é a chamada **escolha racional**. Por meio dela o criminoso sempre vai escolher cometer ou não o delito com base em aspectos racionais, não tendo a emoção nenhuma influência na sua escolha. O criminoso analisa a possibilidade ou não de beneficiar-se da prática criminosa, havendo uma perspectiva meramente **utilitarista**.

O delinquente é guiado pela **relação risco/recompensa**, como se fosse um empresário do crime. Se o risco é elevado, com absoluta certeza a recompensa também será, podendo ser citado como exemplo o assalto a um carro-forte, em que a escolha para esse tipo de criminalidade está relacionada única e exclusivamente ao elemento valor a ser subtraído, pois o risco é elevadíssimo. Caso os autores optem por fazer tal delito é porque avaliaram

Manual de Criminologia

que o risco vale a pena pelo montante total a ser subtraído. Pelo que se percebe, diferentemente da teoria das atividades rotineiras, o criminoso escolhe fazer determinado delito numa simples **análise racional** entre valor a ser obtido e possibilidade de ser pego, relegando-se a segundo plano elementos como vítima adequada e existência de guardião. Na teoria da escolha racional, o guardião existe e inclusive é robusto (empresas de segurança privada e até mesmo policiamento ostensivo), mas não é levado em consideração como ponto relevante, pois o que se está analisando é apenas a **relação custo/benefício** e a forma de driblar momentaneamente o citado guardião.

Nesse tipo de teoria, o agente não irá considerar como ponto fundamental as elevadas penas privativas de liberdade a serem aplicadas em caso de ser condenado. O ponto é apenas a recompensa imediata que o crime pode gerar para ele, o que demonstra uma análise imediatista e despida de qualquer estudo mais elaborado.

Para tornar mais clara a teoria em apreço no seu aspecto racional, serão analisadas as **fases delitivas** que o agente deve percorrer para chegar até a execução do delito, devendo destacar que em cada uma delas haverá uma escolha racional dos elementos a serem considerados.

A primeira fase é a **seleção do alvo ou vítima**, considerando-se elementos como facilidade de invasão no local, alto valor da coisa a ser subtraída e itinerário da vítima de forma a estudar o momento ideal da prática criminosa. Essa é uma fase que pode durar horas, dias ou meses.

A segunda fase é a da **determinação do alvo ou vítima**, em que as condições mínimas consideradas foram suficientes para que os agentes escolhessem racionalmente aquela pessoa ou local como o adequado para o risco que correrão.

A terceira fase é a do **planejamento**, em que o criminoso buscará recursos (humano e material) para a consecução do delito. Nesse momento, também são considerados aspectos locais acerca da prática delituosa, como existência de guardião, rua deserta ou não, com pouca ou muita iluminação etc. O agente pode valer-se de concurso de pessoas para a realização da infração penal, caso ele entenda que é necessário para fazer a prática delituosa ser realizada de forma exitosa.

A próxima fase é a da **espreita**, em que o agente chega ao local eleito como adequado para a prática criminosa e passa a esperar o momento ideal para iniciar a empreitada. Trata-se de um período de tensão em que a eventual vítima existente já corre sério risco, e as condições ambientais já não interferem na prática criminosa, pois foram estudadas previamente. Esse é o momento anterior à fase final do delito, que somente não será continuado se existir algum fator excepcional que não tinha sido considerado

Christiano Gonzaga

previamente, como a chegada de policiais ao local ou presença de segurança privada colocada dias antes.

A última fase é a da **prática da infração penal** propriamente dita, em que o criminoso ou criminosos realizam a figura típica descrita no tipo penal, podendo existir fatores como violência e grave ameaça que gerarão danos permanentes na vítima. Esse é o momento mais perigoso para ela, pois não são mais levados em consideração os pontos analisados nas fases anteriores e que já foram superados. Agora, o que se busca é apenas alcançar a recompensa, trazendo à tona a expressão "custe o que custar", o que denota a ideia simplista de que a relação é puramente de custo/benefício.

Deve ser ressaltado que se está analisando um criminoso que escolhe racionalmente a prática de um delito, sopesando-se de forma equilibrada a relação custo/benefício. Quando se trata de um agente que está sob efeito de drogas ou álcool, as fases delitivas são as mesmas, porém as escolhas são menos equilibradas e calculadas, prevalecendo mais a emoção e o destemor causados pela euforia das aludidas substâncias, diminuindo-se consideravelmente as eventuais barreiras existentes para a prática criminosa.

Seguindo a abordagem da Criminologia Ambiental, tem-se na sequência a **teoria do padrão criminal**. Por meio dessa abordagem, toma-se como base o padrão da criminalidade, levando-se em consideração fatores como **infratores, vítimas e lugares, havendo uma certa repetição (padronização) entre eles**.

Importante ressaltar que também é analisado o tipo penal praticado de forma reiterada, com o escopo de entender o porquê da escolha de aludida infração penal. Como exemplo, cita-se o tráfico de drogas, que é reinante nas comunidades carentes, motivado pela ausência de força estatal para o seu combate, bem como pela inexistência de implementação de políticas públicas, o que estimula os moradores de tais localidades a escolher o caminho do tráfico para conseguir ter o mínimo existencial.

Quanto aos **infratores**, analisa-se o **padrão da reincidência**, considerando-se a repetição de condutas criminosas por um mesmo agente. Ao checar esse aspecto da reincidência, consegue-se antever um possível delito a ser novamente praticado por determinado tipo de pessoa, implementando-se uma vigilância ou policiamento ostensivo na localidade em que reside essa espécie de criminoso, como exemplo de famoso traficante que gerencia todo o tráfico de drogas de uma determinada comunidade carente ("favela").

Em relação à **vítima**, destaca-se a padronização de certo tipo de ofendido no meio criminal, como pessoas idosas, mais frágeis e desprovidas de possibilidade de resistência. Esse tipo de alvo é considerado perfeito para os criminosos, não importando o lugar que esteja, uma vez que o seu tipo físi-

Manual de Criminologia

co é facilmente eleito como o adequado para a obtenção de certa vantagem. Existem pessoas que são vítimas em potencial em qualquer lugar, muito em razão do aspecto físico e pouco pelo ambiente em que o crime é perpetrado.

O outro ponto de análise é a **localização** da prática do delito, devendo ser considerado o aspecto ambiental pelo qual vários infratores e vítimas interagem entre si. Muito comum de se encontrar a expressão *hot spots* ou "zonas quentes de criminalidade". Lugares como bocas de fumo são ambientes propícios para a prática reiterada de vários crimes, não apenas de tráfico de drogas, mas também de roubos para a compra de drogas, homicídios por disputa de pontos e execução de usuários devedores. Em tais locais, a criminalidade é rotineira e tem-se um padrão de infrações penais.

Com base nesses fatores que levam em consideração certos padrões, torna-se possível fazer uma prevenção de futuros delitos, colocando-se policiamento ostensivo e investigativo para impedir, por exemplo, que as zonas quentes de criminalidades prosperem. No mesmo sentido, vítimas em potencial e padronizadas devem evitar sair nas ruas com objetos de valor e também ter cuidado com os locais em que costumam fazer o seu itinerário, bem como o horário que transitam nos espaços públicos, pois esse tipo de padrão é eleito pelo criminoso como o ideal para a execução de empreitadas criminosas.

A importância da Criminologia Ambiental e das teorias aqui encartadas é impedir o cometimento ou a reiteração de condutas criminosas, não sendo uma investigação puramente teórica, mas sim uma análise concreta com posteriores soluções para a prevenção do delito.

A última teoria a ser analisada é a da **oportunidade**. Por meio dela, investiga-se apenas o aspecto da interação do indivíduo com o ambiente social. O criminoso irá observar o **melhor momento** para a realização do delito, valendo-se da oportunidade existente num dado local ou horário para obter o ganho almejado. Deve ser ressaltado que o elemento *oportunidade* pode ser diferente para cada tipo penal, como exemplo num crime de furto de veículo automotor, em o que se visualiza é a inexistência de algum guardião e se o local é de difícil acesso e pouco iluminado. Já para o crime de estupro, o autor escolhe a vítima pela sua fragilidade corporal e também pelo local ermo onde será executado o delito, como terrenos baldios ou imóveis abandonados.

Um aspecto importante da teoria da oportunidade é o horário a ser praticada a infração penal ou então o dia da semana escolhido para tanto. Costuma-se eleger o horário noturno para a prática das mais variadas infrações penais, como furto, roubo, estupro, entre outras. Já quanto ao dia da semana, é comum ser praticado crime de sexta-feira a domingo, pois as

Christiano Gonzaga

pessoas estão mais relaxadas e pouco vigilantes, muito por estar em família ou com amigos fazendo alguma confraternização. É nesse momento que o criminoso age e utiliza-se desses elementos que favorecem a prática do crime. Em dias úteis as pessoas estão mais atentas e vigilantes por causa do trabalho estressante e também em virtude de uma rotina pesada.

Ainda no elemento *oportunidade*, crimes patrimoniais como furtos costumam ocorrer quando as vítimas não se encontram no local, como arrombamentos de residências e estabelecimentos comerciais. A ausência da vítima no local do fato é uma oportunidade extremamente considerada para a ação delitiva.

Outro aspecto a ser considerado é quanto à novidade do objeto a ser subtraído, como nos crimes patrimoniais que envolvem iPhones, relógios de marca e outros itens do momento. Esse tipo de alvo torna-se preferencial quando há uma sensação entre as pessoas que querem possuí-lo, facilitando-se sobremaneira a sua comercialização depois de feita a subtração. O elemento *oportunidade* é enfocado claramente para esse tipo de escolha criminosa.

Como se constata, a teoria da oportunidade demonstra qual o fator eleito pelo criminoso naquele dado momento e local para a realização do delito. Com base nisso, é possível que se faça uma prevenção do crime e seja diminuída ou até mesmo eliminada a oportunidade que o criminoso viu para a prática do delito, podendo ser feita uma cartilha pela Polícia com dicas e orientações para evitar-se o cometimento de certo fato típico. A realização de programas educativos para que as pessoas evitem sair com objetos de valor quando estiverem transitando a pé nas ruas, que não utilizem transportes públicos na madrugada e também não deixem as janelas das suas casas abertas quando estiverem ausentes, entre outras formas de prevenção ao delito, é relevante para acabar com a oportunidade.

Nesse diapasão, o que se pretendeu neste item foi demonstrar que o fator ambiental ou ecológico está intimamente ligado na consecução de tipos penais, tomando-se por base cada uma das quatro teorias acima assinaladas. O importante a ser destacado é que cada uma dessas teorias oferta pontos cruciais que devem ser observados pelos personagens da segurança pública para impedir que os delitos sejam de fato realizados, o que ressalta o caráter prevencionista da Criminologia.

Outro ponto de destaque necessário nesse tópico é o pensamento que tomou forma na atualidade em relação à **Criminologia Rural**. Trata-se de um tema que resgata o meio ambiente rural para a criminalidade, forte na ideia do selvagem e do estereótipo da masculinidade oriunda das fazendas e florestas rústicas. O homem rural destaca-se pela sua força e aspecto tosco, sendo que já foi endeusado em muitos filmes, fazendo-se alusão ao *wild*

102

Manual de Criminologia

west (oeste selvagem), "Crocodilo Dundee" e muitos outros que primam pela imagem viril e largada, podendo ser citado o ícone do perfil "lenhador" como cita Kerry Carrington e outros[29]. Esse tipo de estereótipo, antigamente, realizava condutas criminosas, muitas vezes contra **mulheres** e ficava ileso, pois era algo inerente à vida rural moldada numa **sociedade patriarcal** e extremamente machista.

Para entender o crime praticado nas **comunidades rurais**, deve ser desenvolvido, anteriormente, o pensamento acerca da origem do seu meio e as nuances que cercam a sua prática. Infrações penais contra mulheres, homicídios e lesões corporais praticados por disputa de terra e vinganças por algum crime sofrido no pretérito são recortes da vida rural e que, muitas vezes, são aceitos pela comunidade local. Não é à toa que, notadamente em julgamentos realizados pelo Tribunal do Júri, ocorram absolvições por certos homicídios cometidos contra pessoas consideradas perigosas, sendo a morte dela um alívio para a sociedade. Crimes cometidos contra a mulher também são relevados, pois o núcleo familiar é figura central na comunidade e deve ser mantido a todo e qualquer custo, motivo pelo qual muitas ocorrências desse tipo não chegam às autoridades locais.

O homem rural é praticamente um herói local, pois trabalha para manter a sua família, tem dotes físicos louváveis e possui espírito dominador, ingredientes que são necessários para uma figura máscula, despertando, inclusive, a ideia da chamada pornificação do corpo masculino, que está bastante em voga, também, nos dias de hoje no campo digital na busca pela imagem ideal[30]. Esse tipo de homem, outrora fundador de uma sociedade patriarcal, possui uma aura intocável e todos os seus crimes passam a ser algo de somenos importância diante das suas outras características físicas indispensáveis para a manutenção da sociedade local. Destaca-se o recrudescimento do aspecto rude em detrimento da sensibilidade e intelectualidade.

---

[29] Disponível em: <https://link.springer.com>. Acesso em: 20 jan. 2020.

[30] Contudo, o ideal corporal difundido pela pornografia *gay*, se ofereceu uma imagem positiva do desejo homoerótico, não questionou o culto da masculinidade heterossexual. A partir das pesquisas de Miskolci (2017), pode-se dizer que, nos dias de hoje, o corpo desejado no mercado amoroso e sexual *on-line*, no contexto homoerótico masculino, está relacionado a temporalidades históricas distintas que remetem ao menos ao cenário do pós-guerra (o corpo ultraviril dos soldados), à revolução sexual (o *gay* macho) e à epidemia da Aids (o corpo sarado, que elide de sua pele qualquer associação com a doença). Todos esses ideais corporais foram difundidos pela pornografia *gay* e, apesar das diferenças, o que esses ideais têm em comum na sua rearticulação com o presente é o alto valor atribuído à masculinidade heterossexual (A pornificação do corpo masculino. *Civitas*, Porto Alegre, v. 18, n. 1, p. 187-203, jan.-abr. 2018).

Christiano Gonzaga

Outro ponto do homem rural é o estímulo à bebida como algo inerente a sua condição, sendo que, após um dia inteiro de trabalho, o normal é terminar num bar com outros trabalhadores para ingerirem álcool em quantidades excessivas, atentando-se para performances mais ousadas daqueles que chegam num nível maior de embriaguez. Isso explica, com bastante fundamento, a crescente escala de violência praticada por homens contra mulheres em situação de embriaguez quando chegam em casa nessas condições.

Contextualizando ainda mais, em efeitos práticos, a Criminologia Rural, pode-se dizer que os seus estudos permitem a compreensão dos mais variados crimes cometidos pelo homem contra a mulher na sociedade mantida pelo perfil patriarcal, repudiando-se toda e qualquer forma de violência cometida pelo gênero masculino contra o feminino, uma vez que isso remonta aos idos mais primitivos e não aceitáveis de convivência humana. A importância de entender a Criminologia Rural é exatamente para rechaçar toda e qualquer forma de violência que possa ser cometida baseada nesse perfil selvagem e rural.

Outro viés importante da Criminologia Rural pode ser explicado pelo sistema mafioso que imperou no passado na Itália em certas localidades do interior da Sicília, por exemplo, tendo em vista a ideia de "terra sem lei". A máfia italiana dominou, inicialmente, os locais ocupados por camponeses tidos como zonas rurais, que não tinham a presença estatal bem alicerçada, o que facilitou a sua implementação. Corrupção, extorsão, homicídios e várias outras sortes de crimes foram perpetrados de forma impune no meio rural para consagrar a perpetuação da organização criminosa de estilo mafioso. Filmes como *O Poderoso Chefão* explicam o caminho natural da máfia no interior da Itália e sua expansão geográfica para outras cidades até mesmo dos Estados Unidos da América. Tudo se inicia num contexto de ausência estatal ou de fragilização do Poder Público, ambiente esse propício para a realização de delitos de forma impune.

Trazendo esse tipo de pensamento para o Brasil, pode-se dizer que muitos locais mais afastados da zona urbana, tais como sertões e zonas rurais dominadas pelo coronelismo são um reflexo perfeito desse tipo de Criminologia Rural representada pelo **estilo mafioso** citado acima. Em muitos casos, crimes são cometidos por oligarquias familiares capitaneadas por coronéis do sertão sem qualquer punição, numa verdadeira noção de "terra sem lei". Na maioria das vezes, a população local fica indefesa e com medo de denunciar esse tipo de violência praticada contra os seus semelhantes, pois o Poder Público local já demonstrou, em situações anteriores, que nada acontece quando o crime é praticado pelos integrantes da elite rural. Há uma clara **desorganização social e estatal** que favorece a prática sem consequências de condutas criminosas.

Manual de Criminologia

A violência no campo, no Brasil, ainda é mais assustadora em tempos de polarização política, pois os integrantes de movimentos sociais são tidos como criminosos antes mesmo de qualquer conduta típica, posto que o rótulo de integrar um tipo de associação que busca a reforma agrária é algo tachado de perigoso e subversivo, o que desperta ainda mais o conflito de ideias que pode culminar numa realidade sangrenta e de fato violenta. Destaca-se, porém, que a reforma agrária é mandamento constitucional e deve ser respeitada e, principalmente, implementada.

Pelo que se percebe com estudo do vasto campo de análise da Criminologia Rural é que muitas formas de criminalidade são originárias do conceito rural, decorrendo disso a necessidade imperiosa de estudar-se o que ocorre no campo rural para compreender e estancar esse tipo de situação deletéria que nasce nessa localidade.

Apenas a título de exemplo, o continente africano é o mais extenso em áreas rurais do planeta Terra, sendo nele também o local onde mais crimes são cometidos diariamente, desde simples furtos até graves estupros e homicídios. Como são locais tomados por milícias e governos tiranos, a facilidade com que infrações penais ficam impunes é de uma claridade solar, merecendo toda a atenção da comunidade internacional para impedir que esse tipo de fenômeno continue alastrando-se sem maiores consequências. Além disso, a falta de escolaridade nessas zonas rurais, como sói acontecer no Brasil, é um dos motivos pelos quais a perpetuação de poucas pessoas no poder faz com que esse tipo de círculo criminoso vicioso não cesse, sendo imprescindível que a **Educação** chegue urgente a essas localidades para frear a ignorância baseada nesse tipo de sociedade selvagem e brutal.

Nesse ponto de raciocínio, deve ser destacada a **desorganização** como sendo um dos fatores que também contribui para o incremento do crime no meio rural. Como é cediço, no meio rural, a organização da sociedade não é tão forte igual nos centros urbanos, com seu centro cívico, delegacias de polícia bem localizadas e estruturadas, hospitais equipados e Poderes bem organizados.

Isso tudo contribui para impor um receio no crime, enquanto, na zona rural, com a escassez de pessoas e estrutura mais frágil, a criminalidade sente-se mais inclinada a praticar delitos sem qualquer freio mais preciso. Essa é outra faceta do estudo da Criminologia Rural com enfoque no estímulo do crime em razão da menor organização social em realizar o seu combate. O planejamento sempre evita maiores consequências, sendo que a desorganização contribui para que os criminosos aproveitem-se disso para a perpetração de seus delitos sem maiores receios de serem pegos. Com esse enfoque, percebe-se que a Criminologia Rural demonstra que a desorganização permite o incremento da criminalidade.

105

Dentro dessa linha de estudos, no Brasil, acerca do envolvente em epígrafe, o Professor Lélio Braga Calhau também cita a Criminologia Rural em vários países, exemplificando a questão, como se vê a seguir:

"O crime rural é uma área de interesse crescente entre os estudiosos em Criminologia. Dos estudos de crimes agrícolas na Austrália, a violência contra as mulheres nos Appalaches americanos, a caça furtiva em Uganda, 'roubo de terras' no Brasil – a comunidade criminológica chegou a reconhecer que o crime se manifesta nas localidades rurais de maneiras que se conformam a desafiar a teoria e a pesquisa convencionais".[31]

Em especial no Brasil, como foi transcrito na citação acima, ao referir-se aos "roubos de terras", destacam-se os movimentos sociais (Movimento dos Trabalhadores Sem-Terras – MST) que constantemente são investigados por esbulho possessório e outros crimes patrimoniais. Num país totalmente desigual como o Brasil, em vez de primar pela reforma agrária constitucionalmente prevista, prefere-se deixar que latifundiários e trabalhadores matem-se no palco rural, relegando-se a segundo plano o mandamento constitucional e aplicando-se o ineficaz Direito Penal para esse tipo de conduta, que muitas vezes seria resolvida por meio de políticas públicas eficazes, impedindo-se que a violência no campo se alastre.

2.5.2 Teoria dos Testículos Despedaçados

Nessa linha de pensamento, tendo em vista a dimensão da **ecologia criminal** no surgimento do crime, tem-se a famigerada **teoria dos testículos despedaçados**[32], em que os excluídos sociais (mendigos e pobres) eram **humilhados pelos policiais** quando estavam mendigando ou cometendo pequenos delitos no **centro cívico**. Os policiais recebiam ordens do Poder Estatal para "limpar" o centro cívico de pessoas que pudessem, de qualquer forma, torná-lo esteticamente feio, uma vez que lugares como Prefeitura, Bolsas de Valores (*Wall Street* em Nova Iorque) e lojas de grifes famosas teriam um forte contraste quando pessoas humildes estivessem por lá pedindo esmola ou praticando pequenos delitos.

---

[31] CALHAU, Lélio Braga. *Resumo de criminologia*. 9. ed. Niterói: Impetus, 2020. p. 112.

[32] Também chamada de *Theory of Broken Balls* pela sistemática norte-americana, como explicam Francislaine de Almeida Coimbra Strasser e Jurandir José dos Santos, em rico trabalho feito no Conselho Nacional de Pesquisa e Pós-Graduação em Direito (Conpedi), disponível em: <https://www.conpedi.org.br/publicacoes/c178h0tg/x552ze4o/l7JTBKU5H6A1J7R2.pdf>. Acesso em: 21 jan. 2018.

Manual de Criminologia

Assim, a forma usada pelos policiais para expulsar essas pessoas era por meio de chutes aplicados nos **testículos** (por esse motivo o nome dado à teoria), humilhando a vítima, que ficava prostrada no chão, encolhida e gemendo de dor; quando se recompunha ela não tinha alternativa a não ser voltar para a periferia e lá permanecer. Pelo que se percebe dessa teoria, a sua visão era a de excluir ainda mais os já excluídos socialmente, de forma a impedir que o centro cívico fosse tomado por pessoas consideradas esteticamente feias, evitando-se contaminar o ambiente.

Nem é preciso dizer quanto essa teoria é **preconceituosa**, apesar disso ela continua sendo utilizada de forma implícita e, em alguns casos, até de forma explícita. Quantos não são os casos de policiais que efetuam a famosa "geral" em pessoas pobres que estão dormindo nas calçadas de lojas comerciais nos centros cívicos do Brasil, chutando-as e falando para se retirarem dali? Essa é uma forma explícita de aplicar a teoria dos testículos despedaçados nos dias de hoje.

Noutro giro, de forma implícita, há os casos de bairros mais nobres de várias cidades do Brasil em que seguranças particulares ou até mesmo policiais militares (quando são chamados por associações de bairros) fazem uma varredura no local de forma a impedir que famílias se instalem em locais abandonados (por exemplo, linhas de trem abandonadas, casas e lojas desocupadas etc.) ou em ruas com lojas famosas, com o intuito de impedir a chamada "favelização". Muitos moradores dessas regiões mais abastadas clamam pela retirada imediata dessas pessoas, pois não querem num domingo à tarde sair para tomar sorvete com a família e deparar com mendigos pedindo esmola ou pessoas maltrapilhas olhando com aquele olhar "estranho" (na verdade, estão com o olhar de um dia poder ter aquele sorvete ou aquela roupa que a família está usando, ou seja, uma vida digna), que muitas vezes é confundido como de potencial prática criminosa.

Por isso, tais cidadãos não podem permanecer nesses locais e de lá devem ser expulsos. A pergunta que não quer calar é: por que expulsar essas pessoas? Afinal, as ruas são públicas. Todavia, essa pergunta é relegada a segundo plano, pois o Estado é que deve suprir as necessidades dessas pessoas, uma vez que os tributos são elevados e são pagos para isso. Tal pensamento tem uma parcela correta, pois os tributos de fato são altos e pagos para suprir as necessidades sociais de todos, sem exceção.

Não obstante, deve ser lembrado que todos também e sem exceção devem reconhecer que a Constituição Federal pugna por objetivo fundamental da República Federativa do Brasil construir uma sociedade livre,

Christiano Gonzaga

justa e solidária[33]. A não ser que não se reconheça a submissão de todos perante a Constituição Federal, a busca por uma sociedade solidária deve ser almejada, sendo totalmente contrário a esse pensamento o que se pratica diariamente sob os auspícios da teoria dos testículos despedaçados.

Numa guinada completa de pensamento e que deveria tornar-se exemplo para todos, tem-se o vídeo[34], que tomou conta de todas as redes sociais, de dois policiais que, no centro de Nova Iorque, durante um rigoroso inverno, percebem um mendigo debaixo de um cobertor velho e maltrapilho, que não segura nem um simples vento, e descalço gemendo de frio. Tais policiais, que poderiam aplicar a teoria dos testículos despedaçados, preferem ir até um estabelecimento comercial e comprar um par de botas para o referido mendigo não passar mais frio. Esse é o verdadeiro "contraste" que se espera, polícia e solidariedade num mesmo cenário ou, em outras palavras, solidariedade sendo aplicada por todos na sociedade.

Assim, a teoria dos testículos despedaçados, apesar de ter sido criada e pensada durante a Escola de Chicago, até hoje tem suas reminiscências, todavia deve ser lembrado que com a atual Lei de Abuso de Autoridade (Lei n. 13.869/2019) cada vez mais será coibida a atuação policial que vise atingir bens jurídicos relevantes da sociedade, com condutas graves e ameaçadoras.

2.5.3 Teoria das Janelas Quebradas

Outra teoria facilmente confundida com a já citada, mas que tem pontos diferentes, apesar de ter sido pensada com a base sociológica da Escola de Chicago, é a chamada **teoria das janelas quebradas**[35]. De autoria de **James Wilson e George Kelling**[36], a teoria foi pensada numa situação de **ausência estatal** e proliferação do crime por causa dessa falta, ainda dentro da sistemática dos três círculos concêntricos, em que a periferia teria a grande concentração de práticas criminosas. Como se verá a seguir, a relação conceitual que se faz é entre **ordem e desordem**.

---

[33] Art. 3º, I, CF: Constituem objetivos fundamentais da República Federativa do Brasil: I – Construir uma sociedade livre, justa e solidária.

[34] Disponível em: <https://www.youtube.com/watch?v=MTykE6OUfCA>. Acesso em: 21 jan. 2018.

[35] No sistema norte-americano chamada de *Theory of Broken Windows*.

[36] O autor citou pela primeira vez, em conjunto com James Q. Wilson, a expressão "janelas quebradas" para explicar que a desordem gera criminalidade. Isso foi feito na revista norte-americana *Atlantic Monthly*, cujo título do texto era *Police and Neiborghood Safety* (*A polícia e a segurança da comunidade*).

Manual de Criminologia

Foi feito um **experimento na cidade de Nova Iorque, no qual dois carros foram deixados em regiões distintas (Bronx e Palo Alto)**. A escolha desses locais foi feita com base na maior e na menor presença estatal, sendo quase inexistente no Bronx um policiamento ostensivo, enquanto em Palo Alto, rica região da Califórnia, há polícia pública e até mesmo segurança particular. Após alguns dias, o carro deixado no Bronx teve uma das janelas quebradas (daí o nome da teoria), mas por inexistir segurança pública no local nada foi feito contra quem fez o dano.

Em virtude disso, no outro dia, uma das portas do veículo foi arrancada, bem como o toca-fitas, e também nada foi feito, encorajando-se futuras condutas delituosas e até mesmo mais graves. Por fim, o carro estava totalmente arrombado, ficando apenas a sua carcaça, como se vê em muitos filmes norte-americanos que retratam os já citados guetos. Nas periferias do Brasil também é possível vislumbrar tal cenário, em que carcaças de carros são deixadas nas vielas até mesmo para impedir que a polícia suba o morro e acesse locais de pontos de drogas.

Noutro giro, o carro deixado em Palo Alto não sofrera nenhum tipo de arrombamento ou qualquer conduta criminosa, uma vez que o policiamento ostensivo e rigoroso em tal região desencoraja os moradores locais de praticarem condutas ilícitas. Nem se diga, como sói acontecer, que os crimes são praticados na região da periferia porque os pobres são dados a práticas criminosas, enquanto os ricos não o são. O motivo do surgimento do crime na periferia foi por causa da ausência estatal, pois no menor sinal de prática criminosa, ainda que fosse no Bronx e tivesse policiamento presente, seria tal conduta coibida pela força estatal. Quando se quebra a janela do carro e nada é feito, tem-se clara sinalização de que o Estado será omisso contra aquele criminoso, dando ensejo a novas condutas.

Nesse sentido, caso se quebre uma janela de um prédio e ela não seja imediatamente consertada, os transeuntes pensarão que não existe autoridade responsável pela conservação da ordem naquela localidade. Em breve, todas as outras janelas serão quebradas. Nisso, haverá a decadência daquele espaço urbano em pouco tempo, facilitando a permanência de marginais no lugar, criando-se, por consequência, um caos anunciado.

Dessa forma, defende-se que a desordem tem relação de causalidade com a criminalidade, pois deve haver uma repressão imediata e severa das menores infrações na via pública, com o escopo de deter o desencadeamento de grandes ações criminosas, restabelecendo nas ruas um clima de ordem.

Apesar da cientificidade do experimento de Kelling e Wilson, existem pensamentos contrários que colocam em dúvida essa ideia de a presença estatal ter reduzido a criminalidade em Nova Iorque. Para os que discor-

109

Christiano Gonzaga

dam, a queda abrupta da criminalidade naquela cidade não é prova suficiente de que a teoria das janelas quebradas funcione, pois, conforme advertem Jacinto Nelson de Miranda Coutinho e Edward Rocha de Carvalho:

"Basta ver que outras grandes cidades ao longo dos EUA experimentaram uma queda notável da criminalidade ao longo dos anos 90. Muitas delas – incluindo Boston, Houston, Los Angeles, St. Louis, San Diego, San Antonio, San Francisco e Washington, D.C. – com índices maiores que os de Nova Iorque, sem que tivessem implementando a mesma política. Nova York teve uma queda de 51% na taxa de homicídios no período de 1991 a 1996; Houston, 69%; Pittsburgh, 61%; Nova York ficou em quinto lugar (Joanes, 1999, p. 303). O que é marcante é que nenhuma dessas cidades implantou a política Wilson e Kelling. Algumas, aliás, fizeram o contrário. Entretanto, a taxa de homicídios em Nova York vem aumentando desde 1998, de 633 para 671 em 1999, um acréscimo de 6% (Relatório Preliminar Anual Uniforme de Crimes, 1999, p. 5)".[37]

Apesar de essa citação colocar em xeque a ideia da aludida teoria, este Manual tem por escopo explicitar o modo de pensar de cada parte da doutrina de Criminologia, devendo o operador do Direito constatar quais são as possibilidades de êxito de cada uma delas e **filtrar** com o **pensamento crítico** as suas **conclusões**.

A par da crítica feita acima, continuando a linha de pensamento, o que estimula o crime é a **ausência de força policial** e, consequentemente, a **inexistência do Estado nas regiões mais pobres**. Para tomar-se como parâmetro de que não é privilégio apenas das pessoas mais pobres a prática criminosa, mas sim a ausência estatal, recentemente no Brasil ocorreu uma paralisação geral da **Polícia Militar no Estado do Espírito Santo**[38], em que o caos foi instalado. Imagens de pessoas comuns subtraindo eletrodomésticos de lojas proliferaram nos meios de comunicação. Os bandidos tradicionais como traficantes, homicidas e estupradores sempre fizeram crimes e intensificaram a atividade criminosa nesse período de ausência estatal, mas o que chamou a atenção foram pessoas que nunca praticaram condutas ilícitas serem estimuladas a fazerem furtos e outras condutas pelo simples

---

[37] COUTINHO, Jacinto Nelson de Miranda; CARVALHO, Edward Rocha. *Teoria das janelas quebradas*: e se a pedra vem de dentro? Disponível em: <http://www.egov.ufsc.br/portal/sites/default/files/anexos/11716-11716-1-PB.htm>. Acesso em: 21 jan. 2018.

[38] Disponível em: <https://oglobo.globo.com/brasil/termina-greve-da-pm-no-espirito-santo-apos-21-dias-de-caos-inseguranca-20982836>. Acesso em: 21 jan. 2018.

Manual de Criminologia

fato de não terem o risco de serem presas, uma vez que a greve da polícia sinalizava que o Estado nada faria contra elas.

Esse episódio caótico demonstra e comprova a **teoria das janelas quebradas**, pois a ausência do Estado e sua consequente repressão fizeram com que o crime surgisse e proliferasse. Se ao menor sinal de conduta criminosa o Estado estivesse ali para coibi-la, o cenário certamente seria outro. Isso também explica por que os crimes são praticados em larga escala na periferia (último círculo concêntrico), mas não o são no centro cívico. A razão é uma só, qual seja, a **ausência estatal**. Isso tudo se deu porque não havia força policial presente nas ruas, o que bem demonstra que a população não comete crimes por causa do medo de ser presa.

Nem se diga que o fomentador do crime é o *status* social, isto é, ser pobre ou rico. No caso retratado no Brasil ou na experiência feita nos Estados Unidos, não foi porque o crime ocorreu nas classes ou nos locais onde residem pessoas mais pobres a principal fundamentação para a sua ocorrência, mas sim o fato de que nos guetos norte-americanos (periferia no Brasil) e no centro urbano de Vila Velha (Espírito Santo) o policiamento ostensivo não estava presente.

Para se ter uma ideia e corroborar o pensamento de que a ausência do Estado é que proporciona o surgimento dos crimes, citam-se os inúmeros crimes de colarinho-branco que ocorrem em qualquer parte do mundo. Em países onde o rigor punitivo é maior, a incidência desse tipo de crime tende a ser menor, enquanto em países como o Brasil, onde há a certeza da impunidade para esse tipo de criminalidade, a prática dessa espécie de infração penal é maior. Tal constatação demonstra a ocorrência de infrações penais nas classes mais abastadas, caindo por terra a argumentação de que a criminalidade está nas classes mais pobres, pois o que fundamenta a prática de infrações penais é a ausência de um poder punitivo presente.

O grande móvel do criminoso não é a pobreza ou a riqueza, mas sim a **possibilidade ou não de ser pego**. Caso ele tenha a certeza de que não será flagrado, a escolha pela prática do crime numa **visão utilitarista** será corriqueira. Infelizmente, o ser humano é assim. Claro que existem pessoas fora dessa zona de pensamento, que trabalham com a ideia do **imperativo categórico de Kant**, em que o homem deve escolher o certo porque isso é o correto. Simples assim. Mas isso é exceção nos dias de hoje, pois as pessoas assistem diariamente a inúmeros crimes sendo cometidos e os seus autores saírem impunes, o que gera revolta e até mesmo um estímulo na prática de delitos semelhantes.

Escolher entre fazer o certo e o errado apenas por uma questão moral não é fácil, mas é bom que se diga que desde cedo as pessoas nascem boas

Christiano Gonzaga

e a sociedade vai corrompendo a bondade do ser humano, todavia todos ainda sabem o que é fazer a coisa certa, sendo difícil realizar a aludida escolha em tempos de quebra de expectativas sociais.

Importante ressaltar que as **teorias acima citadas (testículos despedaçados e janelas quebradas)** não devem ser confundidas, mas ambas tiveram o seu nascedouro nos ensinamentos básicos da **ecologia criminal**, notadamente do enfoque dado pela **Escola de Chicago**.

2.5.4 Política de Tolerância Zero

Na linha de análise da teoria das janelas quebradas e com enfoque prático, foi implementada na década de 1990 na cidade de Nova Iorque a famosa **Política de Tolerância Zero**, na qual o então Prefeito **Rudolph Giuliani** aplicou os ensinamentos de George Kelling e James Wilson no combate à criminalidade. Ao menor sinal de prática criminosa, como um simples furto ou uso de maconha, a ordem era prender e punir, de forma a impedir o encorajamento de outros crimes mais graves. A ideia era a de que se os crimes mais simples fossem punidos a sociedade estaria ciente de que o Estado está presente e vai punir qualquer conduta praticada às margens da lei.

O enfoque da Política de Tolerância Zero é o de que todas as condutas contrárias ao ordenamento jurídico, por menor que sejam, devem ser punidas, sob pena de crimes básicos como de furto e uso de drogas eclodirem em crimes de roubo e de tráfico de drogas.

Pelo que se constata, é uma aplicação do Direito Penal Máximo, em total contraposição ao chamado **Direito Penal Mínimo**. Este último preconiza que somente devem ser coibidas as condutas mais graves, ou seja, aquelas que ofendem os bens jurídicos mais relevantes, como a vida, a integridade física, o patrimônio etc. Forte na ideia de *ultima ratio*, furtos de pequena monta e infrações penais já aceitas socialmente (princípio da adequação social), como casas de prostituição e jogos de azar, devem passar ao largo da atuação estatal, não merecendo guarida por parte do Poder Judiciário.

O caráter **fragmentário e subsidiário** do Direito Penal ressalta a sistemática da intervenção mínima, em que somente se devem tutelar alguns fragmentos de bens jurídicos (os mais caros para a sociedade), bem como a sua atuação só deve ser feita quando os demais ramos do Direito forem insuficientes, funcionando o ordenamento jurídico-penal como uma espécie de "soldado de reserva", na famosa expressão cunhada pelo famoso penalista pátrio Nelson Hungria, o que retrata a sua subsidiariedade.

Já o **Direito Penal Máximo** é a aplicação totalmente contrária ao que foi exposto acima, uma vez que qualquer conduta, por mais irrelevante que seja,

112

Manual de Criminologia

mas por simples previsão legal (tipicidade formal), **deve ser repreendida**. Foi isso o que se propôs na cidade nova-iorquina sob o governo de Giuliani.

Acertada ou não a política implementada em Nova Iorque, o certo é que ela foi baseada nos estudos da Criminologia, o que demonstra que esta ciência tem sido muito utilizada nas mais **variadas áreas de atuação social**, notadamente naquelas que envolvem a presença do crime e do criminoso. O importante é constatar que a Criminologia sempre irá estudar o caso concreto, com seu **método empírico**, e apresentar as suas impressões acerca do problema. Posteriormente, a Política Criminal escolherá as soluções mais acertadas para o aludido problema social, com base nas informações coletadas pela Criminologia. Somente depois disso tudo é que as conclusões e as soluções serão positivadas em lei, gerando, então, o Direito Penal.

2.5.5 Movimento da Lei e Ordem

Ainda na linha das teorias estudadas, ressalta-se o **Movimento da Lei e Ordem** em que, no mesmo raciocínio da **Política de Tolerância Zero** e da **teoria das janelas quebradas**, apregoa a **aplicação implacável da lei a qualquer conduta ilícita com o fim de manter a ordem social**. Sem lei haverá uma completa anarquia da sociedade, em que cada um fará aquilo que bem entender, pois não deve submissão a nenhum regramento jurídico. Com a ideia rígida de a lei ser cumprida sempre, sem tergiversações, o sentimento de impunidade e desordem desaparece, fazendo com que todos pensem em obedecer aos preceitos legais, pois essa é a coisa certa a fazer. Sob esse enfoque, não se analisa se a lei é boa ou ruim, mas sim que ela deve ser aplicada por ser ela votada legitimamente para reger as condutas sociais.

Esse tipo de movimento voltou a ganhar forma no mundo com a recente eleição do republicano Donald Trump para a presidência dos Estados Unidos, sempre laureado na ideia de combater o Estado Islâmico por ele criar o caos e a desordem mundial.

Ademais, no Brasil, tem-se claramente uma guinada para esse tipo de pensamento com a eleição à Presidência da República do Deputado Federal Jair Bolsonaro, que também prega o pensamento militarizado com base na hierarquia, ordem e lei. Cumpre ressaltar que não se está aqui criticando ou elogiando as referidas candidaturas, mas apenas demonstrando que o **Movimento da Lei e Ordem** está sendo adotado recentemente em várias frentes políticas.

Para ilustrar a questão, importante ressaltar que alguns autores denominam esse tipo de teoria (**janelas quebradas**) ou política (**Tolerância Zero** e **Lei e Ordem**), implementadas com base no Direito Penal Máximo, de **Neorretri-**

113

Christiano Gonzaga

bucionismo ou Realismo de Direita[39], uma vez que se confere ao sistema penal a responsabilidade em fazer com que o meio social fique em paz, usando-se da **força e da coerção**, pouco importando a pessoa do criminoso.

Com razão, os pensamentos do pensamento político de direita sempre destacam a **militarização** como ponto a ser perseguido, com armamento da sociedade, políticas públicas que primam pela segurança pública e política de tolerância zero contra toda e qualquer criminalidade. Isso, nessa visão política, seria o meio eficaz de ter-se uma sociedade mais segura. Complexo, todavia, numa sociedade totalmente estratificada eleger-se um pensamento uníssono como o mais apto a alcançar os anseios sociais.

Em outras palavras, o que se prega é a pura concepção de que a **prevenção geral** solucionará todos os problemas com o temor iminente de uma pena. Todavia, o que não se levou em consideração é que boa parte da população não atua com base no medo, mas sim no utilitarismo que a infração penal pode fornecer.

Na linha de que a Criminologia vem implementando os seus pensamentos dentro do Direito Penal, por meio do filtro feito pela Política Criminal, destacam-se os novos tipos penais que foram criados nos arts. 359-I a 359-R, que visam à proteção do **Estado Democrático de Direito**. Sob essa ótica, percebe-se, claramente, que a temática da Criminologia refletida foi do **Movimento da Lei e Ordem**, com o intuito claro de manter-se a ordem social.

Os tipos penais recentemente criados possuem o escopo de impedir qualquer espécie de atentado às instituições democráticas, sendo que alguns são de difícil conceituação prática, mas a mera previsão legal de sanção penal já é suficiente para garantir um efeito pedagógico almejado.

Para tornar clara a questão, transcrevem-se os delitos citados, *in verbis*:

TÍTULO XII (Incluído pela Lei n. 14.197, de 2021)

DOS CRIMES CONTRA O ESTADO DEMOCRÁTICO DE DIREITO

CAPÍTULO I

DOS CRIMES CONTRA A SOBERANIA NACIONAL

Atentado à soberania

Art. 359-I. Negociar com governo ou grupo estrangeiro, ou seus agentes, com o fim de provocar atos típicos de guerra contra o País ou invadi-lo:

Pena – reclusão, de 3 (três) a 8 (oito) anos.

---

[39] SHECAIRA, Sérgio Salomão. *Criminologia*. 4. ed. São Paulo: RT, 2008. p. 231.

Manual de Criminologia

§ 1º Aumenta-se a pena de metade até o dobro, se declarada guerra em decorrência das condutas previstas no *caput* deste artigo.

§ 2º Se o agente participa de operação bélica com o fim de submeter o território nacional, ou parte dele, ao domínio ou à soberania de outro país:
Pena – reclusão, de 4 (quatro) a 12 (doze) anos.

Atentado à integridade nacional

Art. 359-J. Praticar violência ou grave ameaça com a finalidade de desmembrar parte do território nacional para constituir país independente:
Pena – reclusão, de 2 (dois) a 6 (seis) anos, além da pena correspondente à violência.

Espionagem

Art. 359-K. Entregar a governo estrangeiro, a seus agentes, ou a organização criminosa estrangeira, em desacordo com determinação legal ou regulamentar, documento ou informação classificados como secretos ou ultrassecretos nos termos da lei, cuja revelação possa colocar em perigo a preservação da ordem constitucional ou a soberania nacional:
Pena – reclusão, de 3 (três) a 12 (doze) anos.

§ 1º Incorre na mesma pena quem presta auxílio a espião, conhecendo essa circunstância, para subtraí-lo à ação da autoridade pública.

§ 2º Se o documento, dado ou informação é transmitido ou revelado com violação do dever de sigilo:
Pena – reclusão, de 6 (seis) a 15 (quinze) anos.

§ 3º Facilitar a prática de qualquer dos crimes previstos neste artigo mediante atribuição, fornecimento ou empréstimo de senha, ou de qualquer outra forma de acesso de pessoas não autorizadas a sistemas de informações:
Pena – detenção, de 1 (um) a 4 (quatro) anos.

§ 4º Não constitui crime a comunicação, a entrega ou a publicação de informações ou de documentos com o fim de expor a prática de crime ou a violação de direitos humanos.

CAPÍTULO II

DOS CRIMES CONTRA AS INSTITUIÇÕES DEMOCRÁTICAS

Abolição violenta do Estado Democrático de Direito

Art. 359-L. Tentar, com emprego de violência ou grave ameaça, abolir o Estado Democrático de Direito, impedindo ou restringindo o exercício dos poderes constitucionais:

Christiano Gonzaga

Pena – reclusão, de 4 (quatro) a 8 (oito) anos, além da pena corresponden-te à violência.

Golpe de Estado

Art. 359-M. Tentar depor, por meio de violência ou grave ameaça, o governo legitimamente constituído:

Pena – reclusão, de 4 (quatro) a 12 (doze) anos, além da pena correspondente à violência.

CAPÍTULO III DOS CRIMES CONTRA O FUNCIONAMENTO DAS INSTITUIÇÕES DEMOCRÁTICAS NO PROCESSO ELEITORAL

Interrupção do processo eleitoral

Art. 359-N. Impedir ou perturbar a eleição ou a aferição de seu resultado, mediante violação indevida de mecanismos de segurança do sistema eletrônico de votação estabelecido pela Justiça Eleitoral:

Pena – reclusão, de 3 (três) a 6 (seis) anos, e multa.

Violência política

Art. 359-P. Restringir, impedir ou dificultar, com emprego de violência física, sexual ou psicológica, o exercício de direitos políticos a qualquer pessoa em razão de seu sexo, raça, cor, etnia, religião ou procedência nacional:

Pena – reclusão, de 3 (três) a 6 (seis) anos, e multa, além da pena correspondente à violência.

CAPÍTULO IV DOS CRIMES CONTRA O FUNCIONAMENTO DOS SERVIÇOS ESSENCIAIS

Sabotagem

Art. 359-R. Destruir ou inutilizar meios de comunicação ao público, estabelecimentos, instalações ou serviços destinados à defesa nacional, com o fim de abolir o Estado Democrático de Direito:

Pena – reclusão, de 2 (dois) a 8 (oito) anos.

Os tipos penais mencionados são voltados para o Movimento da Lei e Ordem, podendo ser citado, em especial, o **art. 359-L, CP**, que criminaliza a conduta de qualquer pessoa que atente, por meio de violência ou grave ameaça, contra os Poderes Constituídos, como exemplo, o Supremo Tribunal Federal.

Em tempos de confusão entre liberdade de expressão e libertinagem, algumas pessoas defendem a abolição da Suprema Corte com a substituição desta pelas Forças Armadas. Nada de errado nisso quando se

Manual de Criminologia

está no campo das ideias, da liberdade de expressão e de pensamento. Todavia, a situação é diversa quando se infla a população, com bandeiras e cantos de ordem, a atacar e depredar o local onde fica o Supremo Tribunal Federal, culminando-se pela deposição dos Ministros e extinção dessa Corte Superior.

Nesse caso, paralelo ao uso da violência ou da grave ameaça, que são elementares do tipo penal em epígrafe, tem-se o enquadramento legal nessa figura típica, pois já se ultrapassou em muito o direito constitucional de emitir pensamento. Isso só foi possível no Brasil porque, na prática, muitas estavam sendo as manifestações no sentido de abolir a mais alta Corte do Poder Judiciário, o que chamou a atenção da Criminologia para o caso concreto e, consequentemente, da cristalização em figura típica por parte do Direito Penal.

Eis aqui, mais uma vez, a ideia de interdisciplinaridade entre a Criminologia, a Política Criminal e o Direito Penal, relação de suma importância para a compreensão exata das Ciências Criminais.

2.5.6 Subcultura Delinquente, Contracultura, Anomia e Associação Diferencial

Na linha do que foi estudado acima com base na Escola de Chicago, ainda devem ser ressaltadas três situações que foram encaradas na análise do surgimento do fenômeno crime/criminoso, quais sejam, **subcultura delinquente**, **contracultura** e **associação diferencial**.

A **subcultura delinquente** é um fenômeno que deve ser estudado com o enfoque na complexidade das relações humanas. O chamado *establishment* ou cultura dominante é combatido pelos integrantes de um grupo contrário a esses valores, utilizando-se para tanto de violência e um código interno de condutas e punições.

A primeira vez que se utilizou o termo subcultura delinquente foi em **Albert Cohen, em seu livro *Delinquent boys* (1955)**. Alguns jovens eram contra o sistema e suas regras e criaram posturas e formas de pensar próprias, não aceitando o que era imposto pela sociedade dominante. Nesse diapasão, surge a ideia de gangues, muito bem retratada em vários filmes norte-americanos como o famoso *Gangues de Nova Iorque*, estrelado por Leonardo DiCaprio.

Pelo que se percebe, as gangues criam costumes próprios e contrários ao que é considerado politicamente correto, sendo isso muito comum porque os seus integrantes foram excluídos socialmente, haja vista a ideia já esposada acima da **teoria dos testículos despedaçados**. Com essa exclusão, forma-se um grupo com pensamentos contrários aos do já

117

Christiano Gonzaga

citado *establishment*, sendo o termo gangue algo pejorativo, mas que bem retrata a aglomeração de pessoas com valores próprios e contrários ao que se prega socialmente.

Trazendo esse conceito para os dias de hoje, pode ser claramente constatado que alguns grupos de excluídos socialmente aglutinam-se e formam verdadeiros **Estados Paralelos, como sói acontecer nos famigerados Comando Vermelho (CV), Primeiro Comando da Capital (PCC) e Família do Norte (FDN)**. Tais organizações criminosas foram formadas com base em ideias próprias numa estrutura paralela de poder, em que os seus integrantes utilizam da força para intimidar e punir os que desviam dos seus preceitos primários. Como exemplo, não se tolera de forma alguma a delação ou a traição entre os seus integrantes, sendo a infração muitas vezes punida com a morte. Tem-se um código próprio de conduta e que é respeitado por todos, ocorrendo uma clara concepção de subcultura delinquente.

Outra estrutura de poder baseada na ideia de **subcultura delinquente** é a **máfia**, mas que possui características um pouco diferentes pelo fato de ser mais organizada formalmente, uma vez que se valem de operações lícitas para ocultar as práticas criminosas perpetradas na escuridão. Todavia, não deixa de ser uma forma de subcultura contrária à ideia dominante, pois os métodos empregados, na maioria das vezes valendo-se da violência, não são reconhecidos de forma legítima pela cultura dominante e demais poderes constituídos.

Deve ser destacado que a subcultura delinquente somente existe porque o Estado falhou na sua função precípua de fornecer segurança pública aos seus cidadãos. Torna-se indubitável que a ausência de policiamento ostensivo, bem como falta de estratégias mais definidas no combate ao crime, permite que se crie um ambiente favorável ao surgimento de espécies de poder paralelo. Isso pode ser explicado pela falta de estrutura em municiar o Estado com os devidos elementos para realizar o combate eficaz à organização criminosa, mas os desvios de dinheiro público, a apropriação de bens públicos e toda sorte de corrupção impedem que o Poder Público possa valer-se de recursos materiais e humanos para praticar o combate real e eficiente contra esse tipo de criminalidade organizada. Muito dessa falência na forma de coibir o crescimento das organizações criminosas vem da própria falta de comprometimento dos ordenadores de despesas (Chefes do Poder Executivo) com uma política séria e preocupada em municiar as áreas responsáveis em realizar uma fiscalização adequada. O dinheiro desviado e apropriado é tão elevado que não resta nada para aplicar na desejada destinação para a devida implementação de políticas públicas voltada para o avanço tecnológico, por exemplo, no cerceamento das práticas modernas de criminalidade perpetradas por esses grupos criminosos, que se valem de recursos de última geração para praticar crimes sem qualquer inibição estatal.

Manual de Criminologia

Não podendo ser confundido com o que foi explicado acima, ou seja, a subcultura delinquente, tem-se um termo bem próximo que é o da **contracultura**. Importante ressaltar que nesta forma de oposição à cultura não se cria uma alternativa com ideias próprias como ocorre na **subcultura delinquente**. Ao contrário, na **contracultura** cria-se apenas uma aversão ao que é tido como socialmente aceito, numa forma de rebeldia sem causa. Os seus integrantes simplesmente não concordam com o *establishment* e opõem-se a tudo que é tido como tradicional. Trata-se de uma espécie de **anarquia**.

Como exemplo de manifestação da **contracultura**, pode-se citar a prática da **pichação** em imóveis nos centros urbanos. Contudo, cumpre ressaltar que a escolha pelo termo pichação foi proposital, uma vez que a **grafitagem** é diferente e não constitui crime, na forma do art. 65, da Lei n. 9.605/98[40].

A forma de manifestar-se contra o politicamente correto e todas as balizas legais impostas pela cultura dominante encontra eco na prática da pichação como uma marca do anarquismo cultural. O ato de pichar algum local público, notadamente sede de algum Poder, marca de forma clara o território daqueles que são contra o **tradicionalismo**. Trata-se de uma marca que chama a atenção dos que por ali irão transitar, alertando para a situação de que os excluídos socialmente também existem e possuem voz de alguma forma, no caso, por meio da pichação.

Mais uma vez traz-se à baila o pensamento de Salo de Carvalho acerca do tema, citando-se a **cultura desviante** da pichação como forma de contradizer os sistemas hierárquicos de dominação, a seguir reproduzido:

---

[40] Art. 65. Pichar ou por outro meio conspurcar edificação ou monumento urbano: (Redação dada pela Lei n. 12.408, de 2011)

Pena – detenção, de 3 (três) meses a 1 (um) ano, e multa. (Redação dada pela Lei n. 12.408, de 2011)

§ 1º Se o ato for realizado em monumento ou coisa tombada em virtude do seu valor artístico, arqueológico ou histórico, a pena é de 6 (seis) meses a 1 (um) ano de detenção e multa. (Renumerado do parágrafo único pela Lei n. 12.408, de 2011)

§ 2º Não constitui crime a prática de grafite realizada com o objetivo de valorizar o patrimônio público ou privado mediante manifestação artística, desde que consentida pelo proprietário e, quando couber, pelo locatário ou arrendatário do bem privado e, no caso de bem público, com a autorização do órgão competente e a observância das posturas municipais e das normas editadas pelos órgãos governamentais responsáveis pela preservação e conservação do patrimônio histórico e artístico nacional. (Incluído pela Lei n. 12.408, de 2011).

Christiano Gonzaga

"A tensão entre as práticas de grafitagem como expressão cultural de determinadas tribos urbanas e o seu confronto com campanhas contrárias serviu ao pesquisador como estudo de caso sobre temas como poder, autoridade e resistência, subordinação e insubordinação, abrindo espaço para possibilidades teóricas e metodológicas que intitulou, na época, criminologia anarquista. A denominação primeira surge do cuidadoso exame da grafitagem como forma constitutiva de resistência anárquica à autoridade política e econômica."[41]

Como se depreende do que foi citado acima, a contracultura é bem diferente da subcultura delinquente, pois naquela o que existe é uma manifestação contrária ao tido como politicamente correto, podendo, no caso da pichação, haver a exteriorização de crime como forma de chamar a atenção, mas não é essa a tônica principal, sendo o ponto nodal na **subcultura delinquente** a **prática de infrações penais**.

Assim, muito comum haver certa confusão entre os termos **subcultura e contracultura delinquente**. Antes de passar para o próximo tema de análise, cumpre ressaltar que a subcultura e a contracultura não se confundem com a **anomia**.

Apenas para fundamentar e esclarecer o ponto inicial de estudo de **Merton**, deve ser lembrado que ele se abeberou nos conhecimentos de **Émile Durkheim**, notadamente em seu livro *Divisão do trabalho social*, em que se constata que a anomia é um **fato social e patológico**. Nesse livro verificou-se que, quanto mais a sociedade avançava e os indivíduos especializavam-se em suas profissões, havia o esquecimento da noção de conjunto, voltando-se cada qual para a sua especialização, que pode ser considerada a arte de saber cada vez mais de cada vez menos.

Em virtude desse isolamento, as normas sociais deixam de existir (anomia), pois as pessoas perdem a noção de coletividade, voltando-se cada vez mais para si próprias, olvidando-se da solidariedade que a sociedade necessita para o seu convívio.

Em seu estudo sobre o suicídio e ao indicar diversos tipos, Durkheim confere a um deles o nome de "suicídio anômico", apresentando dois quadros diferentes e aparentemente contraditórios. O estudo indicou um aumento no número de suicídios nas épocas de depressão econômica e nos períodos de prosperidade, o que parece algo extremamente conflitante e contraditório, mas que tem explicação.

---

[41] Op. cit., p. 86-87.

120

No primeiro quadro, há o aumento do número de suicídios nos períodos de depressão econômica, ocorrendo porque os indivíduos não conseguiam atingir as metas culturais estabelecidas pela sociedade; e tal fracasso para muitos significa vergonha e desespero, não fazendo mais nenhum sentido a convivência social, dando-se cabo na própria vida.

Já no segundo quadro, pode-se notar que Durkheim alertou para o fato de que os homens têm desejos ilimitados, não existindo um limite às pretensões humanas, de modo que, quando atingem todos os seus objetivos ou percebem que podem conseguir tudo o que quiserem, todas as pretensões já alcançadas ou por vir passam a valer pouco, criando assim uma espécie de desencanto, conduzindo a um comportamento de **autodestruição** (suicídio). Ao notar que pode tudo, o homem passa a viver de forma desenfreada e em descompasso com as normas sociais (anomia), passando a considerar os modelos de comportamento social inúteis, até que atinge o nível máximo de despreocupação com tudo e todos e suicida-se.

Em 1938, **Robert K. Merton**, sociólogo americano, escreveu um artigo famoso de apenas dez páginas, que teve o mérito de estabelecer os fundamentos de uma **teoria geral da anomia**. O artigo foi posteriormente revisto e transformado pelo autor em sua obra clássica *Teoria e estrutura sociais*. Merton sustentou que em toda sociedade existem **metas culturais** a serem alcançadas, entendendo-se como tais os valores socioculturais que norteiam a vida dos indivíduos. Para atingir essas metas existem os **meios**, que são os **recursos institucionalizados** pela sociedade, aos quais aderem normas de comportamento. De um lado, metas socioculturais, de outro, meios socialmente prescritos para atingi-las.[42]

Nessa linha de raciocínio, Merton elabora um esquema no qual explica o modo de adaptação dos indivíduos em face das metas culturais e dos meios disponíveis, assinalando com um sinal positivo quando o homem aceita o meio institucionalizado e a meta cultural, e com um sinal negativo quando os reprova, criando-se os modos de adaptação, que serão vistos logo abaixo.

Ocorre, no entanto, que os **meios existentes não são suficientes nem estão ao alcance de todos**, acarretando, assim, um desequilíbrio entre os meios e os objetivos a serem atingidos. Isso quer dizer que, enquanto todos são insistentemente estimulados a alcançar as metas sociais, na reali-

---

[42] Disponível em: <https://pensarcriminologico.blogspot.com/2012/07/o-pensamento-de-robert-merton-sobre.html>. Acesso em: 21 jan. 2018.

Christiano Gonzaga

dade apenas alguns poucos conseguem, por ter ao seu dispor os meios institucionalizados.

Disso resulta um desajustamento, um descompasso entre os fins sugeridos a todos e insistentemente estimulados e os recursos oferecidos pela sociedade para alcançar aqueles objetivos. Esse desequilíbrio entre os meios e as metas ocasionaria o comportamento de desvio individual (ou em grupo), pois o indivíduo, no empenho de alcançar as metas que lhe foram sugeridas, mas não dispondo de meios para tal, buscaria outros meios, mesmo que contrários aos interesses sociais, podendo até mesmo praticar infrações penais. Assim, a anomia em Merton seria esse **desequilíbrio entre os meios disponíveis** para poucos e as **metas culturais estabelecidas** para todos, o que geraria uma ausência de oportunidades (**desigualdade material**) para a consecução dos fins tidos como essenciais (**fortuna, sucesso e poder**).

Para sistematizar essa abordagem, no trabalho de Merton, pode ser destacado o que ele chamou de **modos de adaptação** (citados acima), consubstanciados em cinco formas: **conformidade, inovação, ritualismo, evasão/retraimento** e **rebelião**. Tais modos estão relacionados à forma com que os cidadãos reagem perante as metas culturais existentes, tendo em vista os recursos disponíveis para obtê-las.

A **conformidade**, numa perspectiva de ambiente social estável, é o tipo mais comum, pois as pessoas aceitam os meios institucionalizados para lograr êxito em alcançar as metas socioculturais estabelecidas. Há uma adesão total e não ocorre comportamento desviante, tendo em vista a aceitação daquilo que está disponível para alcançar o estabelecido socialmente.

Na **inovação**, os indivíduos aceitam as metas culturais previamente estabelecidas, mas não se alinham com os meios institucionalizados disponíveis para obtê-las. Quando constatam que nem todos os meios estão disponíveis para eles, rompem com o sistema e buscam atingir as metas culturais por meio do **caminho fácil** do comportamento desviado, isto é, por meio do **crime**.

Nessa linha de pensamento, escolhe-se a porta larga e fácil do crime para alcançar as metas culturais, uma vez que o indivíduo começa a perceber que nem todos irão conseguir vencer por meio da legalidade. A inovação é a constatação clara de que o crime possibilitará o atingimento de metas culturais elevadas ou, em outras palavras, o velho brocardo de que o "os fins justificam os meios". Claro que no campo da moral esse tipo de pensamento nem merece comentário ou destaque, visto que viola simplesmente toda a principiologia de se viver em sociedade.

Outro modo de adaptação referido por Merton é o **ritualismo**, por meio do qual os indivíduos **fogem** das **metas culturais**, que, por uma razão ou outra, acreditam que jamais atingirão. Renunciam às metas culturais

122

Manual de Criminologia

preestabelecidas por entender que são incapazes de alcançá-las, numa clara alusão ao comportamento depressivo de que elas são elevadas demais para a sua capacidade diminuída, restando apenas fugir delas e viver no seu mundo ínfimo e sem maiores pretensões. Assim, as metas socialmente estabelecidas não são vistas como inerente àquilo que o indivíduo almeja, ocorrendo a diminuição das metas a serem atingidas.

Na **evasão ou retraimento** os indivíduos **abrem mão** tanto das **metas culturais** quanto dos **meios institucionalizados**. Aqui se acham os excluídos sociais, como mendigos, *hippies* e toda a sorte de pessoas que preferem viver às margens da sociedade por terem a real certeza de que as metas e os meios culturais não são relevantes. São pessoas sem metas e ambições sociais, vivendo de forma errante pelas ruas da cidade, vendo a vida passar lentamente e sem nenhuma vontade de realização de desejos.

Por derradeiro, cita-se a **rebelião**, caracterizada pelo inconformismo e revolta, em que os indivíduos rejeitam as metas e os meios estabelecidos socialmente *(establishment)*, lutando pela criação de novos paradigmas ou uma nova ordem social. Como exemplos, podem ser citados aqueles que pugnam por novos modelos de pensar, almejando uma revolução social de todas metas culturais existentes, impondo-se uma nova era.

A **anomia** também pode ser entendida como uma **ausência de normas sociais** capazes de **regulamentar o convívio social**. Nas sociedades modernas, os vínculos sociais estão cada vez mais enfraquecidos pela perda da consciência **acerca do coletivo**, havendo uma falta de solidariedade com o próximo. Isso tem gerado uma fraqueza nas relações sociais, em que os cidadãos não acreditam mais nos vínculos entre as pessoas. Essa sensação de falta de regulamentação faz com que os indivíduos tendam a não respeitar os limites sociais e isso desestabiliza a sociedade, gerando o que se chama de anomia. Em razão desse **vazio normativo**, os cidadãos passam a acreditar que podem fazer tudo, uma vez que **não** existem **freios morais e sociais**, o que ocasiona a falta de preocupação com o próximo, relegando-se a segundo plano o viés coletivo.

Mais à frente, em item próprio, será desenvolvido o tema "**modernidade líquida" de Bauman**, que muito tem de semelhante com as ideias de enfraquecimento dos vínculos sociais, em que se prepondera o **imediatismo** das relações sociais, relegando-se a segundo plano a solidez ("modernidade sólida") das relações humanas.

Além desse sentimento de **fragilidade coletiva**, a anomia também pode gerar a **falta de confiança da sociedade nas normas legais**, como exemplo em certos tipos de infrações penais, como a **contravenção penal** do **jogo do bicho**.

123

Christiano Gonzaga

Hoje é praticamente aceita essa forma de contravenção nos grandes centros urbanos, o que demonstra a falta de legitimidade do sistema penal para punir esse tipo de conduta. Ainda que alguém seja autuado por uma infração penal como essa, a prática do jogo do bicho não diminuirá, pois há uma anomia quanto à punição desse tipo de conduta.

Essa última ideia de anomia está intimamente ligada ao **princípio da adequação social do Direito Penal**, em que os costumes sociais, que são práticas reiteradas num mesmo sentido, possuem o condão de **descriminalizar** certas condutas típicas, tendo em vista a reiteração de sua prática sem nenhuma punição pelo sistema penal, pelo contrário, são aceitas pela sociedade.

Nesse ponto deve ser apenas lembrado que o **Supremo Tribunal Federal** não aceita a aplicação do princípio da adequação social como excludente de tipicidade penal, na forma do **informativo 615**[43].

A concepção de anomia pode ser aliada ao **modelo funcionalista**, tendo em vista que a sociedade é vista como um todo orgânico articulado que, para funcionar adequadamente, urge que os indivíduos interajam num ambiente de valores e regras comuns. Remonta-se à **ideia autopoiética de sistema em Luhmann**.

A derradeira e importante análise que deve ser feita cinge-se à chamada **associação diferencial**. É uma teoria de Criminologia desenvolvida pelo americano **Edwin H. Sutherland** que propõe que o comportamento criminoso de indivíduos tem sua **gênese pela aprendizagem**, com o contato com padrões de comportamento favoráveis à violação da lei em sobreposição aos contatos contrários à violação da lei. Os criminosos tendem a copiar o comportamento daqueles com que convivem ou estão associados.

---

[43] Informativo 615/STF: Não compete ao órgão julgador descriminalizar conduta tipificada formal e materialmente pela legislação penal. Com esse entendimento, a 1ª Turma indeferiu *habeas corpus* impetrado em favor de condenados pela prática do crime descrito na antiga redação do art. 229 do CP ["Manter, por conta própria ou de terceiro, casa de prostituição ou lugar destinado a encontros para fim libidinoso, haja ou não intuito de lucro ou mediação direta do proprietário ou gerente: Pena – reclusão, de 2 (dois) a 5 (cinco) anos, e multa."]. A defesa sustentava que, de acordo com os princípios da fragmentariedade e da adequação social, a conduta perpetrada seria materialmente atípica, visto que, conforme alegado, o caráter criminoso do fato estaria superado, por força dos costumes. Aduziu-se, inicialmente, que os bens jurídicos protegidos pela norma em questão seriam relevantes, razão pela qual imprescindível a tutela penal. Ademais, destacou-se que a alteração legislativa promovida pela Lei 12.015/2009 teria mantido a tipicidade da conduta imputada aos pacientes. Por fim, afirmou-se que caberia somente ao legislador o papel de revogar ou modificar a lei penal em vigor, de modo que inaplicável o princípio da adequação social ao caso. HC 104467/RS, Rel. Min. Cármen Lúcia, 8.2.2011.

Manual de Criminologia

É uma espécie de teoria que se baseia no **aspecto social** como motivador do surgimento do crime, desconsiderando-se o aspecto puramente biológico ou psíquico. Os associados tendem a ter comportamentos coligados e violadores da lei, em contraposição àqueles que cumprem os ditames legais. Seria uma aplicação prática do jargão popular "diga-me com quem andas e te direis quem és".

Analisando-se tal associação no âmbito das comunidades carentes, vulgarmente chamadas de "favelas", percebe-se que muitos criminosos surgem do convívio com pessoas que já estão há muito tempo inseridas na delinquência. Em outras palavras, a associação diferencial pode ser analisada sob a perspectiva das **leis da imitação de Gabriel Tarde (1843-1904)**, porque, ao contrário do que pensava Lombroso, ninguém nasce criminoso (criminoso nato), mas a criminalização é uma consequência da **socialização incorreta**, tendo influência destacada o determinismo social na criação dos criminosos. Acerca das chamadas leis de imitação, pode ser constatado que há sim, por parte delas, uma grande influência na criação do criminoso.

Segundo **Gabriel Tarde**, há **três leis chamadas leis da imitação**. A primeira delas permite dizer que o indivíduo, em contato próximo com outros, imita-os na proporção direta do contato que mantém entre si. Tarde diferenciava os contatos diferentes e rápidos que ele denominava de **moda**, característicos da grande cidade, e os contatos mais lentos e menores, que ele denomina **costume**, característicos do campo.

Por força dessa ideia, ele acreditava ter a imprensa papel central nos meios de comunicação e interação entre as pessoas, propagando e potencializando essas imitações. Nos dias de hoje, isso fica claramente perceptível, uma vez que a mídia televisiva ou eletrônica propaga diariamente os mais variados crimes, o que pode despertar a vontade adormecida em algum criminoso que assiste àquele exemplo e resolve imitar.

Sua segunda lei de imitação projetava a **direção do processo**: o inferior imita o superior, os jovens imitam os mais velhos, os pobres imitam os ricos, os camponeses imitam a realeza, e assim por diante. Esse tipo de imitação faz com que as pessoas sigam o modelo de **maior status**, na esperança de que suas condutas possam garantir-lhes uma recompensa associada com aquele patamar superior social, que é tido como exemplar para quem está por baixo. Isso é difícil negar que ocorra, pois todos que estão por baixo querem subir e alcançar uma casta social mais elevada.

A terceira lei é a da **inserção**. Se duas modas diferentes se superpõem, a mais nova substitui a mais antiga. O antigo assassinato a facadas é substituído pelo homicídio com armas de fogo; as drogas assumem o papel estimulador desempenhado, no passado, pelo álcool; e mesmo no mundo das

Christiano Gonzaga

drogas sempre haverá algum tipo de novidade que substituirá as consideradas obsoletas e mais fracas. Dentro dessa linha de pensamento, sempre que existir um contato social deletério, haverá criminalidade potencializada, dando-se ensejo ao surgimento de novos criminosos ou comportamentos desviados que irão seguir os padrões do imitado ou paradigma.

De forma a fundamentar o pensamento aqui elencado, cita-se o bem lançado magistério de Álvaro Mayrink da Costa acerca da ideia de associação diferencial e aprendizagem, nesses termos:

"A aprendizagem é feita num processo de comunicação com outras pessoas, principalmente, por grupos íntimos, incluindo técnicas de ação delitiva e a direção específica de motivos e impulsos, racionalizações e atitudes. Uma pessoa torna-se criminosa porque recebe mais definições favoráveis à violação da lei do que desfavoráveis a essa violação. Este é o princípio da associação diferencial."[44]

Como exemplo dessa forma de **associação diferencial**, tem-se a figura do traficante que é visto como o "dono do morro" e que incentiva os mais jovens a serem como ele, uma vez que está sempre rodeado por mulheres, anda armado, veste-se com roupas da moda e possui cordões de ouro no pescoço. Esse tipo caricato chama a atenção e muitos querem ser iguais a ele, mas para tanto devem imiscuir-se no mundo do crime. Ao associar-se, passam a ter comportamentos criminosos semelhantes aos do "dono do morro" até que um dia se tornam um deles. O "glamour" do cenário criminoso atrai muitas pessoas interessadas em ingressar nele e fazer parte dessa sistemática.

A forma mais comum de **associação diferencial** é essa nos grotões de pobreza. Todavia, **não é exclusiva das classes mais pobres** a ocorrência de associação diferencial. Nas classes mais abastadas isso também ocorre, como se vê nas práticas dos crimes de colarinho-branco. A diferença é que nas classes sociais privilegiadas a tolerância ao crime é maior, sendo mais sólida ainda a associação entre ele, pois a identificação de tais pessoas é bem maior e a aceitação para os crimes de colarinho-branco é mais comum.

Na atual conjuntura brasileira, essa associação é facilmente perceptível, uma vez que a **promiscuidade entre a iniciativa privada e o setor público** tornou-se algo natural. Dessa forma, a associação é mais coesa e os crimes praticados em comum são mais aceitos, como sonegação fiscal, evasão de divisas, lavagem de dinheiro e desvio de verbas públicas. Os crimes praticados por ambos os lados (público e privado) são os mesmos, o que torna mais aceitável a sua prática.

---

[44] COSTA, Álvaro Mayrink da. *Criminologia*. Rio de Janeiro: Rio, 1976. p. 129.

Percebe-se a ideia de **associação diferencial** para a prática de **crimes de colarinho-branco** quando alguém vislumbra a possibilidade de ter os mesmos bens que os mais abastados possuem, como sói acontecer com **políticos** que querem ter o mesmo padrão de vida dos **altos empresários**.

Ora, os políticos e demais funcionários públicos só devem ter um padrão de vida adequado à sua evolução patrimonial. Mas, nessa sinergia com a iniciativa privada e o acompanhamento dos crimes que eles praticam, faz com que o integrante do setor público também se sinta seduzido a ter condutas semelhantes. Daí surge a ideia de uma associação entre eles para a prática de crimes comuns, sempre almejando o ganho estratosférico.

Não obstante a visão puramente criminológica, deve ser ressaltado que no campo do Direito Penal tal associação também tem destaque jurídico, notadamente na forma da Lei n. 12.850/2013, em que se definiu o que vem a ser uma organização criminosa[45]. Pelo que se constata, a associação agora tida como criminosa no âmbito dos crimes de colarinho-branco é aquela feita com o intuito de obter vantagem de qualquer natureza, que no caso em tela sempre será a busca pelo lucro ilícito.

Quando Sutherland criou a expressão "associação diferencial", o seu principal enfoque nem era nos crimes de colarinho-azul, uma vez que os criminosos integrantes desse tipo de criminalidade não são organizados para a prática de delitos. Ao contrário, a expressão foi uma forma de mostrar o tanto que os criminosos de colarinho-branco são organizados para a prática dos mais variados delitos. Cria-se uma sociedade empresária com fins aparentemente lícitos, mas com o escopo fundamental de mascarar uma série de crimes graves, como lavagem de dinheiro, evasão de divisas, sonegação fiscal, entre outros.

Coincidência ou não, parece que o festejado autor estava tendo uma premonição do que seria a criminalidade padrão do mundo moderno, podendo ser citado como exemplo o caso da operação "Lava-Jato", em que empresários e políticos promiscuíram-se numa jornada dantesca sem precedentes, com toda sorte de troca de favores, benefícios legais escusos e mui-

---

[45] Lei n. 12.850/2013: Art. 1º Esta lei define organização criminosa e dispõe sobre a investigação criminal, os meios de obtenção da prova, as infrações penais correlatas e o procedimento criminal a ser aplicado.

§ 1º Considera-se organização criminosa a associação de 4 (quatro) ou mais pessoas estruturalmente ordenada e caracterizada pela divisão de tarefas, ainda que informalmente, com objetivo de obter, direta ou indiretamente, vantagem de qualquer natureza, mediante a prática de infrações penais cujas penas máximas sejam superiores a 4 (quatro) anos, ou que sejam de caráter transnacional.

Christiano Gonzaga

tas outras práticas obscuras com larga aplicação das leis penais brasileiras, amparada por um sistema complacente e que permite a realização de figuras típicas sem maiores consequências, que, em muitos casos, são resolvidas com base em acordos milionários de leniência, juntamente com colaborações premiadas para chegar-se a outros tantos agentes, numa espiral infinita de pessoas agremiadas para a organizada prática de delitos que minam toda a ideia de uma sociedade voltada para a realização do bem público.

2.5.7 Direito Penal do Amigo

Dentro dessa linha de raciocínio, em tempos de **associação diferencial** para os **crimes de colarinho-branco**, é salutar ressaltar um termo bem atual e que tem chamado atenção dos mais variados operadores do Direito, qual seja, o **Direito Penal do Amigo**.

É cediço que os formadores de opinião são pessoas de alta renda e influência nos demais círculos sociais, sendo muito comum tais integrantes serem oriundos dos **Poderes Legislativo, Judiciário, Executivo, bem como da elite do Poder Econômico (banqueiros, empreiteiros etc.)**. Tais pessoas convivem entre si: suas famílias frequentam os mesmos ambientes sociais, os filhos estudam nas mesmas escolas e as viagens de turismo são feitas para os mesmos lugares e, não poucas vezes, de forma conjunta.

Nessa sinergia, surge a amizade natural entre eles, mas que pode ter uma conotação perversa e ruim, quando a associação é feita para cometer crimes ou de forma a blindar o seu círculo de amizade do sistema penal. Isso tudo é feito no **afã** de **cultivar** a **amizade construída**. Essa é a ideia do **Direito Penal do Amigo**.

Mais natural ainda gozarem da **compaixão e clemência** dos seus pares quando forem pegos cometendo crimes de colarinho-branco, uma vez que as esposas são amigas, os filhos frequentam a mesma escola e o círculo social é o mesmo. Nesse panorama surge aquela máxima de que o acusado não matou, não estuprou nem roubou ninguém, como se apenas esse tipo de criminalidade importasse para o Direito Penal. Faz-se, então, um coro contra a prisão dessas pessoas e até mesmo a condenação.

Todavia, deve ser lembrado que esse tipo de crime, não raras vezes, é muito mais maléfico do que o crime de roubo feito contra uma única pessoa. Ora, o desvio de verba pública alcança um número muito maior de vítimas, com sua violação difusa, deixando várias pessoas às margens da pobreza.

Quando se desvia uma verba pública, chamado tal crime de peculato-desvio no Código Penal (art. 312, *caput, in fine*), hospitais, escolas e segurança pública são colocados no limbo e várias pessoas sofrem essa deficiên-

128

Manual de Criminologia

cia. Não é incomum muitos pacientes de comunidades carentes morrerem nos leitos em corredores de unidades de pronto-atendimento (UPA), aguardando uma vaga para internação. Menos raro ainda é a criança não encontrar vaga nas escolas públicas e enveredar pelo caminho fácil do tráfico de drogas para conseguir aquilo que o Estado deixou de prover.

Por fim, a violência urbana está cada vez maior pela ausência de policiamento ostensivo, uma vez que o Estado também não tem verba para fazer concurso e contratar novos policiais, bem como não possui recurso suficiente para dar uma estrutura mais adequada de trabalho.

Só essas poucas observações demonstram o tanto que afeta drasticamente a sociedade de forma difusa o cometimento de crimes de colarinho-branco, mas imediatamente ninguém vê sob esse prisma, pois o crime de roubo e os demais de colarinho-azul possuem efeitos mais diretos e impactantes.

Por esses motivos, não há um repúdio social tão elevado para os crimes cometidos por pessoas de alta renda, pois os efeitos não são sentidos imediatamente, mas ao longo do tempo é crucial lembrar que permitem uma morte mais silenciosa de um número incalculável de pessoas. São crimes que matam lentamente e sem deixar rastros.

Atualmente, a sociedade está sentindo mais sensivelmente os efeitos desse famigerado **Direito Penal do Amigo**, pois várias leis estão sendo feitas para beneficiar esse tipo de criminalidade. Para citarmos duas, já vistas anteriormente, tem-se a **Lei n. 10.684/2003**, que em seu art. 9º permite a extinção da punibilidade dos crimes de sonegação fiscal quando a agente pagar o tributo devido. Tal ocorrência não é aceita para um simples crime de furto, em que o agente pode ser beneficiado, quando muito, pelo arrependimento posterior previsto no art. 16 do CP, como simples causa de diminuição de pena. Na mesma linha de pensamento, surge a **Lei n. 13.254/2016**, que em seu art. 5º prevê a extinção da punibilidade de vários crimes, na maioria espécies de colarinho-branco, para quem pagar o imposto devido e repatriar o valor depositado no estrangeiro de forma ilícita. São simples demonstrações de que o Direito Penal para as pessoas da elite é mais benevolente.

Uma última e curiosa constatação é a de que os crimes de corrupção passiva, peculato e toda a sorte de tipificações contra a Administração Pública **não são considerados hediondos** para a aplicação da Lei n. 8.072/90, com as suas restrições legais, como progressão de regime após o cumprimento de dois quintos ou três quintos (primário ou reincidente), prisão temporária de 30 (trinta) dias, vedação de anistia, graça e indulto. Apesar de existir um Projeto de Lei n. 5.900/2013 alçando tais crimes ao patamar de hediondos, até hoje não fora votado e transformado em lei[46], o que demonstra a dificuldade de transformar em algo mais grave aquilo que os próprios pares cometem diariamente. Trata-se de uma cristalina aplicação do Direito Penal do Amigo. Não é somente na seara legislativa que há benefício penal para os mais abastados. Nos julgamentos feitos pelo **Poder Judiciário** pode ser constatado claramente que há uma tendência a beneficiar criminosos de colarinho-branco em detrimento de pessoas mais humildes.

Em recente julgamento, o Supremo Tribunal Federal determinou a soltura de empresário acusado de ter cometido inúmeros crimes de colarinho-branco, uma vez que ele não era considerado uma ameaça social[47]. Todavia, deve ser lembrado que um dos crimes imputados a ele era o de corrupção ativa, de gravidade enorme, apesar de imediatamente não ser tão lesiva a sua prática. Daí ter sido solto porque não havia necessidade de garantir a ordem pública.

Em outros julgamentos de crimes patrimoniais[48], os Tribunais Superiores vêm decidindo pela manutenção no cárcere de pessoas que cometem

---

[46] Disponível em: <http://camara.gov.br/proposicoesWeb/fichadetramitacao?idProposicao=583945>. Acesso em: 21 jan. 2018.

[47] Disponível em: <http://g1.globo.com/politica/noticia/gilmar-mendes-manda-soltar-o-empresario-eike-batista.ghtml>. Acesso em: 21 jan. 2018.

[48] PROCESSUAL PENAL. RECURSO EM *HABEAS CORPUS*. PRINCÍPIO DA HOMOGENEIDADE. SUPRESSÃO DE INSTÂNCIA. FURTO. PRISÃO EM FLAGRANTE. CONVERSÃO DE OFÍCIO EM PRISÃO PREVENTIVA. POSSIBILIDADE. GARANTIA DA ORDEM PÚBLICA. NECESSIDADE DE ASSEGURAR A APLICAÇÃO DA LEI PENAL. RISCO DE REITERAÇÃO DELITIVA. FUNDAMENTOS IDÔNEOS PARA A SEGREGAÇÃO CAUTELAR. CONSTRANGIMENTO ILEGAL NÃO VERIFICADO. RECURSO PARCIALMENTE CONHECIDO E, NESSA EXTENSÃO, DESPROVIDO.

1. A tese de ilegalidade da prisão, em face do princípio da homogeneidade entre cautela e pena, não foi discutida pelo Tribunal de origem, o que impede sua apreciação nesta Corte Superior, sob pena de supressão de instância.

2. O Juiz sentenciante, mesmo sem provocação, ao receber o auto de prisão em flagrante, deverá, quando presentes os requisitos constantes do art. 312 do Código de Processo Penal, converter a prisão em flagrante em preventiva, em cumprimento ao disposto no art. 310, II, do mesmo Código. Assim, tem-se que é desnecessário o prévio requerimento para aludida conversão.

3. A custódia preventiva, na espécie, foi adequadamente motivada, como garantia da ordem pública, a fim de assegurar a eventual aplicação da lei penal e evitar a reiteração delitiva, porquanto, segundo o decreto prisional, o recorrente, ao ser preso, declinou nome falso, bem como possui registros criminais, tendo sido preso em flagrante poucas semanas antes dos fatos em discussão nos autos, pela suposta prática do mesmo delito (furto).

4. Recurso em *habeas corpus* parcialmente conhecido e, nessa extensão, desprovido. RHC 75379/MG, Superior Tribunal de Justiça.

crimes de colarinho-azul, como meros furtos, pela simples questão de estarem em reiteração delitiva, como se os mais variados crimes de corrupção ativa praticados por criminosos de colarinho-branco não fossem constantes desde sempre, alguns praticados até mesmo depois de deflagrada a operação "Lava-Jato".

Além do julgamento mais benéfico aos crimes cometidos por pessoas da elite social, costuma ser também bem mais célere o seu julgamento, o que já não ocorre com os criminosos de colarinho-azul, pois estes não são amparados por caras bancas de advocacia criminal que lutam diuturnamente nas barras dos Tribunais pelos seus clientes. Não que isso seja errado, pelo contrário, trata-se de atuação legítima. Mas as pessoas de baixa renda são defendidas pela Defensoria Pública, que o faz de forma muito eficaz e até melhor que a advocacia privada, não raras vezes, mas não possui em seus quadros Defensores Públicos em número suficiente para dar vazão aos milhares de brasileiros pobres e que precisam de uma assistência jurídica imediata.

Assim, poucos são eficazmente defendidos, e uma parcela muito grande fica sem defesa e esquecida nos porões das cadeias públicas aguardando julgamento.

Tudo isso demonstra que o **sistema penal** é feito para coibir **práticas criminosas** que atacam **imediatamente a sociedade**, sendo os chamados "amigos" tratados de forma diferente.

Como bem citou o Delegado Federal Adriano Mendes Barbosa, em artigo abaixo transcrito, o Direito Penal do Amigo é uma demonstração clara que o **sistema penal não foi feito para punir pessoas da elite econômica e política**, sendo o principal motivo a **convivência diária** que eles nutrem entre si. Para ficar mais claro, sendo até mesmo esclarecedor, cita-se parte do artigo, *in verbis*:

> "Os amigos são empresários, banqueiros, representantes dos Poderes da República em todos os níveis, agentes públicos de altos escalões dos governos, etc. Eles têm livre acesso, permeiam e agem com desenvoltura nas antessalas e salas de gabinetes, pretórios, palácios e escritórios. Estes frequentam as mesmas festas, os mesmos clubes, os mesmos restaurantes, por vezes arcando com o ônus das despesas, daqueles que lhes vão julgar, e levar a termo atos e medidas que afetam seus próprios interesses e conveniências."[49]

---

[49] Disponível em: <https://jus.com.br/artigos/17152/o-direito-penal-do-amigo-ou-amicismo-juridico-penal>. Acesso em: 21 jan. 2018.

Ora, isso é o comum no Brasil, sendo difícil quebrar todo esse ambiente favorecedor para práticas criminosas espúrias entre os chamados "amigos".

Cumpre ressaltar que outro autor e membro do Ministério Público Federal também já pincelou acerca do tema Direito Penal do Amigo[50]. Em sua dissertação, o Procurador da República Diogo Castor de Mattos busca demonstrar que o Direito Penal é extremamente benéfico para aqueles que cometem crimes de colarinho-branco, uma vez que o sistema penal favorece a sua atuação para não serem pegos e até mesmo gozam do beneplácito daqueles que irão julgá-los, em situações claras de *habeas corpus* deferidos pelo simples fato de serem pessoas inseridas socialmente e que não oferecem um risco imediato à ordem pública.

Ao analisar de forma específica a conotação de Direito Penal do Amigo, na dissertação já citada, o citado Procurador da República adverte que:

"Na realidade, o 'amigo' da sociedade dificilmente corre o risco de ser confundido com o 'inimigo' de Jakobs. Frequenta lugares isentos de ação das autoridades policiais, reside em bairros muitos distantes dos clientes do sistema carcerário, e, quase sempre está por perto dos administradores públicos e dos próprios julgadores. Trata-se do cidadão abastado financeiramente, o qual tem aparência muito semelhante àquele que controla o sistema, veste-se com as mesmas roupas e matricula os filhos nas mesmas escolas particulares. Em relação a estas pessoas os julgadores, em regra, ainda que inconscientemente, costumam ser benevolentes na aplicação da lei penal."

Pelo que se pode perceber, o criminoso de colarinho-branco possui um **"cinturão de impunidade"**, expressão cunhada por **Sutherland** e que está bem atual, uma vez que é quase impossível atingir esses elementos para aplicar a lei penal, pois gozam de uma eficaz blindagem legal, judicial e política na prática dos mais variados delitos de colarinho-branco.

---

[50] O Procurador da República Diogo Castor de Mattos teceu ótimas considerações sobre o tema em sua dissertação de Mestrado intitulada *A seletividade penal na utilização abusiva do habeas corpus nos crimes do colarinho-branco*, apresentada ao Programa de Mestrado em Ciência Jurídica do Centro de Ciências Sociais Aplicadas do Campus de Jacarezinho, da Universidade Estadual do Norte do Paraná. Disponível em: <https://uenp.edu.br/pos-direito-teses-dissertacoes-defendidas/direito-dissertacoes/5710-diogo-castor-de-mattos/file>. Acesso em: 21 jan. 2018.

2.5.8 Erotização do Poder

Dentro desse tema envolvendo os criminosos de colarinho-branco, deve ser destacado o que **Sade** chamou de a "**erotização do poder**", podendo extrair tal ideia de seu livro *Os 120 dias de Sodoma*[51]. A expressão "poder" pode ser contemplada na concepção de pessoas que detêm o poder econômico ou político, por isso pertencem à elite social, e, quando fazem violações legais, escolhem praticar **crimes de colarinho-branco**.

Abordando tal visão, o poder tem um cunho de subjugação de pessoas ao seu crivo, podendo ser feita uma comparação com a relação sexual. O sexo em si denota a ideia de uma pessoa possuir a outra, e algumas posições sexuais demonstram claramente a submissão que permeia toda a prática, significando o domínio de um corpo pelo outro. Isso é poder.

Trazendo para o campo sexual a concepção de poder, daí a expressão "erotização do poder", destaca-se que os chamados "poderosos" gozam de uma necessidade de subjugar outras pessoas ao seu alvedrio, como uma forma de domínio e manifestação de força, ocorrendo também a ideia de serem inatingíveis por causa do elevado *status* social que usufruem. Nessa interação, cientes do poder que possuem e confiantes na impunidade natural por causa de suas relações privilegiadas, podem praticar condutas criminosas como forma também de manifestação do poder, recaindo a escolha de tais crimes sobre as espécies de colarinho-branco, os quais estão ao seu fácil alcance.

Para aclarar a questão, cita-se a interpretação feita por Contardo Calligaris acerca da obra de Sade, retirada do livro do Professor já citado e sempre prestigiado Salo de Carvalho, que bem demonstra essa concepção de erotização do poder, nestes termos:

"O poder assombra a fantasia erótica moderna (...). O exercício do poder é contaminado por modalidades de prazer e de gozo aprendidas na cama, ou seja, por um erotismo violento, sombrio e, em geral, envergonhado."[52]

O poder é algo que apaixona e corrompe aquele que o exerce, podendo ocorrer situações de extrema gravidade, como casos de desvios de verbas públicas de escolas e hospitais, que causam uma morte silenciosa, lenta

---

[51] SADE, Marquês. *Os 120 dias de Sodoma (ou a escola da libertinagem)*. São Paulo: Iluminuras, 2006.

[52] Apud CARVALHO, Salo de. *Antimanual de Criminologia*. 5. ed. São Paulo: Saraiva, 2013.

Christiano Gonzaga

e avassaladora de muitas pessoas. O criminoso poderoso que comete esse tipo de crime tem uma perversão em obter ganhos materiais em detrimento de pessoas mais pobres, podendo ser equiparado àquelas pessoas que fazem práticas sexuais anormais (masoquismo) e sentem prazer com isso.

Todavia, em qualquer caso, o poderoso e o masoquista não tornam públicas tais condutas, fazendo essas interações de forma escondida, temendo serem pegos em flagrante, daí ter sido citado no trecho acima que esse erotismo é envergonhado.

Se observarmos bem o comparativo entre atividade sexual não convencional e os crimes de colarinho-branco, percebe-se que ambos são praticados de forma escondida na sociedade, pois não são culturalmente aceitos.

Não obstante, os seus autores continuam realizando tais condutas porque isso estimula o prazer (libido) de praticar e não ser descoberto, remanescendo aqui o impulso que precisam para prosseguir nessas situações anômalas em todos os sentidos.

2.5.9 Criminologia *Queer* e Criminologia Feminista

A expressão de origem inglesa *queer* chama a atenção por vários aspectos, entre eles, o de significar algo **anormal ou diferente**. Contudo, a expressão também representa uma busca pela releitura do fenômeno *queer* como algo incomum e que precisa de **mais proteção**, até pelo fato de representar a minoria nos meios sociais.

A atual sociedade é, por natureza, **heterossexista** e pautada na hegemonia do comportamento tido como o tradicionalmente correto, restando totalmente discriminado aquele que pensa de forma desviante do comum e que não aceita os dogmas impostos pela maioria. Relacionar-se com uma pessoa do mesmo sexo é visto como algo até mesmo doentio por certos segmentos sociais (igreja etc.), o que enaltece ainda mais a necessidade de se entender o atual estágio do *queer* e, por consequência, a **Criminologia *queer***.

O que se busca por meio da ideia *queer* é a oxigenação de novos pensamentos em prol da desconstrução de vetustos dogmas do *establishment,* chamando a atenção da sociedade e daqueles que operam as leis (Poder Judiciário e Poder Legislativo) para a existência de pessoas que pensam diferente e precisam de proteção. Hoje, já existem vários movimentos que representam esse tipo de pensamento, buscando-se implementar a proteção de direitos (dentro da expressão "direitos humanos") por meio dos legisladores (eleitos também por essas pessoas), julgadores e demais entidades civis. Podem ser citados os movimentos de gays, lésbicas, bissexuais e transexuais. **Tais movimentos devem ter voz ativa na sociedade moderna, não podendo mais a população fingir que eles não existem e são**

134

Manual de Criminologia

pessoas "estranhas". Essa é a expressão errada de *queer* que não se deve defender, mas sim a real ideia de que precisam de proteção, de voz e de implementação por meio das leis das suas formas de pensar.

O pensamento criminológico deve sempre ser o mais aberto possível e atento a todas as diversidades, não podendo centrar-se nos estudos estáticos de uma sociedade tida como **hegemônica e heterossexista**, que gera a violenta forma de reação homofóbica, devendo esse fenômeno ser evitado, sendo, inclusive, a Criminologia útil nesse sentido. O ser *queer* é estar disposto a pensar na ambiguidade, nas diferenças, na fluidez das questões sexuais, estimulando-se, outrossim, novas formas de cultura, afastando-se de preconceitos equivocados de uma sociedade perfeita e pura.

Buscando a **origem dos estudos de uma Criminologia** *queer*, pode ser citado **Cesare Lombroso**, estudioso da **Escola Positivista**, já vista no início desta obra. Lombroso ficou famoso por cunhar a expressão "criminoso nato", que entre as características físicas do delinquente poderia ser incluída a perversão sexual. Esta, por sua vez, poderia ser elucidada nas práticas sexuais homossexuais, o que para Lombroso era algo totalmente desviante, chegando ele a usar a expressão "pederasta" para simbolizar esse tipo de pessoa[53].

Tendo em vista aspectos puramente biológicos, como o sexo ser utilizado apenas para a reprodução humana entre pessoas diferentes, os estudiosos da **Escola Positivista** atribuíam à degeneração sexual o comportamento homossexual, sendo tais pessoas consideradas doentes e que precisavam até mesmo de tratamento; em outras palavras, uma espécie de cura pela degeneração sexual.

Ora, nos dias atuais pode ser citado o caso de um pastor e Deputado Federal que queria implementar um projeto de lei que regulamentava a **"cura gay"**[54], regredindo-se ao pensamento lombrosiano de que o diferente do tradicional na opção sexual era visto como um doente ou, na expressão utilizada à época, como pederasta. Isso foi nos idos da **Escola Positivista**, mas nos dias de hoje ainda existe esse tipo de concepção, conforme se constata do pensamento de um Deputado Federal eleito pelo povo e que buscava implementar ideias largamente homofóbicas.

É bom que se diga que esse tipo de agir não é de agora no Brasil, pois já houve etapas de purificação da sociedade, em que se excluíam os chama-

---

[53] Op. cit., p. 200.

[54] Disponível em: <https://noticias.uol.com.br/politica/ultimas-noticias/2013/07/02/camara-dos-deputados-arquiva-cura-gay.htm>. Acesso em: 2 abr. 2018.

Christiano Gonzaga

dos diferentes ou degenerados, pelo simples fato de estarem fora do tradicionalmente aceito. Analisando-se esse contexto de eugenia, pode ser citado o trecho abaixo, que descrevia essas pessoas como "doentes" e que necessitavam de tratamento, nesses termos:

"Até onde muitos dos doutores e advogados de classe média e alta podiam conceber, comunistas, fascistas, criminosos, negros degenerados, imigrantes e homossexuais deveriam ser contidos, controlados e, no caso destes últimos, se possível, curados. Os anos 30, assim, transformaram-se num campo de testes sobre qual o melhor meio de purificar a nação brasileira e purificar seus distúrbios sociais."[55]

Diante desse panorama excludente e totalmente preconceituoso, surge o fenômeno da **Criminologia** *queer* para fazer o adequado estudo das várias formas de se impedir a **violência homofóbica**, lembrando que nesse contexto o homossexual que é vítima dos mais variados atos de brutalidade por aqueles que discordam da forma plural de pensar, determinando-se a imposição de uma heterossexualidade compulsória e homofóbica. Não se entende a violência homofóbica como a praticada pelo homossexual, **mas sim quando ele é vítima, numa situação clara de misoginia**.

De forma a contextualizar esse tipo de conduta com o atual cenário brasileiro, pode ser citado o projeto de lei que criminalizará a **discriminação de orientação sexual na Lei n. 7.716/89 (Lei de Racismo)**, mas que não foi votado até mesmo pelo desconhecimento do fenômeno *queer* por parte dos legisladores, mas que seria uma hipótese exemplificativa da atuação da Criminologia *queer*.

Atualmente, de forma inédita, a **Suprema Corte**, em boa hora, tipificou por meio do julgamento da **ação direta de inconstitucionalidade por omissão (ADO) n. 26** as condutas de caráter homofóbico que contenham cunho racista ou até mesmo que gerem homicídios. Para o Pretório Excelso, o Congresso Nacional está em mora por não ter criado tipos penais que coíbam esse tipo de comportamento criminoso e homofóbico contra os integrantes da comunidade LGBT. Os Ministros, por maioria, entenderam que, após tantas mortes, ódio e incitação contra homossexuais, não há como desconhecer a inércia do legislador brasileiro e afirmaram que tal omissão é inconstitucional. A reiteração de atentados decorrentes da homotransfobia

---

[55] GREEN, James Naylor. *Além do carnaval*: a homossexualidade masculina no Brasil do século XX. Tradução de Cristina Fino e Cássio Arantes Leite. São Paulo: Unesp, 2000. p. 191-192.

136

Manual de Criminologia

revela situação de verdadeira barbárie. Quer-se eliminar o que se parece diferente física, psíquica e sexualmente. A tutela dos direitos fundamentais há de ser plena, para que a Constituição não se torne mera folha de papel. Com esse tipo de posicionamento, tipificou-se a conduta de **discriminação racial**, prevista na **Lei n. 7.716/89**, quando alguém se utiliza de elementos de escolha sexual para atacar alguma pessoa que tenha optado por manifestar-se de forma homossexual. Os tipos penais previstos na citada Lei n. 7.716/89 possuem várias situações distintas de racismo, mas que, de agora em diante, também servirão para comportamentos homofóbicos.

Além disso, quando o ataque for contra alguém mirando-se na sua integridade física, ocasionando-se a morte dolosa, a mesma Suprema Corte entendeu que se trata de um crime de **homicídio qualificado por motivo torpe**. Tais enquadramentos legais foram feitos até que o Congresso Nacional, por meio de lei ordinária federal, crie os adequados tipos penais, mas, enquanto isso, não será possível entender-se como impunível a conduta daquele que tiver algum tipo de comportamento homofóbico tendente a discriminar ou matar o "diferente" ou propriamente já definido como *queer*. Em suma, as condutas serão enquadradas de acordo o recente posicionamento da Suprema Corte.

Pelo exposto acima, o Poder Judiciário praticamente positivou ou produziu uma criminalização de comportamentos homofóbicos em atenção ao que a Criminologia *queer* estudou e entendeu viável para defender-se as vítimas dos graves crimes oriundos de preconceitos sexuais. Nada mais é do que a Criminologia orientando os Tribunais nos julgamentos de questões sensíveis e que precisam de uma atenção maior por parte da sociedade e do Estado, demonstrando a força dessa ciência na organização sadia da sociedade.

Nesse diapasão, o que se quis demonstrar com a Criminologia *queer* é que **novas formas de pensar a proteção do "diferente"** devem ser elucidadas, seja por meio de criação de leis que coloque a salvo os seus direitos, seja por meio da atuação do sistema criminal de forma mais eficiente, e este último é bastante falho ao investigar e punir os delitos praticados contra os homossexuais (gerando as "cifras negras"), até mesmo por ser desconhecedor de tal fenômeno, concentrando as suas forças na criminalidade comum que julga ser mais importante.

Todavia, é bom que se lembre que esse tipo de criminalidade contemporânea contra o "diferente" está crescendo cada vez mais com a onda de intolerância que vem invadindo a sociedade, devendo ser freada de forma imediata e sendo dada a devida atenção, sob pena de outros problemas sociais surgirem de forma mais grave, como o enfrentamento entre grupos antagônicos à custa de um banho de sangue.

Christiano Gonzaga

Nesse mesmo plano de ideias, pode ser desvendada também a **Criminologia feminista**, que tem por base a proteção das mulheres nas mais variadas formas de violência criminal, sendo abordados dois fenômenos, isto é, de quando ela é autora de um crime e de quando ela figura como vítima, o que gera um pensamento preconceituoso, a depender da hipótese, e totalmente em descompasso com a forma moderna de se pensar os direitos humanos.

Aprofundando-se nos **movimentos feministas**, percebe-se que o foco de investigação na **diferenciação de gênero** passa a ser central. A mulher deixa de ser vista como **mero objeto** a ser manejado ao bel-prazer dos homens e passa a tomar as rédeas de sua vida. Nisso, surge o enfoque de **empoderamento** da forma de agir das pessoas do sexo feminino, não podendo haver diferença de tratamento entre seres humanos, apesar de sexos diferentes.

Não obstante, antes de se chegar a esse pensamento independente fortalecido pelas mulheres, deve ser lembrado que uma **longa jornada de discriminação e fragilização** foi percorrida, o que estimulou os pensamentos feministas da atualidade. Para se ter uma ideia da forma inferior de que a mulher era vista, cita-se a atuação do sistema penal nos fatos envolvendo-a como autora ou vítima.

Quando a **mulher é vítima** de uma infração penal qualquer, o sistema criminal não é tão eficaz a ponto de protegê-la. Pelo contrário, os controles sociais formais empregam uma **vitimização secundária** a ponto de atribuir a responsabilidade do crime à mulher, que foi descuidada ou então "deu causa" ao incidente.

Como exemplo, citam-se os casos de estupros em que a mulher é vítima dentro dos bailes *funk* onde ela está previamente sem calcinha. Claro que, se ela vai sem algo para cobrir as partes íntimas, a facilidade de fazer sexo é gritante, mas isso não significa que a mulher está aberta a todas as investidas sexuais que forem feitas em referido ambiente. Caso ela queira fazer sexo com alguém, isso é da responsabilidade dela e do outro, mas, caso não queira determinado parceiro, o fato de ela estar seminua não retira a violência do crime sexual de estupro, estando este configurado.

Mas, ao constatar esse tipo de crime, é muito comum que o sistema criminal não dê a devida atenção para o desfecho da investigação policial, e em alguns casos nem se instaura um procedimento administrativo, pelo fato de se atribuir à mulher (praticamente nua) a responsabilidade de alguém a ter estuprado.

Nada mais ultrapassado e dissonante do pensamento de conferir à mulher a **condição de objeto de direitos**, em vez de corretamente ser enaltecida na **condição desejada de sujeito de direitos**.

De outro lado, quando a mulher é autora de infrações penais, como no caso do tipo penal de **aborto**, o cenário muda de figura, passando-se o **sistema** criminal e também a sociedade a tratá-la da pior forma possível. Expressões como "ela está negando a sua condição natural de mãe"; "na hora de fazer é fácil, agora quer tirar na dificuldade"; "claro, sai transando com vários, uma hora engravida". Isso tudo mostra o termômetro social em crimes praticados por mulheres e a onda de intolerância que recai sobre ela. Percebe-se que os controles sociais se esquecem que no crime de aborto consentido (**art. 126 do Código Penal**) é necessária a figura de um homem que também ajudou a gerar o feto, mas o estigma concentra-se todo na mulher (**art. 124 do Código Penal**), relegando-se a segundo plano a figura paterna, em virtude de a sociedade não entender que seja tão grave a conduta do homem, mas sim da mulher que está querendo retirar um ser vivo de dentro dela.

Não se está aqui querendo defender a descriminalização do aborto, mas apenas apontar a **diferença de tratamento quando o autor de um crime é do sexo feminino** e quando é do sexo masculino, bem como quando a mulher é vítima de um crime e o tratamento é o mais desigual possível. Por tudo isso, tem-se que a necessidade de um empoderamento deve ser urgente, de forma a equilibrar esse tipo de desigualdade de tratamento em razão do gênero.

São esses caminhos que a mulher percorre na sistemática da criminalidade que fazem com que surja uma adequada **Criminologia feminista**, de modo a espancar esse tipo de pensamento retrógado, por meio da criação de leis e de tratamento igualitário entre seres humanos, independentemente do gênero, devendo ser feita uma compensação legal por causa de anos a fio em que houve a desigualdade de tratamento.

Pode ser citado como exemplo de resultado dos estudos da Criminologia feminista a tipificação do **crime de feminicídio**[56] no Direito Penal brasileiro, em que se tratou mais gravemente a figura do autor de um crime contra a mulher em razão da discriminação por ser do sexo feminino ou nas situações envolvendo a violência doméstica e familiar.

Atualmente, com maior rigor penal, o crime de feminicídio foi alçado ao tipo penal mais grave do Código Penal, ao ser inserido pela Lei n. 14.994/2024, com pena que varia de 20 (vinte) a 40 (quarenta) anos de reclusão, na sistemática do art. 121-A do CP.

Nessa mesma linha de raciocínio, a criminalização da figura do **assédio sexual** (art. 216-A do CP) também é uma conquista da Criminologia feminista, uma vez que se protege a mulher no **ambiente de trabalho**, que passa a ser vista não pelos seus dotes físicos, mas sim pelas suas qualidades intelectuais, sendo apenado aquele que tratá-la como mero objeto de desejo e numa situação clara de subjugação em razão da superioridade hierárquica.

---

[56] Art. 121-A do CP, cuja pena foi alterada para 20 a 40 anos de reclusão.

No caminho inverso da criminalização, ou seja, da **descriminaliza-ção**, há antigos tipos penais que deixaram de existir pelo fato de conferirem à mulher uma pecha de objeto e ser incapaz de se defender. Como exemplos, citam-se o **adultério** e a **sedução**, ambos já revogados e considerados figuras atípicas, posto que a mulher adúltera não poderia ser mais tratada como um ser diferente e perverso, bem como a figura estéril da sedução de mulher virgem, em que se almejava impedir que mulheres que ainda não tinham experimentado a vida sexual pudessem ser iludidas por homens que apenas queriam fazer sexo sem compromisso. Essas questões são ultrapassadas e não podem existir no atual panorama social.

Para contextualizar com o escopo de criação de leis que buscam a proteção da mulher, **duas novidades** que foram implementadas recentemente devem ser ressaltadas nesse ponto, quais sejam, as **Leis n. 13.641 e n. 13.642, de 2018**.

A Lei n. 13.641/2018 inseriu um **tipo penal** na chamada Lei Maria da Penha (Lei n. 11.340/2006) para quem **descumprir** alguma espécie de **medida protetiva** já imposta pelo Poder Judiciário para proteger a mulher vítima de violência doméstica ou familiar. Tamanha é a preocupação do legislador em dar o enfoque protetivo para a pessoa do sexo feminino, tendo em vista os estudos da Criminologia que apontam para essa necessidade, que se criou um artigo de lei criminalizando a conduta daquele que **descumpre** a **medida protetiva**, o que não existia na citada lei. Agora, como se vê a seguir, incide numa conduta típica quem descumpre a ordem judicial, por exemplo, de não mais ter contato com a vítima e seus familiares, *in verbis*:

Art. 24-A. Descumprir decisão judicial que defere medidas protetivas de urgência previstas nesta Lei:

Pena – detenção, de 3 (três) meses a 2 (dois) anos.

§ 1º A configuração do crime independe da competência civil ou criminal do juiz que deferiu as medidas.

§ 2º Na hipótese de prisão em flagrante, apenas a autoridade judicial poderá conceder fiança.

§ 3º O disposto neste artigo não exclui a aplicação de outras sanções cabíveis.

Pela leitura do novel tipo penal, percebe-se que o legislador quis punir severamente aquele que **descumpre ordem judicial** de restrição de contato com a vítima, por exemplo, entre outras medidas protetivas. Até mesmo a autoridade policial está proibida de conceder fiança em determinado tipo penal, apesar de pela pena máxima isso ser possível pelo Código de Processo Penal (art. 322), eis que ela não supera 4 (quatro) anos.

Manual de Criminologia

Todavia, com o fim de proteger totalmente a mulher e não restar nenhuma possibilidade de o agente descumprir medida protetiva fixada e ser colocado em liberdade na sequência, caindo por terra o fito pedagógico da lei, **somente a autoridade judicial é que poderá conceder eventual liberdade provisória** após a situação de flagrante delito. Cria-se, assim, uma **rede de proteção efetiva** contra qualquer abuso que possa ser praticado em detrimento da mulher, o que ressalta claramente a função da Criminologia feminista e suas conquistas.

A outra lei mencionada, a de **n. 13.642/2018**, previu expressamente em seu corpo legal a expressão **"de conteúdo misógino"**, o que ressalta ser outra conquista da Criminologia feminista, uma vez que se cristalizou a necessidade de se respeitar, dentro da concepção de dignidade da pessoa humana, a mulher.

Pelo referido diploma legal, coube à **Polícia Federal a atribuição** para **investigar crimes** praticados por meio da rede mundial de computadores que difundam conteúdos que sejam **preconceituosos contra a mulher** ou que propalem o ódio contra ela. Outra grande conquista, posto que, nos dias atuais, os mais variados crimes são praticados por meio da rede mundial de computadores, muitos deles por pessoas que estão em outros países, escondidas atrás de uma *lan house* ou cafeterias que possuem computadores públicos, restando difícil a punição desses covardes que usam do anonimato para divulgar o ódio contra as mulheres, negando até mesmo a condição de filho (a) que ele ou ela (autoria possível para qualquer pessoa) tem diante de uma pessoa do sexo feminino que o gerou.

Foi nesse diapasão que surgiu a redação a seguir citada:

Art. 1º O *caput* do art. 1º da Lei n. 10.446, de 8 de maio de 2002, passa a vigorar acrescido do seguinte inciso VII:

(...)

VII – quaisquer crimes praticados por meio da rede mundial de computadores que difundam conteúdo misógino, definidos como aqueles que propagam o ódio ou a aversão às mulheres.

Pela clara e explícita redação do diploma legal, foi alçado ao patamar de lei o pensamento da **Criminologia feminista**, sendo essa a escolha da **Política Criminal** para uma sociedade mais atenta e preocupada com os anseios das mulheres, que num tempo não tão remoto era vista como incapaz, sendo extremamente importante que se façam medidas enérgicas como essa e se busque a proteção radical e integral de todos os seus direitos, compensando-se no presente os graves erros do passado em desmerecer as pessoas do sexo feminino. Isso é fazer valer a **igualdade material**.

141

Christiano Gonzaga

Dentro da vertente da **Criminologia feminista**, destaca-se a novidade legal inserida no tipo penal previsto no Código Penal, nesse sentido:

> **Violência psicológica contra a mulher** (Incluído pela Lei n. 14.188, de 2021)
>
> Art. 147-B. Causar dano emocional à mulher que a prejudique e perturbe seu pleno desenvolvimento ou que vise a degradar ou a controlar suas ações, comportamentos, crenças e decisões, mediante ameaça, constrangimento, humilhação, manipulação, isolamento, chantagem, ridicularização, limitação do direito de ir e vir ou qualquer outro meio que cause prejuízo à sua saúde psicológica e autodeterminação: (Incluído pela Lei n. 14.188, de 2021)
>
> Pena – reclusão, de 6 (seis) meses a 2 (dois) anos, e multa, se a conduta não constitui crime mais grave.

Trata-se de tipificação penal que faz valer a ideia de proteção integral à figura da mulher, constituindo crime qualquer situação que cause dano emocional a ela, resgatando-se a definição legal prevista na Lei n. 11.340/2006, art. 7º, II, que já previa tal hipótese, mas não havia a correspondente tipificação penal para quem praticasse a citada espécie de violência.

Com o fim de demonstrar que o conceito já existia legalmente, cita-se a disposição legal mencionada, nesses termos:

> Art. 7º São formas de violência doméstica e familiar contra a mulher, entre outras: (...)
>
> II – a violência psicológica, entendida como qualquer conduta que lhe cause dano emocional e diminuição da autoestima ou que lhe prejudique e perturbe o pleno desenvolvimento ou que vise degradar ou controlar suas ações, comportamentos, crenças e decisões, mediante ameaça, constrangimento, humilhação, manipulação, isolamento, vigilância constante, perseguição contumaz, insulto, chantagem, violação de sua intimidade, ridicularização, exploração e limitação do direito de ir e vir ou qualquer outro meio que lhe cause prejuízo à saúde psicológica e à autodeterminação;

Dentro da sistematização de ideias acerca da **Criminologia feminista**, tem-se a implementação de um tipo penal que já era previsto como forma de **violência psicológica** contra a mulher, no art. 7º, II, Lei n. 11.340/2006, mas sem consequência penal. Com isso, percebe-se, mais uma vez, que as temáticas abordadas pela Criminologia tornam-se relevantes no direito positivo, eis que a proteção à mulher só foi mais bem engendrada quando a Política Criminal passou a dar importância aos movimentos feministas que lutam pela responsabilização legal de atos atentatórios à dignidade de sua condição feminina.

Percebe-se que o legislador se valeu dos mais variados temas que permeiam os movimentos feministas de proteção à figura da mulher, de forma a criar a tipificação penal e diminuir os ataques cometidos contra ela, ainda que seja um crime mais brando que o feminicídio, a correta tipificação do dano psicológico já constitui um freio para que o agressor não chegue às violações dos bens jurídicos mais graves. Funciona como uma espécie de grau inicial de lesão a bem jurídico, protegendo-se a figura da mulher desde os primeiros ataques possíveis à sua dignidade pessoal.

A simples previsão legal sobre o conceito de violência psicológica, sem a resposta penal, torna inócua qualquer tentativa de proteção à mulher, uma vez que as medidas protetivas eventualmente aplicadas não são suficientes para frear o instinto agressivo do sujeito ativo. Em muitos casos, inclusive, o agressor viola as medidas protetivas com pressão psicológica contra a mulher, mas agora isso será devidamente apreciado na seara penal.

A Criminologia, mais uma vez, compreendeu os fatos mais sensíveis envolvendo a mulher e orientou que a Política Criminal levasse em consideração tais situações para que fosse criminalizada a figura de dano psicológico, numa clara alusão à ideia de interdisciplinaridade, envolvendo as três disciplinas que se completam, quais sejam, a Criminologia, a Política Criminal e o Direito Penal.

Com a aceitação das ideias propostas pela Criminologia, percebe-se que a análise dos casos concretos mais caros à sociedade passa pelo filtro da Política Criminal e acaba, assim, transformando-se em lei.

Todos esses pontos de análise envolvendo a figura da mulher, seja para criminalizar, seja para descriminalizar, foram obtidos por meio dos estudos da **Criminologia** com o nome **feminista** por ser atinente à condição da mulher, devendo o ponto inicial ser atribuído aos **movimentos feministas**, que fizeram as críticas ao tratamento que era conferido às mulheres.

Depois, com a escolha da melhor solução ao caso concreto (Política Criminal), tipifica-se ou descriminaliza-se algum tipo de comportamento que está em descompasso com a condição de sujeito de direitos da mulher, ensejando-se a aplicação do Direito Penal.

Assim também se deu com a **Criminologia** *queer*, em que o excluído ou diferente, antes sem voz e proteção, passou a ter eco na lei dos seus direitos e garantias fundamentais. Com isso, tem-se mais uma vez a **interdisciplinaridade** entre **Criminologia, Política Criminal e Direito Penal**, oxigenando-se temas importantes para uma **sociedade contemporânea**.

2.6 ESCOLA CRÍTICA, NOVA CRIMINOLOGIA OU RADICAL

Aproveitando-se do conceito de etiquetamento da Escola Interacionista, a chamada **Criminologia Crítica** buscou seu ponto fundamental nas ideias de **Karl Marx** de que o crime e o criminoso surgem diante da interação entre dois grupos bem **antagônicos**, quais sejam, os pobres e os ricos. A ideia de **luta de classes** torna-se o foco de estudo dos teóricos desta escola, uma vez que a classe dominante quer impor o seu modo de pensar e produzir o capital em detrimento da classe subalterna.

Portanto, essa teoria, de **origem marxista**, entende que a realidade não é neutra, de modo que existe um processo de estigmatização da população marginalizada, principalmente da classe trabalhadora, alvo preferencial do sistema punitivo, visando criar o temor da criminalização do colarinho-azul e a consequente prisão para manter a estabilidade da produção e da ordem social.

Deve ser destacado, desde já, que a Escola Crítica ou simplesmente **Criminologia Crítica** é exemplo de inserção das **teorias do conflito**. Pela análise que será feita adiante, a ideia de **luta de classes** (ricos e pobres) demonstra claramente que há uma busca de **subjugação de uma classe por outra**, o que gera o conflito social, ensejando a colocação desta escola nas hipóteses de teorias do conflito. A abordagem de conflito fica mais clara quando se percebe que o **Direito Penal** constitui uma forma de **dominação social** da elite para proteger os seus interesses, em detrimento da classe excluída socialmente.

Nesse azimute, o **Direito Penal** seria um **instrumento de dominação social da classe rica** diante da classe menos favorecida. Como análise dessa visão, chama a atenção o fato de os crimes de colarinho-azul serem prontamente reprimidos e punidos quando ocorrem, enquanto os de colarinho-branco, por serem praticados pelos que estão no ápice da pirâmide, não chegam nem ao conhecimento das autoridades do sistema penal. Inclusive, as autoridades penais atuariam para a manutenção dessas duas castas bem delineadas, apenas reprimindo eficazmente os crimes que apresentam um perigo imediato maior, como os crimes contra a vida, a integridade física e patrimoniais.

A **desigualdade** torna-se patente nesse tipo de relação, sendo o **Direito Penal o principal ramo das disciplinas jurídicas como fomentador** dessas **desigualdades sociais**. Nenhum outro ramo tem capacidade de impor uma desproporcionalidade tão grande entre as pessoas como o Direito Penal. Isso fica claro nos dias forenses, em que a maioria dos réus é composta de **pessoas pobres e de origem humilde**.

É algo incontestável que o Direito Penal é instrumento de dominação social, pois a seletividade é inerente ao seu sistema punitivo, sendo apenas enquadradas as condutas praticadas por pessoas mais pobres. Daí advir o questionamento de sua necessidade para realizar a igualdade material, uma vez que, ao contrário, ele passa a ser meio de instigar ainda mais as desigualdades sociais.

Os mais afoitos irão dizer que ele é um mal necessário para coibir os crimes praticados com violência ou grave ameaça à pessoa, mas isso não passa de uma falácia, pois a punição única e exclusiva de determinados tipos de crime não é aplicação justa da lei. Ou se punem todos os crimes ou se usa o Direito Penal como meio de frear as condutas criminosas dos mais pobres, de forma a não incomodar os ricos em suas propriedades privadas. O correto seria a punição igualitária de todo e qualquer delito previsto no Código Penal e nas leis extravagantes, independentemente do sujeito ativo.

Esse **viés seletivo** e com escopo de **dominação social** traz outro problema mais grave para o meio social, consubstanciado no estímulo de crimes por parte da classe dominada, pois ela passa a constatar que somente as suas condutas são punidas. Isso é perigoso porque passa a permitir uma visão vingativa por aqueles que cometem crimes de colarinho-azul, e quando retornam para o convívio social, após terem cumprido pena nas masmorras estatais, só pensam em compensar o mal sofrido dentro dos presídios.

É explícito que o preso no Brasil passa por sevícias e as mais variadas humilhações no sistema penal, sendo também vítima do próprio sistema, onde as atrocidades podem ser até maiores do que nos casos ocorridos fora das penitenciárias (estupros por parte de outros presos etc.).

Quando o egresso do presídio for para a sociedade, já com as marcas indeléveis do cárcere, não se pode esperar nada dele além da vingança dos suplícios lá sofridos, eclodindo na prática de mais crimes de colarinho-azul como os que ele praticou antes de entrar na penitenciária, corroborando a tese de que a seletividade do sistema penal e sua marca de instrumento de dominação social são claras no sentido de estimular a prática de mais crimes e o aumento da criminalidade.

Esse tipo de combate à criminalidade de forma específica e pontual gera uma clara divisão na sociedade, estimulando uma verdadeira luta de classes. Nos dias atuais, isso pode ser facilmente perceptível nas mais variadas manifestações em redes sociais, bem como nas realizadas nas ruas, do grupo da esquerda contra o grupo da direita.

A sociedade está dividida, sendo o Direito Penal o responsável por essa cisão social, uma vez que estaria a serviço exclusivamente de punir apenas os crimes cometidos por pessoas de baixa renda. Em outras palavras, o **Direito Penal seria responsável em manter o poder político-econômico**, punindo-se apenas uma clientela específica, denotando o seu **caráter seletivo**.

Nos dias de hoje, após a divisão do país entre esquerda e direita por motivos políticos, fica fácil constatar que existem dois grupos antagônicos que brigam entre si nas ruas e nas redes sociais pelo domínio da razão. Para alguns, só se punem pessoas que são oriundas de um determinado partido político, pelo fato de serem provenientes da classe trabalhadora e subjugada ao poder do capitalismo. Para outros, a punição da classe mais humilde somente é feita porque os seus autores não gozam mais de prerrogativa de função, sendo julgados pelo juízo de primeira instância, o que impede que os Tribunais Superiores façam a análise dos fatos e o julgamento pelo Juiz de Direito costuma ser mais rápido.

De qualquer forma, sempre haverá uma discussão e uma fundamentação para aquilo que cada grupo entende ser o correto em razão do seu ponto de vista; mas uma questão é certa: isso se dá por causa de um antagonismo inerente à luta de classes que existe entre eles, o que estimula, inclusive, o ponto de análise desta obra, que é o **surgimento da criminalidade**.

Para ilustrar mais a fundo esse pensamento de grupos antagônicos, retrata-se abaixo uma pirâmide social que bem desenha como que se relacionam as classes sociais.

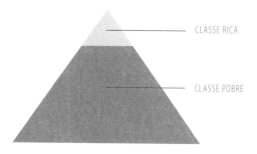

Conforme se constata na figura acima, o número de pessoas que compõem a elite é bem menor do que aqueles que se encontram na classe mais desfavorecida. Isso é natural pelo fato de as oportunidades não serem igualmente distribuídas, favorecendo apenas um pequeno número de pessoas.

Para fechar este capítulo de forma sistemática, importante relatar que existem as denominações **teorias do conflito e teorias do consenso ou funcionalistas**. São exemplos da última a **Escola de Chicago, a anomia, a**

Manual de Criminologia

associação diferencial e a subcultura delinquente. O nome "consenso" foi escolhido porque denota uma **convergência de vontades** no mesmo sentido, de forma que todas elas são compostas de pessoas que pregam o **mesmo pensamento, havendo uma interação social entre seus componentes, mas sem a força estatal** para usar do seu poder coercitivo e impor o seu modo de pensar.

Dessa interação, surgem modelos próprios de pensamento, todos eles baseados no consenso entre os seus integrantes, como exemplo cita-se a subcultura delinquente, em que os associados de uma organização criminosa pugnam pelos mesmos valores entre si, apesar de destoantes daquilo que se prega na cultura tradicional. Todavia, **não há o uso da força estatal** nem **divergência de pensamentos** entre os seus integrantes.

Deve ser ressaltado que todo o pensamento criminológico moderno é influenciado por esses dois grandes grupos citados acima, quais sejam, um de **cunho funcionalista, denominado teoria de integração ou teorias de consenso**; e outro de cunho **argumentativo**, também conhecido por **teorias de conflito**.

Só para espancar qualquer dúvida conceitual, de outro lado, as teorias do conflito argumentam que a harmonia social decorre da **força e da coerção**, em que há uma **relação argumentativa entre dominantes e dominados**.

Nesse caso, não existe voluntariedade entre os personagens para a pacificação social, mas esta é decorrente da imposição ou coerção de uns sobre os outros. Tais **teorias do conflito** podem ser facilmente visualizadas nos estudos de Karl Marx, em que a **luta de classes** é o móvel da sociedade moderna, de forma que os personagens brigam entre si buscando sempre uma imposição do seu modo de pensar, daí o nome "conflito" ser bem adequado para esse tipo de pensamento.

O que existe nesse modelo teórico é a **argumentação** constante entre os seus integrantes, **inexistindo** qualquer **consenso** acerca daquilo que seria mais adequado para a pacificação social, parecendo que a utopia divergente é que move todo o atuar desses personagens. Como ilustração dessas **teorias do conflito**, citam-se a **Criminologia Interacionista (*labelling approach*), controles sociais e a Criminologia Crítica**.

2.6.1 Modernidade Líquida e Criminologia Crítica

Nessa análise piramidal, pode ser constatado que o almejado por todos é subir nas castas sociais: quem está na base quer ir para o topo e quem está no ápice não quer sair dele.

Para tanto, surge a prática de crimes visando tal desiderato, em busca do **capital**, o que traz à baila a ideia marxista de luta de classes. Não que a

147

Christiano Gonzaga

regra seja o cometimento de delitos para ascender nos degraus da sociedade, mas isso faz parte de um número considerável de pessoas, que busca o ganho fácil aliado ao imediatismo estipulado pela chamada **modernidade líquida**[57], nas palavras do **Professor Zygmunt Bauman**.

Bauman, sociólogo que cunhou o termo modernidade líquida, poderia ser facilmente trabalhado na concepção da Escola Crítica da Criminologia, uma vez que o conceito de que tudo hoje é buscado de **forma imediata** e sem maiores reflexões está intimamente ligado à ideia de cometimento de crimes para saciar os bens materiais. Atualmente, vive-se uma fluidez das relações humanas sem preocupar-se com o outro, o que inevitavelmente proporciona o cometimento de crimes também sem ater-se à importância do bem jurídico alheio, pois o que realmente importa é a satisfação da obtenção de alguma vantagem em cima do próximo, a qualquer custo.

Diante dessa análise, os que se encontram na base da pirâmide cometem crimes de **colarinho-azul** que estão ao seu alcance para subir até a próxima casta. Como exemplo, um menino que mora numa comunidade carente e que almeja ter um tênis de mil reais (modelo que os meninos da classe rica possuem) passa a praticar furtos para conseguir ter esse objeto de desejo. Essa é a sua forma de ascender na pirâmide social e tentar equiparar-se aos que estão no ápice dela.

De outro lado, aqueles que estão no topo da pirâmide praticam delitos de **colarinho-branco**, uma vez que tais condutas estão ao seu alcance, para lá permanecerem. Lavagem de dinheiro, evasão de divisas e fraudes à licitação são comumente praticadas para manter o altíssimo padrão de luxo dos que estão desfrutando dos bens mais caros disponíveis socialmente.

Curiosa é essa constatação de crimes praticados em prol da ascensão **às classes mais elevadas,** tudo em busca do ter (capital) sem preocupar-se com os valores sociais. Claro que existem pessoas ricas que trabalham arduamente, pagam impostos e não cometem crimes, como também existem aqueles que são pobres, ganham pouco, mas têm dignidade e também não praticam delitos. O que se quer mostrar nesse ponto é o surgimento do fenômeno criminoso com base na **disputa** pelos **bens sociais**, quando se enfoca a prática criminosa para alcançar tal fim, cumprindo ressaltar que esse não é o modo comum de ganhar dinheiro, mas apenas um deles.

Nessa análise social, pode-se constatar, ainda, o tipo de criminalização que cada grupo pugna (**direita e esquerda**), conforme os seus **ideais políticos**. Aqueles que são considerados "de esquerda" almejam uma sociedade que proteja as **minorias**, como as mulheres, os negros, o meio ambiente, os

---

[57] BAUMAN, Zygmunt. *Modernidade líquida*. Rio de Janeiro: Zahar Ed., 2001.

Manual de Criminologia

usuários de drogas, e assim por diante. Por consequência, buscam a **criminalização primária** (que será vista detalhadamente no item 4) de condutas como **feminicídio** (já devidamente acrescida no atual Código Penal)[58], **atos racistas** perpetrados pela internet, mas que não possuem a devida quantidade de pena[59] (caso de preconceito envolvendo a filha de dois atores globais), e os mais variados e graves **ataques ao meio ambiente** que não recebem a devida atenção por parte do Direito Penal (condutas que são punidas com penas pequenas no âmbito penal e com sanções na área administrativa). De outro lado, buscam a **descriminalização** de condutas que são consideradas aceitas socialmente, como o **uso de drogas**. A **esquerda punitiva** está mais ligada a **questões sociais e de interesse difuso**.

Já os defensores das ideias de **direita** buscam a criminalização primária voltada para **interesses pessoais**, como a **proteção à propriedade privada** de ataques por meio de invasões e danos, criminalizando condutas como furto de semoventes domesticáveis de produção (já inserida no Código Penal)[60], bem como, sob a ótica da **descriminalização**, pugnam pela **liberação do porte de arma de fogo** para pessoas comuns, de forma a protegerem os seus bens jurídicos sem a ajuda estatal.

Após esse pequeno parêntese acerca da "esquerda *versus* direita", prosseguindo-se nos fundamentos da Escola Crítica, pelo que se percebe, ela parte de uma **teoria materialista como a grande vilã** para a criação de comportamentos desviados, uma vez que a busca incessante pelo "ter" suplanta qualquer outro valor filosoficamente superior. **Ter** o **capital econômico** é o valor mais elevado que alguém pode possuir numa sociedade composta do paradigma da modernidade líquida.

Com base nesses conceitos, faz-se então uma crítica severa ao modo de **produção capitalista** capitaneado pela elite econômica, o que faz surgir a ideia de uma Criminologia Radical e frontalmente oposta a esse modo de gerir a sociedade. A classe trabalhadora, e consequentemente mais desfavorecida, deve lutar contra esse tipo de exploração da apropriação da mais-valia pela elite a preço irrisório.

Passa-se ao combate do modo de pensar daqueles que dominam o Direito Penal, o que inevitavelmente conduz aos ataques perpetrados pelas mídias sociais e também pelos movimentos de rua, como **dialética** ao que foi imposto durante anos pela classe dominante. Essa reação social é

---

[58] Art. 121-A do CP.

[59] Disponível em: <https://www.youtube.com/watch?v=u2zSHJTorrE>. Acesso em: 21 jan. 2018.

[60] Art. 155, § 6º, do CP.

Christiano Gonzaga

facilmente perceptível quando os movimentos sociais, também chamados de "esquerda", buscam combater os mais variados atos do governo que sucedeu ao partido deposto do governo em razão do *impeachment*, com realização de manifestações de ruas, ataques nas redes sociais e campanha política enumerando a perda dos direitos sociais dos trabalhadores.

Esse modo de combater a classe dominante está cada vez mais claro na sociedade brasileira quando se analisa o foco da operação "Lava-Jato", em que os crimes de colarinho-branco são os únicos de fato investigados e processados, até porque a Vara Federal a que pertencia o então, à época, Juiz Sergio Moro é a de Lavagem de Capitais.

Não que isso seja incorreto, ao contrário, bem demonstra que o Brasil está dando uma guinada naquele modo antigo e arcaico de combater o crime apenas nas bases da pirâmide, deslocando-se o combate para onde estão os detentores dos poderes econômico e político. Trata-se da aplicação da **Criminologia Radical**, em que o foco está na **reação social** a esse tipo de criminalidade que vem assolando o país há décadas e nunca teve um basta. Ademais, esse tipo de crime também mina todos os anseios sociais, uma vez que a **escassez de recursos** para construir hospitais, escolas e fornecer segurança pública vem muito dos **desvios de verbas públicas** praticados.

Hoje pode ser entendido o porquê da ausência de muitos direitos sociais no Brasil, sendo o motivo os vários anos em que os desvios de verbas públicas foram feitos. A sociedade está em pé de guerra contra os criminosos de colarinho-branco, e isso é uma espécie de reação social ao que se praticou há décadas sem nenhuma resposta estatal, podendo até falar em eleição de um inimigo na pessoa de políticos e empreiteiros para que o Direito Penal faça o combate a esse tipo de criminalidade na forma proposta por Jakobs (op. cit., 2003), não havendo tanta resistência por parte dos cidadãos em razão de esse tipo de crime não ter sido adequadamente combatido por anos a fio.

Há uma clara compensação pela ausência de punição no passado para os crimes de colarinho-branco e a atual conjuntura em que se permite uma certa supressão de garantias processuais para chegar-se à punição desse tipo de criminalidade.

Cumpre ressaltar que não se está aqui endossando todas as práticas feitas para encontrar provas nesse tipo de criminalidade, como condução coercitiva, delação premiada, entre outras. O espaço aqui não é para discutir esse tipo de produção probatória, já feito em outro momento[61] no qual se escreveu sobre o tema e foram tecidos os devidos comentários. As investigações sérias

---

[61] Disponível em: <https://www.saraivaaprova.com.br/coluna-dos-professores/christiano-gonzaga/>. Acesso em: 21 jan. 2018.

Manual de Criminologia

devem continuar, mas sempre se respeitando as regras do jogo, que são as leis processuais penais e a Constituição Federal, sob pena de os responsáveis em fazer a persecução penal tornarem-se os algozes e descumpridores do ordenamento jurídico, ocorrendo práticas recíprocas de crimes pelos investigados e pelos investigadores, ruindo, assim, toda a harmonia do sistema penal que deveria ser pautado na ideia de Estado Democrático de **Direito**.

2.6.2 Criminologia Neorrealista

A chamada Criminologia neorrealista entende que somente uma ampla implementação de políticas públicas poderá promover o justo e eficaz controle do surgimento da criminalidade. Além disso, entende que deve haver um menor poder discricionário para o Poder Judiciário quanto à flexibilização do cumprimento da pena privativa de liberdade, sendo imprescindível uma resposta exemplar para aquele que infringe as normas penais.

Nas lições do Professor Paulo Sumariva, cita-se os seus ensinamentos acerca de tal temática:

> Tal teoria admite que as frágeis condições econômicas dos pobres na sociedade capitalista fazem com que a pobreza tenha seus reflexos na criminalidade, reconhecendo, contudo, que essa não é a única causa da atitude criminosa, também gerada por fatores como: expectativa superdimensionada, individualismo exagerado, competitividade, agressividade, ganância, anomalias sexuais, machismo etc.[62].

Percebe-se que a Criminologia neorrealista observa o delito de forma real, mas **intraclassista**, e não interclassista. Tal ótica explica que o problema criminal está dentro das classes mais pobres por ausência de implementação de políticas públicas hábeis a diminuir a pobreza e, consequentemente, a criminalidade.

2.7 ESCOLA MINIMALISTA

Após a análise das tradicionais escolas da Criminologia, surgem outras duas que são **basicamente extrações das ideias do Direito Penal**, quais sejam, a **Minimalista** e a **Abolicionista**.

A **Escola Minimalista**, depois de todos os pontos analisados nas escolas anteriores, mostrando que o crime é um **fenômeno social e de difícil solução**, demonstra que o Direito Penal falhou no combate a ele, devendo

---

[62] SUMARIVA, Paulo. *Criminologia*: teoria e prática. Niterói, RJ: Impetus, 2019. p. 97.

ser utilizado **apenas para os delitos mais graves**, ficando a cargo dos demais ramos do Direito (Civil e Administrativo, por exemplo) o tratamento de condutas mais brandas.

Forte no **princípio da intervenção mínima**, em que o Direito Penal deve ser utilizado apenas como *ultima ratio*, a ideia de combate ao crime deve ser feita pela cara estrutura penal em casos extremos, como nos crimes de homicídios, roubos, tráficos e outros que são praticados com violência ou grave ameaça à pessoa. Com base nesse pressuposto que surgem os corolários da **subsidiariedade** e da **fragmentariedade**.

A **subsidiariedade** pode ser conceituada como a necessidade de averiguar-se a **suficiência ou não dos demais ramos do Direito** para reprimir aquela conduta. Se a resposta for não, ou seja, o Direito Civil não é suficiente para punir a conduta daquele que pratica homicídio, ainda que seja prevista uma pensão pela morte causada, pois os mais abastados iriam assassinar os seus desafetos e pagariam por isso sem problemas, então é necessário o Direito Penal para aplicar a sanção privativa de liberdade com o espeque de impedir condutas similares.

Ainda na mesma linha de pensamento, a **fragmentariedade** é definida como a **incapacidade de o Direito Penal tutelar todos os bens jurídicos existentes**, restando a possibilidade apenas de proteger os mais relevantes. Seria como se o Direito Penal tutelasse fragmentos do todo, sendo o todo a totalidade de bens jurídicos existentes, enquanto os bens jurídicos protegidos fossem os fragmentos escolhidos para a tutela máxima.

A noção de intervenção mínima sempre desemboca nesses dois elementos (subsidiariedade e fragmentariedade), devendo o Direito Penal ser mínimo, conclusão essa que se chega com os estudos de uma chamada Criminologia Minimalista.

Na realidade, trata-se de um aproveitamento das noções de Direito Penal aplicadas no viés da Criminologia, com fulcro na forma de combater o crime e o criminoso, sendo tal meio de combate a aplicação cada vez mais distante do Direito Penal para os crimes de pequena monta. Para esses pequenos delitos, como furtos insignificantes, pequenos golpes de estelionato, crimes financeiros, os demais ramos do Direito são suficientes.

Com o escopo fundamental de atualizar cada vez mais esta obra, cita-se a alteração recente que foi feita pelo **Pacote Anticrime (Lei n. 13.964/2019)**[63], na linha do Direito Penal Mínimo estimulado pela **Crimi-**

---

[63] Art. 171. (...)

(...)

§ 5º Somente se procede mediante representação, salvo se a vítima for:

nologia Minimalista. Agora, a **ação penal** para os crimes de **estelionato é condicionada** à representação da vítima, devendo ela manifestar a sua vontade no prazo de seis meses, sob pena de decadência e consequente extinção da punibilidade.

Isso é fundamental na atual conjuntura social, pois obrigar a vítima de um estelionato de se ver num processo penal sem a sua vontade, em crime que tem a fraude como elemento do tipo e muitas vezes com prejuízo moral maior que o patrimonial, invertem-se os papéis do Direito e da sociedade.

Por exemplo, uma vítima de um estelionato praticado pelas redes sociais, em que o autor se passa por um pretenso namorado da vítima e pede para ela depositar uma quantia em sua conta, no afã de ir visitá-la em sua cidade, mas no final não passa de um ardil para locupletar-se, tem se um prejuízo moral maior que o financeiro, notadamente se a pessoa enganada é casada e não quer que a família e terceiros saibam desse tipo de relacionamento extraconjugal. Em boa hora, forte na intervenção mínima, o Direito Penal teve alterada a forma de acionar a persecução penal, de incondicionada para condicionada, pois se a vítima ou ofendido assim desejar será impetrada a correspondente denúncia criminal.

Noutro giro, caso alguém subtraia um bem de outro sem violência ou grave ameaça à pessoa, a reparação cível com multa e demais encargos já seriam suficientes, não necessitando de aplicação de pena privativa de liberdade. Nos crimes financeiros, apesar de a resistência ser maior por se tratar de crime de colarinho-branco, a pena de multa elevada aliada à proibição de exercer a função utilizada para o cometimento do crime, bem como ressarcimento de prejuízos de todos os envolvidos, já seria suficiente para ter o real efeito pedagógico na prevenção ao crime em testilha.

A prisão seria apenas uma espécie de humilhação pública e perduraria durante um tempo; e quando o autor fosse liberado ele gozaria de todo o patrimônio amealhado pela prática criminosa. Sendo assim, o importante é minar a possibilidade de o criminoso usufruir das vantagens patrimoniais obtidas com a infração penal.

Com essa ideia de valorar-se a **tipicidade material** (ofensa real a bem jurídico), não sendo suficiente a mera tipicidade formal (violação ao texto de lei), exsurge-se a ideia do **princípio da insignificância** no âmbito do

---

I – a Administração Pública, direta ou indireta;

II – criança ou adolescente;

III – pessoa com deficiência mental; ou

IV – maior de 70 (setenta) anos de idade ou incapaz.

Christiano Gonzaga

Direito Penal, devendo ser ressaltado que os seus pontos foram todos pensados dentro dos casos empíricos da Criminologia. Não há razão para punir-se alguém que subtraia algo de valor ínfimo, sendo isso extremamente desproporcional. Em razão dessa forma de pensar, o Supremo Tribunal Federal adotou o aludido princípio da bagatela ou da insignificância e passou a mensurar os casos concretos em que não haveria a tipicidade material e, por consequência, estaria ausente a infração penal.

Pela análise do julgado em que se adotou a insignificância[60], pode-se constatar que foram analisados quatro requisitos para que se excluísse a tipicidade penal nos casos de crimes de pequena monta. Ora, o que se fez foi analisar o caso concreto e observar as determinantes para a aplicação da excludente de crime, quais sejam, **(a) mínima ofensividade da conduta do agente, (b) nenhuma periculosidade social da ação, (c) grau reduzido de reprovabilidade do comportamento, e (d) inexpressividade da lesão jurídica provocada.** Todos esses quatro preceitos, sem reserva nenhuma, foram analisados de forma pragmática e considerados relevantes pelo Direito Penal, representado pelo Tribunal mais elevado do país (Supremo Tribunal Federal), demonstrando que os pensamentos da Criminologia estão sendo paulatinamente aceitos.

---

[64] HC n. 112.262/MG. STF. Ementa: Penal. *Habeas corpus.* Furto qualificado mediante o concurso de duas ou mais pessoas (CP, art. 155, § 4º, inciso IV). Bens avaliados em R$ 91,74. Princípio da insignificância. Inaplicabilidade, não obstante o ínfimo valor da res furtiva: Réu reincidente e com extensa ficha criminal constando delitos contra o patrimônio. Liminar indeferida. 1. O furto famélico subsiste com o princípio da insignificância, posto não integrarem binômio inseparável. 2. É possível que o reincidente cometa o delito famélico que induz ao tratamento penal benéfico. 3. Deveras, a insignificância destacada do estado de necessidade impõe a análise de outros fatores para a sua incidência. 4. É cediço que a) O princípio da insignificância incide quando presentes, cumulativamente, as seguintes condições objetivas: (a) mínima ofensividade da conduta do agente, (b) nenhuma periculosidade social da ação, (c) grau reduzido de reprovabilidade do comportamento, e (d) inexpressividade da lesão jurídica provocada; b) a aplicação do princípio da insignificância deve, contudo, ser precedida de criteriosa análise de cada caso, a fim de evitar que sua adoção indiscriminada constitua verdadeiro incentivo à prática de pequenos delitos patrimoniais. 5. In casu, consta da sentença que "...os antecedentes criminais são péssimos, ressaltando-se que a reincidência não será no momento observada para se evitar *bis in idem.* Quanto à sua conduta social e personalidade, estas não lhe favorecem em razão dos inúmeros delitos contra o patrimônio cujas práticas lhe são atribuídas, o que denota a sua vocação para a delinquência. 6. Ostentando o paciente a condição de reincidente e possuindo extensa ficha criminal revelando delitos contra o patrimônio, não cabe a aplicação do princípio da insignificância. Precedentes: HC 107067, Rel. Min. Cármen Lúcia, 1ª Turma, *DJ* de 26.5.2011; HC 96684/MS, Rel. Min. Cármen Lúcia, 1ª Turma, *DJ* de 23.11.2010; e HC 108.056, 1ª Turma, Rel. Min. Luiz Fux, j. em 14.2.2012. 5. Ordem denegada.

Manual de Criminologia

Ainda na linha de adoção pelo Direito Penal do pensamento empírico da Criminologia, destaca-se o **princípio da ofensividade ou lesividade**, que tem sua abordagem principal em Luigi Ferrajoli, no seu famoso livro *Direito e razão – teoria do garantismo penal.* Pelo princípio em tela, só se devem criminalizar condutas que de fato violem os postulados do princípio da ofensividade, não sendo toda e qualquer conduta passível de punição pelo simples enquadramento legal ou por vontade legislativa. O principal enfoque de Ferrajoli é que o Direito Penal só deveria preocupar-se com condutas que de fato sejam **danosas a terceiros**, ou seja, que ultrapassem o âmbito do próprio autor.

Para que seja punida alguma conduta, devem ser levados em consideração também quatro requisitos para a devida tipificação penal, sob pena de se ter uma desproporcionalidade na atuação do Direito Penal. Ao analisar o princípio em testilha, o Professor Nilo Batista trabalha os **quatro postulados** em seu livro que devem orientar o Direito Penal, a seguir citado:

> "Proibir a incriminação de uma atitude interna; proibir a incriminação de uma conduta que não exceda o âmbito do próprio autor; proibir a incriminação de simples estados ou condições existenciais; proibir a incriminação de condutas desviadas que não afetem qualquer bem jurídico."[65]

Foi com esse pensamento forte na ofensividade que algumas infrações penais deixaram de existir no Direito Penal, por não ofenderem bens jurídicos de terceiros ou por constituírem apenas estados existenciais. Citam-se os exemplos do revogado art. 240 do CP, que previa o crime de adultério, bem como o art. 60, Decreto-Lei n. 3688/41, que previa a mendicância como contravenção penal.

Ora, beira o absurdo o fato de alguém ser adúltero e ter que ser recolhido ao cárcere para conviver com os mais variados tipos de criminosos, ocorrendo uma verdadeira graduação na escola do crime. O Direito Penal já não se faz necessário para tratar da questão envolvendo alguém que resolva cometer o adultério, podendo o **Código Civil** resolver a questão. Além disso, a conduta em tela pode ser considerada um comportamento desviado das demais moralmente aceitas, mas daí a ser tipificada como crime é algo que fere de morte o princípio da lesividade.

---

[65] BATISTA, Nilo. *Introdução crítica ao Direito Penal brasileiro.* Rio de Janeiro: Revan, 1996. p. 92-94.

Christiano Gonzaga

Na mesma linha de raciocínio, a contravenção penal de mendicância ultrapassava todos os limites razoáveis de uma aplicação legítima do Direito Penal. Trata-se de um **estado existencial** que muitas vezes nem pode ser atribuído ao agente, uma vez que o desemprego e a competição feroz do mercado de trabalho podem subjugar a pessoa a patamares impensáveis, como até mesmo o fato de ter que ir para as ruas pedir esmolas. Criar tipos penais que sejam violadores aos postulados da lesividade é retroceder na barbárie da Lei de Talião ("Olho por olho, dente por dente").

Além disso, como se vislumbra, o Supremo Tribunal Federal[66] descriminalizou o crime de uso de drogas previsto no **art. 28 da Lei n. 11.343/2006,**

---

[66] RE 635.659/STF: **Descrição:** Recurso extraordinário, em que se discute, à luz do art. 5º, X, da Constituição Federal, a compatibilidade, ou não, do art. 28 da Lei n. 11.343/2006, que tipifica o porte de drogas para consumo pessoal, com os princípios constitucionais da intimidade e da vida privada. **Tese: 1.** Não comete infração penal quem adquirir, guardar, tiver em depósito, transportar ou trouxer consigo, para consumo pessoal, a substância *Cannabis sativa*, sem prejuízo do reconhecimento da ilicitude extrapenal da conduta, com apreensão da droga e aplicação de sanções de advertência sobre os efeitos dela (art. 28, I) e medida educativa de comparecimento a programa ou curso educativo (art. 28, III); 2. As sanções estabelecidas nos incisos I e III do art. 28 da Lei n. 11.343/2006 serão aplicadas pelo juiz em procedimento de natureza não penal, sem nenhuma repercussão criminal para a conduta; 3. Em se tratando da posse de *Cannabis* para consumo pessoal, a autoridade policial apreenderá a substância e notificará o autor do fato para comparecer em Juízo, na forma do regulamento a ser aprovado pelo CNJ. Até que o CNJ delibere a respeito, a competência para julgar as condutas do art. 28 da Lei n. 11.343/2006 será dos Juizados Especiais Criminais, segundo a sistemática atual, vedada a atribuição de quaisquer efeitos penais para a sentença; 4. Nos termos do § 2º do art. 28 da Lei n. 11.343/2006, será presumido usuário quem, para consumo próprio, adquirir, guardar, tiver em depósito, transportar ou trouxer consigo até 40 gramas de *Cannabis sativa* ou seis plantas-fêmeas, até que o Congresso Nacional venha a legislar a respeito; 5. A presunção do item anterior é relativa, não estando a autoridade policial e seus agentes impedidos de realizar a prisão em flagrante por tráfico de drogas, mesmo para quantidades inferiores ao limite acima estabelecido, quando presentes elementos que indiquem intuito de mercancia, como a forma de acondicionamento da droga, as circunstâncias da apreensão, a variedade de substâncias apreendidas, a apreensão simultânea de instrumentos como balança, registros de operações comerciais e aparelho celular contendo contatos de usuários ou traficantes; 6. Nesses casos, caberá ao Delegado de Polícia consignar, no auto de prisão em flagrante, justificativa minudente para afastamento da presunção do porte para uso pessoal, sendo vedada a alusão a critérios subjetivos arbitrários; 7. Na hipótese de prisão por quantidades inferiores à fixada no item 4, deverá o juiz, na audiência de custódia, avaliar as razões invocadas para o afastamento da presunção de porte para uso próprio; 8. A apreensão de quantidades superiores aos limites ora fixados não impede o juiz de concluir que a conduta é atípica, apontando nos autos prova suficiente da condição de usuário.

Manual de Criminologia

tendo em vista a **ausência de lesão a bem jurídico de terceiros**, senão à própria saúde daquele que está fazendo o consumo da substância proibida.

Cumpre ressaltar que o julgado menciona que, até 40 gramas de *Cannabis sativa* ou seis plantas-fêmeas, o agente que portar para uso pessoal não comete crime.

Ainda na linha da abordagem do rico princípio da lesividade, citam-se os **crimes de perigo** de duvidosa constitucionalidade, podendo ser citados aqueles que se encontram nos **arts. 130 a 137 do Código Penal**. Tais tipificações penais punem o simples fato de alguém expor a perigo de dano um terceiro, sem que de fato esse perigo seja materializado em algum resultado danoso.

Assim, aquele que estiver relacionando-se sexualmente com terceiros e for portador de alguma doença venérea, mas que não passe a referida moléstia, pode ser enquadrado como infrator penal. O simples fato de ele colocar em risco o bem jurídico alheio já seria suficiente para haver o seu enquadramento legal.

Possibilitar um pensamento que enquadre alguém nas iras da lei penal apenas por potencializar um resultado danoso é algo que assusta os mais conservadores constitucionalistas, uma vez que não está havendo nenhum tipo de lesão efetiva a bem jurídico de terceiros, caindo por terra o postulado de **proibir a incriminação de condutas que não ofendem bem jurídico** de terceiros.

Logo, a Escola Minimalista, como ocorre com o Direito Penal Mínimo, não buscar extinguir o sistema penal, mas apenas utilizá-lo para os casos mais graves, sempre atentando para os princípios acima destacados e que foram todos eles bem elucidados por aspectos práticos dos estudos da Criminologia.

2.7.1 Garantismo Penal

Tema de abordagem extremamente árdua no mundo contemporâneo, ainda mais em **tempos de exacerbado punitivismo**, o Garantismo Penal aflora como algo estranho e politicamente incorreto por parte da doutrina maximalista e por grandes setores da imprensa, além de um sem-número de operadores do Direito que se arvoram em purificadores da moral (alheia) e da lei, apesar de em muitos casos serem os primeiros a descumprirem os diplomas legais.

Pela análise pura do que vem a ser o garantismo penal, destaca-se o pensamento mais fiel a essa teoria pelas penas do doutrinador Luigi Ferra-

157

Christiano Gonzaga

joli, que forjou todos os seus elementos no famoso livro *Direito e razão – teoria do garantismo penal*. Para esse autor, o garantismo penal possui **dez axiomas** que devem ser observados para a correta aplicação do Direito Penal, sob pena se ter as mais graves violações constitucionais.

Em suma, garantista é aquele que prega a **observância integral dos direitos e das garantias fundamentais** previstos na Constituição Federal, o que se espera daqueles que são aplicadores da lei e que têm por obrigação a obediência aos preceitos constitucionais, ou seja, todos que vivem sob o pálio do **Estado Democrático de Direito** devem intitular-se garantistas.

Para tornar clara a questão e fazer a citação e explicação dos dez axiomas, traz-se à colação o magistério do Professor Rogério Greco, ao mencionar Luigi Ferrajoli, nesses termos:

"Por intermédio do primeiro brocardo – *nulla poena sine crimine* –, entende-se que somente será possível a aplicação de pena quando houver, efetivamente, a prática de determinada infração penal, que, a seu turno, também deverá estar expressamente prevista na lei penal – *nullum crimen sine lege*. A lei penal somente poderá proibir ou impor comportamentos, sob ameaça de sanção, se houver absoluta necessidade de proteger determinados bens, tidos como fundamentais ao nosso convívio em sociedade, em atenção ao chamado direito penal mínimo – *nulla lex (poenalis) sine necessitate*. As condutas tipificadas pela lei penal devem, obrigatoriamente, ultrapassar a pessoa do agente, isto é, não poderão se restringir à sua esfera pessoal, à sua intimidade, ou ao seu particular modo de ser, somente havendo possibilidade de proibição de comportamentos quando estes vierem a atingir bens de terceiros – *nulla necessitas sine injuria* –, exteriorizados mediante uma ação – *nulla injuria sine actione* –, sendo que, ainda, somente as ações culpáveis poderão ser reprovadas- *nulla actio sine culpa*. Os demais brocardos garantistas erigidos por Ferrajoli apontam para a necessidade de adoção de um sistema nitidamente acusatório, com a presença de um juiz imparcial e competente para o julgamento da causa – *nulla culpa sine judicio* – que não se confunda com o órgão de acusação – *nullum judicium sine accusatione*. Fica, ainda, a cargo deste último o ônus probatório, que não poderá ser transferido para o acusado da prática de determinada infração penal – *nulla accusatio sine probatione* –, devendo ser-lhe assegurada a ampla defesa, com todos os recursos a ela inerentes – *nulla probatio sine defensione*."[67]

---

[67] GRECO, Rogério. *Curso de Direito Penal*. 14. ed. Rio de Janeiro: Impetus, 2012. p. 10.

Manual de Criminologia

Pelo que se constata, a persecução penal deve estar amparada por todos os princípios constitucionais, uma vez que a aplicação de uma pena tão grave quanto a privativa de liberdade merece atenção especial pelos operadores do Direito. Os axiomas enunciados acima estão todos previstos na Constituição Federal e devem ser seguidos à risca, sob pena de ruir-se todo o arcabouço de direitos e garantias individuais. Pior do que o crime cometido pelo delinquente são as mazelas criminosas impostas pelo sistema penal ao descumprir caros princípios constitucionais, equiparando-se até mesmo ao criminoso que infringiu a lei penal. Lei por lei, a de hierarquia suprema, como é a Constituição Federal, tem mais validade e deve ser obedecida, ainda mais por quem é funcionário público e possui o dever inato de cumprir todas as disposições legais.

Todavia, sabe-se que é comum no Brasil, principalmente em tempos de crises entre as instituições, que existam claras violações ao que está prescrito na Carta Maior, no afã de buscar-se algum tipo de informação ou **satisfação social**, ainda mais quando a população não entende das nuances legais e apenas quer ver pessoas humilhadas e presas como forma de vingança privada pelas mazelas sociais existentes nos dias de hoje.

Em consonância com os ideais do Garantismo Penal, bem no enfoque moderno que se espera de um Direito Processual Penal Constitucional, em boa hora criou-se a figura do **Juiz das Garantias** no famoso **Pacote Anticrime**, de forma a impedir qualquer tipo de ataque aos princípios constitucionais previstos no art. 5º da Carta Maior de 1988.

Para aclarar a questão, o **Garantismo Penal** é a aplicação integral e sem ressalvas de todos os princípios constitucionais para efetivar a acusação de qualquer cidadão. A **observância total ao contraditório, ampla defesa, devido processo legal**, entre outros não menos importantes princípios, é salutar para viver-se num Estado Democrático de Direito. Falhar com qualquer princípio constitucional é eivar o Processo Penal de uma nulidade absoluta. Foi com esse cariz que se criou a figura do Juiz das Garantias, sendo aquele responsável por fazer valer, desde o início, todos os princípios constitucionais.

Veja-se a redação do art. 3º-A do CPP, *in verbis*:

Juiz das Garantias

Art. 3º-A. O processo penal terá estrutura acusatória, vedadas a iniciativa do juiz na fase de investigação e a substituição da atuação probatória do órgão de acusação.

Pelo artigo em comento, o **Juiz das Garantias** é o personagem que **primeiro** tomará **frente** no Processo Penal para impedir qualquer ataque aos princípios constitucionais, bem como velará pelo sistema acusatório,

Christiano Gonzaga

em que se distinguem claramente as figuras da persecução penal, devendo o Juiz julgar, o membro do Ministério Público acusar e, claro, pedir absolvição nos casos devidos, o Advogado defender e a Autoridade Policial investigar. Não se devem misturar tais personagens, sendo que cada um tem o seu papel bem delineado no Processo Penal.

Além disso, o Juiz das Garantias não poderá mais agir de ofício em questões de investigação, reservando-se esse papel exclusivamente para o membro do Ministério Público e demais Autoridades Policiais. Em outras palavras, ao **Juiz será vedado orientar ou determinar a produção de qualquer prova na fase de investigação**, pois neste momento não existe, pelo menos de forma integral, o contraditório e a ampla defesa. Ainda que se perceba uma atuação deficiente do Ministério Público, chamado pelo artigo em testilha de órgão de acusação, o Juiz nada poderá fazer, pois, do contrário, estaria atuando com violação integral ao sistema acusatório. Assim, caberá ao Juiz no Processo Penal a figura de julgar com imparcialidade e atento ao que foi produzido pelos personagens da persecução penal.

Muito além de instituir a figura do Juiz das Garantias, o legislador atribuiu a ele algumas competências que serão observadas no início do Processo Penal, tudo no afã de **zelar pela legalidade da investigação criminal** e pela **proteção dos direitos individuais**, que comumente são colocados em xeque no início de uma persecução penal. Ao que se parece, os idealizadores do Pacote Anticrime estudaram a fundo todos os problemas que assolam uma investigação criminal, momento em que as liberdades e garantias individuais são testadas a todo o tempo, necessitando-se da figura de um personagem que se posicione de **forma equidistante das partes**, sem qualquer tendência para acusar ou defender.

A figura do Juiz no Processo Penal não pode ser **tendenciosa**, ainda que esteja do outro lado da balança um réu confesso de inúmeras atrocidades. Necessita-se de uma figura **sem emoção** e atenta apenas à legalidade dos atos praticados e com observância aos princípios constitucionais existentes.

Daqui em diante, todo Juiz responsável por zelar pelas garantias processuais deverá observar atentamente ao que dispõe o art. 3º-B do CPP, que tem a seguinte redação:

Art. 3º-B. O juiz das garantias é responsável pelo controle da legalidade da investigação criminal e pela salvaguarda dos direitos individuais cuja franquia tenha sido reservada à autorização prévia do Poder Judiciário, competindo-lhe especialmente:

I – receber a comunicação imediata da prisão, nos termos do inciso LXII do *caput* do art. 5º da Constituição Federal;

Manual de Criminologia

II – receber o auto da prisão em flagrante para o controle da legalidade da prisão, observado o disposto no art. 310 deste Código;

III – zelar pela observância dos direitos do preso, podendo determinar que este seja conduzido à sua presença, a qualquer tempo;

IV – ser informado sobre a instauração de qualquer investigação criminal;

V – decidir sobre o requerimento de prisão provisória ou outra medida cautelar, observado o disposto no § 1º deste artigo;

VI – prorrogar a prisão provisória ou outra medida cautelar, bem como substituí-las ou revogá-las, assegurado, no primeiro caso, o exercício do contraditório em audiência pública e oral, na forma do disposto neste Código ou em legislação especial pertinente;

VII – decidir sobre o requerimento de produção antecipada de provas consideradas urgentes e não repetíveis, assegurados o contraditório e a ampla defesa em audiência pública e oral;

VIII – prorrogar o prazo de duração do inquérito, estando o investigado preso, em vista das razões apresentadas pela autoridade policial e observado o disposto no § 2º deste artigo;

IX – determinar o trancamento do inquérito policial quando não houver fundamento razoável para sua instauração ou prosseguimento;

X – requisitar documentos, laudos e informações ao delegado de polícia sobre o andamento da investigação;

XI – decidir sobre os requerimentos de:

a) interceptação telefônica, do fluxo de comunicações em sistemas de informática e telemática ou de outras formas de comunicação;

b) afastamento dos sigilos fiscal, bancário, de dados e telefônico;

c) busca e apreensão domiciliar;

d) acesso a informações sigilosas;

e) outros meios de obtenção da prova que restrinjam direitos fundamentais do investigado;

XII – julgar o *habeas corpus* impetrado antes do oferecimento da denúncia;

XIII – determinar a instauração de incidente de insanidade mental;

XIV – decidir sobre o recebimento da denúncia ou queixa, nos termos do art. 399 deste Código;

XV – assegurar prontamente, quando se fizer necessário, o direito outorgado ao investigado e ao seu defensor de acesso a todos os elementos informativos e provas produzidos no âmbito da investigação criminal, salvo no que concerne, estritamente, às diligências em andamento;

Christiano Gonzaga

XVI – deferir pedido de admissão de assistente técnico para acompanhar a produção da perícia;

XVII – decidir sobre a homologação de acordo de não persecução penal ou os de colaboração premiada, quando formalizados durante a investigação;

XVIII – outras matérias inerentes às atribuições definidas no *caput* deste artigo.

§ 1º (vetado)

§ 2º Se o investigado estiver preso, o juiz das garantias poderá, mediante representação da autoridade policial e ouvido o Ministério Público, prorrogar, uma única vez, a duração do inquérito por até 15 (quinze) dias, após o que, se ainda assim a investigação não for concluída, a prisão será imediatamente relaxada.

Pelo que se visualiza da leitura acima, foram determinadas as diligências que todo e qualquer Juiz das Garantias deverá observar logo no início da persecução penal, sob pena de nulidade absoluta do Processo Penal, eis que a sua desobediência violará frontalmente a Constituição Federal, local em que se repousam todos os princípios constitucionais que orientam o bom andamento da marcha processual, pelos quais o Juiz de Garantias deverá zelar.

Para o bom entendimento do tema, serão enfrentados todos os incisos do mencionado artigo para a compreensão fácil e didática do leitor. No primeiro deles (**inciso I**), caberá ao Juiz das Garantias receber a comunicação da prisão de qualquer pessoa, com o fim de **analisar a sua legalidade ou não**, determinando-se o seu **relaxamento em caso de ilegalidade**, bem como a **concessão de liberdade provisória**, caso estejam **ausentes os requisitos da prisão preventiva**, ou, por fim, **decretar a prisão preventiva**, caso estejam presentes os requisitos do art. 312 do CPP, sendo que essas situações foram contempladas no **inciso II**.

No inciso III, caberá ao Juiz das Garantias zelar pela observância de todos os direitos do preso, podendo determinar que ele seja conduzido à sua presença para ver de perto se há algum tipo de violação mais clara (lesões corporais, tortura etc.).

Em tempos de **operações midiáticas**, deve-se lembrar que muitos presos são expostos a casos de sensacionalismo, violando-se a sua dignidade, devendo ser lembrado que o preso perde apenas o direito à liberdade, restando intactos todos os demais direitos. Todavia, isso não é o comum no Brasil, daí a figura do aclamado Juiz das Garantias ser fundamental nesse início processual. Assim, espera-se que menos operações pirotécnicas sejam feitas, devendo o investigador primar pela **funcionalidade** do sistema penal.

162

Manual de Criminologia

Na sequência, **no inciso IV,** o Juiz das Garantias deve ser informado de toda e qualquer instauração de investigação criminal, isso em razão de ser vedada a investigação nos moldes kafkiano (expressão que ficou famosa no livro *O processo,* de Franz Kafka), em que os órgãos acusadores atuavam de forma totalitária e sem qualquer espécie de fiscalização. **Tudo** deve ser **comunicado** ao **Juiz de Garantias,** para que ele zele pela **legalidade** do ato investigativo, bem como autorize a violação de certos direitos constitucionais, tais como, domicílio, comunicações telemáticas e telefônicas, dados financeiros e bancários e decrete prisões provisórias.

No inciso V, tinha-se uma positivação da famosa audiência de custódia, em que o preso oriundo de mandado de prisão provisória ou prisão em flagrante deveria ser apresentado ao Juiz das Garantias, no prazo de 24 (vinte e quatro) horas para decidir sobre sua liberdade com restrições (medida cautelar), liberdade plena ou prisão provisória. Isso é o que constava do § 1º do citado artigo em comento, mas que fora vetado pelo Presidente da República. Todavia, tal disposição foi mantida no art. 310, *caput*[68], CPP, devendo a ele ser remetido o eleitor para compreender que o prazo de 24 (vinte e quatro) horas para o Juiz tomar alguma providência, após a oitiva das partes, ainda deve ser observado. Assim, o Juiz das Garantias deverá analisar se, em virtude do requerimento de prisão provisória ou outra medida cautelar restritiva, feita pela Autoridade Policial ou membro do Ministério Público, haverá ou não necessidade de deferir tal requerimento.

Uma novidade legal consta do **inciso VI,** em que o Juiz das Garantias somente **poderá prorrogar a prisão provisória ou outra medida cautelar** se houver uma **audiência pública e oral** onde será franqueado o **exercício do contraditório** por parte da Defesa. Trata de algo bem na linha do Garantismo Penal, em que a regra é a liberdade, somente podendo ser tolhida após o amplo exercício das garantias constitucionais, que no caso é representada pelo contraditório. Anteriormente, a prorrogação de uma prisão provisória ou qualquer outra medida cautelar era feita de plano pelo Juiz, sem qualquer manifestação da Defesa, ainda que houvesse algum fator relevante para impedi-la, que seria feito posteriormente nas vias ordinárias (pedido de liberdade provisória, revogação de prisão preventiva, *habeas corpus*). Hoje, somente poderá haver a continuidade da prisão com a **audiên-**

---

[68] Art. 310. Após receber o auto de prisão em flagrante, no prazo máximo de até 24 (vinte e quatro) horas após a realização da prisão, o juiz deverá promover audiência de custódia com a presença do acusado, seu advogado constituído ou membro da Defensoria Pública e o membro do Ministério Público, e, nessa audiência, o juiz deverá, fundamentadamente: (...).

163

Christiano Gonzaga

cia pública e oral, sendo vedado o emprego de videoconferência, de forma a tornar mais humano e presencial o contato com o preso.

Na sequência, o **inciso VII**, o legislador permite ao Juiz das Garantias deferir o pedido de **produção antecipada de provas** consideradas urgentes e não repetíveis. Isso é salutar em situações que a prova precisa ser produzida desde logo, sob pena de perecer. Veja-se, como exemplo, situações em que uma testemunha ocular do crime está hospitalizada e prestes a morrer, devendo o seu depoimento ser tomado imediatamente, pois, caso contrário, tal prova não poderá ser produzida posteriormente.

No **inciso VIII**, a prorrogação do inquérito policial, em caso de **acusado preso**, deverá ficar a cargo do Juiz das Garantias, devendo ser observado o § 2º do mencionado artigo em comento, em que tal **prorrogação somente** poderá ser **feita uma única vez**. Caso após a citada prorrogação o inquérito policial não tiver sido concluído, estando o réu preso, a sua prisão deverá ser imediatamente relaxada. Tem-se aqui outra conquista do Garantismo Penal, em que prisões devem ser exceções e a liberdade a regra, pois se o Estado não conseguiu concluir as investigações dentro do prazo legal, o acusado não pode sofrer tal ineficiência estatal e permanecer preso, devendo ser colocado fora das amarras dos presídios. Cumpre ressaltar que o inquérito policial não será arquivado, mas apenas a prisão do acusado é que não será mantida, com a consequente expedição de alvará de soltura.

No **inciso IX**, tem-se uma consolidação daquilo que já era tema de vários *habeas corpus,* pois muitos inquéritos policiais eram instaurados e assim permaneciam sem qualquer medida útil ou sem autoria e materialidade bem delineadas. Agora, caberá ao **Juiz das Garantias decidir**, desde logo, sobre a **instauração de inquérito policial ou o seu prosseguimento**, quando constatar que inexiste fundamento fático para tanto, determinando o seu arquivamento neste último caso. Com essa medida, não existirão mais inquéritos policiais com prazos indeterminados que pairam como verdadeira espada de Dâmocles na cabeça dos acusados, pois, pior que uma condenação, é a incerteza constante de um procedimento ou processo indefinido em cima de alguém, sem qualquer diligência útil.

Na linha do inciso anterior, **o inciso X** permite ao Juiz das Garantias requisitar qualquer informação (laudos, documentos etc.) sobre o andamento das investigações para, se entender não haver mais fundamento para o seu prosseguimento, determinar o seu arquivamento. Tudo na linha do pensamento garantista já exposto até o presente momento.

No **inciso XI**, também caberá ao Juiz das Garantias **decidir** sobre toda **restrição de direitos fundamentais**, como sigilos das comunicações telefônicas, telemáticas, fiscal, bancário e dados. Assim, tornam-se verdadeiras **cláusulas de reserva de jurisdição** tais sigilos, que ficarão ao cargo do Juiz

Manual de Criminologia

de Garantias, podendo ser a ele requerido pela Autoridade Policial ou membro do Ministério Público. Claro que algumas **exceções** ainda existem, como aquela em que o membro do Ministério Público troca informação direta com a Receita Federal em situações **inequívocas de crimes tributários, não sendo necessária a autorização judicial,** tudo isso já julgado pelo Supremo Tribunal Federal no **RE 1.055.941,** em que se permitiu o **compartilhamento de dados** entre as duas Instituições quando tiver bem claro o cometimento de um crime de sonegação fiscal. Assim, nesse caso específico, não se imporá a cláusula de reserva de jurisdição, mas frise-se que é um **caso excepcionalíssimo** e autorizado pela Corte Suprema.

Ainda no inciso XI, cabe ao Juiz das Garantias **decidir** sobre **requerimentos de busca e apreensão domiciliar, acesso a demais informações sigilosas e outras provas que restrinjam direitos fundamentais do acusado,** o que deixa claro que toda e qualquer produção de provas que limite algum tipo de bem jurídico do acusado deverá passar pelo crivo do aludido Juiz, sob pena de nulidade absoluta. Agora, não poderá mais a persecução penal ser feita sem limites determinados pelo próprio Juiz das Garantias. Anteriormente, muitas provas eram produzidas pelos investigadores estatais sem qualquer análise mais pormenorizada por parte do Poder Judiciário, violando-se muitos direitos fundamentais sem qualquer fiscalização. Agora, podendo haver algum tipo de restrição a direito fundamental, o Juiz de Garantias deverá autorizar ou não a medida pugnada.

No **inciso XII,** o Juiz das Garantias será o competente para julgar *habeas corpus* impetrado antes do oferecimento da denúncia, o que facilita a atuação da Advocacia, pois antes havia uma dúvida para qual Juiz direcionar o remédio heroico. Uma vez que ainda não se concretizou a relação processual, a qual ocorre após o recebimento da denúncia, caberá ao Juiz das Garantias decidir sobre toda matéria objeto de *habeas corpus*. Trata-se de uma **concentração de decisões** na figura do Juiz das Garantias, que terá **papel fundamental na salvaguarda de todos os direitos e garantias fundamentais** previstos na Constituição Federal.

A seguir, **no inciso XIII,** foi reservado ao Juiz das Garantias decidir sobre a instauração do incidente de insanidade mental, quando houver dúvidas acerca da imputabilidade penal do acusado. Uma medida realmente funcional, pois se o acusado for considerado inimputável, toda a marcha processual será modificada e direcionada para a aplicação de uma medida de segurança, devendo isso ser resolvido desde logo, em vez de postergar a sua análise para o Juiz da instrução processual e gerar um atraso considerável para a correta imputação penal do agente.

Outra alteração de fato relevante é a que consta do **inciso XIV,** reservando-se ao Juiz das Garantias a **decisão** sobre o **recebimento da denúncia**

Christiano Gonzaga

ou queixa-crime, nos termos do art. 399 do CPP. Isso se faz razoável porque a citada Autoridade Judicial é quem decidirá sobre produção de prova considerada urgente, limitações de direitos e garantias fundamentais e toda e qualquer questão ocorrida na fase pré-processual, o que legitima e torna sua decisão mais segura e conhecedora dos pormenores ocorridos antes da ação penal deflagrar a fase genuinamente processual. Nesse diapasão, caberá ao Juiz das Garantias avaliar o recebimento ou não da denúncia e queixa-crime, atento ao que consta do **art. 395 do CPP,** devendo rejeitar a ação penal manifestamente inepta, ausente pressuposto processual ou condição para o exercício da ação penal e quando faltar justa causa para o seu prosseguimento.

Em suma, ficou a cargo do Juiz das Garantias analisar os requisitos da ação penal proposta pelo Ministério Público, no caso de denúncia, e pela Advocacia ou Defensoria Pública, no caso de queixa-crime, uma vez que será o profundo conhecedor de todas as sensíveis situações ocorridas antes da instauração da fase processual.

O **inciso XV** nada mais é do que a positivação legal da Súmula Vinculante 14 da Suprema Corte[69], em que o acusado e seu defensor poderão ter acesso a todos os **elementos informativos e provas produzidos no âmbito da investigação criminal,** de forma a poder exercer o direito ao contraditório, ampla defesa e devido processo legal. Não obstante, quando se referir a diligência em andamento, como mandados de busca e apreensão e interceptações telefônicas em andamento, tal acesso não poderá, por óbvio, ser franqueado, devendo ser lembrado se tais medidas já tiverem sido cumpridas e documentadas no procedimento investigatório, o óbice será retirado e o acesso deverá ser o mais amplo possível.

No **inciso XVI,** deverá o Juiz das Garantias decidir pelo deferimento ou não da admissão do assistente técnico da parte para acompanhar a produção da perícia a ser realizada pelo perito estatal. Por tratar-se de prova produzida na fase pré-processual, com razão deixar ao cargo do Juiz em testilha.

A última importante competência do Juiz das Garantias está no **inciso XVII,** consubstanciada em **decidir sobre a homologação de acordo de não persecução penal ou os de colaboração premiada,** quando formalizados durante a investigação. De fato, o acordo de não persecução penal e a colaboração premiada são institutos comumente produzidos na fase pré-processual, não havendo a participação do Juiz da instrução criminal, de forma a não macular a sua imparcialidade. Assim sendo, ninguém melhor que o Juiz das Garantias,

---

[69] É direito do defensor, no interesse do representado, ter acesso amplo aos elementos de prova que, já documentados em procedimento investigatório realizado por órgão com competência de polícia judiciária, digam respeito ao exercício do direito de defesa.

166

Manual de Criminologia

que atua nessa fase anterior à inauguração do processo, para decidir sobre a homologação ou não dos aludidos mecanismos de produção de prova.

O **acordo de não persecução penal** também foi previsto no Pacote Anticrime e está contemplado no **art. 28-A do CPP**, com seus requisitos e condições a ele inerentes, que serão analisados em tópico próprio. Quanto à **colaboração premiada**, sua previsão encontra-se na **Lei n. 12.850/2013, art. 4º**, devendo, agora, o Juiz das Garantias atentar-se para ambas as disposições legais (art. 28-A do CPP e Lei n. 12.850/2013) com o fim de decidir sobre a homologação ou não.

No **inciso XVIII**, o legislador **amplia a competência** do Juiz das Garantias para outras situações não previstas nos demais incisos, mas que possam ter relação com a sua atuação, ou seja, permite uma interpretação analógica e extensiva para outros casos inerentes e que podem ter passado ao largo da imaginação dos Congressistas.

Após tratar de forma pormenorizada da competência específica do Juiz das Garantias, o legislador determina que a competência processual dele abrange todas as infrações penais, exceto as de menor potencial ofensivo, e cessa com o recebimento da denúncia ou queixa na forma do art. 399 deste Código, **na forma do art. 3º-C do CPP**.

Para explicitar essa competência, deve-se afirmar que o Juiz das Garantias atuará em todas as infrações penais, **exceto naquelas relativas à Lei n. 9.099/95 (Juizado Especial Criminal)**, cuja pena máxima seja igual ou inferior a dois anos, **bem como depois que houver o recebimento da denúncia ou queixa-crime**, visto que, a partir daqui, o Juiz da instrução e julgamento é que passará a ter competência processual.

Outra importante consideração prevista no art. 3º-C do CPP é aquela consubstanciada no § 2º, em que as decisões proferidas pelo Juiz das Garantias não vinculam o Juiz da instrução e julgamento, podendo este reexaminar a necessidade das medidas cautelares em curso, ou seja, poderá pensar diferentemente e revogar tais medidas.

Veja-se que o conteúdo da lei é garantista, pois autoriza ele proceder à revogação das medidas cautelares, mas nada fala sobre a decretação de novas medidas ou de prisão provisória. Claro que isso será possível, pois o Juiz da instrução e julgamento é livre para assim decidir, apenas sendo feita uma consideração acerca do viés garantista do legislador.

Por fim, de forma a não se avolumar inutilmente o processo a cargo do Juiz da instrução e julgamento, tem-se o § 3º, que assim dispõe, *in verbis*:

§ 3º Os autos que compõem as matérias de competência do juiz das garantias ficarão acautelados na secretaria desse juízo, à disposição do Ministério

Christiano Gonzaga

Público e da defesa, e não serão apensados aos autos do processo enviados ao juiz da instrução e julgamento, ressalvados os documentos relativos às provas irrepetíveis, medidas de obtenção de provas ou de antecipação de provas, que deverão ser remetidos para apensamento em apartado.

Tal medida é salutar, outrossim, para **impedir** que as decisões proferidas pelo Juiz das Garantias possam **influenciar no ânimo do Juiz de instrução e julgamento**, que terá contato apenas com as provas consideradas relevantes para o deslinde da questão processual, as quais, inclusive, serão apensadas em apartado.

Ademais, na linha de obstaculizar-se que o Juiz das Garantias seja o Juiz da instrução e julgamento, posto que teve contato com medidas probatórias relevantes e que deverão ser conflitadas sob o crivo do contraditório judicial, na fase de instrução e julgamento, o legislador criou o **art. 3º-D do CPP**, de forma a não permitir que haja a mistura na figura da mesma pessoa que foi o Juiz das Garantias ser o Juiz da instrução e julgamento.

Se houvesse a permissão para que o Juiz que atuou na fase da investigação fosse o mesmo da fase de instrução e julgamento, ter-se-ia um conflito ideológico, pois é humanamente impossível que ele mudasse de opinião quanto ao que decidira anteriormente e, caso mudasse, seriam colocadas em xeque as medidas tomadas na fase pré-processual. Assim, com essa disposição, evitam-se possíveis decisões contraditórias.

Uma das disposições mais festejadas pela Advocacia, e com razão, foi a prescrita no **art. 3º-F do CPP**, que será transcrita a seguir pela sua claridade solar e tamanha importância nos dias de hoje em tempos de operações midiáticas e desprovidas de qualquer atenção ao **princípio da dignidade da pessoa humana**, nesses termos:

Art. 3º-F. O juiz das garantias deverá assegurar o cumprimento das regras para o tratamento dos presos, impedindo o acordo ou ajuste de qualquer autoridade com órgãos da imprensa para explorar a imagem da pessoa submetida à prisão, sob pena de responsabilidade civil, administrativa e penal.

Parágrafo único. Por meio de regulamento, as autoridades deverão disciplinar, em 180 (cento e oitenta) dias, o modo pelo qual as informações sobre a realização da prisão e a identidade do preso serão, de modo padronizado e respeitada a programação normativa aludida no *caput* deste artigo, transmitidas à imprensa, assegurados a efetividade da persecução penal, o direito à informação e a dignidade da pessoa submetida à prisão.

Pelo que se percebe, a ideia do legislador é de conferir uma proteção à pessoa do preso, que é sistematicamente explorado pela mídia sensacionalista em conluio com certos agentes públicos que buscam apenas holofotes

Manual de Criminologia

nas suas famigeradas operações. Com a referida alteração, o legislador atenta para as consequências civil, administrativa e penal para aqueles que violarem o mencionado dispositivo.

Deve ser lembrado que o preso provisório ou definitivo perde apenas o direito à liberdade, restando intocáveis todos os demais, notadamente a sua imagem e honra, que são facetas do princípio da dignidade da pessoa humana. Aquele que almejar tripudiar em cima de tais direitos, principalmente para ter o falso reconhecimento público, deverá ser responsabilizado por tanto. O servidor público deve atuar dentro das premissas legais e a imprensa deve informar sem fazer julgamentos preconcebidos, de forma a contaminar a opinião pública, orientações difíceis nos dias de hoje, mas que agora estão previstas na nova lei processual penal e que deverão ser zeladas pela novel figura do Juiz das Garantias.

Com esse tópico específico acerca do personagem Juiz das Garantias, percebe-se que o intuito do legislador foi tornar o Processo Penal mais humano e atento para as questões que passavam longe da legalidade e que violavam claramente o Garantismo Penal, sendo que, daqui para frente, espera-se que o sistema penal seja mais preocupado com os direitos e garantias fundamentais para realizar-se a persecução penal de forma funcional. Com a regulamentação de situações sensíveis, o legislador criou um norte a ser seguido em toda investigação criminal, devendo os agentes públicos atentarem-se para as novas situações legais, que poderão ser facilmente questionadas, em caso de violação, pela Advocacia.

Além disso, nem se diga que o Pacote Anticrime instaurou uma política de impunidade, eis que todas as persecuções penais devem ser direcionadas sem qualquer espécie de orientação prévia. O que se deve buscar é a culpabilidade ou inocência de alguém, sem que se dedique o integrante dos órgãos de segurança pública a procurar, de forma cega, a condenação daquele que figura no boletim de ocorrência (sem qualquer contraditório, ampla defesa e devido processo legal) como investigado. Em alguns casos, aquele investigado pode ter sido uma espécie de bode expiatório do sistema penal, como também pode ter sido o real autor dos fatos ali narrados, todavia o que se deve perquirir é a tônica real daquilo que de fato ocorrera, seja a inocência, seja a culpabilidade processualmente aferida. Essa é a razão de existir de um Processo Penal pautado no Garantismo Penal, sem qualquer viés preconceituoso.

Por isso, em boa hora, o **Supremo Tribunal Federal** reconheceu como **constitucional** a figura do aclamado Juiz das Garantias, por meio das **ações diretas de inconstitucionalidade números 6.298, 6.299, 6.300 e 6.305**, devendo ela ser implementada no Processo Penal, como forma de pautar um viés garantista à persecução penal.

169

Christiano Gonzaga

2.7.1.1 Direito Penal Subterrâneo

Foi nesse diapasão (Garantismo Penal *versus* sanha persecutória criminal) que surgiu o conceito de **Direito Penal Subterrâneo**, em que se destacam os integrantes dos **controles sociais formais** (Polícia, Ministério Público e Poder Judiciário), que, para alcançar um determinado criminoso, notoriamente conhecido, violam os direitos e as garantias constitucionais para chegar a provas contra ele. Seria a máxima de que os "fins justificam os meios", mas o problema é quando quem pensa assim é o integrante do Estado, o que coloca por terra toda a sistemática de um **Estado Democrático de Direito**.

Esse tipo de sistema penal subterrâneo pode ocorrer nos mais variados órgãos de segurança pública, como sói acontecer nas **penitenciárias**. O exercício da ignorância, indiferença e repressão torna-se cada vez mais comum nas penitenciárias brasileiras. As autoridades dos presídios que se omitem na punição dos seus subordinados que cometem eventuais abusos possibilitam, portanto, ainda que inconscientemente, o desenvolvimento e o alastramento desses atos injustos. O tratamento desumano, reprodutor da mais alta violência, não promove justiça, gerando cada vez mais sofrimento e dor aos seus escolhidos.

Lado outro, o Direito Penal Subterrâneo não é exclusivo dessas práticas relatadas dentro de presídios, também podendo ser descoberto em situações de persecução penal feita com as mais claras violações ao ordenamento jurídico em prol de uma moral eleita como a correta, sem preocupar-se em proteger a Constituição Federal. Ora, descumprir a Carta Magna em prol de uma "caça às bruxas" é colocar de cabeça para baixo todo o sistema jurídico do país.

As mais variadas práticas de Direito Penal Subterrâneo podem ser citadas nas prisões realizadas sem provas cabais, mas apenas com o fim de obter eventual delação premiada, nas conduções coercitivas praticadas ao arrepio do Direito Constitucional (proibição de produzir prova contra si mesmo) e nas quebras de sigilos telefônicos e bancários com autorização judicial retroativa. São casos menos chocantes do que as sevícias e as humilhações perpetradas nos presídios brasileiros por agentes penitenciários, bem como pelos mais variados casos de torturas praticados por policiais em busca de provas contra traficantes de drogas e outros crimes de colarinho--azul. Todavia, uma violação constitucional que se faça será tão grave quanto, no aspecto ontológico, qualquer outra, por menos impactante que seja.

O tema da **condução coercitiva** merece uma análise um pouco mais pormenorizada porque até mesmo os operadores do Direito defendem o seu uso de forma cega e como se fosse algo normal.

170

Manual de Criminologia

Ora, se há disposição expressa na Constituição Federal permitindo que o acusado fique em silêncio e não produza prova contra si mesmo[70], inaceitável que se faça a sua condução coercitiva para comparecer perante algum Juiz apenas para reiterar que deseja ficar calado. Em que pese exista a disposição do art. 260 do CPP[71], autorizando a famigerada condução coercitiva, trata-se de uma redação antiga e contrária à Constituição Federal, não podendo ter mais aplicação nos dias de hoje, o que será mais bem explorado no capítulo referente ao narcisismo do Direito Penal.

Ser contrário a esse tipo de prática violadora à Constituição Federal é ser considerado garantista, o que para muitos constitui uma pecha de defensor da impunidade, mas está longe de ser isso, pois o garantismo exige que se cumpram todos os artigos que defendem o Estado Democrático de Direito.

Buscar provas violando a Constituição Federal, não importando o crime que se investiga, terá a mesma visão subterrânea que se está descrevendo nesse ponto. Alegar que se está combatendo a corrupção ou outra sorte de crimes praticados pela elite em prol de uma sociedade mais justa e igualitária, livre dos criminosos de colarinho-branco, é uma falácia que denigre todo o sistema penal, apesar de ser mais aceitável por parte da população leiga e desconhecedora dos princípios e das garantias constitucionais.

Quando se tem uma cruzada contra a corrupção, tudo é possível para chegar àquele que durante anos dilapidou o patrimônio público. Ora, claro que se almeja a extirpação desse câncer social que é o criminoso de colarinho-branco, mas para toda e qualquer persecução penal deve existir a atenção aos princípios básicos que fundamentam o ordenamento jurídico.

Atuar em desconformidade com o ordenamento jurídico em busca dessa punição a qualquer custo pode ser equiparado ao que fazem os criminosos de colarinho-branco na busca incessante pelos seus lucros ilegítimos, alegando-se que violam tipos penais mais brandos e sem impacto social maior, como sonegação fiscal, lavagem de capitais, fraudes à licitação e outros crimes considerados menores pelo meio social. Os criminosos da elite não compreendem que estão praticando crimes que indiretamente violam gravemente a sociedade, pensam que aquilo é normal no intuito de realizarem os mais variados caprichos que o dinheiro pode trazer.

Nessa mesma linha de pensamento, podem ser enquadrados os operadores do Direito que violam normas constitucionais consideradas mais

---

[70] Art. 5º, LXIII – o preso será informado de seus direitos, entre os quais o de permanecer calado, sendo-lhe assegurada a assistência da família e de advogado;

[71] Art. 260. Se o acusado não atender à intimação para o interrogatório, reconhecimento ou qualquer outro ato que, sem ele, não possa ser realizado, a autoridade poderá mandar conduzi-lo à sua presença.

aceitáveis pela sociedade, como condução coercitiva, no argumento de que poderia ser pior, alertando para eventual prisão provisória que poderia ter sido requerida; quebras indevidas de sigilos bancários e telefônicos, sob o fundamento raso de que "quem não deve não teme"; delações premiadas feitas com pessoas presas e dispostas a colocar em risco todas as demais garantias processuais, no desiderato de conseguirem sair da prisão o mais rápido possível. Essa última em especial pode ser definida como uma sofisticada e nova forma de fazer tortura nos dias de hoje, pois, em vez de sevícias e outras formas diretas de expiação direta como lesões corporais, trabalha-se com a mente humana, colocando-se medos e angústias que podem ocorrer caso o agente fique calado, apontando-se para as altas penas que serão pedidas ao Poder Judiciário e que impedirão a sua volta à liberdade no seio de sua família e amigos.

Trata-se da nova roupagem conferida aos **torturadores modernos**, numa clara alusão aos piores anos da ditadura, em que os porões das cadeias públicas presenciaram cenas de horror. Hoje, as cenas são menos horrendas, ocorrem em gabinetes bem cuidados e arejados, mas as violações constitucionais são as mesmas, chegando-se, da mesma forma, ao Direito Penal Subterrâneo.

Por incrível que pareça, há certas autoridades que ainda alegam que o descumprimento de certas disposições legais pela investigação constituiria mera irregularidade, enquanto as nulidades levantadas pela defesa é que constituem meios chicaneiros de obstacular o bom andamento do processo. Um discurso simplista como esse é assustador, ainda mais quando parte de pessoas que são concursadas e que deveriam cumprir à risca toda e qualquer disposição legal, não podendo o emocional tomar conta do discurso e deslanchar para o lado pessoal. Tempos sombrios em que se confundem os papéis sociais dos operadores do Direito e busca-se por uma finalidade única e exclusiva de dar certa resposta social, a qualquer preço, sob holofotes midiáticos.

Em termos conclusivos, o que se prega **não é a impunidade** de criminosos de colarinho-branco ou colarinho-azul, mas sim que a **lei seja igual para todos**, respeitando-se as caras regras do jogo para fazer-se uma devida persecução penal, colocando-se no cárcere todo aquele que violou as normas penais, mas também atentando para o fato de que a violação de normas constitucionais para se chegar a algum fim constitui a odiosa prática da **Criminologia do Outro**, que será analisada mais à frente, ingressando-se no fétido campo do Direito Penal Subterrâneo.

De forma oportuna e no ensejo de impedir maiores abusos por parte dos operadores do sistema penal, surge a **nova Lei de Abuso de Autoridade** (Lei n. 13.869/2019) que trouxe inovadoras tipificações penais para con-

Manual de Criminologia

dutas que eram comumente praticadas sem qualquer consequência penal mais drástica, sendo que agora são consideradas infrações penais com responsabilidade penal, administrativa e civil.

Para tornar clara a escolha do legislador em punir condutas que eram praticadas sem qualquer preocupação, citam-se dois tipos penais que possuem o ensejo de impedir uma agressão aos direitos e garantias fundamentais do acusado, nestes termos:

Art. 10. Decretar a condução coercitiva de testemunha ou investigado manifestamente descabida ou sem prévia intimação de comparecimento ao juízo:

Pena – detenção, de 1 (um) a 4 (quatro) anos, e multa.

Art. 13. Constranger o preso ou o detento, mediante violência, grave ameaça ou redução de sua capacidade de resistência, a:

I – exibir-se ou ter seu corpo ou parte dele exibido à curiosidade pública;

II – submeter-se a situação vexatória ou a constrangimento não autorizado em lei;

III – (VETADO).

III – produzir prova contra si mesmo ou contra terceiro:

Pena – detenção, de 1 (um) a 4 (quatro) anos, e multa, sem prejuízo da pena cominada à violência.

Esses dois tipos penais bem corporificam aquilo que era feito, ainda que de forma mais tímida, por integrantes dos controles sociais formais. A vedação de **condução coercitiva** veio como consequência para o descumprimento da **garantia do direito ao silêncio**. Se o acusado manifesta o direito de não comparecer ao seu interrogatório judicial, forte no direito constitucional de permanecer calado, seria indubitável a punição daquele que determina a sua condução coercitiva, em violação clara aos princípios constitucionais mais básicos. Foi com esse intuito que o legislador puniu com pena de detenção de 1 (um) a 4 (quatro) anos, e multa, a conduta daquele que descumpre o direito constitucional ao silêncio exercido como forma de não comparecer ao seu interrogatório.

Além desse tipo penal, outro que vem sendo sistematicamente violado é o constrangimento imposto ao preso de mostrar-se à **curiosidade pública (mídia e prisões alegóricas)**, mesmo contra a sua vontade. Trata-se de uma situação vexatória e constrangedora pela qual muitos presos passam durante a realização de alguma operação policial ávida por holofotes. Todavia, com a inserção legal do art. 13 transcrito acima, tal conduta tende

Christiano Gonzaga

a diminuir bastante, o que é razoável, pois o preso perde apenas o direito à liberdade, mantendo-se intactos os demais, notadamente a sua dignidade.

No campo das **provas ilícitas**, como acontece no Brasil e foi citado acima, a nova Lei de Abuso de Autoridade prescreveu, de forma inédita, a punição para aquele que realizar a sua produção, ensejando uma pena de detenção de um a quatro anos, e multa[72], para tanto. Interceptações telefônicas ilícitas, quebras de sigilos fiscal e financeiro sem autorização judicial, entre outras condutas ventiladas em certas operações midiáticas, serão consideradas inicialmente nulas de pleno direito, mas, ainda, sofrerão as consequências penais por tais violações legais, situações essas inexistentes até então, as quais ficavam apenas no campo das nulidades processuais. De agora em diante, os abusos serão contidos de forma mais eficaz, pois há **responsabilização criminal mais séria** para essas condutas.

Pelas novas tipificações penais da Lei de Abuso de Autoridade, o que se percebe é a notável influência que a Criminologia exerce nas ciências criminais, acrescentando-se novas disposições legais como forma de personificar as suas ideias, as quais foram amplamente aceitas no filtro da Política Criminal.

Com o **Pacote Anticrime** e com a **nova Lei de Abuso de Autoridade**, pode-se dizer que a Criminologia tem sido consultada sobre os graves problemas sociais existentes e as soluções por ela apresentadas estão sendo implementadas por meio de novas legislações, o que é um avanço para remodelar o antigo e desequilibrado sistema penal vigente. Trata-se da consagração dos pensamentos criminológicos.

2.8   ESCOLA ABOLICIONISTA

Diferentemente do pensamento anterior, em que o Direito Penal deve ser utilizado para casos extremos, a **Escola Abolicionista** busca extirpar totalmente com o sistema penal, uma vez que entende ser ele caro, ineficaz e que não satisfaz os fins a que se destina.

O mais famoso defensor dessa escola, **Louk Hulsman**, no seu lendário livro *Penas perdidas*[73], atesta que as sanções criminais não servem para ressocializar ninguém, mas apenas para impor um castigo inútil e que de-

---

[72] Art. 25. Proceder à obtenção de prova, em procedimento de investigação ou fiscalização, por meio manifestamente ilícito:
Pena – detenção, de 1 (um) a 4 (quatro) anos, e multa.
Parágrafo único. Incorre na mesma pena quem faz uso de prova, em desfavor do investigado ou fiscalizado, com prévio conhecimento de sua ilicitude.

[73] HULSMAN, Louk; CELIS, Jacqueline Bernart de. *Penas perdidas*. Niterói: Luam, 1993.

174

Manual de Criminologia

turpa ainda mais o criminoso. As penas são métodos de castigo/vingança por parte do Estado.

Nesse diapasão, deve ser relembrado que o Direito Penal brasileiro, em seu art. 59 do CP, prescreve claramente que os fins da pena são de duas espécies, quais sejam, a **prevenção geral** e a **prevenção especial**.

A **prevenção geral** é o efeito da aplicação da pena na **sociedade**, podendo ser positiva e negativa. A **prevenção geral positiva** é quando a pena aplicada faz com que a **sociedade seja integrada**, daí o nome função integradora, ocorrendo quando a sociedade acredita nos efeitos da pena e fica unida na expectativa de que o Direito Penal está resolvendo os problemas da criminalidade.

Já a **prevenção geral negativa** é quando a sociedade percebe que a aplicação da pena gera um exemplo para que ninguém cometa delitos, ou seja, a imposição de pena faz com que todos tenham receio de praticar delitos, uma vez que a consequência disso é a prisão, daí ocorrer uma função exemplificadora. A prevenção especial tem por enfoque o criminoso, sendo analisado o efeito da pena em sua pessoa. Ela também pode ser positiva e negativa.

A **prevenção especial positiva** é quando o agente, em virtude do cumprimento da pena, aufere os efeitos da ressocialização, sendo perfeitamente reinserido no convívio social e sem voltar à criminalidade.

Já a **prevenção especial negativa** é basicamente a neutralização do condenado que se encontra recolhido ao cárcere e não tem como cometer novos delitos, exatamente pelo fato de estar preso e sem possibilidade de praticar novos crimes na sociedade.

Percebe-se que ambos os efeitos da pena previstos no Código Penal devem ser satisfeitos, pois são cumulativos, não sendo possível falar em apenas um deles. Todavia, como se sabe, isso não ocorre na prática, pois muitos crimes cometidos não permitem a ressocialização, sendo outros nem mesmo punidos.

Tomam-se como exemplos os **crimes de colarinho-branco**, que no viés da **prevenção geral não gera nenhum efeito**, uma vez que a aplicação de pena nesse tipo de delito é bem excepcional.

Ora, a sociedade já não acredita em punição de agentes públicos e empresários que cometem esse tipo de criminalidade, encorajando-se até mesmo muitas pessoas a iniciarem a prática dessa infração penal, tendo caído por terra a função exemplificadora da pena nesse tipo de conduta.

Até mesmo a prevenção especial deixou de ter relevância na atual sistemática do Direito Penal, pois é sabido que os locais de cumprimento de penas privativas de liberdade são verdadeiras masmorras onde o criminoso passa a ter contato com outros delinquentes e o local transforma-se em verdadeira universidade do crime, não havendo nenhuma espécie de ressocialização com vistas à sua inserção social.

175

Em outras palavras, as penas aplicadas estão sendo perdidas, parafraseando Hulsman em seu livro *Penas perdidas*, permitindo claramente o surgimento de uma tendência abolicionista.

Outra análise feita pelo abolicionismo, tomando por base as chamadas **cifras negras** já citadas, constata que o **Direito Penal** seria encarregado de punir apenas os crimes conhecidos (**cifras de ouro**), enquanto os crimes desconhecidos (**cifras negras**) ficariam impunes, sendo estes últimos **infinitamente superiores**. Diante da superioridade de crimes que ocorrem e não são descobertos, surge a ideia de que o Direito Penal estaria sendo totalmente falho e dispensável no combate **à criminalidade, o que demandaria a sua abolição, daí o nome da escola em comento**.

Outro grande teórico que **fomentou** as ideias abolicionistas, apesar de não poder ser considerado um deles, foi **Michel Foucault**, ao discorrer no seu famoso livro *Vigiar e punir*[74] acerca do sistema carcerário e das estruturas de poder.

Ao analisar a forma com que se aplicavam as sanções criminais, Foucault ofereceu vasto material crítico para que outros pensadores pudessem desenvolver uma **política alternativa** a essa espécie de restrição da liberdade, uma vez que os presídios eram vistos apenas como estruturas voltadas para encarcerar e sem nenhum viés ressocializador. A forma precisa e cruel com que Foucault expôs as entranhas do sistema carcerário fez com que houvesse uma revisitação das ideias punitivas e novas concepções foram pensadas, dando ensejo até mesmo para ideias mais liberais, que podem ser chamadas de abolicionistas.

Na esteira dos pensadores que estudaram o sistema carcerário e que inclusive foram além de Foucault e pensaram como possível a abolição dessas instituições de poder, está **Thomas Mathiesen**, com o livro *The Politics of Abolition* (Oslo, 1974), em que se sugere a **redução** ou até mesmo a **abolição** dos presídios belgas, holandeses e noruegueses. O referido autor preleciona que os presídios são instituições apenas de controle e que não ressocializam ninguém, ao contrário, são locais de **desumanização** que criam criminosos perigosos e revoltados com o sistema, o que aumenta cada vez mais o nível de reincidência.

Todavia, esse cenário sombrio é muito bem escondido pelos **meios de comunicação** para que a população não fique ciente das atrocidades que lá ocorrem, como relata Mathiesen (op. cit.). Esse é o grande trunfo que per-

---

[74] FOUCAULT, Michel. *Vigiar e punir*: história da violência nas prisões. 8. ed. Petrópolis: Vozes, 1991.

Manual de Criminologia

mite a uma estrutura de poder tão arcaica e desumana continuar a funcionar, pois, se a sociedade soubesse das tragédias que ocorrem lá dentro, com certeza não defenderia tanto o encarceramento de forma banalizada.

Nem se diga que o citado autor apenas pugna pela abolição do sistema prisional sem oferecer alguma proposta alternativa, pois ele entende que a preocupação do Estado deve pender para a vítima, afastando-se da pessoa do autor da infração penal.

Na verdade, o que se propõe é uma **escala de apoios** com base na gravidade do crime cometido. Quanto mais grave o crime, maior o apoio a ser feito, por meio de centros próprios com psicólogos, médicos e outros profissionais que ajudem a vítima a retornar ao *status quo ante*. Há uma mudança de paradigmas na forma de trazer a **paz social**: em vez de infligir sofrimento ao criminoso, o que nada mudaria na vida da vítima, podendo apenas trazer um certo regozijo de que o autor está sendo martirizado no presídio, o que se prevê é a preocupação com o restabelecimento da condição normal de vida daquele que sofreu o ataque em seu bem jurídico.

Na evolução histórica do abolicionismo, não se pode deixar de citar o escólio de **Nils Christie**, para quem o sistema carcerário é um método que tem, por fim, exclusivo **causar dor e sofrimento**, sem nenhum viés de ressocialização e proteção social. Em seu livro *"Los límites del dolor"*[75], o autor prega uma substituição dos presídios e das punições tradicionais por uma justiça participativa e comunitária, em que a vítima fosse mais centralizada nas preocupações estatais, também sendo colocado em relevo o tema da reparação do dano causado pelo autor dos fatos.

A proposta alternativa de **Nils Christie** aproxima-se muito do modelo proposto por **Claus Roxin**, na famosa **Terceira Via do Direito Penal**, em que se busca a reparação do dano causado à vítima por meio de **indenização**. Trata-se de uma forma de composição do conflito alternativa à restrição da liberdade, que é bem próxima ao **modelo de reação ao crime restaurador** (item 5), onde há um afastamento do Estado da solução do problema criminal e a aproximação da vítima para o conflito.

Isso se dá porque o **Estado**, em vez de tratar a vítima enquanto tal, acaba por fazer uma revitimização (**vitimização secundária**) por meio dos **controles sociais formais**. Assim, o melhor caminho seria convidar a vítima a participar da solução do conflito de forma a compor com o autor dos fatos a questão, sendo sua presença indispensável até mesmo para negociar e chegar ao denominador comum que melhor atenda a seus interesses.

---

[75] CHRISTIE, Nils. *Los límites de dolor*. Cidade do México: Fondo de Cultura Econômica, 1984.

Christiano Gonzaga

Como exemplo, num crime de furto, a reparação do dano causado mais uma compensação moral pela lesão ao seu patrimônio poderia ser facilmente implementada em substituição a uma pena privativa de liberdade.

São esses pensadores que defendem o Abolicionismo Penal de forma radical, mas as suas ideias podem ser filtradas e adequadamente aplicadas no Direito Penal pátrio, realizando-se uma reflexão daquilo que pode ser alterado, de forma proporcional, no caro, moroso e pernicioso sistema penal.

Uma mudança de paradigmas já está sendo feita quando se pugna por uma aplicação mais incisiva do modelo de reação ao crime restaurativo, notadamente na nova figura inserida no art. 28-A do CPP, chamada de acordo de não persecução penal, pois este nada mais é do que o afastamento do sistema punitivo, conferindo-se ao membro do Ministério Público a possibilidade de resolver, de forma extrajudicial, os problemas criminais gerados por delitos sem grave ameaça e violência à pessoa. Trata-se de um microcosmo de Abolicionismo inserido em parte do Processo Penal, mas que não opera a sua abolição integral.

Pode-se dizer, então, que o Abolicionismo vem sendo aplicado de forma paulatina, após as reflexões da Criminologia e consequente filtragem da Política Criminal, no ordenamento jurídico nacional.

2.8.1 Abolicionismo e Administrativização do Direito Penal

Dos principais estudiosos da Escola Abolicionista na América Latina, **Eugenio Raúl Zaffaroni** (op. cit.) prega que o Direito Penal já acabou e não deve ser mais utilizado, pois é aplicado apenas para uma pequena parcela de crimes que ocorre na sociedade (cifras de ouro), sinalizando uma aplicação de outros ramos do Direito para a solução dos problemas criminais, como exemplo do Direito Administrativo, o que é chamado atualmente de **administrativização** do Direito Penal.

A celeridade com que o **Direito Administrativo** resolve os casos a ele afetos, bem como a desnecessidade de aplicar todas as garantias processuais penais para os deslindes da questão, faz com que a solução desses casos seja mais célere.

Importante ressaltar que, por outro lado, as penas privativas de liberdade seriam abolidas, pois estas somente podem ser aplicadas numa sistemática de Processo Penal com todas as suas inúmeras garantias processuais penais, o que é defeso no Direito Administrativo. Neste último, o que se teria é a aplicação de penas de cunho administrativo, como suspensão de atividades de uma empresa, multas elevadas, proibição de contratar com o Poder Público, proibição de exercer certa atividade etc.

Todas essas penas seriam bem mais eficazes numa sistemática administrativa, notadamente para os crimes de colarinho-branco, em que os agentes utilizam de sociedades empresárias para desviar dinheiro público, praticar lavagem de dinheiro, sonegação fiscal e outros crimes de natureza financeira.

A prisão desse tipo de agente já se demonstrou ineficaz no Brasil, pois depois de um tempo recolhido ao cárcere ele volta para a sociedade e, não raras vezes, pratica as mesmas condutas, uma vez que a aplicação de penas privativas de liberdade para tal tipo de crime é quase irrisória, tendo em vista a dificuldade de o sistema penal, com sua pesada máquina de funcionamento (Polícia, Ministério Público e Poder Judiciário), respeitar todas as garantias processuais penais na colheita de provas e, posteriormente, aplicar a reprimenda privativa de liberdade.

O que se assistem são absolvições por falta de prova ou, em casos raríssimos, a aplicação de pequenas penas privativas de liberdade que serão fatalmente substituídas por penas restritivas de direito[76] ou até mesmo extintas pelo pagamento do montante devido[77].

A ideia da **administrativização** da sistemática penal permitiria a aplicação mais célere e eficaz de pesadas penas pecuniárias e restrições de atividades comprometedoras, sendo de maior importância para esse tipo de criminalidade o aspecto financeiro e o de menor importância a aplicação de penas privativas de liberdade (quando isso ocorre). **Multas milionárias** como ocorrem nos Estados Unidos da América[78] são bem mais eficazes e o efeito pedagógico é bem maior, pois o que pesa para os crimi-

---

[76] **Código Penal:** Art. 44. As penas restritivas de direitos são autônomas e substituem as privativas de liberdade, quando: (Redação dada pela Lei n. 9.714, de 1998)

I – aplicada pena privativa de liberdade não superior a quatro anos e o crime não for cometido com violência ou grave ameaça à pessoa ou, qualquer que seja a pena aplicada, se o crime for culposo;(Redação dada pela Lei n. 9.714, de 1998)

II – o réu não for reincidente em crime doloso; (Redação dada pela Lei n. 9.714, de 1998)

III – a culpabilidade, os antecedentes, a conduta social e a personalidade do condenado, bem como os motivos e as circunstâncias indicarem que essa substituição seja suficiente. (Redação dada pela Lei n. 9.714, de 1998)

[77] **Lei n. 10.684/2003:** Art. 9º É suspensa a pretensão punitiva do Estado, referente aos crimes previstos nos arts. 1º e 2 º da Lei n. 8.137, de 27 de dezembro de 1990, e nos arts. 168A e 337A do Decreto-Lei n. 2.848, de 7 de dezembro de 1940 – Código Penal, durante o período em que a pessoa jurídica relacionada com o agente dos aludidos crimes estiver incluída no regime de parcelamento.

§ 1º A prescrição criminal não corre durante o período de suspensão da pretensão punitiva.

§ 2º Extingue-se a punibilidade dos crimes referidos neste artigo quando a pessoa jurídica relacionada com o agente efetuar o pagamento integral dos débitos oriundos de tributos e contribuições sociais, inclusive acessórios.

[78] Disponível em: <http://www.bbc.com/portuguese/noticias/2002/021016_andersenebc. shtml>. Acesso em: 21 jan. 2018.

nosos de colarinho-branco é **não** ter possibilidade de **usufruir** do seu **poder econômico**. Foi com esse viés econômico que o legislador pátrio inseriu uma das grandes novidades no Pacote Anticrime[79], forte nessa ideia de conter o uso, mesmo após preso e condenado, do seu patrimônio amealhado de forma ilícita. Trata-se de uma espécie de **pena-confisco** para os criminosos que se locupletaram ilicitamente com a prática criminosa. Agora, se o acusado não conseguir comprovar que a diferença patrimonial alcançada é compatível com seus rendimentos declarados, haverá a perda de tais valores.

Pelo que se percebe, é uma forma de combater, após a devida condenação com trânsito em julgado, o enriquecimento sem causa, destacando o legislador que a transferência desse patrimônio indevido para terceiros também será vedada, ainda que de forma onerosa, mas com contraprestação irrisória. A transferência gratuita para parentes ou "laranjas", com maior razão é vedada e será desconsiderada pelo Juiz com o fim de decretar-se a perda dos bens para o Estado.

Assiste-se, dessa forma, uma ilustração da administrativização do Direito Penal, ideia essa que já é sedimentada no direito norte-america-

---

[79] Art. 91-A. Na hipótese de condenação por infrações às quais a lei comine pena máxima superior a 6 (seis) anos de reclusão, poderá ser decretada a perda, como produto ou proveito do crime, dos bens correspondentes à diferença entre o valor do patrimônio do condenado e aquele que seja compatível com o seu rendimento lícito. (Incluído pela Lei n. 13.964, de 2019.)

§ 1º Para efeito da perda prevista no *caput* deste artigo, entende-se por patrimônio do condenado todos os bens: (Incluído pela Lei n. 13.964, de 2019.)

I – de sua titularidade, ou em relação aos quais ele tenha o domínio e o benefício direto ou indireto, na data da infração penal ou recebidos posteriormente; e (Incluído pela Lei n. 13.964, de 2019.)

II – transferidos a terceiros a título gratuito ou mediante contraprestação irrisória, a partir do início da atividade criminal. (Incluído pela Lei n. 13.964, de 2019.)

§ 2º O condenado poderá demonstrar a inexistência da incompatibilidade ou a procedência lícita do patrimônio. (Incluído pela Lei n. 13.964, de 2019.)

§ 3º A perda prevista neste artigo deverá ser requerida expressamente pelo Ministério Público, por ocasião do oferecimento da denúncia, com indicação da diferença apurada. (Incluído pela Lei n. 13.964, de 2019.)

§ 4º Na sentença condenatória, o juiz deve declarar o valor da diferença apurada e especificar os bens cuja perda for decretada. (Incluído pela Lei n. 13.964, de 2019.)

§ 5º Os instrumentos utilizados para a prática de crimes por organizações criminosas e milícias deverão ser declarados perdidos em favor da União ou do Estado, dependendo da Justiça onde tramita a ação penal, ainda que não ponham em perigo a segurança das pessoas, a moral ou a ordem pública, nem ofereçam sério risco de ser utilizados para o cometimento de novos crimes. (Incluído pela Lei n. 13.964, de 2019.)

Manual de Criminologia

no, mas que está sendo implementada, paulatinamente, no sistema jurídico brasileiro.

Mais uma vez a Criminologia vem ensinando como combater, de forma eficaz, a criminalidade organizada do colarinho-branco.

O grande problema da **administrativização do Direito Penal** é, de fato, que sua **aplicação** tem sido utilizada para punir os **crimes de colarinho-azul**, aplicando-se de forma célere e despreocupada a pesada máquina estatal contra os crimes mais comuns (homicídios, furtos e roubos), o que gera um contrassenso em situações que as garantias e direitos individuais são colocadas de lado para satisfazer a gana social por punição.

Atualmente, como bem preleciona **Silva Sánchez**, o Direito Penal tem sido utilizado para **toda e qualquer conduta**, ainda que de menor importância, desconsiderando-se o princípio da insignificância e os corolários da intervenção mínima (fragmentariedade e subsidiariedade), o que coloca em xeque a ideia de *ultima ratio*. O Direito Penal passa a ser um **gestor ordinário** de todo e qualquer problema social, relegando-se, a segundo plano, os seus princípios mais básicos.

Pelo que pode ser observado, a **administrativização** do Direito Penal tem um **enfoque duplo**. O **primeiro** seria a sua aplicação para os crimes de colarinho-azul, sendo usada a persecução penal de forma corriqueira, nos moldes do Direito Administrativo, sem qualquer preocupação com os direitos e garantias fundamentais norteadores do Processo Penal.

O **segundo** seria a **necessidade** de aplicar o **procedimento administrativo** para os **crimes de colarinho-branco**, eis que os dogmas do Direito Penal não são mais adequados para a moderna criminalidade econômica, devendo as penas privativas de liberdade serem substituídas por pesadas multas e intervenções administrativas nas empresas utilizadas para a prática de crimes. Todavia, essa diferenciação clara de aplicação do sistema penal de acordo com o tipo de crime (colarinho-branco ou colarinho-azul), gera perplexidade e desigualdade em muitos pensadores, os quais migram-se para um abolicionismo do Direito Penal.

De acordo com **Hassemer** e **Munõz Conde**, a perspectiva abolicionista funda-se no seguinte pressuposto: "se o Direito penal é arbitrário, não castiga igualmente todas as infrações delitivas, independentemente do *status* de seus autores, e quase sempre recai sobre a parte mais débil e os extratos economicamente mais desfavorecidos, provavelmente o melhor que se pode fazer é acabar de vez por todas com este sistema de reação social diante da criminalidade, que tanto sofrimento acarreta sem produzir qualquer benefício" (Hassemer; Conde, Munõz, 2001, p. 361).

Esse viés de análise está intimamente ligado ao que se disse na Escola Interacionista, na perspectiva da **seletividade do sistema penal** e no etiquetamento de certas condutas. O Direito Penal seria tão somente para punir crimes praticados pela parcela pobre e excluída da sociedade, sem que a ressocialização ou qualquer outra função da pena ocorra.

Ora, um **instrumento de dominação** aplicado apenas para punir a parcela pobre da sociedade não pode ser visto como igualitário, deixando de ser algo legítimo no combate ao crime. Punir somente os crimes de colarinho-azul em detrimento dos de colarinho-branco seria a subjugação clara de uma classe sobre a outra, ocasionando apenas sofrimento sem nenhum benefício.

Sob esse prisma, Hassemer e Muñoz Conde estão corretos ao afirmarem o que se transcreveu acima, sendo melhor acabar com esse tipo de dominação e seletividade.

Não obstante essa análise, deve ser lembrado que o Brasil não possui outra forma mais eficaz de combate ao crime, sendo ainda o Direito Penal um mal necessário para os problemas sociais. Acabar com a tutela penal seria permitir o caos absoluto, pois ainda não se tem outro método mais eficaz de coibir práticas criminosas.

O que se deve buscar é realização de **políticas públicas** para **frear** os **impulsos criminosos** na concretização de necessidades básicas. Esse ponto será exaustivamente analisado nas chamadas prevenções primária, secundária e terciária da Criminologia, em capítulo próprio.

Em termos práticos, pode ser afirmado que o abolicionismo está sendo cada vez mais adotado no mundo, uma vez que a antiga e complexa estrutura de poder baseada no encarceramento já restou falida e inapta a produzir os fins da pena.

Exemplo dessa guinada gradativa e adoção de uma política alternativa são as chamadas Regras Mínimas das Nações Unidas para a Elaboração de Medidas Não Privativas de Liberdade (**Regras de Tóquio**), que foram implementadas em 1990 por meio da Resolução n. 45/110 da Assembleia Geral das Nações Unidas. Pela simples leitura das chamadas Regras de Tóquio, constata-se que o viés da **intervenção mínima** foi implementado claramente, de forma a preferir soluções mais brandas e humanas, mas que visem à ressocialização e ao amparo da vítima.

Só para se ter uma ideia daquilo que foi pensado em 1990 e que nos dias de hoje já é algo positivado em várias legislações do mundo, transcreve-se na nota de rodapé abaixo (para facilitar a leitura) o item 8.2 da referida Resolução n. 45/110[80].

---

[80] 8.2. As autoridades competentes podem impor as seguintes medidas: a) Sanções verbais, como a admoestação, a repreensão e a advertência; b) Manutenção em liberdade antes

Manual de Criminologia

As medidas anunciadas acima **são todas propostas antes da execução da pena, como medidas alternativas à pena de prisão provisória, com especial atenção para a prisão domiciliar que hoje em dia é aplicada muitas vezes nos casos da operação "Lava-Jato".** Na fase posterior à condenação criminal (**execução penal**), destacam-se também outras medidas alternativas[81] que também já foram adotadas em vários países, com destaque para o polêmico indulto que muitas pessoas são contrárias, mas sem saber que a sua fundamentação encontra espeque nas chamadas Regras de Tóquio.

Em recente polêmica reacendida pela elaboração do **Decreto n. 9.246/2017 da Presidência da República**, que autoriza o **indulto natalino** para vários presos, notadamente para aqueles que já tiverem cumprido 1/5 (um quinto) da pena em crimes sem violência ou grave ameaça à pessoa, como são os casos de corrupção e outros de colarinho-branco, muitos operadores do Direito colocaram-se contrários ao aludido diploma legal, sob o fundamento raso de que estariam sendo libertados criminosos de colarinho-branco em detrimento do clamor social. Ora, os princípios básicos de Direito Penal devem ser lembrados nesse momento, uma vez que o sistema carcerário deve ser apto a satisfazer as **duas prevenções já citadas (geral e especial)**, como consta do **art. 59, *caput*, do CP**, e nenhum presídio brasileiro consegue implementar ambas as finalidades da pena. Se essa falha existe e o Brasil adotou as Regras de Tóquio, nada mais consentâneo com esse raciocínio de evitar-se ao máximo o encarceramento e implementar o indulto.

Se o problema é a **impunidade dos criminosos de colarinho-branco**, outra forma de **ressarcimento mais eficaz** deve ser pensada pelos legisladores, como a aplicação de **multas elevadas** e a **restrição da sua atuação no mercado** em que ele praticou os crimes, como **suspensão de suas atividades, dissolução de suas empresas** e outras medidas que de fato sejam

---

da decisão do tribunal; c) Penas privativas de direitos; d) Penas econômicas e pecuniárias, como a multa e o dia de multa; e) Perda ou apreensão de bens; f) Restituição de bens à vítima ou indenização desta; g) Suspensão da condenação ou suspensão da pena; h) Liberdade condicional e supervisão judiciária; i) Imposição da prestação de serviço à comunidade; j) Encaminhamento para centro de tratamento; k) Prisão domiciliar; l) Qualquer outra forma de tratamento em meio aberto; m) Uma combinação das medidas acima enunciadas.

[81] 9.2. Podem ser adotadas na fase posterior à condenação, entre outras, as seguintes medidas: a) Autorizações de saída e colocação em estabelecimento de reinserção; b) Libertação para fins de trabalho ou educação; c) Liberdade condicional, sob diversas formas; d) Remição da pena; e) Indulto.

183

Christiano Gonzaga

pedagógicas a ponto de coibir a prática de condutas criminosas, pois são essas penalidades que causam temor no criminoso de colarinho-branco (prevenção geral positiva).

A simples imposição de prisão apenas causará dor e sofrimento para o autor, com um certo regozijo da população em presenciar tais pessoas sendo colocadas literalmente atrás das grades (espetacularização, que também não tem fundamento em nenhum diploma legal), o que concede até mesmo um ar de vingança privada (todavia, não é nem de longe essa a finalidade da pena com base nas leis penais), mas o dano causado às vítimas de forma indireta (criminalidade difusa) e o lucro obtido com as práticas criminosas dificilmente são ressarcidos aos cofres públicos, pois os procedimentos administrativos e criminais ainda são antigos e morosos para chegar a esse fim.

Para não dizer que o abolicionismo não está sendo implementado paulatinamente no **Brasil**, existem inúmeros institutos brasileiros que bem demonstram o gradativo afastamento das penas privativas de liberdade, como sói acontecer com o *sursis*, **livramento condicional, saídas temporárias, suspensão condicional do processo, transação penal, acordos de não persecução penal, pena-confisco e penas restritivas de direitos em substituição às penas privativas de liberdade**.

Todos esses já em funcionamento no Brasil e com natural aplicação na seara penal, ou seja, pode-se afirmar que há um incipiente abolicionismo no país, mas que não é ainda **tão facilmente visualizado**, às vezes por falta de conhecimento dos institutos despenalizadores que estão sendo positivados por meio dos estudos empíricos da Criminologia.

2.8.2 Narcisismo do Direito Penal

A primeira vez que se utilizou a expressão **narcisismo** de forma conceitual foi nos **estudos de Freud**, em 1914, no seu livro *Sobre o narcisismo: uma introdução*, como bem retratam Rudinesco e Plon, quando se define o termo em busca da investigação do delírio de grandeza no psicótico, nesses termos:

> "A atitude resultante da transposição, para o eu do Sujeito, dos investimentos libidinais antes feitos nos objetos do mundo externo."[82]

---

[82] RUDINESCO, Elisabeth; PLON, Michel. *Dicionário de Psicanálise*. Rio de Janeiro: Zahar, 1998. p. 531.

Manual de Criminologia

Pela citação, vislumbra-se a ideia do "eu" como algo maior que o outro ou o mundo externo. Esse recorte demonstra a vontade de satisfação unicamente em si de todos os seus desejos e vontades imediatas, sem preocupar-se com a **ideia de alteridade**.

É bom que se diga que o homem sempre se viu no centro de tudo, inclusive destacando-se dos outros animais pela sua capacidade de pensar, mas isso nem sempre é uma assertiva verdadeira, pois há situações em que ele atua com instintos selvagens e animalescos, como bem destacou o Professor Salo de Carvalho, nesses termos:

> "No decorrer da história da Humanidade, o homem, ao se intitular soberano dos demais seres, atribuiu a si próprio alma imortal e origem divina, circunstância que lhe permitiu romper os laços com a natureza animal, sua primeira natureza. No entanto, as pesquisas de Darwin puseram fim à exaltação da sua condição não animalesca, atingindo a essência do que caracterizaria a humanidade do homem."[83]

Em se tratando de um Direito Penal que está cada vez mais fadado ao insucesso e sem possibilidade de implementar os fins da pena (prevenções especial e geral), surge um tema que tem sido bastante discutido na doutrina crítica dos dogmas penais, qual seja, a **visão narcisista** da aludida **ciência criminal**.

Percebe-se pela ideia de **falsa completude** que a doutrina penal oferta para as soluções dos casos concretos a falência do Direito Penal. O conceito hermético de crime (teoria analítica ou tripartida) tem a difícil missão de solucionar todos os problemas da humanidade, relegando a três fatores (fato típico, antijurídico e culpável) a resolução dos problemas criminais.

Em razão disso, o Direito Penal passou a olhar apenas para si (narcisismo) e se esqueceu de um campo imenso de imprevisões que ocorre no mundo empírico, sendo essa preocupação única com seus dogmas uma das razões do seu declínio constante.

As falhas do sistema penal não foram consideradas pelo Direito Penal nem pelo Processo Penal, como o erro na persecução penal voltada apenas para as disposições legais infraconstitucionais e sem atenção para a visão hierarquizada da Constituição Federal.

O narcisismo e a pretensa visão de completude são tão exacerbados que muitos temas são interpretados de baixo para cima, em total afronta

---

[83] Op. cit., p. 171-172.

Christiano Gonzaga

ao texto constitucional, haja vista a permissão de **condução coercitiva**[84] por alguns Juízes e Tribunais locais, mas que vai de encontro ao que fora decidido pelo Supremo Tribunal Federal, recentemente, conforme nota de rodapé abaixo citada, bem como pela **nova Lei de Abuso de Autoridade**.

Ora, obrigar o acusado a comparecer perante o Poder Judiciário, mesmo que ele não queira declarar nada e deseje exercer o seu direito ao silêncio, é algo que choca, pois a Carta Maior confere a todos o direito de não produzir prova contra si mesmo.

Além disso, como já se explicitou em outro campo dessa obra, a obrigatoriedade de condução coercitiva passou a ser tipo penal, na redação da nova Lei de Abuso de Autoridade (Lei n. 13.869/2019, art. 10[85]), existindo consequências criminais para a sua imposição em desconformidade com os diplomas legais.

Todavia, numa interpretação malabarista e com o fim único de satisfazer os anseios sociais e pessoais, vários operadores do Direito manifestavam por essa possibilidade. Caso se queira restringir a liberdade do acusado, que seja decretada alguma espécie de **prisão provisória** (temporária ou preventiva), dentro, claro, dos seus requisitos legais, mas nunca uma **revisitação capenga** do **antigo instituto da prisão para averiguação ou administrativa**, como sói acontecer com a condução coercitiva.

Ainda no campo do **Direito Penal**, soa extremamente egoísta a ideia de entender que qualquer situação se encaixe na subsunção legal, pouco importando o caso concreto e as demais implicações sociais. A par de compreender que muitos casos devem ser tratados de forma rigorosa pela lei penal, existem outros que devem ser analisados de per si e considerando a situação fática e o princípio da proporcionalidade, como é o caso da presunção absoluta de violência em relação ao **estupro do vulnerável** envolvendo **menor de 14 (quatorze) anos**, na forma do art. 217-A do Código Penal.

Na maioria dos casos, haverá crime quando a vítima for menor de 14 (quatorze) anos, mas há situações em que o suposto autor e a vítima já possuem um relacionamento amoroso prévio e que muitas vezes há o consentimento dos pais ou até mesmo situações em que ambos estão com 13

---

[84] Em boa hora, o Supremo Tribunal Federal (ADPF 395), por maioria, em 2018, vedou essa excrescência, interpretando o direito constitucional de não produzir prova contra si mesmo e ao silêncio como algo maior que uma redação arcaica e desprovida de visão teleológica como o que consta do art. 260 do CPP.

[85] Art. 10. Decretar a condução coercitiva de testemunha ou investigado manifestamente descabida ou sem prévia intimação de comparecimento ao juízo:
Pena – detenção, de 1 (um) a 4 (quatro) anos, e multa.

Manual de Criminologia

(treze) anos de idade, o que seria o caso de ato infracional recíproco, a desafiar medida socioeducativa para ambos, beirando ao absurdo de ambos os infratores juvenis serem levados para algum local e cumprir medida socioeducativa de internação.

São nesses exemplos que o Direito Penal deve reconhecer a desnecessidade de emprestar a sua ira punitiva e destroçar relações sociais que não estão necessitando de uma correção grave. Do contrário, estaria sendo utilizado o Direito para ditar as condutas sociais a serem seguidas de forma cega, esquecendo-se de que o correto é a sociedade demonstrar aquilo que é necessário num dado momento histórico e a lei assegurar esse tipo de conduta com segurança jurídica.

Todavia, o narcisismo vem de forma clara na **nova Súmula 593 do Superior Tribunal de Justiça**[86], em que a presunção de violência é absoluta e independente da situação do caso concreto, alertando o referido enunciado que a experiência prévia da vítima ou qualquer outra situação não impede de aferir a existência do crime de estupro do vulnerável, descuidando-se que existem situações concretas que não deveriam estar na citada presunção absoluta de violência.

É por isso que o narcisismo deve ser freado a ponto de impedir que toda e qualquer situação envolvendo vulnerável menor de 14 (quatorze) anos seja considerado estupro, **sem a análise do caso concreto**, simplesmente porque abstratamente foi assim que entendeu o Superior Tribunal de Justiça. Não se está aqui criticando a decisão sumulada de forma integral, mas que ela merece reparos em certas situações fáticas, como as que foram levantadas no parágrafo anterior.

Como as decisões dos Tribunais Superiores são tratadas de forma abstrata, seria muita pretensão entender que toda e qualquer situação concreta envolvendo vulnerável devesse ser tratada como crime do art. 217-A do Código Penal, o que denota a ferida narcísica com que o Direito Penal pretende lidar com todas as questões como se ele fosse completo e infalível.

Outro ponto de relevo acerca da **visão narcisista** é quando se analisam **os fins da pena**, notadamente quando se quer destacar a prevenção em relação aos cidadãos e ao criminoso.

---

[86] "O crime de estupro de vulnerável configura-se com a conjunção carnal ou prática de ato libidinoso com menor de 14 anos, sendo irrelevante o eventual consentimento da vítima para a prática do ato, experiência sexual anterior ou existência de relacionamento amoroso com o agente."

Christiano Gonzaga

Ora, na esteira do art. 59, *caput*, do CP[87], entende-se como finalidade da pena a retribuição e a prevenção. Quanto à primeira, numa análise mais imediatista e com viés unicamente punitivo, torna-se fácil retribuir o mal do crime com o mal da pena, ainda mais nas inúmeras masmorras estatais em que seres humanos cumprem suas sanções. Todavia, quando se analisa a segunda função da pena, de natureza mais pedagógica, o problema é aflorado e o Direito Penal fica fragilizado na sua imaginária fortaleza de dogmas intransponíveis.

Como se sabe, a prevenção pode ser geral (voltada para os demais cidadãos) e especial (voltada para o condenado), devendo cumprir os seus fins perante ambos os destinatários. Em relação à **prevenção geral**, que pode ser positiva (função integradora) e negativa (função exemplificadora), percebe-se a ausência de sua eficácia quanto aos crimes de colarinho-branco, pois a noção de **impunidade** é reinante e ninguém acredita na punição eficaz dessa espécie de criminalidade.

Aqui, por si só, já seria suficiente para decretar a morte do Direito Penal em conseguir satisfazer os anseios sociais quanto à noção de punição de condutas típicas praticadas pela elite econômica. Não obstante, as lacunas não param por aqui, como se verá ao analisar outros eventos envolvendo as funções da pena.

No que tange à **prevenção especial**, o sistema penal consegue ser mais falho e ineficiente ainda, pois, assim como a prevenção geral, ela também pode ser positiva (voltada para a ressocialização) e negativa (voltada para a neutralização).

A indagação instigadora que se faz é no sentido de perquirir como que o sistema penitenciário conseguirá fazer valer o viés ressocializador da pena nos porões dos presídios brasileiros? Impossível lograr êxito nesse sentido.

O nível de reincidência aumenta a cada ano, o que bem demonstra a falência do Direito Penal em fazer valer o fim de reintegrar o criminoso ao convívio social. O criminoso egresso do sistema prisional volta para o convívio dos cidadãos pior do que quando entrou nas masmorras estatais. Isso se dá muito pela **visão egocêntrica do Direito Penal** em atribuir os erros do sistema a outras áreas e personagens (mais uma vez aqui a noção de al-

---

[87] Art. 59. O juiz, atendendo à culpabilidade, aos antecedentes, à conduta social, à personalidade do agente, aos motivos, às circunstâncias e consequências do crime, bem como ao comportamento da vítima, estabelecerá, conforme seja necessário e suficiente para reprovação e **prevenção** do crime. (grifos nossos)

Manual de Criminologia

teridade que não existe), como políticos, Poder Judiciário, Ministério Público, Polícia, escola, família etc., sem lembrar que o maior erro está em não dialogar com as referidas áreas e personagens para juntos chegarem a um denominador comum.

Além disso, o criminoso somente sente o **efeito retributivista** do Direito Penal, o que causa nele espécie e **vontade de vingar os abusos sofridos** nas mãos do Estado dentro dos presídios, seja por meio de agressões e sevícias feitas por outros presos, seja por meio da humilhação perpetrada pelos agentes penitenciários. Esse fator incute no preso uma vontade de delinquir para compensar aquilo que sofreu sob a custódia estatal.

Mais uma vez é o Direito Penal fechando os olhos para essa patente e triste realidade, encastelando-se no seu universo supostamente completo.

Para finalizar, o que parecia ser uma função fácil de cumprir da pena, consubstanciada na **prevenção especial negativa** (visão neutralizadora), até ela mesmo está, nos dias de hoje, fadada ao insucesso. Nos casos recentes de rebeliões nos presídios brasileiros, pôde-se constatar a prática de crimes graves de presos uns contra os outros, gerando episódios horrendos de mutilações, homicídios e torturas dignas de filme de terror, o que bem denota a ausência da função de impedir o condenado de praticar crimes quando estivesse no cárcere.

Até mesmo essa função mais imediatista e fácil de ser alcançada está sendo colocada de lado, uma vez que o sistema prisional não consegue conter as rebeliões e impedir a prática de crimes dentro do próprio Estado. É o declínio total do Direito Penal que fora construído em cima de frágeis bases dogmáticas que não se preocuparam com a interdisciplinaridade entre outras áreas das ciências sociais.

Lado outro, a própria **Criminologia** coloca em xeque a eficiência do Direito Penal ao trabalhar as **cifras negras ou ocultas da criminalidade**, conforme foi explicado no item anterior ao discorrer sobre o **abolicionismo**.

A presunção de que os controles sociais formais conterão a criminalidade e farão o devido enquadramento dos infratores é uma utopia sem precedentes, uma vez que a grande maioria dos crimes não é estatisticamente conhecida, restando aos órgãos de persecução penal apenas alguns poucos crimes que chegam efetivamente ao conhecimento estatal.

Ademais, a gana dos investigadores criminais é voltada para a punição dos crimes de colarinho-azul, pois são mais facilmente investigáveis e puníveis pelo Poder Judiciário, o que retrata, mais uma vez, a seletividade do sistema penal e, consequentemente, a falência da igualdade material entre os indivíduos. Aliado a isso, tem-se a falta de estrutura dos órgãos policiais para a investigação dos crimes de colarinho-branco, o que gera

Christiano Gonzaga

uma impunidade sem precedentes e, inevitavelmente, uma seleção das condutas que serão perseguidas e punidas (crimes cometidos por pessoas de baixa renda).

Nessa linha de raciocínio e explicando a deslegitimação da intervenção penal, tem-se o escólio de Augusto Thompson ao abordar de forma crítica o tema das cifras ocultas, *in verbis*:

> "As cifras ocultas representam substancialmente o crime, enquanto as estatísticas oficiais são apenas sua sombra; é extremamente difícil descobrir o caminho e a composição da criminalidade; o conhecimento sobre o crime e o criminoso é distorcido e restrito; as atitudes da sociedade em relação ao delito e à pena são irreais; a sanção não produz qualquer efeito intimidativo ou corretivo."[88]

A ideia aqui esposada bem demonstra que a **visão narcisista do Direito Penal** está prejudicando o desenvolvimento social, uma vez que há uma **falsa sensação** de que as agências punitivas estão resolvendo os problemas criminais, o que não é verdade, sendo a ocorrência infinitamente maior das cifras ocultas da criminalidade a prova de tal falência.

Falta enxergar em outros ramos das ciências criminais, como a Criminologia, por exemplo, o auxílio necessário para a construção de um sistema penal mais igualitário não apenas no sentido formal (igualdade formal), numa visão de alteridade e menos preocupada com o ego dogmático do Direito Penal.

Em que pese essa constatação seja de uma claridade solar, o discurso dogmático e fechado em si mesmo do Direito Penal não cede a guarda e ainda acredita piamente na sua própria completude, como bem prelecionam Zaffaroni, Batista, Alagia e Slokar, ao discorrerem sobre a escolha de não enfrentar as fragilidades do sistema, pelo contrário, fingem que nada disso existe e blindam os problemas por meio de uma dogmática complexa, como se vê a seguir:

> "Esta comprovação lesiona seriamente o narcisismo teórico do direito penal, e é explicável que este optasse por ignorá-la com todo o seu arsenal metodológico disponível."[89]

---

[88] THOMPSON, Augusto. *Quem são os criminosos?* Rio de Janeiro: Lumen Juris, 1998. p. 19.

[89] ZAFFARONI, Eugenio Raúl; BATISTA, Nilo; ALAGIA, Alejandro; SLOKAR, Alejandro. *Direito Penal brasileiro I*. Rio de Janeiro: Revan, 2003. p. 176.

Manual de Criminologia

Nesse diapasão, o Direito Penal ancorado em seus dogmas deve ser repensado sob o prisma da modernidade, buscando em outras áreas de conhecimento o auxílio urgente para a sua correta aplicação, reconhecendo a sua fragilidade na proteção de bens jurídicos e da correta persecução penal, contando com o apoio de outros campos do saber para desenvolver uma ciência capaz de trazer eficiência e segurança para os seus cidadãos.

2.8.2.1 Criminologia de Si e Criminologia do Outro

Na esteira de pensamento do **narcisismo** do Direito Penal, devem ser levadas em consideração as expressões **Criminologia de Si** e **Criminologia do Outro**, que também trabalham as ideias de **alter** e **ego**. Quando é o próprio agente que comete o delito, a Criminologia a ser utilizada é a de si, em que o criminoso é uma pessoa como qualquer outra, que pode falhar, tem limitações e tem desejos como todo cidadão comum. Trata o criminoso como se fosse uma pessoa normal, porque foi o próprio agente quem delinquiu, daí ocorrendo essa visão mais banalizada do delito e sem tanta preocupação.

Esse tipo de percepção está atrelado **à ideia de grupos sociais distintos, em que aquele que pertence a um grupo comum sistematicamente é defendido pelos seus integrantes, que passam a nutrir de seus sentimentos, ainda que ele tenha violado a lei penal**.

Nos dias de hoje, percebe-se claramente esse tipo de movimento na classe política, em que os políticos defendem os seus pares de forma aguerrida e impedem o julgamento deles pelo Poder Judiciário. Trata-se de um **viés corporativista** comum nas mais variadas classes profissionais, pois o que deve ser defendido é o suposto direito de seus membros.

Nesse diapasão, surge uma visão maniqueísta de dois grupos antagônicos, não sendo criticada de forma exacerbada a prática de crimes pelos seus integrantes, mas apenas quando isso for feito pelo outro grupo.

Atualmente, também se vislumbra esse tipo de pensamento quando se analisam os crimes cometidos por partidos políticos de direita em detrimento dos de esquerda, pois o que é feito por pessoas que estão do mesmo lado, ainda que as condutas sejam criminosas, é aceito porque quem pratica é o seu semelhante.

Critica-se sempre a conduta praticada pelo outro, mas aquela que é feita pelo similar, ainda que seja a mesma tipificação penal praticada pela outra parte, é aceita e até mesmo defendida como uma conduta normal.

Já a chamada Criminologia do Outro, como quem está sendo analisado e investigado é o "outro" que fez o crime, diferente do "eu", a tônica do dis-

Christiano Gonzaga

curso muda, havendo uma preocupação extrema com as infrações penais que foram cometidas pelo diferente, por aquele que não respeitou os direitos alheios e pelo violador dos bens jurídicos tutelados pelo Código Penal. O raciocínio agora é nitidamente punitivo e segregador, pois quem está sendo julgado é o alheio, mas não mais o "eu" antes visto como o centro de tudo.

Também se constata claramente nos dias de hoje, notadamente no Brasil, a luta para que sejam punidos os delinquentes pertencentes ao outro grupo político, rotulando-os de criminosos perigosos e que dilapidaram os cofres públicos, quando o crime enfocado é o de colarinho-branco.

Todavia, aqueles que pugnam pela punição exemplar do outro também praticaram delitos semelhantes, mas, como pertencem à outra classe política, isso é relevado e até mesmo aceito. Criam-se eufemismos para aceitar o crime praticado pelo "eu", mas sobram rigores legais para que se processe e condene rapidamente os delitos praticados pelo "outro".

Deve ser ressaltado que neste livro não se está defendendo nenhuma classe ou modelo de pensamento político, mas apenas que a **lei** deve ser a **mesma para todos**, sem distinção de pertencer a determinado grupo. O rigor penal deve ser uníssono para quem violar a lei, pouco importando a que grupo o delinquente pertença.

Quem melhor reproduziu essa ideia de "si" e "outro" foi David Garland, como bem cita o já mencionado Professor Salo de Carvalho, ao analisar a **sociedade punitiva contemporânea**, deixando patente que existem dois tipos de criminosos: o que pode delinquir, mas que por razões sociais e econômicas tem semelhança com o "eu" e por isso não deve ser punido, pois todo mundo acaba cometendo crimes algum dia; e o "outro", que é anormal e não pode sair ileso, devendo ser duramente punido, mais pelo motivo de ser excluído e viver fora da cultura tradicional.

Para que fique cristalina a forma de pensar do referido autor, destaca-se trecho de sua obra, a seguir:

> "A criminologia de si faz do criminoso um consumidor racional, como nós, sendo invocada para banalizar o crime, moderar os medos desproporcionais e promover a ação preventiva; enquanto a criminologia do outro, do pária ameaçador, do estrangeiro perturbador, do excluído e do desagradável, opera na perspectiva de diabolizar o criminoso, a estimular os medos e as hostilidades populares e a sustentar que o Estado deve punir mais."[90]

---

[90] GARLAND, David. As contradições da "sociedade punitiva": o caso britânico. *Discursos Sediciosos*. Rio de Janeiro: ICC/Revan, ano 7, n. 11, p. 86, 2002.

Manual de Criminologia

É muito comum, em tempos de divisão social entre ideais de esquerda e de direita, que se pugne pela prisão ou liberdade de certos políticos, dependendo da classe a que ele pertença. Esse tipo de constatação é típico de uma Criminologia do Outro, pois o diferente deve ser punido logo e exemplarmente para satisfazer certos anseios sociais.

Cumpre ressaltar, insiste-se, que não se está aqui requerendo a impunidade de quem quer que seja, político de esquerda ou de direita, mas sim que sejam punidos de forma idêntica todos que cometeram crimes durante o exercício do poder político, afastando-se a ideia de uma Criminologia de Si e do Outro. O que se está demonstrando é que há claramente uma divisão entre "nós" e "eles", aceitando-se certos crimes cometidos por uma determinada classe.

Em suma, é a velha máxima de que para os "amigos tudo e para os inimigos nada", sendo aceitos os crimes praticados pelo "nós", mas execrados os delitos praticados por "eles", numa visão maniqueísta das relações sociais modernas.

2.9   RESUMO DAS TEORIAS MACROSSOCIOLÓGICAS DA CRIMINALIDADE

Pelo que se estudou dos pensamentos da Escola Interacionista em diante, o fenômeno social está intimamente ligado a cada marco teórico, dando-se ênfase ao bom funcionamento da sociedade de acordo com a harmonia social, que pode ser alcançada por **meio da coerção/imposição ou pelo funcionamento perfeito de suas instituições.**

A depender da escolha teórica que rege a harmonia social, cita-se dois movimentos que englobam toda essa sistematização.

Dentro do primeiro grupo, as **teorias do consenso, de cunho funcionalista, denominadas teorias de integração**, que defendem a ideia de que os objetivos da sociedade são alcançados quando há o **funcionamento adequado de suas instituições**, com as pessoas convivendo e compartilhando metas sociais comuns, concordando com as regras da sociedade de convívio. Destacam-se os seguintes postulados: toda sociedade é composta por elementos perenes, integrados, funcionais, estáveis e que se baseiam no **consenso entre os seus integrantes**. Como exemplos de teorias do consenso podem ser mencionadas a **Escola de Chicago, a teoria da associação diferencial, a teoria da anomia e a teoria da subcultura delinquente.**

No segundo grupo, destacam-se as **teorias do conflito, de cunho argumentativo,** que pugnam pela ideia de que a harmonia social decorre **da força e da coerção,** em que há uma **relação entre dominantes e dominados,** inexistindo voluntariedade entre os seus integrantes para a pacificação social, a qual depende da imposição ou coerção. Orientam-se por uma sociedade sujeita a mudanças contínuas, sendo ubíquas, de modo que todo elemento coopera para a sua dissolução. São exemplos de teoria do conflito a **Criminologia Crítica ou Radical** e a teoria do etiquetamento ou do *labelling approach* (**Escola Interacionista**).

3 VITIMOLOGIA E VITIMIZAÇÃO

A **vitimologia** é uma **disciplina** que tem por objeto o **estudo da vítima, de sua personalidade, de suas características, de suas relações com o delinquente e do papel que assumiu na gênese do delito**. Em outras palavras, seria o **comportamento da vítima** na origem do crime e do criminoso.

No âmbito da sua origem, a vitimologia tem como fundador **Benjamin Mendelsohn**, advogado e professor de Criminologia da Universidade Hebraica de Jerusalém que, em 1947, apresentou a conferência *Um novo horizonte na ciência biopsicossocial – A vitimologia*. Ele é considerado o **pai dos estudos da vitimologia** e todos os demais pensamentos posteriores tiveram por base o seu modo de expor a vítima na sistemática criminal. Com isso, a primeira classificação importante leva em conta a **participação ou provocação da vítima no cometimento do crime**.

De acordo com Mendelsohn, existem três grupos principais de vítimas: **a inocente, a provocadora e a agressora**. As **vítimas inocentes**, ou ideais, são aquelas que não têm participação ou, se tiverem, será ínfima na produção do resultado.

A **vítima provocadora** é responsável pelo resultado e pode ser caracterizada como **provocadora direta, imprudente, voluntária ou ignorante**.

A **vítima agressora** pode ser considerada uma **falsa vítima** em razão de sua participação consciente, casos em que ela cria a vontade criminosa no agente, como os exemplos de legítima defesa.

Sendo assim, as vítimas são classificadas como: a) **vítima completamente inocente ou chamada de vítima ideal**. É aquela que não tem nenhuma participação no evento criminoso, o delinquente é o único culpado, por exemplo, sequestro, roubo e homicídio; b) **vítima menos culpada que o delinquente**. Conhecida como vítima por ignorância. Trata-se daquela que contribui de alguma forma para o resultado danoso do evento, por exemplo, pessoa que frequenta locais perigosos expondo a risco seus obje-

Christiano Gonzaga

tos de valor; c) **vítima tão culpada quanto o delinquente**. Chamada de provocadora, pois, sem a participação ativa dela, o crime não teria ocorrido, por exemplo, rixa e aborto; d) **vítima mais culpada que o delinquente**. Nesse caso, a participação da vítima foi maior ou mais intensa do que a do próprio autor, por exemplo, lesões corporais e homicídios privilegiados cometidos após injusta provocação da vítima; e) **vítima como única culpada**. Aqui, a vítima constitui-se a única pessoa culpada do evento criminoso, tendo em vista o seu comportamento imprudente ou negligente, por exemplo, indivíduo embriagado que atravessa avenida movimentada e vem a ser morto por algum veículo automotor.

Por sua vez, **Hans von Hentig (1974)** elaborou a seguinte classificação: a) criminoso-vítima-criminoso (**sucessivamente**). Trata-se do reincidente que é hostilizado no cárcere, vindo a delinquir novamente pela repulsa social que encontra fora da cadeia. **É o que ocorre na teoria do etiquetamento**, notadamente em razão do estigma que os controles sociais formais e informais empregam na relação sociedade e criminoso; b) criminoso-vítima-criminoso (**simultaneamente**). Comum ocorrer quando a prática do crime se justifica pela condição de vítima, como nos casos em que o usuário de drogas faz a mercancia ilícita de entorpecentes para sustentar o seu próprio vício. Ele é vítima do traficante, mas também é autor do tráfico para manter o seu próprio vício; c) criminoso-vítima (**imprevisível**). Situações em que há retaliação pela prática do crime por parte do criminoso, que, de autor, passa a vítima, por exemplo, linchamento pela prática de algum crime grave, podendo ser citado o homicídio do próprio filho. Também pode ser constatado em caso de alcoolismo quando o alcoólatra, com seu comportamento danoso e agressivo, cria no outro a vontade criminosa.

Trata-se de tema extremamente relevante a **relação criminoso e vítima**, sobretudo quando esta interage no fato típico, de forma que a análise de seu perfil psicológico deve ser fator considerável no desate judicial do delito.

Antes de adentrar no principal enfoque da vitimização para a Criminologia, consubstanciada nas espécies primária, secundária e terciária, deve ser lembrado que a vítima sempre teve um **comportamento importantíssimo** na **realização do delito**, pois a sua relação com o criminoso pode inclusive desencadear uma prática delituosa. Em muitos homicídios passionais, a vítima contribui para fazer nascer no agente a vontade de matar, em casos, por exemplo, de adultério.

Em razão disso, com base nos estudos da Criminologia, o Direito Penal elencou como **causa de diminuição da pena** o homicídio privile-

196

giado em razão da **violenta emoção logo após a injusta provocação da vítima**[1], levando-se em consideração o comportamento desta para fins de dosimetria da pena.

Além desse exemplo envolvendo a **vítima como tema relevante na Criminologia, pode ser destacado que o art. 59,** *caput*, do Código Penal[2], também foi alterado pela Reforma Penal de 1984, acrescentando-se o "**comportamento da vítima**" como elemento a ser levado em consideração quando da aplicação da pena pelo Magistrado. Entre vários requisitos a serem considerados, o comportamento da vítima passa a ser fundamental para que a reprimenda possa ser menor para o condenado, quando ele foi determinante para a deflagração do delito.

Visto que o comportamento da vítima pode ser levado em consideração para fins de aplicação da pena ao acusado, o tema a ser analisado agora é puramente de Criminologia, em que se consideram três espécies de **vitimização** recorrentes na sociedade: **primária, secundária** e **terciária**.

Antes de prosseguir, não se deve confundir a vitimologia, que é a ciência que estuda o comportamento da vítima no surgimento do crime, com o conceito de vitimização, a ser estudado agora, que significa a própria condição de vítima diante da prática de uma infração penal.

A primeira espécie de vitimização, chamada de **primária**, decorre dos efeitos do crime na **vítima, ou seja, os danos** que ele causa nela, como **físicos, psíquicos e materiais**. Quando se tem a prática de um crime, como um estupro, a vítima sofre uma gama de danos em decorrência desse único ato. Há o abalo psíquico, a violação ao seu próprio bem jurídico, consubstanciado na **dignidade sexual**, e até mesmo danos de ordem material, uma vez que a vítima, em muitas vezes, irá necessitar de um acompanhamento psicológico para afastar os fantasmas daquele dia **fatídico em que ela foi violentada, tendo gastos com psicólogo**.

---

[1] Art. 121. Matar alguém:
Pena – reclusão, de seis a vinte anos.
Caso de diminuição de pena
§ 1º Se o agente comete o crime impelido por motivo de relevante valor social ou moral, ou sob o domínio de violenta emoção, logo em seguida a injusta provocação da vítima, o juiz pode reduzir a pena de um sexto a um terço.

[2] Art. 59. O juiz, atendendo à culpabilidade, aos antecedentes, à conduta social, à personalidade do agente, aos motivos, às circunstâncias e consequências do crime, bem como ao comportamento da vítima, estabelecerá, conforme seja necessário e suficiente para reprovação e prevenção do crime.

Christiano Gonzaga

A vitimização primária seria o **primeiro contato** da vítima com o crime, em que ela sofre a violação direta ao seu bem jurídico, que pode ser a **dignidade sexual**, como exemplo no crime de **estupro, e o patrimônio, nos casos de roubo**. Quando a vítima é forçada a manter relação sexual com outra pessoa, ocorre o crime de estupro e o bem jurídico dignidade sexual é destroçado. Diante disso, desencadeia uma série de violações ao patrimônio da pessoa, de ordem material, moral, física, entre outras. Essa espécie de violação traz para a vítima os mais variados transtornos e faz-se presente em qualquer crime, pois todo tipo penal tutela um determinado bem jurídico. É mais comum as vitimizações serem percebidas em crimes como os citados acima (estupro e roubo), pois há um ataque severo ao bem jurídico tutelado e as consequências nas demais vitimizações são mais nítidas, como se verá a seguir.

A **vitimização secundária**, notoriamente sentida pela **atuação das instituições estatais** (**controles sociais formais**) ante um crime, ocorre quando a vítima vai procurar ajuda estatal diante da prática da infração penal sofrida por ela. Ao chegar a uma Delegacia de Polícia em que os agentes públicos, em certos casos, não possuem o necessário preparo para o seu acolhimento, ela é novamente vitimizada, o que é chamado também de **sobrevitimização**.

Toma-se por exemplo o crime de estupro, em que a vítima que acabou de sofrer esse ataque brutal ao seu bem jurídico vai até uma Autoridade Policial pedir ajuda. Todavia, como se estivesse lidando com mais um crime qualquer, manda, de forma ríspida, que ela vá até o Instituto Médico-Legal fazer o exame de corpo de delito para comprovar a prática do crime em tela. Muitas vezes são Delegados de Polícia que não entendem a natureza feminina que fora despedaçada e, em vez de fazer uma acolhida inicial, tratam a vítima como um pedaço de carne, ou seja, coisificam a sua pessoa.

Foi com esse viés da Criminologia que o legislador brasileiro elaborou a Lei n. 13.344/2016, em que se determinou de forma específica que se impedisse a aludida **vitimização secundária, sobrevitimização ou revitimização**. Cita-se o artigo em tela para melhor compreensão da escolha legislativa, *in verbis*:

Art. 6º A proteção e o atendimento à vítima direta ou indireta do tráfico de pessoas compreendem:

I – assistência jurídica, social, de trabalho e emprego e de saúde;

II – acolhimento e abrigo provisório;

III – atenção às suas necessidades específicas, especialmente em relação a questões de gênero, orientação sexual, origem étnica ou social,

Manual de Criminologia

procedência, nacionalidade, raça, religião, faixa etária, situação migratória, atuação profissional, diversidade cultural, linguagem, laços sociais e familiares ou outro status;

IV – preservação da intimidade e da identidade;

V – prevenção à revitimização no atendimento e nos procedimentos investigatórios e judiciais (grifos nossos);

Percebe-se que o legislador foi atento e direto ao prescrever que o atendimento à vítima nos crimes de tráfico de pessoas, sem embargo de a medida estender-se para outros tipos de infrações penais, deve evitar qualquer tipo de revitimização no atendimento policial, bem como na fase judicial, como expressamente previsto na Lei citada.

Ora, é comum que os chamados **controles sociais formais,** já estudados acima, como a **Polícia,** o **Ministério Público** e o **Poder Judiciário,** notadamente numa democracia incipiente como a brasileira e sem nenhuma estrutura adequada de persecução penal vitimizem a pessoa que sofreu um ataque no seu bem jurídico.

O Delegado de Polícia, no atendimento inicial precário e sem nenhuma psicologia, acaba determinando que a vítima vá para um Instituto Médico-Legal, muitas vezes sem peritos preparados e em ambientes onde se misturam corpos a serem examinados decorrentes de homicídios com o exame pericial a ser feito nas partes íntimas da vítima.

Ainda dentro da Delegacia de Polícia, mas nos crimes de roubo, é muito comum os reconhecimentos de pessoas serem totalmente diferentes daquilo que preconiza o Código de Processo Penal, colocando-se o acusado frente a frente com a vítima e questionando se ele teria sido o autor dos fatos.

Nem precisa afirmar que a vítima negará tudo, uma vez que o acusado praticou o crime de roubo na porta da casa dela e sabe o seu endereço, o que fará com que se tema por sua vida ao imputar a ele o crime sofrido. Se o Delegado de Polícia tivesse um cuidado maior ao proceder com o reconhecimento de pessoas, sem que a vítima fosse vista pelo suposto autor dos fatos, com maior probabilidade ela iria confirmar a autoria atribuída a ele.

Essas críticas na forma de atuar da Polícia devem ser feitas para que o Poder Público se preocupe mais com a estruturação dos órgãos de segurança pública e de todos aqueles que trabalham na investigação policial.

Ainda dentro da **persecução criminal,** o próximo personagem a vitimizar a pessoa que sofreu a violação ao seu bem jurídico é o **Promotor de**

Justiça, que muitas vezes não faz o adequado **atendimento ao público**, tranca-se no seu gabinete refrigerado e somente atua em processos judiciais, sem nenhum calor humano no trato com pessoas que sofreram violações graves ao seu bem jurídico. Nem se diga que o atendimento ao público não é determinado ao membro do Ministério Público, ao contrário, isso está expressamente previsto na Lei Orgânica (Lei n. 8.625/93) que rege a referida instituição, conforme citado a seguir:

Art. 43. São deveres dos membros do Ministério Público, além de outros previstos em lei:

XIII – atender aos interessados, a qualquer momento, nos casos urgentes;

Ora, a vítima de um crime de estupro ou de roubo pode querer falar com o membro do Ministério Público para dar a ele informações relevantes do caso, mas quer guardar o devido sigilo e conversar reservadamente, o que é dever do Promotor de Justiça atender tal vítima.

Todavia, não raras vezes, em virtude de ter acabado de passar no concurso público e não possuir nenhuma experiência prática, acaba por **trancar-se no gabinete** e ser uma **máquina de elaborar peças processuais**. Muitas infrações penais poderiam ser evitadas se ele tivesse uma sensibilidade maior em ter procurado descobrir as causas das variadas mazelas sociais.

É por isso que o Ministério Público deve, cada vez mais, procurar fazer cursos longos que preparem eficazmente o membro para atuar de forma socialmente útil numa comarca. É natural a inexperiência de quem acabou de passar no concurso público, mas não justifica que os integrantes da Administração Superior do Ministério Público fechem os olhos para esse tipo de situação.

Os cursos realizados nos centros de aperfeiçoamento funcional devem ser mais longos e atentarem para esse tipo de **vitimização secundária** que poderá ocorrer tão logo o Promotor de Justiça chegue a sua comarca inicial.

Muitos querem transformar o Promotor de Justiça numa máquina de resolver os problemas **judiciais**, esquecendo-se dos vários e mais graves problemas sociais e extrajudiciais que se fossem resolvidos adequadamente não gerariam um processo judicial sequer.

Outro integrante do controle social formal é o **Poder Judiciário**. O Magistrado, apesar de ter que manter uma certa distância entre as partes, durante a audiência, principalmente nas de instrução, pode ter papel fundamental na hora de questionar a vítima de um crime de estupro ou até mesmo de roubo. Entender a dor que a vítima guarda em virtude do crime é

Manual de Criminologia

fundamental, para que possa fazer perguntas que não sejam invasivas ou que exponham ela socialmente. Isso também é uma forma de saber lidar com quem teve o seu bem jurídico violado.

Em boa hora, sob a luz do **Pacote Anticrime** e bebendo na fonte da Criminologia, o legislador nacional tratou de forma clara a **vitimização secundária, quanto à pessoa do acusado**, em seu **art. 3º-F da Lei n. 13.964/2019**[3], atribuindo competência ao **Juiz das Garantias** para que zele pela imagem do preso, impedindo-se que se explore a sua imagem na mídia de **forma sensacionalista**.

Trata-se de uma nova roupagem conferida pelo legislador para proteger toda e qualquer pessoa que se relacione com o sistema penal, pois não apenas a vítima do bem jurídico pode tornar-se, propriamente, vítima dos controles sociais formais, mas também o acusado durante as mais variadas prisões midiáticas, em que sua honra, imagem e dignidade de um modo geral são destruídas antes mesmo do devido processo legal.

Muitos criticam a forma com que o legislador vem protegendo o acusado no Processo Penal, mas isso é salutar nos dias de hoje, pois não é incomum ele ser absolvido no final, mas todas as violações perpetradas contra ele no início da investigação não serão jamais apagadas. Daí, a necessidade de censurar-se operações midiáticas e que possuem o condão de expor, de forma circense, a pessoa do acusado. Foi com essa razão que se atribuiu ao Juiz das Garantias o controle da produção de provas antes da instrução e julgamento.

Ainda nesse ponto, com o intuito de impor uma **responsabilidade penal** para quem viola a honra, imagem e dignidade do acusado, surge a **tipificação penal do art. 13 da Lei n. 13.869/2019 (Lei de Abuso de Autoridade)**[4],dentro da sistemática de impedir com que o Estado se valha de

---

[3] Art. 3º-F. O juiz das garantias deverá assegurar o cumprimento das regras para o tratamento dos presos, **impedindo o acordo ou ajuste de qualquer autoridade com órgãos da imprensa para explorar a imagem da pessoa submetida à prisão, sob pena de responsabilidade civil, administrativa e penal.**

Parágrafo único. Por meio de regulamento, as autoridades deverão disciplinar, em 180 (cento e oitenta) dias, o modo pelo qual as informações sobre a realização da prisão e a identidade do preso serão, de modo padronizado e respeitada a programação normativa aludida no *caput* deste artigo, transmitidas à imprensa, assegurados a efetividade da persecução penal, o direito à informação e a dignidade da pessoa submetida à prisão. (**grifos nossos**)

[4] Art. 13. Constranger o preso ou o detento, mediante violência, grave ameaça ou redução de sua capacidade de resistência, a:

I – exibir-se ou ter seu corpo ou parte dele exibido à curiosidade pública;

holofotes para destruir a imagem de alguém, ainda que seja um acusado de crime grave, pois o único direito que o preso perde é a liberdade.

Nessa luz de raciocínio, destaca-se, a nosso ver, uma **nova espécie de vitimização secundária** com enfoque na pessoa do **acusado**, uma vez que perpetrada pelos personagens dos controles sociais formais com o intuito de movimentar a persecução penal, mas violando a sua imagem com o viés de exposição à curiosidade pública, numa franca tentativa de conquistar a opinião pública para situações que, sob o duro pálio do Processo Penal, não seriam tão facilmente corroboradas pelas instâncias superiores do Poder Judiciário. Agora, o caminho a ser tomado pelos que estão do lado do Estado é a frieza da lei e a neutralidade da persecução penal, pois a impessoalidade na formação da culpa deve ser o norte de todos que usam da força estatal para exercer o seu labor, sob pena de incorrer em eventual nulidade processual e, o que é mais grave, na tipificação penal prevista na citada Lei de Abuso de Autoridade, com suas consequências jurídicas.

Quando os **controles sociais formais não sabem como lidar com a vítima, gerando a vitimização secundária**, importante destacar que haverá um completo isolamento e descrédito dela perante a sociedade, uma vez que o sistema penal não deu prosseguimento adequado na investigação do crime ao qual ela foi submetida. Com isso surge a última espécie de vitimização chamada de terciária.

Dentro desse espectro envolvendo a vitimização secundária ou sobrevitimização, destaca-se uma novidade legal abrangendo o tratamento conferido à vítima, consubstanciado no tipo penal de **violência institucional** previsto na Lei n. 13.869/2019, a seguir citado:

Violência Institucional (Incluído pela Lei n. 14.321, de 2022)

Art. 15-A. Submeter a vítima de infração penal ou a testemunha de crimes violentos a procedimentos desnecessários, repetitivos ou invasivos, que a leve a reviver, sem estrita necessidade: (Incluído pela Lei n. 14.321, de 2022)

I – a situação de violência; ou (Incluído pela Lei n. 14.321, de 2022)

II – outras situações potencialmente geradoras de sofrimento ou estigmatização: (Incluído pela Lei n. 14.321, de 2022)

II – submeter-se a situação vexatória ou a constrangimento não autorizado em lei;

III – (VETADO);

III – produzir prova contra si mesmo ou contra terceiro:

Pena – detenção, de 1 (um) a 4 (quatro) anos, e multa, sem prejuízo da pena cominada à violência.

Manual de Criminologia

Pena – detenção, de 3 (três) meses a 1 (um) ano, e multa. (Incluído pela Lei n. 14.321, de 2022)

§ 1º Se o agente público permitir que terceiro intimide a vítima de crimes violentos, gerando indevida revitimização, aplica-se a pena aumentada de 2/3 (dois terços). (Incluído pela Lei n. 14.321, de 2022)

§ 2º Se o agente público intimidar a vítima de crimes violentos, gerando indevida revitimização, aplica-se a pena em dobro.

Pela análise, é de uma claridade solar que o tipo penal trata da chamada **revitimização**, também denominada vitimização secundária, uma vez que o legislador usou a expressão "submeter a vítima a procedimentos desnecessários que a leve a reviver as situações" que violaram o seu bem jurídico. A expressão "reviver" destaca claramente a ideia de revitimização, demonstrando que o legislador atentou-se para a ideia trazida pela Criminologia atinente ao tratamento que deve ser evitado no trato com a vítima.

Como se não fosse suficiente, para tornar mais óbvia ainda a questão da vitimização secundária tratada na Criminologia, bem como para aquilatar o tamanho da importância da matéria nos dias de hoje, não apenas na prática do cotidiano forense, mas também nos mais variados concursos públicos, o legislador cita, expressamente, nos parágrafos 1º e 2º, a expressão "revitimização" ao mencionar o tratamento que deve ser evitado quanto à relação com a vítima na persecução penal. Isso por si só demonstra quão relevante passou a ser o estudo da Criminologia para compreender-se a parte social envolvendo a criminalidade, mas, também, as constantes alterações legais imbuídas de expressões que antes somente eram estudadas nos livros de Criminologia.

Mais uma vez, a Criminologia fornece todo o substrato para que a Política Criminal escolha as situações mais condizentes com a realidade da criminalidade e transforme isso em tipificações penais, como ocorre com a previsão legal em testilha.

Ainda dentro da sistemática da **vitimização secundária,** todavia na linha do Processo Penal, percebe-se que não passou ao largo do legislador o estudo que a Criminologia fez de emblemático caso concreto envolvendo a cidadã chamada Mariana Ferrer, que se intitulou como "Caso Mariana Ferrer".

Vamos resgatar o acontecimento, não na parte criminal, eis que o desfecho do suposto crime de estupro não interessa ao que será aqui abordado, mas sim a forma como a suposta vítima foi tratada na audiência de instrução e julgamento.

Christiano Gonzaga

Ora, os personagens processuais devem ter um cuidado especial ao indagar a vítima de crimes contra a dignidade sexual, notadamente quando for do sexo feminino, eis que há uma fragilização natural em tais situações. Assim, a vida pregressa da vítima ou a forma como ela se veste, por exemplo, não podem ter o condão de ter peso na persecução penal. Ataques, pilhérias e zombarias contra a pessoa da vítima na apuração do crime sexual não devem ser aceitos, eis que isso é uma patente forma de fazer com que ela reaviva o episódio em que se violou o seu bem jurídico, no caso, a dignidade sexual.

Isso é o que a Criminologia quer evitar dentro do estudo da **vitimização secundária**, pois já basta a violação ao seu bem jurídico (vitimização primária), o que pressupõe uma instrução processual em consonância com o fundamento constitucional da dignidade da pessoa humana.

Com base nessa análise doutrinária da Criminologia, o Processo Penal andou bem ao criar a seguinte disposição legal, nesses termos:

Art. 400-A. Na audiência de instrução e julgamento, e, em especial, nas que apurem crimes contra a dignidade sexual, todas as partes e demais sujeitos processuais presentes no ato deverão zelar pela integridade física e psicológica da vítima, sob pena de responsabilização civil, penal e administrativa, cabendo ao juiz garantir o cumprimento do disposto neste artigo, vedadas:

I – a manifestação sobre circunstâncias ou elementos alheios aos fatos objeto de apuração nos autos;

II – a utilização de linguagem, de informações ou de material que ofendam a dignidade da vítima ou de testemunhas.

Art. 474-A. Durante a instrução em plenário, todas as partes e demais sujeitos processuais presentes no ato deverão respeitar a dignidade da vítima, sob pena de responsabilização civil, penal e administrativa, cabendo ao juiz presidente garantir o cumprimento do disposto neste artigo, vedadas:

I – a manifestação sobre circunstâncias ou elementos alheios aos fatos objeto de apuração nos autos;

II – a utilização de linguagem, de informações ou de material que ofendam a dignidade da vítima ou de testemunhas.

Percebe-se, claramente, que o legislador se abeberou nos conhecimentos da Criminologia, pois é destacada de forma explícita a figura da vítima, que deve ser respeitada em toda a sua extensão, sob pena de ocorrer a tão citada vitimização secundária.

Manual de Criminologia

O que o legislador fez na seara processual penal foi acrescentar consequências para o descumprimento do que está imposto pela lei, que é o respeito à dignidade da pessoa humana, sendo tais consequências facilmente percebidas na responsabilização civil, penal e administrativa. Em outras palavras, se não houver a completa atenção ao que consta das disposições legais, ensejará a possibilidade de indenização cível, aplicação de sanção penal e punição administrativa para o infrator.

O enfoque legal foi totalmente baseado nos estudos da Criminologia, ressaltando-se que isso constitui a perfeita aceitação dessa importante Ciência Criminal no cotidiano forense.

A **vitimização terciária** consiste no **isolamento** que a sociedade impõe à vítima diante da prática do crime a que ela foi submetida, como o estupro. Nesse tipo de infração penal, é comum a vítima ser tratada com preconceito e ser alijada do convívio social, uma vez que muitas pessoas tendem a comentar o crime ocorrido e chegam até mesmo a atribuir parcela de culpa à vítima.

A fim de ilustrar tal espécie de vitimização, cumpre ressaltar o recente episódio ocorrido no Rio de Janeiro[5], em que uma garota foi vítima do chamado "**estupro coletivo**", onde **vários homens revezaram** entre si durante alguns dias mantendo relações sexuais forçadas com ela, em típico caso de estupro. Após o ocorrido, foi comentário geral nas redes sociais e na comunidade em que a vítima morava de que ela teria sido parcialmente culpada pelo ocorrido, uma vez que já teria feito tal prática anteriormente e não tinha reclamado na Polícia. Ademais, ela também mantinha relacionamento amoroso com um dos envolvidos e de forma sistemática frequentava bailes *funk* em que tal prática era corriqueira.

Ora, esse é o exemplo claro de que a sociedade vitimiza a pessoa, atribuindo a ela a motivação do crime, pois isso já teria sido feito anteriormente com o consentimento dela e agora só pelo fato de ter vazado um vídeo nas redes sociais com cenas de sexo explícito era que teria motivado o acionamento dos controles sociais formais (Polícia, Ministério Público e Poder Judiciário).

Chega a ser aberrante a colocação de que se a vítima já teria consentido em prática similar no passado ela tinha que aguentar calada a nova situação idêntica. É o total desprezo pela condição humana e abdicar da dig-

---

5   Disponível em: <http://g1.globo.com/rio-de-janeiro/noticia/2016/05/vitima-de-estupro-coletivo-no-rio-conta-que-acordou-dopada-e-nua.html>. Acesso em: 21 jan. 2018.

Christiano Gonzaga

nidade sexual da vítima, que pode muito bem escolher fazer orgias consentidas num dado momento e, posteriormente, não mais aceitar práticas similares. Pensar de forma diferente seria coisificar a pessoa da mulher, tratando-a sem ser sujeito de direito, mas como **objeto de direito**.

Em muitos casos de violência doméstica, a figura da mulher é vista como "culpada" pela infração penal sofrida, pois ela deveria ter sido mais compreensiva com o marido que estava, por exemplo, bêbado e fora de si, como se isso fosse algo natural e inerente às condições biológicas do homem, mas que não foram compreendidas por ela.

Essa é uma percepção esdrúxula da realidade, pois a mulher que se sujeita a esse tipo de situação acaba por permitir que condutas graves e criminosas sejam perpetradas contra ela de forma diária, culminando, não raras vezes, com a mais extrema figura típica do **feminicídio**.

Todavia, a sociedade é perversa e passa a vitimizar, **de forma terciária**, a mulher que denuncia esse tipo de comportamento, pois ela seria a responsável por dissolver o seio familiar ao levar o caso para as barras do sistema penal. Isso é comum em países subdesenvolvidos que aceitam de forma complacente a figura da mulher submissa e que sofre calada, mas que mantém, a duras penas, o núcleo familiar, em detrimento dos seus próprios direitos violados, sem acionar as forças estatais para afastar o marido criminoso da convivência dos seus filhos, numa total inversão de valores daquilo que deveria ser o correto, ou seja, o enquadramento dele nas duras penas da lei, como forma de frear sentimentos mais primitivos e assustadores para ela e seus filhos.

Nesse contexto de pensamento que surge a chamada **síndrome de Oslo** (tratada ao final do livro no capítulo das Terminologias Específicas), mas que deve ser trazida à colação apenas por pertinência temática.

Nesse tipo de síndrome, as vítimas passam a acreditar que são merecedoras das agressões morais e físicas que estão sofrendo, em razão de alguma conduta pretérita por parte delas. Na verdade, trata-se de um mecanismo de defesa que ela utiliza para deixar o agressor mais calmo, de forma a tentar controlar as suas ações. Ocorre muito em situações de violência doméstica quando a mulher assume para o marido que merecia sofrer as lesões perpetradas por ele, mas isso apenas com o intuito de fazer com que cessem imediatamente as agressões e pareça que o homem tinha razão acerca dos fatos que originaram o episódio. O grande problema é que, mesmo após o agressor ter ficado calmo, a vítima, em muitos casos, não procura as autoridades estatais e entra num círculo vicioso.

206

Atualmente, surge no campo doutrinário, mas sem o rigor científico com que se criaram as demais vitimizações (primária, secundária e terciária), a chamada **vitimização quaternária**.

Seria essa espécie de vitimização o medo que a vítima possui de converter-se em vítima (**vitimização subjetiva**), internalizando-se pela **falsa percepção da realidade** criada pelos meios de comunicação (**formadores de opinião pública**) que, diariamente, destilam nos mais variados jornais e mídias sociais aspectos negativos da criminalidade (tráfico de drogas, homicídios, mortes por ingestão de cerveja, como em caso público e notório de cervejaria que se utilizou de material tóxico na elaboração dos seus produtos, danos ambientais etc.), mas sem, em alguns casos, fazer a devida pesquisa aprofundada sobre o que de fato ocorrera ou analisando melhor os dados estatísticos.

Muitas dessas informações podem ter sido despejadas na sociedade com algum **interesse oculto** (econômico ou político), mas que geram nos cidadãos o **medo** de tornarem-se vítimas de tais fatos típicos e fazem com que apoiem a causa que determinou a criação dessa notícia.

Cria-se um clima de medo na população que passa a visualizar-se como **potencial vítima** daqueles delitos ventilados nos canais de comunicação, ensejando o sentimento de **vitimização quaternária**, que, para ficar livre desse pensamento, pugna pelo combate a qualquer custo da criminalidade em voga, satisfazendo-se, assim, o intuito daqueles que manipularam a notícia em testilha.

Essa nova vertente da vitimização merece uma atenção especial por parte dos operadores do direito e também pelos legisladores, que não podem permitir que a opinião pública seja formatada com base em notícias midiáticas sem o devido aprofundamento e pesquisa mais séria sobre as causas do problema da criminalidade. Todavia, trata-se de uma missão difícil, pois o que vende nos dias de hoje é a notícia sensacionalista e impactante, numa sociedade líquida e cada vez mais pujante na sistemática do "pão e circo".

3.1 SÍNDROMES DA CRIMINOLOGIA NOS CRIMES CONTRA A DIGNIDADE SEXUAL

Nessa linha de estudo, pode ser trazida à baila a famosa **Síndrome da Barbie**, que bem sintetiza essa ideia de **coisificação da mulher**. Por tal síndrome, a mulher é vista socialmente como objeto de desejo, nos mesmos moldes de uma boneca, daí o nome alusivo à Barbie. Sabe-se que desde cedo muitas crianças são criadas como se fossem bonecas dos pais, sem vontade própria e sempre visando à subserviência ao futuro marido.

Pelos simples brinquedos que os pais dão às meninas isso é claramente percebido, como aqueles utilizados para fazer comida (fogões de plástico que representam uma cozinha), estojos de maquiagem para cuidar do visual (ideia de fazer a mulher ser objeto de desejo pela beleza) e, principalmente, a boneca Barbie, em que a criança penteará, vestirá roupa e desfilará como se fosse uma modelo. Tudo isso gera a perspectiva de uma preparação futura para ser **objeto, e não sujeito de direitos**.

Tal síndrome irá retirar totalmente a ideia de a mulher ser independente, com voz própria e dona do seu próprio corpo, o que facilitará a prática de crimes como o citado "estupro coletivo", em que a vítima somente reclamou do ocorrido quando o fato ocorrera uma segunda vez, posto que, da primeira, houve o medo de alertar as autoridades locais, uma vez que ela já se acostumou e aceitou a sua condição de objeto nas mãos dos homens, sendo quase que uma obrigação implícita servir aos caprichos de seus algozes.

Percebe-se que as **crianças** são preparadas desde cedo para exercer **papéis sociais** no futuro, sendo de grande contribuição para a formatação desse perfil os brinquedos que elas ganham na infância. Meninas que são criadas à semelhança da boneca Barbie tendem no futuro a repetir esse tipo de comportamento, daí a aceitação mais natural de ser objeto de direito.

Para que não se confunda a Síndrome da Barbie com outra síndrome muito utilizada no campo da **produção probatória** na sistemática processual penal, traz-se à colação a **Síndrome da Mulher de Potifar**. Tal síndrome consiste na simbologia traduzida pela Bíblia quando José foi vendido como escravo para o capitão Potifar[6] e negou-se a deitar com a mulher deste. Tal negativa acendeu a ira da mulher de Potifar e fez com que esta acusasse José de ter tentado violentá-la sexualmente.

A análise desse episódio demonstra que houve uma **prova forjada** de um suposto crime de estupro. Trazendo o fato para os dias atuais e abordando o Código Penal, pode-se dizer que, quando alguém imputa falsamente um crime a outro gerando um procedimento ou processo penal contra ele, tem-se o crime de **denunciação caluniosa**, previsto no **art. 339 do CP**.

Assim, dentro do contexto das vitimizações, muitos são os temas que envolvem o personagem da vítima, mas não se deve confundir tal enfoque com as **criminalizações e as prevenções da Criminologia, posto que tam-**

---

[6]   **Gênesis 39, 1-23.**

Manual de Criminologia

bém são identificadas como primária, secundária e terciária, as quais serão vistas em tópico próprio.

3.2 CRIMINOLOGIA E VITIMOLOGIA CORPORATIVAS

Tema contemporâneo no campo da Criminologia, a chamada **vitimologia corporativa** enfoca o comportamento de diversos personagens que atuam no **cenário corporativo** de grandes empresas, tais como presidentes, executivos e diretores. Tais funcionários são fortemente expostos a vários escândalos envolvendo as atividades das empresas, centrando-se neles todas as responsabilidades possíveis (civil, administrativa e penal), como se fossem os únicos responsáveis pelos acontecimentos. A sociedade precisa encontrar algum personagem concreto (carne e osso) para impor a sua sanha acusatória, sendo os executivos, por exemplo, a pessoa ideal para tanto.

Todavia, presidentes, executivos e diretores são moldados dentro das empresas para receberem esse tipo de tratamento, num processo claro de **vitimologia corporativa**. Altos salários, elevados bônus e tratamento especial compensam toda a sorte de imputações civil, administrativa e criminal que possam a vir sofrer. A expressão "bode expiatório" pode ser aplicada a eles, pois recebem altos salários e devem compreender que essa imputação pelos crimes praticados pela sociedade empresária faz parte da elevada remuneração e *status* que gozam no meio social.

Pelo que se pode compreender daquilo que fora exposto acima, a **vitimologia corporativa** é um enfoque dentro de uma **Criminologia corporativa**, pois abrange o **estudo da vítima, os processos de vitimização no campo corporativo e as formas de diminuir esse tipo de comportamento**.

Presidentes, executivos e diretores podem possuir a sua parcela de culpa na realização de condutas ilícitas, mas é importante ressaltar que a formatação processual dessa responsabilidade deve ser aferida por critérios sensíveis e sob o pálio de inúmeros princípios constitucionais. Além disso, internamente, as sociedades empresárias devem criar meios de combater esse pensamento estigmatizante em cima de seus principais funcionários, sendo uma ótima saída o **mecanismo de *compliance***, largamente utilizado nos dias de hoje por empresas que almejam ter o capital aberto na bolsa de valores, realizando-se o que se chama de **governança corporativa**.

O instituto do *compliance* pode ser visualizado como um exemplo dos estudos da **Criminologia e vitimologia corporativas**, uma vez que institui **boas práticas de mercado** e monitora, internamente, as condutas de seus funcionários, evitando-se comportamentos que possam gerar algum tipo de responsabilização, além de separar, claramente, aquele que violou algum tipo de lei e mereça a punição por tanto.

Como ilustração da aplicação prática desse mecanismo de *compliance*, citam-se episódios envolvendo mineradoras e seus principais funcionários que são responsabilizados em todas as esferas, inclusive a moral, de certos **ilícitos ambientais graves**, como rompimento de barragens de rejeitos. Ora, se houvesse um *compliance* bem estruturado, seria facilmente possível de destacar-se a punição do funcionário ou funcionários que omitiu na função de evitar que isso ocorresse, impedindo-se a punição de presidente e diretores que possuem outro tipo de função empresarial. O mau comportamento de um não pode atingir toda a empresa, pois a responsabilidade precisa ser aferida de forma individual e dentro das suas funções.

O tema em voga, qual seja, vitimologia e Criminologia corporativas pode gerar inúmeros apontamentos no mundo moderno, em que o crescimento exponencial de grandes empresas de forma globalizada demandará a atuação certeira dos criminólogos, também modernos, para estudar, compreender e criar soluções justas para esse tipo de atividade difusa.

Atualmente, o mundo é tomado por grandes corporações que ditam as tendências globais do cotidiano, como Apple, Microsoft, PayPal, mineradoras, Tesla e muitas outras que mudaram a forma de viver e pensar do ser humano, não podendo o seu estudo ser feito com as ideias clássicas da Criminologia, urgindo necessário criar um novo tipo de panorama para entender esse fenômeno, o que se convencionou chamar de Criminologia corporativa, com ênfase no comportamento dos seus principais atores empresariais, ou seja, a vitimologia corporativa.

4 PREVENÇÕES E CRIMINALIZAÇÕES

As **prevenções na Criminologia não devem ser confundidas com as prevenções existentes no Direito Penal**. Apesar de ambas terem pontos de contato, como as consequências da aplicação da pena perante a sociedade e o criminoso, as da Criminologia são divididas em primária, secundária e terciária. Antes de adentrar nelas propriamente ditas, será feita uma relembrança das prevenções no Direito Penal.

Analisando-se o art. 59, *caput*, CP, o legislador impôs que o Juiz, ao fazer a dosimetria da pena, deverá ater-se à prevenção, conforme consta da parte final do dispositivo citado, nesses termos:

> Art. 59. O juiz, atendendo à culpabilidade, aos antecedentes, à conduta social, à personalidade do agente, aos motivos, às circunstâncias e **consequências do crime, bem como ao comportamento da vítima, estabelecerá, conforme seja necessário e suficiente para reprovação e prevenção do crime.** (grifos nossos)

Essa aludida prevenção pode ser dividida em **prevenção geral e especial, sendo essas duas subdivididas em positiva e negativa**.

A **prevenção geral** é o efeito da aplicação da pena na **sociedade**, ou seja, qual eficácia isso terá perante os cidadãos. Quando a pena é imposta a alguém, os demais componentes da sociedade reagem a isso, podendo ser feito de forma positiva ou negativa.

A **prevenção geral positiva** ocorre quando os cidadãos sentem o efeito da aplicação da pena e integram-se socialmente, daí ter a **função integradora**. Em razão da aplicação da pena, a sociedade acredita que o sistema penal funciona e fica unida em torno disso. É o que ocorre quando alguém é preso por um crime qualquer que choca a nação, como um homicídio de pais contra filhos. Diante da prisão e posterior aplicação da pena, a sociedade acredita que as leis penais estão funcionando corretamente.

Christiano Gonzaga

Cumpre ressaltar que nem sempre a **prevenção geral positiva** tem os seus efeitos sentidos socialmente. Veja-se o caso de crimes como os de colarinho-branco que dificilmente são aplicadas as penas e devidamente punidos. Nesse tipo de criminalidade não existe a prevenção geral positiva, ficando a sociedade desacreditada quanto à punição nesses crimes. Assim, pode-se dizer que inexiste a prevenção geral positiva para os crimes de colarinho-branco, uma vez que eles são de difícil punição e a sociedade não coloca fé na aplicação de pena, o que gera uma desintegração e fragilização na confiança nas Instituições.

Nas palavras de **Luhmann**, há uma **quebra das expectativas sociais**, o que gera, por consequência, uma **desestabilização do sistema** diante da falibilidade da punição nos crimes de colarinho-branco.

Em virtude disso, ao contrário, quando são feitas punições à criminalidade do colarinho-branco, a sociedade passa a acreditar novamente no sistema penal, pois isso não é costumeiro historicamente no Brasil. Com a concretização de prisões e punições, a sociedade passa a integrar-se novamente (função integradora) e acredita que existe uma luz no fim do túnel.

A **prevenção geral** também pode ser **negativa**, tendo o viés social de exemplificação, ou chamada **função exemplificadora**. Ao aplicar-se a pena a alguém, a sociedade sente esse fato como um exemplo do que ocorre quando se comete certo tipo de crime.

Quando se mata, trafica ou rouba, o sistema penal imediatamente age e coloca o acusado atrás das grades, exemplificando-se que esses tipos de crimes geram punições, o que coage a sociedade a não praticar determinado tipo de delito. Em outras palavras, quem mata, pratica a mercancia de drogas e rouba será inevitavelmente punido pelo sistema penal.

Por outro lado, a **prevenção geral negativa não é tão sentida, mais uma vez, nos crimes de colarinho-branco**. Isso se dá porque não há aplicação de penas para esse tipo de criminalidade. Dificilmente alguém é punido por esse tipo de crime, o que causa na sociedade o estímulo de cometer esses delitos, uma vez que a punição é algo cada vez mais distante.

Hoje em dia, os crimes de colarinho-branco, por não serem devidamente punidos, geram até uma certa ideia utilitarista na população de praticá-los, pois se ninguém está sendo punido e muitos estão praticando, a sociedade passa a fazer igual e ingressar no mundo da criminalidade.

Em virtude disso, aumentam-se os crimes de sonegação fiscal, lavagem de dinheiro, evasão de divisas e certos crimes contra a Administração Pública (peculato, corrupções passiva e ativa etc.). A impunidade desses crimes está ligada de forma direta ao crescimento proporcional da prática dos crimes de colarinho-branco. São grandezas inversamente proporcionais,

212

pois quanto menor a punição maior o crescimento em progressão geométrica desse tipo de delito.

Já a **prevenção especial** analisa os efeitos da pena na pessoa do **acusado**. Da mesma forma que a prevenção geral, ela também é subdividida em **positiva e negativa**.

A **prevenção especial positiva** enfoca o lado útil da aplicação da pena, consistente na **ressocialização** do condenado. Quando alguém está cumprindo a reprimenda estatal, devem ser permitidos a ele os benefícios da execução penal, como a **progressão de regime, a remição da pena pelo trabalho e pelo estudo, saídas temporárias**, entre outros.

Somente com essa **reinserção social gradativa** é que a pena terá cumprido o seu papel ressocializador. Por isso, com esse viés ressocializador, o Supremo Tribunal Federal cunhou a **súmula vinculante 56**[1], em que se determina o cumprimento da pena em regime domiciliar, caso inexistam os regimes semiaberto e aberto, pois ninguém poderá cumprir a pena no regime mais gravoso a que ele tem direito. Com o intuito de conceder à pena o caráter ressocializador, todas as interpretações legais devem estar atinentes àquilo que beneficia o condenado, pois se deve primar pelo seu retorno ao convívio social.

A **prevenção especial negativa**, com enfoque mais voltado ao condenado em si, almeja-se que ele não volte a delinquir, uma vez que a aplicação de pena e consequente envio ao cárcere impedirá que se pratiquem novos delitos. Essa é a função chamada de **neutralizadora**. Uma vez que ele se encontra recolhido ao estabelecimento prisional, o cometimento de novos delitos torna-se bastante difícil.

Deve ser apenas destacado que, no Brasil, como sói acontecer, não é fácil fazer valer qualquer espécie de prevenção, até mesmo a especial negativa, que tem por fim neutralizar o condenado. Em episódio recente de carnificina humana, alguns presidiários no norte do país se rebelaram e mataram os rivais pertencentes a outra facção criminosa, num verdadeiro banho de sangue. Ora, aparentemente neutralizados, os presidiários cometeram inúmeros crimes de homicídio, restando totalmente falha a prevenção especial negativa nesse ponto.

Pelo que se percebe com o que foi dito acima acerca das prevenções no Direito Penal, elas não **são hábeis, em todas as suas vertentes, de im-**

---

[1] A falta de estabelecimento penal adequado não autoriza a manutenção do condenado em regime prisional mais gravoso, devendo-se observar, nessa hipótese, os parâmetros fixados no RE 641.320/RS.

Christiano Gonzaga

pedir novos cometimentos de delitos, tanto pela parte do condenado quanto por parte da sociedade. Em virtude desse aspecto insuficiente, serão estudadas as formas de prevenção na sistemática da Criminologia, com o intuito de dar melhores soluções no combate ao surgimento do crime ou, após o seu surgimento, impedir que ele se alastre.

Para a **Criminologia**, a prevenção pode ser de três ordens: **primária, secundária e terciária.**

A **prevenção primária** consiste na forma mais eficaz de prevenir o cometimento de crimes, uma vez que ela age antes do seu nascedouro, operando-se uma planejada realização de **políticas públicas.** É sabido que países mais desenvolvidos, como Suécia, Suíça e Japão, possuem um viés de implementação de políticas públicas muito acentuado, em que o Estado é responsável em prover todas as necessidades básicas (direitos sociais) dos seus cidadãos. Não havendo a falta de direitos elementares, o cidadão não se sente motivado a cometer crimes para ter saúde (hospital), educação (escola) e segurança pública (policiamento). Ele já tem isso só pelo fato de ser cidadão, sendo tal fator suficiente para ter-se o **mínimo existencial.**

Em que pese essa seja a melhor forma de prevenir-se o crime, é a **mais morosa** de ser **implementada**, pois a construção de um hospital, de escolas ou equipar adequadamente a polícia, tudo isso é difícil e esbarra em inúmeros fatores burocráticos.

Ademais, para fins puramente eleitoreiros, a prevenção primária é ruim, posto que a sociedade já está cansada de falsas promessas de construção de escolas, hospitais e mais segurança pública. Essa promessa estéril de construir uma sociedade com base sólida na educação, com atendimento médico de primeiro mundo e proteção policial em cada esquina já se tornou desanimadora e está cada vez mais desacreditada. Daí nem mesmo nesse ponto com justificativa eleitoral está valendo a prevenção primária. Todavia, é bom que se registre que ela é a **forma mais eficaz** de impedir-se o surgimento do crime, uma vez que a sua atuação é feita na origem de tudo.

A outra espécie de prevenir o crime é chamada de **prevenção secundária**, sendo naturalmente um pouco mais falha do que a primária, pelo simples fato de já atuar **depois que o crime surgiu.** Pela prevenção secundária, o combate ao crime é feito no local onde ele surgiu, comumente nos locais mais pobres das periferias, em que comunidades são carentes de direitos sociais básicos, daí terem que apelar para a prática de delitos para ter saúde, por exemplo, medicamento para mãe que está doente.

Nesse tipo de prevenção, impera o **fortalecimento da Polícia**, uma vez que qualquer crime que ocorra deve ser por ela combatido, devendo isso dar-se nos chamados **focos de criminalidade.**

214

Em virtude disso, é que se tem a criação de certas equipes especiais de policiamento, como aquelas destinadas a fazer rotas nas periferias, em locais onde o crime já surgiu e é ali demasiadamente praticado. Esse tipo de política de atuação amealha muito mais votos do que a prevenção primária, pois ela permite uma **falsa sensação de segurança** quando se tem policiamento nas ruas e nos focos de criminalidade, mas não é a forma mais eficaz, pois o combate não está sendo realizado na raiz do problema (ausência de saúde, educação, moradia e demais direitos sociais).

Não é com outra razão que muitos políticos são eleitos porque levantam a bandeira da segurança pública. Até mesmo aqueles que não possuem legitimidade constitucional[2] para fazer leis penais, como Vereadores e Deputados Estaduais, são escolhidos quando bradam aos quatro cantos que o compromisso primordial é com o combate ao crime e com a elaboração de leis penais mais duras.

Ora, é sabido que para fazer leis penais é necessário estar no Congresso Nacional, seja como Deputado Federal, seja como Senador. Todavia, o povo não tem esse conhecimento da Constituição Federal para a competência legislativa, sendo suficiente para a eleição de certos políticos o discurso emocional e com bravatas.

Apesar de ser a prevenção secundária a forma mais eficaz de eleger-se o político, ela demonstra que a sociedade perdeu a luta contra o crime, que nasceu nos grotões de pobreza exatamente pela falta de implementação de políticas públicas.

Um bom exemplo de implementação da prevenção secundária nos focos de criminalidade é o que se fez na cidade do Rio de Janeiro, nos locais de alto índice de criminalidade, como na famosa comunidade carente chamada de "favela da Rocinha". Nela foi implantada a Unidade de Polícia Pacificadora, ou simplesmente UPP, em que se instala uma unidade da Polícia Militar de forma permanente no coração da comunidade carente, como forma de inibir os criminosos a cometerem delitos, pois a presença estatal tem por fim impor esse freio aos criminosos.

Ainda que a ideia seja boa, sabe-se que uma simples UPP no meio de um furacão da criminalidade é quase que remar contra a maré, pois é difícil colocar um policial com poucos recursos no meio de uma localidade dominada pelo tráfico com armas de última geração. Todavia, a chamada **UPP** não deixa de ser um **exemplo** de **prevenção secundária**.

---

[2] Artigo 22, I, CF: compete privativamente à União legislar sobre: Direito Penal.

Por fim, a chamada **prevenção terciária** consiste na forma de prevenir o crime mais falha de que se tem notícia, em que o criminoso é o alvo a ser mirado. Após ter dado errada a implementação de políticas públicas, bem como não ter sido possível combater os focos de criminalidade, agora a única saída que se tem é a atuação em cima do criminoso.

Com base nisso, o Estado busca as melhores formas de impedir que ele volte a delinquir, seja por meio de sua **neutralização** numa penitenciária, seja por métodos mais eficazes de **ressocialização**, como a já aplicada remição pelo estudo.

Em que pese seja uma forma de prevenir o crime, não é a mais adequada, sendo também a **mais falha** e **menos útil** com fins eleitorais, uma vez que o condenado não tem mais os seus direitos políticos enquanto estiver cumprindo pena, daí não ser útil para qualquer fim político.

Todavia, de forma a tornar a sociedade mais segura, pois esse condenado irá sair algum dia, a melhor forma é pensar em algo que faça com que ele se torne um cidadão mais evoluído quando tiver que ser reinserido socialmente. Por ser uma prevenção que demonstra a falência do combate ao crime, ela tem poucas análises doutrinárias mais relevantes.

Noutro giro, não podendo ser confundida com as prevenções nem com as vitimizações, passa-se ao estudo das chamadas **criminalizações**, que também podem ser divididas em **primária, secundária e terciária**.

As criminalizações referem-se ao modo de criar condutas criminosas, podendo isso ocorrer por parte do legislador, do sistema penal e da sociedade.

A começar pela **criminalização primária**, o ponto inicial de análise é o **legislador** que elabora a lei penal. O destaque feito para esse tipo de criminalização está nos bens jurídicos que o legislador almeja tutelar com a sua atuação legislativa. Como se sabe, existem dois tipos bem delineados de crimes para a Criminologia, os de colarinho-branco e os de colarinho-azul.

Dentro desse viés, percebe-se claramente que o **legislador penal** tem uma preocupação primária com os crimes de colarinho-azul, enquanto com os de colarinho-branco há inúmeros diplomas legais que o tratam de forma benéfica, até mesmo descriminalizando certas condutas, mediante alguns requisitos, como pagamento do tributo ou repatriação de valores. A ideia que se tem é que os crimes de colarinho-azul são os que realmente atacam bens jurídicos relevantes, como a vida, patrimônio e integridade física, enquanto os crimes de colarinho-branco não são sentidos os seus efeitos, de forma direta, pela maioria da sociedade. A ausência de um hospital ou de uma escola somente se torna relevante depois

Manual de Criminologia

que a pessoa vai buscar a saúde e educação e percebe que esses bens básicos não existem. O desvio de verba pública feito lá atrás não é sentido num primeiro momento.

Com esse viés, o legislador se sente mais confortável em endurecer tipos penais que afetam diretamente a sociedade, como exemplo contemporâneo tem-se o **crime de furto de semovente domesticável de produção**[3], em que o legislador penal tornou qualificado o crime de furtar um animal que seja usado na produção comercial, como exemplo de gados de corte. Ora, esse é o caso clássico de que a preocupação do legislador é com a criminalidade que viola bens patrimoniais de forma direta, pois é isso que gera, sob certo aspecto, uma imediata insegurança pública.

Todavia, esse tipo de tipificação demonstra o atual estágio de leis penais que se tem no Brasil, em que o olhar está voltado para aquilo que tutela os bens jurídicos ofendidos pelos criminosos de colarinho-azul. Numa alusão ao chamado **Direito Penal do Pânico** ou **Direito Penal Simbólico**, em que se criam tipos penais somente para atender aos anseios sociais momentâneos, como no caso em tela, voltado para impedir que os integrantes do Movimento dos Trabalhadores Sem Terra (MST) pratiquem crimes de furtos em grandes propriedades e isso seja apenas um crime de furto simples, veio o legislador penal e alçou o tipo **à forma qualificada**, o que **impede** a alegação de **princípio da insignificância** ou até mesmo outros benefícios penais.

Essa foi a forma que o legislador encontrou para dar uma resposta social aos crimes praticados pelo MST num dado momento histórico, pois isso é tido como algo que causa pânico no meio rural, daí o nome **Direito Penal do Pânico**. Também pode-se dizer que essa tipificação será meramente simbólica, uma vez que a inserção de qualificadora no crime de furto não irá acabar com os eventuais delitos de furtos cometidos pelo MST, sendo daí a utilização do nome Direito Penal Simbólico.

Em tempos remotos, o homicídio praticado contra a atriz Daniela Perez, filha da novelista Glória Perez, na época não considerado crime hediondo, também foi alçado a essa categoria após muitas manifestações nas ruas e por artistas para que o homicídio qualificado fosse considerado crime hediondo. Não obstante, nem por isso, os crimes de homicídio qualificado diminuíram ou acabaram, ocorrendo ainda inúmeros casos de pais,

---

[3] Art. 155. Subtrair, para si ou para outrem, coisa alheia móvel:
§ 6º A pena é de reclusão de 2 (dois) a 5 (cinco) anos se a subtração for de semovente domesticável de produção, ainda que abatido ou dividido em partes no local da subtração. (Incluído pela Lei n. 13.330, de 2016)

Christiano Gonzaga

filhos, cônjuges e familiares que se matam, ainda mesmo sendo o homicídio qualificado um crime atualmente hediondo. Assim, correta a expressão de que isso seria uma mera ideia de **Direito Penal Simbólico**, pronto para **acalmar os ânimos sociais momentâneos.**

Ainda na exemplificação do chamado Direito Penal do Pânico ou também Emergencial, tem-se a **Lei n. 13.964/2019,** que acrescentou **a posse e o porte ilegal de arma de fogo de uso proibido como crime hediondo.** Trata-se de hipótese clara de criminalização primária de crime de colarinho-azul. O legislador almejou tratar de forma mais grave o crime em testilha para tentar impedir ou amedrontar alguém a portar armas proibidas, como se o endurecimento do tipo penal fosse suficiente para esse desiderato. Ledo engano.

Ora, os agentes que possuem e portam esse tipo de armamento são pessoas ligadas à organização criminosa e que não estão preocupados com o tratamento mais grave que a lei possa dar para os tipos penais. Em que pese o destinatário de tal criminalização seja o criminoso violento e perigoso, este não irá deixar de praticar o delito do art. 16 da Lei n. 10.826/2003 apenas pelo fato de ele ter se tornado hediondo, caindo por terra a ideia de criminalizar o delito com o escopo de frear as práticas criminosas. Isso é puramente uma atuação simbólica do Direito Penal, de forma a acalmar os anseios e medos sociais de uma determinada localidade, como no caso do Rio de Janeiro, onde a violência cresce de forma galopante e precisa de algum tipo de resposta imediatista, ainda que não eficaz.

De outra feita, os crimes de **colarinho-branco são cada vez mais esquecidos** pelo legislador, no enfoque da **criminalização primária,** uma vez que tais tipos penais ou são descriminalizados ou passam a ter, gradativamente, um tratamento penal mais benéfico. Como exemplo, pode ser citada a **Lei n. 13.254/2016,** em que a chamada repatriação de valores permite que o agente que cometera crimes como de lavagem de dinheiro, sonegação fiscal, falsidade documental, entre outros, pode ser beneficiado pela **extinção da punibilidade**[4] quando fizer o pagamento do imposto devido.

---

[4] Art. 5º A adesão ao programa dar-se-á mediante entrega da declaração dos recursos, bens e direitos sujeitos à regularização prevista no caput do art. 4º e pagamento integral do imposto previsto no art. 6º e da multa prevista no art. 8º desta Lei.

§ 1º O cumprimento das condições previstas no *caput* antes de decisão criminal, em relação aos bens a serem regularizados, extinguirá a punibilidade dos crimes previstos:

§ 1º O cumprimento das condições previstas no *caput* antes de decisão criminal extinguirá, em relação a recursos, bens e direitos a serem regularizados nos termos desta Lei, a

Manual de Criminologia

Isso é cada vez mais difícil em crimes de colarinho-azul, pois o normal é que estes sempre sejam tratados de forma rígida.

Dessa forma, a criminalização primária, realizada pelo legislador, tem o seu enfoque nos crimes de colarinho-azul.

Na mesma linha de raciocínio, a **criminalização secundária** vem abordar a construção dos crimes e dos criminosos por parte dos **controles sociais formais**, já vistos em capítulo próprio. Não é diferente esse tipo de abordagem daquele tipo visto na criminalização primária, pois o enfoque a ser criminalizado ainda é o crime de colarinho-azul.

Pelo que se constata na forma de atuação dos personagens que integram os controles sociais formais (Polícia, Ministério Público e Poder Judiciário), o alvo a ser atingido, na ampla maioria dos crimes, é o criminoso de baixa renda. As operações táticas da Polícia Militar são voltadas para o combate ao crime nos focos de criminalidade, inevitavelmente presentes nas áreas mais pobres da sociedade (periferia). Nesta região, há uma presunção

---

punibilidade dos crimes a seguir previstos, praticados até a data de adesão ao RERCT: (Redação dada pela Lei n. 13.428, de 2017)

I – no art. 1º e nos incisos I, II e V do art. 2º da Lei n. 8.137, de 27 de dezembro de 1990;

II – na Lei n. 4.729, de 14 de julho de 1965;

III – no art. 337-A do Decreto-Lei n. 2.848, de 7 de dezembro de 1940 (Código Penal);

IV – nos seguintes arts. do Decreto-Lei n. 2.848, de 7 de dezembro de 1940 (Código Penal), quando exaurida sua potencialidade lesiva com a prática dos crimes previstos nos incisos I a III:

a) 297;

b) 298;

c) 299;

d) 304;

V – (VETADO);

VI – no *caput* e no parágrafo único do art. 22 da Lei n. 7.492, de 16 de junho de 1986;

VII – no art. 1º da Lei n. 9.613, de 3 de março de 1998, quando o objeto do crime for bem, direito ou valor proveniente, direta ou indiretamente, dos crimes previstos nos incisos I a VI;

VIII – (VETADO).

§ 2º A extinção da punibilidade a que se refere o § 1º:

I – (VETADO);

II – somente ocorrerá se o cumprimento das condições se der antes do trânsito em julgado da decisão criminal condenatória;

III – produzirá, em relação à administração pública, a extinção de todas as obrigações de natureza cambial ou financeira, principais ou acessórias, inclusive as meramente formais, que pudessem ser exigíveis em relação aos bens e direitos declarados, ressalvadas as previstas nesta Lei.

Christiano Gonzaga

de que existem criminosos à solta e que a qualquer tempo podem praticar um delito, o que é aceito socialmente e até mesmo incentivado.

Não se tem notícia de algum tipo de operação nos moldes da famosa "Lava-Jato" em tempos remotos nem mesmo atualmente em outros estados da Federação. Isso apenas comprova que o restante do Brasil está preocupado em combater os crimes de colarinho-azul, sendo esse o crime perseguido pelos controles sociais formais. Além disso, combater crimes de colarinho-branco demanda uma *expertise* peculiar e gasta-se muito dinheiro para estruturar uma operação nos mesmos moldes, não sendo costumeiro o Estado fazer esse tipo de combate.

Esse tipo de constatação apenas serve para comprovar que os **controles sociais formais** foram concebidos para atuar nos chamados **crimes de colarinho-azul**, sendo a criminalização secundária focada nesse tipo de delinquência. Como forma de fundamentar o pensamento aqui esposado e com eco na doutrina nacional, cita-se, mais uma vez, o Professor Salo de Carvalho, que bem delineou a matéria, nesses termos:

> "No entanto, os estudos da etnometodologia e do interacionismo simbólico relativos às cifras ocultas da criminalidade revelaram que apesar do poder criminalizador das agências penais, não há mínima correspondência, no plano da eficácia, entre o processo de criminalização primária e o de criminalização secundária. Assim, existe inevitável diferença entre a seleção das condutas criminalizadas pelo Poder Legislativo (criminalização primária) e a efetiva atuação dos aparelhos repressivos na dissuasão de delitos praticados pelas pessoas vulneráveis à incidência do mecanismo penal. A anamnese realizada pela criminologia evidencia, portanto, ser puramente retórico o discurso da reprodução igualitária da criminalização, pois apesar de estabelecidas universalmente (igualdade formal) as normas definidoras de ilícitos, a atuação das agências ocorre, invariavelmente, de forma seletiva (desigualdade material)".[5]

Para que se exemplifique essa abordagem de atuação nos crimes de colarinho-azul, quando a Polícia faz uma incursão nas comunidades carentes, os alvos são sempre pessoas de baixa renda, que são revistadas de forma humilhante e como se fossem todas bandidas, pelo simples fato de serem pobres e morarem em zonas de criminalidade acentuada.

De outro lado, a mesma Polícia não faz esse tipo de abordagem em locais nobres, como altos condomínios de luxo. Se alguma pessoa estiver

---

[5] Op. cit., p. 173.

220

Manual de Criminologia

correndo com uma pasta preta nesses locais, nunca se pensa ser algum operador de propinas a trabalho de algum político corrupto, mas sim um executivo que está atrasado para uma reunião, ainda que a primeira alternativa seja a verdadeira. Trata-se de uma **criminalização secundária** com viés voltado para os **crimes de colarinho-azul**.

A última espécie de **criminalização é a terciária**, em que o agente responsável pela criação do crime e do criminoso é a **sociedade**. Diante da criminalização primária, que torna tipos penais somente aqueles que ofendem os bens jurídicos voltados para a tutela do patrimônio, da vida e da integridade física, bem como da criminalização secundária, que apenas exerce a sua força punitiva nos crimes de colarinho-azul, a sociedade passa a ter também como crimes graves e que devem ser repudiados os crimes de colarinho-azul.

O discurso social de combate ao crime é quase sempre voltado para a criminalidade comum, como homicídios, roubos, tráfico de drogas etc. A sociedade não se engaja na forma mais eficaz de combater-se o crime de colarinho-branco, principalmente porque não sofre os efeitos imediatos de sua prática. O que assombra a sociedade são os roubos praticados contra algum familiar dela, os casos de "bala perdida", o tráfico de drogas, que faz vítimas diárias e "mata" uma família inteira, pois esse tipo de criminalidade é que afeta intensa e diretamente o seio social.

Cumpre ressaltar que esses tipos de crimes citados no parágrafo anterior somente existem por causa da prática espúria dos crimes de colarinho--branco, que cada vez mais desviam verbas públicas, impedem a construção de escolas, hospitais e criam todo o ambiente de criminalidade nas áreas pobres, pois a ausência dos direitos sociais básicos estimula a prática de toda sorte de crime de colarinho-azul no afã de obtê-los. O motivo do surgimento da criminalidade violenta está na prática dos crimes de colarinho-branco, mas isso não é perceptível de forma fácil pela sociedade, que almeja apenas o combate daquilo que lhe prejudica diretamente, ocorrendo a criminalização terciária e a rejeição dos crimes de colarinho-azul.

Pelo que se está desenhando, as **três espécies de criminalizações** previstas na Criminologia abordam de forma objetiva o **crime de colarinho-azul**, sendo esse considerado o **grande vilão social**. Essa análise, contudo, tem o lado crítico de mostrar que o combate ao crime de colarinho-branco está cada vez mais esquecido, o que leva ao aumento de sua prática, pois o foco não está em seu combate, estando o legislador, os controles sociais formais e a sociedade despendendo energia na criminalidade comum, gerando um círculo vicioso de práticas criminosas infindáveis e sem solução. O mais correto seria a implementação da já citada prevenção primária, com implementação de políticas públicas, evitando-se o surgimento de crimes de colarinho-azul.

Christiano Gonzaga

4.1 SÍNDROME DA RAINHA VERMELHA

Dentro da temática das prevenções aos crimes, deve ser estudada a síndrome proposta pelo especialista em segurança pública e direitos humanos, Marcos Rolim, que publicou a obra *A síndrome da Rainha Vermelha*: policiamento e segurança pública no século XXI (2. ed. Rio de Janeiro: Jorge Zahar, Ed. Oxford, Inglaterra: University of Oxford, Centre for Brazilian Studies, 2009). Em tal livro, o autor procura mostrar como o **sucateamento proposital da Polícia**, de um modo geral, contribui para a impunidade, deixando claro que o Estado, ao tentar prevenir os crimes, segue frustrando todas as expectativas sociais no quesito segurança pública.

Em alusão ao conto de *Alice no País das Maravilhas*, em que a Rainha Vermelha determina que Alice siga correndo sem parar e, após estar exausta, percebe que não saiu do lugar, permanecendo debaixo da mesma árvore o tempo todo, estando tudo exatamente como antes, o autor Marcos Rolim demonstra, metaforicamente, que as forças de segurança pública estão sempre "correndo" atrás dos criminosos, mas não saem do mesmo lugar, tendo em vista a **falta de investimentos públicos para permitir que haja uma investigação mais eficiente e produtiva.**

Excluindo-se a Polícia Federal, que tem investimentos mais robustos pelo fato de ser mantida pela União, as Polícias Civil e Militar são custeadas pelo Estado-membro respectivo e os recursos são bem menores, o que gera a aplicação clara da presente síndrome, uma vez que os crimes são reprimidos e investigados de forma bem inferior ao que deveriam ser.

Ora, é nítido no cotidiano policial que os crimes mais elaborados e complexos, tais como os crimes de colarinho-branco, delitos informáticos e alguns homicídios e tráficos de drogas praticados por organização criminosa passam ao largo de uma investigação mais precisa e conclusiva acerca da autoria e materialidade delitivas. Muitos desses crimes, inclusive, ficam sem solução e constituem um grave problema social, pois os criminosos continuam soltos e praticando esse tipo de criminalidade sem qualquer tipo de contenção estatal.

A solução a esse problema parece muito clara, consistindo num aparelhamento tecnológico, seleção de material humano mais qualificado e política remuneratória mais agressiva e que evite a evasão para outras carreiras jurídicas mais atrativas e estruturadas, tais como Defensoria Pública, Ministério Público e Poder Judiciário. Todavia, isso não ocorre porque a Polícia, de um modo geral, segue sem a principal garantia constitucional, para uma atuação mais independente, que os membros do Ministério Público e Poder Judiciário possuem, que é a **inamovibilidade.**

Manual de Criminologia

Ora, se um Delegado de Polícia começa a investigar alguém poderoso economicamente e com grande influência política, é comum vir uma ordem de cima para baixo, pedindo a transferência daquele policial ou até mesmo a sua promoção, de modo a retirá-lo daquela investigação de forma proposital, uma vez que ele não possui inamovibilidade e pode ser trocado ao bel-prazer da Chefia da Polícia.

Se a inamovibilidade fosse garantida aos Delegados de Polícia, o poder de atuação seria muito maior e a pressão a ser feita no Poder Legislativo para obter uma política remuneratória melhor seria mais facilmente atendida. Explica-se.

Os membros do Ministério Público possuem a ação penal como forma de pressão política a ser feita quando da elaboração da sua remuneração perante o Poder Legislativo, pois ninguém quer ter uma briga com aquela Instituição que possui a titularidade da ação penal, podendo transformar qualquer pessoa em ré num processo criminal. Pela mesma razão, de forma mais acentuada ainda, comprar uma briga com o Poder Judiciário, detentor exclusivo da competência de julgar alguém, é algo também impensável, pois a decisão dos destinos de quaisquer pessoas cabe a este Poder, o que impede que o Poder Legislativo deixe de atender aos pleitos remuneratórios dos seus integrantes.

Se a Polícia tivesse a inamovibilidade, sendo que é a responsável pelo primeiro contato de atuação criminal contra alguém, munida, inclusive, de arma de fogo e atuando *in loco* na rua e com poder literalmente de polícia para prender a pessoa, torna-se uma certeza que seus pleitos remuneratórios seriam melhor recebidos, posto que não é crível que alguém queira brigar com uma Instituição que investiga, prende em flagrante e só é retirada de uma persecução penal caso queira por sua livre e espontânea vontade. Não haveria a possibilidade de uma transferência forçada de um policial que está investigando algum personagem com influência política e poder econômico, o que geraria muito temor por parte dos legisladores, caso se encontrem, futuramente, numa situação semelhante, o que levaria a uma reflexão maior para investir em recursos tecnológicos e humanos, sendo afastado o enfrentamento com essa classe de funcionários públicos.

Não sendo essa a visão social (externa) e a visão dos próprios integrantes da Polícia (interna) para o desenvolvimento eficaz das suas atribuições, o que se terá é a **Síndrome da Rainha Vermelha**, em que os policiais seguem "enxugando gelo", "correndo atrás de bandidos", mas sem sair do lugar, tal como Alice no já citado conto de Lewis Carroll, *Alice no País das Maravilhas*.

Além disso, há uma constante e intensa cobrança social em cima da Polícia para que ela investigue, resolva e afaste o criminoso do convívio

223

social, o que aumenta cada vez mais a tensão por parte dos policiais e isso impede que eles possam fazer um trabalho eficaz no combate à criminalidade, pois, além de atuarem com restrição de recursos, ainda devem lidar com essa carga emocional constante pela cobrança social na extinção do crime, como se isso fosse possível, mas a sociedade não quer saber disso, apenas não quer sofrer as consequências da falta de segurança pública, atribuindo à Polícia todos os infortúnios advindos da violência diária, o que intensifica ainda mais a malfadada síndrome aqui mencionada

5 MODELOS DE REAÇÃO AO CRIME

Uma vez que o crime ocorre, deve ser utilizado algum instrumento de reação para impedir que ele continue gerando consequências danosas. Daí surgirem os modelos famosos de reação ao delito, chamados de **clássico ou dissuasório, ressocializador e restaurador**.

O primeiro deles é o clássico. Como tudo que tem início, o modelo **clássico ou dissuasório** foi o primeiro modelo de reação ao crime. Por meio dele, o mal causado pelo crime deve ser retribuído pelo mal da pena. Numa **visão hegeliana**, a pena deve ser vista como um castigo proporcional ao delito cometido. Não se preocupa com a ressocialização do agente, mas apenas que ele sofra as consequências de uma prisão em virtude da sua conduta criminosa. Nesse modelo, os personagens que participam são o **Estado e o próprio delinquente**, restando a sociedade e a vítima fora dessa relação.

Nos dias de hoje, em que a sociedade pouco se importa com a ressocialização do condenado, mas apenas que ele sinta a expiação da pena, o modelo clássico tem sido o mais desejado. Quando alguém comete um crime, é normal que as pessoas do povo almejem que o criminoso pague o mal causado. Esse tipo de visão é a retribuição por si só, sem nenhuma ideia de tornar o condenado uma pessoa melhor (ressocialização) depois de ter sido preso.

O enfoque que fundamenta a questão é o **livre-arbítrio**, como se percebe pela natureza do pensamento retributivista, uma vez que se considera o homem livre para escolher entre fazer o certo e o errado, sendo a escolha por este último que fundamenta a questão. Considera-se que todo homem é livre, não existindo determinismo social para incutir as motivações criminosas, pois a capacidade de escolha é determinada apenas pelo comportamento específico do criminoso.

Christiano Gonzaga

Em tempos de uma sociedade intolerante, busca-se apenas o sentimento de vingança contra o criminoso por ter praticado o crime, sem nenhuma finalidade de torná-lo um ser humano melhor. Essa é a visão mais comum quando não se tem o escopo de satisfazer a dignidade da pessoa humana, princípio constitucional de matiz mais elevado. O que se almeja é que o criminoso pague de forma cruel nas masmorras estatais pelo mal cometido pelo crime, ressaltando um caráter puramente retributivista da pena. Isso bem demonstra que a sociedade aceita a expiação pura da pena como algo tranquilo e que pode ser buscado de forma isolada.

O próximo modelo de reação ao crime a ser analisado é o chamado de **ressocializador**. Como o próprio nome deixa a perceber, o que se busca é a **reinserção social** do condenado após o cometimento do delito. Afasta-se daquele viés em que a expiação é a única busca quando da aplicação da pena, pois deve ser lembrado que o condenado num futuro próximo irá voltar ao convívio social, o que torna a responsabilidade da sociedade elevada. Com essa ideia é que surgem **mecanismos de ressocialização** cada vez mais eficazes, como a **remição** da pena pelo trabalho e pelo **estudo**[1].

Não se deve apenas desejar que o crime seja combatido com a pena, mas que o criminoso não volte a delinquir; e isso somente ocorrerá quando do ele tiver uma aceitação social, seja pelo trabalho, seja pelo estudo. Do contrário, as penitenciárias serão apenas locais de expiação e de reunião de delinquentes que em breve estarão nas ruas para o cometimento de novos crimes.

Nesse tipo de modelo, a **sociedade** passa a ter um papel fundamental, pois é ela que vai receber o condenado para fazer um novo trabalho, estudar e relacionar-se de forma lícita com seus pares. Por isso a **progressão de regime e a remição da pena** contam diretamente com a atuação do corpo social, seja pela carta de emprego que algum empregador terá que con-

---

[1] Lei n. 7.210/84: Art. 126. O condenado que cumpre a pena em regime fechado ou semiaberto poderá remir, por trabalho ou por estudo, parte do tempo de execução da pena. (Redação dada pela Lei n. 12.433, de 2011).

§ 1º A contagem de tempo referida no caput será feita à razão de: (Redação dada pela Lei n. 12.433, de 2011)

I – 1 (um) dia de pena a cada 12 (doze) horas de frequência escolar – atividade de ensino fundamental, médio, inclusive profissionalizante, ou superior, ou ainda de requalificação profissional – divididas, no mínimo, em 3 (três) dias; (Incluído pela Lei n. 12.433, de 2011)

II – 1 (um) dia de pena a cada 3 (três) dias de trabalho.

ceder ao condenado, seja pela aceitação em algum tipo de faculdade ou curso para que o condenado possa estudar. A participação da comunidade passa a ser de suma importância para resgatar o ser humano que existe no condenado, abandonando aquele instinto selvagem e animal que cometeu o crime.

Como exemplo cabal da adoção desse tipo de modelo no Brasil, tem-se a já citada redação do art. 126, Lei de Execução Penal, em que se admite a remição pelo estudo como forma de ressocializar o agente.

Ora, quando se fala em estudo, indispensável a figura de algum Professor que irá ministrar a aula ou curso com o viés de reinserir o criminoso novamente na sociedade. Esse Professor representa a participação da sociedade na reintegração do condenado na sociedade, o que bem delimita a ideia do modelo aqui em apreço.

No **modelo ressocializador**, a sociedade passa a ser protagonista na busca pela melhora no comportamento do condenado, fazendo com que ele seja resgatado e tenha um novo papel na construção dos anseios sociais. Não se deve desistir do condenado só pelo fato de ele ter cometido um crime, sob pena de ter-se uma expiação perpétua para todo aquele que tiver praticado um delito e ter ido para uma penitenciária. A sociedade deve dar uma segunda chance a ele.

Não se está nesse ponto defendendo que o criminoso tenha tratamento benéfico após o cometimento do delito, mas que ele seja tratado igual ser humano, na letra da lei. Sabe-se que não é fácil tratar de forma digna aquele que destroçou uma família, como num delito de homicídio, por exemplo, mas a sociedade é pautada no Estado Democrático de Direito, sendo a lei o farol que orienta e rege toda a sociedade. Se o único viés for o de punir, não se necessita do Direito para pautar as relações sociais, podendo ser implementada a tirania social com sede única de vingança. O criminoso deve, de fato, pagar o mal causado pelo crime, mas também merece ser ressocializado para tornar-se uma pessoa melhor.

No último modelo de reação ao crime, tem-se o caráter **restaurador ou integrador**. Por meio dele o que se busca é o retorno da vítima ao *status quo ante* ao cometimento do delito, de forma a tentar resgatar o momento anterior à violação dos bens jurídicos. Passam a compor, de forma principal, esse modelo de reação, a vítima e o condenado, ficando de fora o Estado. O principal enfoque é a busca pela conciliação entre autor e vítima, daí muitos chamarem esse modelo também de conciliatório.

Nada mais salutar para o retorno ao momento de normalidade anterior ao crime do que o entendimento mútuo entre as partes. Esse tipo

Christiano Gonzaga

de pensamento já está até implementado no ordenamento jurídico brasileiro, notadamente quando se analisa a Lei n. 9.099/95, em que a **composição civil**[2] é instrumento importante de resolução de conflitos entre autor e vítima.

Além dela, pode ser citada também a **transação penal**[3] como meio de extinguir a punibilidade quando o agente cumpre todas as condicionantes previstas em lei. Ambos os institutos estão previstos na Lei n. 9.099/95, não sendo para menos que esse diploma legal tenha o **caráter conciliatório**, na linha do modelo de reação ao crime que se comenta neste ponto. Além desses dois institutos despenalizadores, mas em menor proporção, pode ser citada a **suspensão condicional do processo**[4] como forma de também extinguir a punibilidade, desde que o agente cumpra todas as condições propostas no prazo legal. A única diferença deste último instituto para os outros dois é que já há uma ação pena em andamento proposta contra o agente, mas que poderá ser extinta caso sejam satisfeitas todas as condicionantes legais. Não obstante, também pode ser considerado um **instituto despenalizador** e, principalmente, exemplo de **modelo restaurativo ou integrador**.

Claro que esse tipo de modelo restaurativo não será hábil para resolver todo e qualquer problema criminal entre autor e vítima, mas sim aqueles fatos considerados mais brandos e com violação patrimonial, como nos casos de furtos. Em casos de delitos graves, como homicídio, tráfico de drogas e extorsão, a ideia de restaurar o conflito social por meio da reparação do dano **é utópica e impossível de ocorrer, daí esse modelo de reação ao crime não ser completo quando se trata de delitos violentos**.

Dentro dessa linha de raciocínio, pautado no modelo de reação restaurativo, deve ser destacado o pensamento de **Claus Roxin** na chamada

---

[2] Lei n. 9.099/95: Art. 72. Na audiência preliminar, presente o representante do Ministério Público, o autor do fato e a vítima e, se possível, o responsável civil, acompanhados por seus advogados, o Juiz esclarecerá sobre a possibilidade da composição dos danos e da aceitação da proposta de aplicação imediata de pena não privativa de liberdade.

[3] Lei n. 9.099/95: Art. 76. Havendo representação ou tratando-se de crime de ação penal pública incondicionada, não sendo caso de arquivamento, o Ministério Público poderá propor a aplicação imediata de pena restritiva de direitos ou multas, a ser especificada na proposta.

[4] Lei n. 9.099/95: Art. 89. Nos crimes em que a pena mínima cominada for igual ou inferior a um ano, abrangidas ou não por esta Lei, o Ministério Público, ao oferecer a denúncia, poderá propor a suspensão do processo, por dois a quatro anos, desde que o acusado não esteja sendo processado ou não tenha sido condenado por outro crime, presentes os demais requisitos que autorizariam a suspensão condicional da pena (art. 77 do Código Penal).

Terceira Via do Direito Penal. Para esse autor, as duas vias tradicionais do Direito Penal, quais sejam, a **pena** e a **medida de segurança**, não são mais suficientes para fazer valer os fins da prevenção penal (retribuição e ressocialização). Deve ser pensado também um modelo que busque resgatar os interesses da vítima no processo penal. Tal resgate se dará quando houver a aplicação da **Terceira Via do Direito Penal** consistente na **reparação do dano** causado pelo crime na vítima, podendo ela ser feita de forma material ou imaterial, por meio da Lei Penal e da Lei Civil. Não se deve olvidar que o Direito Penal, durante muito tempo, preocupou-se apenas com o autor do crime, levando-se em consideração a melhor forma de puni-lo ou de fazer a sua reinserção social. A vítima foi esquecida, apesar de ter sido aquela que mais sofreu a ação da conduta criminosa.

Diante disso, o que se busca é a reparação do dano como forma de resgatar aquele momento anterior à prática criminosa. Na linha do modelo restaurativo, a **transação penal e a composição civil já citadas** bem demonstram que o desejado é a reparação do dano por meio da indenização patrimonial em relação à vítima. O escopo do Direito Penal tem que ser de punir, mas também de tentar aproximar a vítima daquele momento em que ela se encontrava antes da prática criminosa.

Não foi com outra razão que o legislador processual penal, forte na ideia da Criminologia com a reparação do dano como forma de buscar uma via de solução para o Direito Penal, cunhou o **art. 387 do Código de Processo Penal**, em que se constata que, por medida de Política Criminal, o legislador entendeu que a reparação do dano deve ser buscada. Para facilitar a compreensão, segue a transcrição do artigo em epígrafe:

Art. 387. O juiz, ao proferir sentença condenatória: (Vide Lei n. 11.719, de 2008)

I – mencionará as circunstâncias agravantes ou atenuantes definidas no Código Penal, e cuja existência reconhecer;

II – mencionará as outras circunstâncias apuradas e tudo o mais que deva ser levado em conta na aplicação da pena, de acordo com o disposto nos arts. 59 e 60 do Decreto-Lei n. 2.848, de 7 de dezembro de 1940 – Código Penal; (Redação dada pela Lei n. 11.719, de 2008).

III – aplicará as penas de acordo com essas conclusões; (Redação dada pela Lei n. 11.719, de 2008).

IV – fixará valor mínimo para reparação dos danos causados pela infração, considerando os prejuízos sofridos pelo ofendido; (Redação dada pela Lei n. 11.719, de 2008).

Christiano Gonzaga

A citação acima é a prova de que a Criminologia, por meio de seus estudos empíricos, consegue converter, usando-se da Política Criminal, as suas ideias em leis positivadas, sempre com o escopo fundamental de melhorar a relação social com a prática criminosa. Para fundamentar ainda mais esse ponto de atuação da reparação do dano como objetivo da implementação da Terceira Via do Direito Penal, cita-se o **art. 16 do Código Penal**[5], que prevê a **reparação do dano** como causa geral de diminuição de pena. Por meio do instituto do arrependimento posterior, em crimes sem violência ou grave ameaça à pessoa, o legislador permitiu que o autor do crime faça a adequada reparação do dano e receba como benefício a causa de diminuição de pena nele prevista.

Assim, junto com a aplicação de penas e medidas de segurança, as duas formas mais clássicas de reação à infração penal, tem-se a **reparação do dano** como forma contemporânea para consertar as expectativas sociais frustradas pelo crime, notadamente da vítima, para completar o sistema de atuação na seara criminal.

Com o escopo de atualizar a obra em consonância com as novidades legais, traz-se à colação o **Pacote Anticrime** (Lei n. 13.964/2019) que inseriu a figura do **acordo de não persecução penal** no art. 28-A do CPP, na linha do modelo de reação ao crime **restaurativo ou integrador**. Como condição primordial para a aplicação do aludido acordo, destaca-se a **reparação do dano** como necessidade, o que encontra eco nos pensamentos da Criminologia como sendo uma realidade do sistema penal. A escolha do legislador pela reparação do dano como condicionante para o acordo de não persecução penal demonstra que a Criminologia tem influência direta e relevante naquilo que deve ser positivado no ordenamento jurídico.

De forma a tornar clara a eleição do legislador pelo modelo de reação ao crime restaurador, destaca-se o art. 28-A do CPP, para o leitor compreender a importância da Criminologia na formatação de diplomas legais, *in verbis*:

> Art. 28-A. Não sendo caso de arquivamento e tendo o investigado confessado formal e circunstancialmente a prática de infração penal sem violência ou grave ameaça e com pena mínima inferior a 4 (quatro) anos, o Ministério Público poderá propor acordo de não persecução penal, desde que necessário e suficiente para reprovação e prevenção do crime, mediante as seguintes condições ajustadas cumulativa e alternativamente:

---

[5] Art. 16. Nos crimes cometidos sem violência ou grave ameaça à pessoa, reparado o dano ou restituída a coisa, até o recebimento da denúncia ou da queixa, por ato voluntário do agente, a pena será reduzida de um a dois terços.

Manual de Criminologia

I – reparar o dano ou restituir a coisa à vítima, exceto na impossibilidade de fazê-lo;

II – renunciar voluntariamente a bens e direitos indicados pelo Ministério Público como instrumentos, produto ou proveito do crime;

III – prestar serviço à comunidade ou a entidades públicas por período correspondente à pena mínima cominada ao delito diminuída de um a dois terços, em local a ser indicado pelo juízo da execução, na forma do art. 46 do Decreto-Lei n. 2.848, de 7 de dezembro de 1940 (Código Penal);

IV – pagar prestação pecuniária, a ser estipulada nos termos do art. 45 do Decreto-Lei n. 2.848, de 7 de dezembro de 1940 (Código Penal), a entidade pública ou de interesse social, a ser indicada pelo juízo da execução, que tenha, preferencialmente, como função proteger bens jurídicos iguais ou semelhantes aos aparentemente lesados pelo delito; ou

V – cumprir, por prazo determinado, outra condição indicada pelo Ministério Público, desde que proporcional e compatível com a infração penal imputada.

§ 1º Para aferição da pena mínima cominada ao delito a que se refere o *caput* deste artigo, serão consideradas as causas de aumento e diminuição aplicáveis ao caso concreto.

§ 2º O disposto no *caput* deste artigo não se aplica nas seguintes hipóteses:

I – se for cabível transação penal de competência dos Juizados Especiais Criminais, nos termos da lei;

II – se o investigado for reincidente ou se houver elementos probatórios que indiquem conduta criminal habitual, reiterada ou profissional, exceto se insignificantes as infrações penais pretéritas;

III – ter sido o agente beneficiado nos 5 (cinco) anos anteriores ao cometimento da infração, em acordo de não persecução penal, transação penal ou suspensão condicional do processo; e

IV – nos crimes praticados no âmbito de violência doméstica ou familiar, ou praticados contra a mulher por razões da condição de sexo feminino, em favor do agressor.

§ 3º O acordo de não persecução penal será formalizado por escrito e será firmado pelo membro do Ministério Público, pelo investigado e por seu defensor.

§ 4º Para a homologação do acordo de não persecução penal, será realizada audiência na qual o juiz deverá verificar a sua voluntariedade, por meio da oitiva do investigado na presença do seu defensor, e sua legalidade.

Christiano Gonzaga

§ 5º Se o juiz considerar inadequadas, insuficientes ou abusivas as condições dispostas no acordo de não persecução penal, devolverá os autos ao Ministério Público para que seja reformulada a proposta de acordo, com concordância do investigado e seu defensor.

§ 6º Homologado judicialmente o acordo de não persecução penal, o juiz devolverá os autos ao Ministério Público para que inicie sua execução perante o juízo de execução penal.

§ 7º O juiz poderá recusar homologação à proposta que não atender aos requisitos legais ou quando não for realizada a adequação a que se refere o § 5º deste artigo.

§ 8º Recusada a homologação, o juiz devolverá os autos ao Ministério Público para a análise da necessidade de complementação das investigações ou o oferecimento da denúncia.

§ 9º A vítima será intimada da homologação do acordo de não persecução penal e de seu descumprimento.

§ 10. Descumpridas quaisquer das condições estipuladas no acordo de não persecução penal, o Ministério Público deverá comunicar ao juízo, para fins de sua rescisão e posterior oferecimento de denúncia.

§ 11. O descumprimento do acordo de não persecução penal pelo investigado também poderá ser utilizado pelo Ministério Público como justificativa para o eventual não oferecimento de suspensão condicional do processo.

§ 12. A celebração e o cumprimento do acordo de não persecução penal não constarão de certidão de antecedentes criminais, exceto para os fins previstos no inciso III do § 2º deste artigo.

§ 13. Cumprido integralmente o acordo de não persecução penal, o juízo competente decretará a extinção de punibilidade.

§ 14. No caso de recusa, por parte do Ministério Público, em propor o acordo de não persecução penal, o investigado poderá requerer a remessa dos autos a órgão superior, na forma do art. 28 deste Código.

A ideia do legislador foi exatamente permitir que se retorne a vítima ao momento anterior ao crime, com o instituto da reparação do dano como foco principal. Muitos delitos com pena mínima inferior a quatro anos possuem conotação patrimonial, tais como furtos, estelionatos e corrupção, sem qualquer violência ou grave ameaça à pessoa, o que permite a reparação do dano como forma de compensar o prejuízo causado.

Ainda que o crime seja contra a Administração Pública, a reparação do dano é possível quando o agente devolve o que surrupiou dos cofres

Manual de Criminologia

públicos, bem como paga prestação pecuniária como efeito pedagógico da punição. A persecução penal seria mais cara, movimentando-se membros do Ministério Público, Receita Estadual e o Poder Judiciário para, ao final, aplicar-se uma pena substitutiva, nos moldes do art. 44 do CP.

Nesse diapasão, o acordo de não persecução penal tem o condão de antecipar uma pena restritiva de direitos (prestação pecuniária), além de restituir, de plano, o Poder Público ao estado anterior, com o ressarcimento pelo dano causado. Trata-se de uma saída jurídica célere e nos moldes da justiça restaurativa, sem a necessidade de uma cara e morosa máquina estatal sendo movimentada sem qualquer utilidade. Nos crimes de furto e estelionato, com maior clareza de entendimento, o ressarcimento integral da vítima torna desnecessária a movimentação da máquina estatal, pois houve o restabelecimento integral da situação anterior ao delito.

De forma a esclarecer a desnecessidade do sistema penal para infrações penais sem violência e grave ameaça à pessoa, cuja pena mínima seja inferior a quatro anos, o legislador impõe a extinção da punibilidade após o cumprimento de todas as condições previstas em lei, demonstrando que a justiça penal cumpriu toda a sua finalidade com o acordo em testilha, na forma do § 13, transcrito acima.

Atualmente, ocasionado pela onda crescente do movimento da lei e ordem, cita-se o **modelo de reação ao crime chamado de modelo da segurança cidadã**. Tal modelo visa a uma regressão das conquistas feitas pelo garantismo penal, pois o aludido modelo tem por viés mitigar certos direitos e garantias fundamentais para implementar uma política de segurança pública pautada exclusivamente nos interesses do cidadão de querer ordem a qualquer custo, ainda que com a mácula de garantias constitucionalmente previstas e consagradas.

Tal modelo de segurança cidadã é tão contrário ao que se prega num moderno Direito Penal pautado no Processo Penal com tônica constitucional, que foi chamado de modelo anti-iluminista, em contraposição ao pensamento iluminista que permitiu o surgimento de princípios razoáveis na aplicação da persecução penal e da pena.

De forma a tornar claro esse recente modelo de reação ao crime, fatalmente achado nas ruas, nas discussões de grupos de WhatsApp e exposições em redes sociais, cita-se a polarização política na discussão para eleições presidenciais e parlamentares. O que se busca hoje não são ideias que implementam políticas públicas básicas, mas sim temáticas que envolvam apenas a segurança pública como único fator importante para resolver todos os problemas da criminalidade. Ora, esse é mais um meio de prevenção ao crime, diga-se de passagem, chamada de prevenção secundária, mas existe a prevenção primária que vem em primeiro lugar, como o próprio nome

233

Christiano Gonzaga

diz, pugnando pela ampla implementação de todas as formas de políticas públicas (saúde, educação, moradia etc.), bem como a segurança pública.

Alguns traços de identificação do modelo da segurança cidadã podem ser citados, a seguir delineados em seus principais aspectos conforme o pensamento explicitado na obra conjunta dos Professores Luiz Flávio Gomes e Antonio García-Pablos de Molina[6].

Protagonismo da delinquência convencional e o correlativo favorecimento da criminalidade dos poderosos. Trata-se daquilo que já foi estudado em outro tópico com o nome de Direito Penal do Amigo (item 2.5.7). A sociedade parece aceitar os crimes praticados pelos poderosos, pois não são crimes de sangue, e repudia os tradicionais crimes como roubo, tráfico, porte de arma de fogo e homicídios. As reformas legais são no sentido de tornarem hediondos os delitos com violência e grave ameaça à pessoa, mas deixam de fora os crimes de colarinho-branco, contando com o apoio da mídia que também só cobre os crimes mais bárbaros e que chocam a sociedade. Nesse ponto, destaca-se aquilo que o Professor Pablos de Molina[7] chama de fórmula da **dupla velocidade,** em que se reservaria a pena de prisão à criminalidade convencional, enquanto para os poderosos seriam reservadas sanções administrativas ou penas alternativas àquelas privativas de liberdade.

Predomínio do sentimento coletivo de insegurança cidadã e de medo do crime. Nesse ponto, as preocupações com o problema criminal e o temor de poder ser vítima de um crime passaram a ser tema central de discussão na opinião pública. O medo do delito e o sentimento de insegurança influenciam muito as políticas públicas de recrudescimento das penas, incompreensão da situação do delinquente e uma excessiva confiança no sistema penal como solucionador de todos os problemas da criminalidade.

Percebe-se, nesse ponto, uma escalada contra a violência a qualquer custo, pois qualquer pessoa pode vir a ser vítima de um crime e o medo é disseminado socialmente, pugnando-se por uma **aplicação antigarantista do sistema de persecução penal**, sendo que os meios midiáticos contribuem, eficazmente, para essa construção social da insegurança, de forma a impulsionar leis cada vez mais destoadas dos princípios e garantias constitucionais, com viés populista, emergencial e com base no pânico social. O problema é que essa pauta política angaria votos no sistema eleitoral brasileiro, uma vez que a sede da população por segurança pública é "satisfeita"

---

[6] MOLINA, Antonio García-Pablos de; GOMES, Luiz Flávio. *Criminologia* – Introdução a seus fundamentos teóricos. 2. ed. São Paulo: RT, 1997. p. 440 a 444

[7] MOLINA, Antonio García-Pablos de. *Tratado de criminologia*. 2. ed. Valencia: Tirant lo Blanch, 1999. p. 440.

com a eleição de pessoas que defendem o chamado Direito Penal Máximo, consubstanciado na Política de Tolerância Zero. Passada a eleição, o sentimento coletivo é momentaneamente satisfeito, mas a criminalidade não diminui, uma vez que as políticas públicas primárias não foram pensadas e a população que está na miséria e carente de reformas sociais continua praticando crimes para sobreviver.

Além disso, esse tipo de pensamento concede ao Estado o *ius puniendi* ampliado, irrestrito e sem limites garantistas, o que permite investigações penais desconexas com um processo penal democrático, não havendo problemas maiores se eventuais cláusulas de reserva de jurisdição forem desobedecidas, pois o que está em jogo é a segurança coletiva fundamentada no medo do crime. Trata-se de um Direito Penal que se orienta por uma solidariedade negativa de medos compartilhados, não havendo preocupação com a possibilidade de o sistema ser falho e punir inocentes, tendo em vista a forma rasa, rápida e despreocupada com tais questões, mas apenas com a ideia de parecer eficiente com muitas prisões e punições que concedem ao cidadão uma vã sensação de segurança pública.

Exacerbação e substantividade dos interesses das vítimas. Nesse ponto, o que ocorre é o enaltecimento dos interesses das vítimas sem qualquer atenção ao cunho ressocializador que merece o condenado. Aqui, os interesses particulares das vítimas acabam por influenciar os interesses públicos, passando a existir um fenômeno de **socialização da vítima**, em que se instala uma cultura de vitimização daquela pessoa que sofreu o ataque ao seu bem jurídico, como se agora o Estado tivesse que resolver todos os problemas da ocorrida vitimização. Não que os direitos das vítimas não devam ser resguardados e defendidos em juízo, mas o que ocorre é uma visão maniqueísta de vítima e acusado não havendo espaço para discussões como ressocialização, bem como não se discute uma integração gradativa da vítima nos meios sociais de forma positiva e independente, restando apenas uma discussão vazia baseada na sua vulnerabilidade e com fincas a gerar uma dependência permanente dela com o Estado, como se este fosse o único responsável em resolver todos os seus problemas emocionais e particulares. Como exemplo desse movimento, citam-se os mais variados programas midiáticos que exploram apenas a dor da vítima sem demonstrar eventual falha na investigação policial (abuso de autoridade, por exemplo) com relação a quem é o acusado, pois a vítima de fato vai sempre existir, mas não se deve pegar um bode expiatório apenas para satisfazer os interesses ideológicos de grupos políticos e midiáticos que possuem simples objetivos eleitoreiros.

Populismo e politização partidária. Atualmente, os agentes sociais que influem nas decisões legislativas são outros. A opinião clássica dos dou-

Christiano Gonzaga

trinadores, especialistas e operadores jurídicos passou a ser desacreditada, pois não conseguiram gerar uma noção de segurança cidadã, como se essa fosse alcançada de forma imediatista e sem qualquer amarra legal ou constitucional. Com isso, instalou-se um sentimento social ávido por uma punição rápida e em contraponto aos pensamentos sólidos dos dogmáticos e conhecedores da lei penal. Em outras palavras, a própria opinião pública criada nos meios populares e sedimentada na comunicação social passou a ser suficiente para pugnar por leis mais simplistas e populares.

O que se defende é uma espécie de "democracia direta" sem a sólida e estudiosa intervenção dos especialistas e doutrinadores, como se esses freassem os impulsos do povo por leis mais duras, rápidas e sem qualquer debate acerca dos institutos específicos que norteiam a complexa plêiade de princípios que envolve o Direito Penal. O que se quer é urgência na solução de problemas sociais pautados na segurança pública, o que se permite capitanear votos por parte dos políticos que prometem satisfazer tais pautas urgentes e criadas em meio a um alarme social.

Muitos são os grupos que se colocam como gestores da moral coletiva, tais como organizações ecológicas, grupos de vizinhos, consumidores, pacifistas etc. Todos clamam por uma crescente e eficaz intervenção do Direito Penal para garantir a defesa de interesses setoriais, numa alusão clara ao famigerado **Direito Penal Máximo.**

Endurecimento do rigor penal e revalorização do componente aflitivo da punição. Atualmente, o populismo penal em favor da vítima tem permitido uma certa respeitabilidade social aos sentimentos de vingança dela em contraposição aos direitos do delinquente. A ressocialização do apenado fica em segundo plano, havendo um profícuo destaque para as ideias de prevenção geral da pena, sem qualquer preocupação com a reinserção social do indivíduo que cometeu o crime e certamente voltará para a sociedade, quiçá até pior do que voltou.

O que se percebe hoje é que as explicações da criminalidade, que antes eram atribuídas às desigualdades sociais, à falta de oportunidade social dentro de uma estrutura piramidal e à ausência de uma eficaz implementação de políticas públicas, estão atribuindo o delito à **opção racional e maliciosa de um infrator que se confronta injustificadamente com a ordem social legítima**, numa espécie de regressão aos pensamentos da Escola Clássica de Beccaria com viés puramente fundamentado do **livre-arbítrio.** O que se pugna é por uma aplicação cada vez mais dura do sistema de penas com o intuito de fazer com que o apenado sofra as consequências do crime no cárcere, numa alusão simplista ao modelo clássico de reação ao crime (**retributivismo puro**).

Como exemplo desse pensamento endurecedor do sistema penal, tem-se a novidade instituída pelo **Pacote Anticrime no art. 75, CP**, cujo limite de aplicação de pena foi aumentado para **40 (quarenta) anos,** demonstrando que as penas privativas de liberdade de curta duração e as penas alternativas não servem mais diante de um apelo popular ávido por punições exemplares e com imposição de dor ao apenado. Retrocede-se aos tempos das penas degradantes bem analisadas sob a lupa do pensador Michel Foucault em seu livro clássico *Vigiar e Punir*, tornando clara a ideia de estigmatizar o criminoso que, de forma livre, confrontou o sistema e agora merece sofrer as agruras existentes nas masmorras estatais.

Confiança ilimitada nos órgãos estatais do *ius puniendi* e desprezo pelo sistema de garantias que o contempla. O tradicional modelo garantista de intervenção penal procurava delinear de forma clara as regras do jogo no Processo Penal, evitando-se a aplicação desmedida e sem propósitos de um sistema penal pautado apenas no sentimento de punição. Todavia, hoje, a persecução penal dos delitos e das penas tem sido trabalhada com base apenas numa **maior efetividade do sistema penal** em resposta à criminalidade. Ganha força a opinião pública de que vale sim renunciar a certos direitos e garantias individuais (**Direito Penal do Inimigo**) em prol do combate ao crime, uma vez que os órgãos estatais seriam perfeitos e dificilmente erram na persecução penal.

Ora, trata-se de um pensamento simplista, cego e que confia plenamente no *ius puniendi* estatal, o qual é perfeito, fechado e incapaz de errar, o que beneficia a escolha por arrefecer o sistema de garantias que o contempla, podendo, nesse ponto, ser relembrada a ideia do narcisismo do Direito Penal e suas feridas já estudados alhures (item 2.8.2).

Nessa toada, o cidadão segue confiando sem qualquer mácula no Estado Leviatã, parecendo não temer possíveis abusos por parte daqueles que exercem a função repressiva, não se sentindo tocado por tais exacerbações e nem reivindicando garantias que afastem tais riscos. Ademais, passa a ser cada vez mais presente a cobrança dos personagens da persecução penal no sentido de um **tratamento rigoroso contra o acusado**, ainda que isso seja motivo de violação do sistema de garantias processuais penais, pois essas seriam apenas filigranas jurídicas que podem ser facilmente dispensáveis em prol de um sistema penal mais simplista, célere, e desapegado de pensamentos garantistas.

Nesse sentido, percebe-se uma tendência maior por métodos de investigação cada vez mais invasivos, facilitação de prisões preventivas com base apenas em requisitos formais e sem atenção à situação do caso concreto e julgamentos rápidos que se preocupam apenas em cumprir metas propos-

Christiano Gonzaga

tas pelos Tribunais de Justiça, pois a efetividade e rapidez colocam em segundo plano qualquer morosidade que pugnaria pela aplicação de um Direito Penal de 1ª Velocidade conforme já exposto no item 3.1.1 deste *Manual*.

No presente **modelo da segurança cidadã**, apela-se para a vítima do delito como mero álibi que encobre políticas públicas criminais populistas de claro pensamento **neorretributivista**. O Poder Público, nesse ponto, não se preocupa com os custos e as consequências de uma perigosa intervenção estatal que pode tender ao abuso, mas tão somente com a obtenção do consenso social que permita a estabilidade ao sentimento de segurança coletiva, restabelecendo-se idealmente a ordem jurídica violada, a fidelidade ao direito do cidadão e a confiança deste nas instituições que estariam funcionando perfeitamente para o fim que se propuseram, qual seja, a punição exemplar do criminoso.

Implicação direta da sociedade na luta contra a delinquência. Nesse modelo da segurança cidadã, a comunidade passa a participar diretamente no combate ao crime, assumindo um protagonismo direto, tudo em prol de prevenir o delito e a delinquência, colaborando diretamente com o trabalho da Polícia. Como exemplo, citam-se os mais variados serviços de ouvidoria e canais de denúncias anônimas que aceitam toda e qualquer contribuição para chegar-se a indivíduos que estão cometendo crimes, podendo haver um claro desvio de finalidade quando o cidadão comum passa a ter interesse direto em prejudicar alguém (um vizinho barulhento, um marido devedor de pensão alimentícia ou um traficante rival), escudando-se na enérgica cruzada do combate ao crime.

O que se percebe com essa crescente **participação direta da sociedade no combate ao crime** é o surgimento de entidades e empresas de segurança privada que prometem substituir o Estado naquilo em que ele é deficiente (conceder segurança pública), sem qualquer atenção a um sistema bem delineado de cumprimento de garantias processuais, com armamento de jagunços em fazendas, por exemplo, que decidem ali mesmo, de forma sumária, executar alguém que possa parecer um invasor de terras. Não que se defenda nesse ponto o desarmamento da sociedade civil pautada em um rígido sistema de concessão de posse ou até mesmo porte de arma de fogo, mas sim uma crítica ao que se vê no campo rural em que muitos fazendeiros usam o argumento da precária força policial no interior para se valer de uma prática cada vez mais crescente de armamento de empregados com armas registradas em nome de terceiros, sendo que quando ocorre qualquer tipo de confronto protegem-se na malfadada tese da legítima defesa. Esse é o reflexo de um modelo da segurança cidadã.

Manual de Criminologia

Nesse diapasão, cada vez mais fica distante o modelo de prevenção especial da pena em que se pugna pela reinserção social do condenado, uma vez que a sociedade já estaria resolvendo o problema da criminalidade de forma sumária, com situações que levam à morte e dispensam qualquer julgamento posterior ou com a aplicação da execução da pena, sendo que, em muitas ocasiões, o Estado deixa de investigar tais situações lastreado na tese da legítima defesa, que parece ter ocorrido aos olhos de todos e a própria comunidade local faz coro para que não haja processo investigativo, ainda mais quando o executado foi uma pessoa de poucas posses e com características quase sempre lombrosianas, tudo isso fruto de uma sociedade preconceituosa e sem qualquer atenção aos pensamentos do determinismo social.

Do paradigma etiológico ao paradigma do controle. Atualmente, mudou-se o enfoque de estudo do problema da delinquência. **No ano de 1970**, predominou o pensamento do paradigma etiológico, atribuindo-se o crime a **fatores sociais de desigualdade, exclusão social e falta de oportunidades**, o que sugeriria a necessidade de políticas sociais e assistenciais de prevenção como estratégia fundamental para abordar esse problema comunitário da criminalidade. **Entre a década de setenta e anos noventa** do século passado, a Criminologia crítica deu um salto qualitativo e passou a atribuir o problema da criminalidade **ao próprio controle social** e às instituições sociais chamadas a realizar trabalhos de integração e coesão social. **Na década de noventa até os dias atuais** houve a opção por programas de controle social, os quais entendem que a existência do crime se dá pela falta, mau funcionamento ou falhas no referido controle social. Destarte, a forma de intervenção mais eficaz no fenômeno delitivo não seria a atenuação da marginalização ou exclusão social, mas sim o incremento mais duro e rígido do controle social.

Todavia, nesse tipo de pensamento, a Criminologia privilegia resoluções de problemas meramente circunstanciais de prevenção do delito, consistentes na neutralização do delinquente de forma exclusiva e no fortalecimento dos controles sociais, notadamente os formais (Polícia, Ministério Público e Poder Judiciário), esquecendo-se de dar uma atenção à implementação de políticas públicas (prevenção primária) que reduziriam as desigualdades sociais e criariam oportunidades em nível de igualdade para afastar as pessoas de uma situação de pobreza que cada vez mais coloca o indivíduo numa vertente de propensão à criminalidade.

Em suma, o **modelo de reação ao crime da segurança cidadã** representa uma **involução** e perverte os esforços realizados no pensamento garantista, que sempre pugnou por melhorar a persecução penal, obviamente

239

não com vistas à impunidade, mas com viés de punição para situações que respeitaram as regras processuais penais que devem ser bem rígidas diante de um Estado fragilizado e desmotivado por questões remuneratórias e de material humano no combate eficaz ao crime. Trata-se, então, de uma regressão feita em anos de estudos pelos criminólogos, com espeque exclusivo em satisfazer os arroubos de um populismo penal ávido por uma espetacularização da sociedade lastreada no pensamento romano de "pão e circo", sempre fundamentando seus interesses numa visão cada vez mais pautada na segurança pública, como se essa fosse a única política pública relevante que um Estado deveria implementar.

6 CRIMINOLOGIA E CRIME ORGANIZADO

Importante ressaltar que os primeiros ensaios sobre a criminalidade organizada podem ser identificados a partir dos anos 1930, em que comportamentos desviantes e "subculturas" criminais estão enfatizadas em grupos sociais marginalizados como gangues juvenis, imigrantes, minorias étnicas, usuários de drogas etc.

Sociólogos como Merton (1970), Edward Sutherland (1940) e Howard Becker (2008), ainda que com diferenças de abordagem e perspectiva, foram os primeiros a interpretar o fenômeno sociológico do desvio, dos controles sociais formais, a partir de elementos sociais, culturais, interacionais e institucionais, afastando-se das análises da Criminologia Positivista sobre o criminoso, bem como do discurso jurídico sobre o crime em sua dimensão normativa. Até então, a preocupação da criminologia estava centrada no conceito legal de crime e com aspectos antropológicos do criminoso, não havendo um desenvolvimento sobre associações de pessoas com o mesmo propósito de realizar empreitadas criminosas.

A partir dos anos 1970, já tendo a Criminologia alcançado o *status* de ciência autônoma, começou o interesse pelos estudos de desvios sociais. Logo, na narrativa dos manuais contemporâneos de criminologia, é constante a reivindicação do legado dos **estudos sobre o desvio oriundos da sociologia norte-americana**, inserindo-os como uma etapa do pensamento criminológico subsequente.

Nesse ponto, há uma clara filiação a uma perspectiva que se distanciava do saber psiquiátrico e biodeterminista (Criminologia Positivista), alinhando-se a uma **sociologia do desvio e do conflito**, de forma que os criminólogos deslocaram em parte os pressupostos de seu trabalho, sem, contudo, renunciar à sua busca premente por uma etiologia da criminalidade, viés esse ainda da Criminologia Positivista.

Nessa perspectiva, os trabalhos pioneiros de Edwin Sutherland (1940 e 1949) sobre os crimes do colarinho-branco imprimiram um importante

Christiano Gonzaga

deslocamento, no âmbito da sociologia do desvio, ao produzir um primeiro retrato sobre um tipo de criminalidade até então incomum nos estudos sobre o crime e repressão. A criminalidade tradicional, em qualquer lugar do mundo, ainda era aquela voltada para os criminosos de colarinho-azul, integrantes de uma massa que violava os bens jurídicos mais tradicionais.

Nesse diapasão, o pioneirismo de Sutherland volta-se a um perfil de crimes e de criminosos imunes aos controles sociais formais (crimes de colarinho-branco), ao demonstrar não somente a seletividade desses sistemas, mas também dos próprios estudos nesse campo que se mantinham, até então, fechados aos crimes de colarinho-azul.

Em que pese a importância do trabalho inicial de Sutherland para o campo de estudos sobre o crime organizado, ao menos seus pressupostos e sua metodologia não foram incorporados em trabalhos que o sucederam. A Criminologia crítica, sobretudo como foi incorporada no Brasil, manteve seu olhar sobre o contingente alcançado pelo sistema de controle e repressão, evidenciando, pela precariedade e homogeneidade de seu perfil (pobres, provenientes da periferia e discriminados em razão de sua cor), a seletividade do sistema, sem, contudo, adentrar as dinâmicas que operacionalizam essa seletividade e que deixam à margem do controle a criminalidade econômica.

Com isso, a categoria "crime organizado" manteve-se numa discussão sem um norte bem definido, como algo que não era preocupante, pois as instituições de repressão ao crime estavam focadas na criminalidade comum. Todavia, em razão do aumento do tráfico de drogas como sendo o principal tipo de crime praticado nas comunidades carentes e que domina economicamente toda uma sociedade, passou a fazer sentido a análise desse tipo de criminalidade nos principais manuais de Ciências Criminais.

Como se verificou, tanto a Criminologia quanto as Ciências Sociais no Brasil, ao tratarem de crime organizado, não voltaram sua atenção à criminalidade econômica (crimes de colarinho-branco), bem como não se debruçaram sobre as formas organizadas e sistemáticas de ilicitudes das elites que, para se tornarem viáveis e protegidas, dependem da esfera de conformação das ações do Estado no seu sentido mais largo, criando sistemas mafiosos de poder.

A maioria dos trabalhos nas Ciências Sociais, no Brasil, acerca do crime organizado, atentaram a fenômenos relacionados à criminalidade capturada pelo sistema penal tradicional, articulada ao comércio varejista de drogas e, em alguns casos, a mercadorias roubadas nos centros urbanos.

Esse tipo de criminalidade foi se associando nos presídios após o encarceramento por delitos de tráfico de drogas e demais crimes contra o

Manual de Criminologia

patrimônio, gerando uma associação diferencial. Pode-se dizer que essa lógica permitiu que grupos se formassem nas prisões, em especial o Comando Vermelho (CV) e o Primeiro Comando da Capital (PCC). Contudo, uma análise mais acurada sobre os resultados empíricos e analíticos dos trabalhos sobre esses grupos indica, por exemplo, que eles gravitam ainda em torno das prisões e têm nos bairros de população de baixa renda o seu principal local de atuação de atividades ilegais como o tráfico de drogas. A diversificação social de seus quadros é pouca, são tímidas suas iniciativas de investimentos nas atividades da economia legal, pontuais os seus entrelaçamentos com agentes públicos (geralmente se limitam à corrupção de policiais para a manutenção de suas atividades), e quase não há enraizamento direto ou indireto nas instituições públicas, não se permitindo um *status* de sistema mafioso como ocorre na Europa e nos Estados Unidos.

No aspecto legal, o surgimento da criminalidade organizada no Brasil pode ser devidamente estudado no âmbito da lei de combate às organizações criminosas. Isso foi feito pelos regramentos contidos na **Lei n. 12.850/2013,** exigindo-se a reunião de 4 (quatro) ou mais pessoas com o fim de praticar infrações penais cujas penas máximas sejam superiores a 4 (quatro) anos ou sejam de caráter transnacional, conforme disposição do art. 1º da citada lei.

Como se trata de uma criminalidade organizada e voltada para a prática de infrações penais com o escopo de lucro, o seu método profissional de intimidação difusa é de extrema gravidade e coloca em xeque a segurança pública, decorrendo disso a necessidade de combater eficazmente esse tipo de associação. Atualmente, pode-se dizer que é o tipo de criminalidade mais difícil de combater, pois está estruturalmente voltada para a consecução de benefícios para os seus integrantes, a qualquer custo.

Em se tratando de **criminalidade organizada**, importante ressaltar a classificação que existe entre dois grupos distintos, a depender da forma como praticam as suas condutas delituosas e da sua interação social. Nessa linha de pensamento, pode ser citado o escólio do Professor Nestor Sampaio Penteado Filho[1], que delimitou e exemplificou essas duas espécies de criminalidade:

"**Criminalidade organizada do tipo mafiosa** (Cosa Nostra, Camorra, Ndrangheta e Stida, na Itália; Yakuza, no Japão; Tríade, na China; e Cartel

---

[1] PENTEADO FILHO, Nestor Sampaio. *Manual esquemático de Criminologia*. 2. ed. São Paulo: Saraiva, 2012. p. 127.

Christiano Gonzaga

de Cali, na Colômbia), cuja atividade delituosa se baseia no uso da violência e da intimidação, com estrutura hierarquizada, distribuição de tarefas e planejamento de lucros, contando com clientela e impondo a lei do silêncio. Seus integrantes vão desde agentes do Estado até os executores dos delitos; as vítimas são difusas, e o controle social encontra sério óbice na corrupção governamental; **A criminalidade organizada do tipo empresarial não possui apadrinhados nem rituais de iniciação; tem uma estrutura empresarial que visa apenas o lucro econômico de seus sócios. Trata-se de uma empresa voltada para a atividade delitiva. Busca o anonimato e não lança mão da intimidação ou violência. Seus criminosos são empresários, comerciantes, políticos,** hackers etc. As vítimas também são difusas, mas, quando individualizadas, muitas vezes nem sequer sabem que sofreram os efeitos de um crime."

Trazendo para a realidade brasileira essas duas classificações, pode-se dizer que ambas são contempladas com exemplos práticos, sendo as facções criminosas conhecidas como **Comando Vermelho, Primeiro Comando da Capital** e **Família do Norte mais próximas da criminalidade organizada do tipo mafiosa**, em que seus integrantes usam da violência e da grave ameaça para conseguirem o seu fim, havendo internamente uma hierarquia de poder que segue à risca as ordens e vale-se da lei do silêncio para tudo que ocorre no bojo dessa estrutura, não havendo espaço para eventuais delações premiadas, pois se essas forem feitas o destino do delator é a morte.

Todavia, é bom que se diga que no **Brasil não se tem uma modalidade estritamente mafiosa** nos moldes tratados em outros países, pois lhe falta o aparelhamento estatal voltado para a proteção dos seus integrantes. Há uma corrupção mais presente nos baixos escalões da segurança pública (Polícias Militar e Civil), com lista de pagamentos de propinas, o que não existe, pelo menos de forma clara, nos altos escalões dos Poderes Constituídos.

Além disso, a formação das organizações criminosas no Brasil é feita com base na segregação social praticada pelo Estado, uma vez que o Direito Penal funciona como instrumento de dominação social, colocando nos presídios toda a massa de pessoas excluída do acesso aos recursos sociais disponíveis.

Tome-se por exemplo a constituição de grupos como o Comando Vermelho, o Primeiro Comando da Capital e tantos outros grupos pela formação da sua base, pelas dinâmicas sociais no mundo das periferias, das próprias prisões e dos códigos internos. A formação se dá muito pela forma como as intervenções das instâncias e agentes estatais interferem, de modo substantivo, no desenvolvimento desses grupos, de suas múltiplas formas

Manual de Criminologia

de organização e atividades. A experiência do encarceramento é fundamental para a formação e crescimento dessas organizações criminosas.

No caso do PCC, essa experiência, acirrada por políticas estatais de encarceramento massivo, promoveu um posicionamento político e social do PCC em defesa dos presos, estimulou laços de solidariedade intramuro e extramuro, favoreceu a ideia de pertencimento ao mundo do crime, bem como instituiu a defesa dos presos diante das condições adversas do encarceramento. Bem na linha mafiosa, sem uma característica completa desse tipo, estipulou rituais de admissão, padrões de relacionamento entre os seus membros e entre estes e a hierarquia.

A própria presença do PCC e do CV em outros Estados brasileiros contou com ações de segregação promovidas pelo Estado (com os presídios federais, por exemplo). As precárias condições de encarceramento a que estão submetidos os presos no Brasil e, particularmente, em São Paulo, local do surgimento do PCC, com toda sorte de privações e deficiências de serviços, estreitam os laços entre os presos, com seus familiares e amigos, ampliando redes de relações de solidariedade nas comunidades, mobilizações políticas junto a órgãos públicos (Poderes Legislativo e Executivo) na defesa dos presos e de seus direitos, além de buscarem o abastecimento alimentar e de remédios nas prisões e providências jurídicas em prol dos presos que pertencem à aludida organização criminosa.

Já a modalidade chamada de **criminalidade organizada do tipo empresarial**, no Brasil dos dias de hoje, é facilmente identificável nas associações de empreiteiros ou empresários que se reuniram para saquear os cofres públicos, por meio de corrupção ativa, fraude em licitações, sonegação fiscal, lavagem de dinheiro e evasão de divisas, tudo isso identificado por meio da famosa operação "Lava-Jato".

Pelo que se constatou na aludida operação, houve uma reunião orquestrada de dois grupos (político e econômico) com o escopo único de fazer uma promiscuidade sem precedentes entre os setores público e privado, minando-se todos os anseios sociais de melhorias na educação, saúde etc. De outro lado, o superfaturamento de obras públicas ensejou o aumento tributário para bancar esse tipo de orgia entre os poderosos, levando a economia a uma recessão sem precedentes, com inflação, aumento de preços de combustíveis e empobrecendo da população cada vez mais.

O que houve foi uma verdadeira ironia, pois obras públicas que deveriam beneficiar o público foram utilizadas com o viés de enriquecer única e exclusivamente o privado, ressaltando-se a importância de entender, atualmente, no que consiste o conceito dessa criminalidade organizada do tipo empresarial.

245

Christiano Gonzaga

Em resumo, a melhor forma de frear esses dois tipos de criminalidade é por meio de políticas públicas estatais (prevenção primária da Criminologia), em que o Estado terá que prover as necessidades básicas de todo ser humano, porque com isso estará dificultando sobremaneira que referidas organizações criminosas façam a cooptação de pessoas querendo o ganho fácil que o crime permite e que não estão sendo devidamente amparadas pelo corpo estatal.

7 ASPECTOS CRIMINOLÓGICOS DAS DROGAS

Tema que permeia toda discussão dos operadores do Direito e que tem viés tanto na Criminologia quanto no Direito Penal, não pode ficar de fora deste trabalho. Primeiro, porque o Supremo Tribunal Federal[1] já

---

[1] RE 635.659/STF: **Descrição:** Recurso extraordinário, em que se discute, à luz do art. 5º, X, da Constituição Federal, a compatibilidade, ou não, do art. 28 da Lei 11.343/2006, que tipifica o porte de drogas para consumo pessoal, com os princípios constitucionais da intimidade e da vida privada. **Tese:** 1. Não comete infração penal quem adquirir, guardar, tiver em depósito, transportar ou trouxer consigo, para consumo pessoal, a substância *Cannabis sativa*, sem prejuízo do reconhecimento da ilicitude extrapenal da conduta, com apreensão da droga e aplicação de sanções de advertência sobre os efeitos dela (art. 28, I) e medida educativa de comparecimento a programa ou curso educativo (art. 28, III); 2. As sanções estabelecidas nos incisos I e III do art. 28 da Lei 11.343/2006 serão aplicadas pelo juiz em procedimento de natureza não penal, sem nenhuma repercussão criminal para a conduta; 3. Em se tratando da posse de *Cannabis* para consumo pessoal, a autoridade policial apreenderá a substância e notificará o autor do fato para comparecer em Juízo, na forma do regulamento a ser aprovado pelo CNJ. Até que o CNJ delibere a respeito, a competência para julgar as condutas do art. 28 da Lei 11.343/2006 será dos Juizados Especiais Criminais, segundo a sistemática atual, vedada a atribuição de quaisquer efeitos penais para a sentença; 4. Nos termos do § 2º do art. 28 da Lei 11.343/2006, será presumido usuário quem, para consumo próprio, adquirir, guardar, tiver em depósito, transportar ou trouxer consigo até 40 gramas de *Cannabis sativa* ou seis plantas-fêmeas, até que o Congresso Nacional venha a legislar a respeito; 5. A presunção do item anterior é relativa, não estando a autoridade policial e seus agentes impedidos de realizar a prisão em flagrante por tráfico de drogas, mesmo para quantidades inferiores ao limite acima estabelecido, quando presentes elementos que indiquem intuito de mercancia, como a forma de acondicionamento da droga, as circunstâncias da apreensão, a variedade de substâncias apreendidas, a apreensão simultânea de instrumentos como balança, registros de operações comerciais e aparelho celular contendo contatos de usuários ou traficantes;

Christiano Gonzaga

discutiu a questão da descriminalização; segundo, porque a doutrina vem trabalhando há bastante tempo os efeitos práticos de uma legalização gradativa do crime de consumo pessoal.

Quanto ao aspecto da descriminalização, que se consubstancia na ideia de *abolitio criminis*, deve ser ressaltado que o Estado passaria a não mais processar aqueles que fossem flagrados usando drogas para consumo pessoal, sendo, por consequência, revogado o art. 28 da Lei n. 11.343/2006. Essa revogação, no aspecto penal, atenderia aquilo que a doutrina chama de não ofensividade da conduta de usar drogas, uma vez que o usuário estaria colocando em risco apenas a sua própria saúde.

Pela ideia de **ofensividade**, o fato de alguém usar drogas em residência de outrem ou até mesmo em outros locais públicos não ofenderia o bem jurídico alheio, uma vez que a droga estaria sendo prejudicial apenas a si mesmo. Se for feita uma comparação com as demais drogas lícitas como álcool e cigarro, percebe-se que as duas são tão viciantes quanto a maconha, por exemplo, e não possuem nenhuma proibição. No caso da maconha, em especial, ainda teria um ponto favorável à legalização pelo fato de ela ser totalmente natural e diferente do cigarro e do álcool, que possuem em sua composição elementos químicos.

Muitos que pugnam pela não descriminalização alertam para o fato de as drogas estimularem os traficantes na disputa dos seus clientes por meio de territórios que mais pareceriam com locais de guerra civil (bocas de fumo), e a legalização permitiria uma busca desenfreada pelas drogas em tais regiões perigosas. Em que pese isso seja verdade em parte, o Direito Penal não pode ser usado como panaceia de todos os males, sendo o fato de existir um tipo penal proibindo o consumo pessoal suficiente para impedir tais guerras civis. A discussão é muito mais profunda do que parece e não pode ser rasa a ponto de um tipo penal ser mantido e todos os problemas sociais envolvendo as drogas estarem supostamente resolvidos.

---

6. Nesses casos, caberá ao Delegado de Polícia consignar, no auto de prisão em flagrante, justificativa minudente para afastamento da presunção do porte para uso pessoal, sendo vedada a alusão a critérios subjetivos arbitrários; 7. Na hipótese de prisão por quantidades inferiores à fixada no item 4, deverá o juiz, na audiência de custódia, avaliar as razões invocadas para o afastamento da presunção de porte para uso próprio; 8. A apreensão de quantidades superiores aos limites ora fixados não impede o juiz de concluir que a conduta é atípica, apontando nos autos prova suficiente da condição de usuário.

O **Direito Penal** deve ser trabalhado nos seus princípios básicos, restando para outros ramos do Direito a discussão pelo sim ou pelo não acerca da **descriminalização**. Na dogmática penal, o que deve ser ressaltado é o princípio da intervenção mínima, notadamente quando se analisa a ideia da ofensividade. Como é cediço, não se devem tutelar condutas que **não ultrapassem o âmbito do próprio autor**, como é o caso claro do consumo pessoal de drogas, também não se devendo criminalizar condutas que **não ofendem o bem jurídico de terceiros**, como ocorre claramente com o uso de drogas.

O Direito Penal e seu aspecto rígido e dogmático impedem quaisquer discussões fora desses valores básicos, sendo a discussão de eventual proliferação de usuários buscando drogas em locais de bocas de fumo relegada para a Criminologia e outros segmentos do saber social, o que será feita na sequência.

A cada problema social que surge, como são os casos de inúmeros viciados que se amontoam em centros urbanos para fazerem o consumo pessoal de drogas, como ocorre na famosa "cracolândia" em São Paulo, o Direito Penal é chamado para endurecer ou criar tipos penais já existentes, como se o uso **emergencial ou simbólico** dele fosse resolver os graves problemas sociais que afligem os países pobres do hemisfério sul do planeta. Ora, isso é preguiça mental e até mesmo falta de conhecimento acerca da matéria para resolver um problema que é muito mais **sociológico** do que propriamente dito legal.

Assim, no **aspecto dogmático**, não se justifica a manutenção do crime de consumo pessoal de drogas, pois a sistemática do Direito Penal não encontra fundamentação legítima e adequada para tutelar esse bem jurídico de magnitude imprecisa como é o caso da saúde pública, devendo a descriminalização ocorrer porque o bem jurídico individual não resta ameaçado pela revogação do aludido tipo penal.

No que tange à discussão da descriminalização tomando por base a **Criminologia**, a fundamentação é mais oxigenada e livre das amarras do que Direito Penal, aqui podendo ser levantado o efeito prático da revogação do tipo penal em epígrafe.

Quando se analisa a prevenção primária, destaca-se que o Estado deve fomentar políticas públicas que permitam o desenvolvimento social, ofertando para os cidadãos saúde pública, educação, segurança pública etc. Esse tipo de fomento é que impede a prática de crimes que buscam algo mais imediatista, como dinheiro para comprar remédios, alimentação, vestuário e outro bens de consumo pessoal básico.

No que se refere às drogas, o Estado, ao liberar o consumo pessoal das drogas, mais precisamente num primeiro ponto a maconha, como foi res-

Christiano Gonzaga

saltado no julgado do Supremo Tribunal Federal, regulamentaria a efetivação de seu uso, indicando a quantidade mínima que o cidadão poderia de fato consumir.

Nessa regulamentação, o Estado também teria que implementar de forma mais eficaz a saúde pública nos hospitais públicos e particulares (Sistema Único de Saúde)[2], de forma a possibilitar o atendimento de pessoas que necessitarem de atendimento médico em razão do consumo pessoal de drogas.

Essa é a base da prevenção primária, em que o Estado deve resolver os problemas sociais que aparecem para ele, não sendo o Direito Penal o local de sua solução. Ora, muito se dirá que a legalização vai lotar ainda mais o já saturado Sistema Único de Saúde, e que usuários ficarão em filas intermináveis para serem tratados em detrimento de outros tipos de pessoas, como vítimas de lesões corporais, disparos de arma de fogo e outros problemas sociais até mais graves.

Todavia, mais uma vez deve ser esclarecido que isso é problema social e estatal no campo da prevenção primária, não podendo o Direito Penal com tipificações penais e rigorismos tentar resolver os problemas sociais, pois há vários anos isso vem sendo feito e o resultado sempre tem se mostrado fracassado, uma vez que as cifras ocultas da criminalidade estão cada vez maiores e a problematização das drogas, em especial, não foi nem de longe resolvida pela regra do art. 28 da Lei n. 11.343/2006. Antes dessa tipificação o que se tinha era o art. 16 da revogada Lei n. 6.368/76, que punia com pena privativa de liberdade o usuário de drogas, mas que agora é punido pela novel legislação com medidas educativas, demonstrando o viés de uma descriminalização gradativa, podendo no caso em tela ser conceituada como despenalização.

O importante é que nem com pena privativa de liberdade nem com previsão de medidas alternativas o problema social das drogas foi resolvido pelo sistema penal, daí sendo robustecida a tese de que a Criminologia é

---

[2] Constituição Federal: Art. 197. São de relevância pública as ações e serviços de saúde, cabendo ao Poder Público dispor, nos termos da lei, sobre sua regulamentação, fiscalização e controle, devendo sua execução ser feita diretamente ou através de terceiros e, também, por pessoa física ou jurídica de direito privado.

Art. 198. As ações e serviços públicos de saúde integram uma rede regionalizada e hierarquizada e constituem um sistema único, organizado de acordo com as seguintes diretrizes:

I – descentralização, com direção única em cada esfera de governo;

II – atendimento integral, com prioridade para as atividades preventivas, sem prejuízo dos serviços assistenciais;

III – participação da comunidade.

Manual de Criminologia

que deve mais uma vez emprestar os seus estudos empíricos para resolver esse grave problema social que se chama droga.

Voltando na prevenção primária, já se viu alhures que ela é a forma mais eficaz de resolver os problemas criminais, quando o Estado procura implementar políticas públicas eficazes no campo da educação, saúde, lazer e outras questões que estão ao cargo dos direitos sociais. Se o Estado for provedor nesses campos, a diminuição da criminalidade será algo real e constante, como se vê em países mais desenvolvidos e que os crimes são menores pelo fato de não existir escassez nos direitos sociais mínimos.

Quanto às drogas e a **prevenção primária**, pode-se tomar como base a Holanda, em que ocorreu a legalização e o uso é feito de forma controlada e em locais previamente permitidos pelo Estado. Lá não existe o problema de traficantes que disputam territórios com armas de fogo em punho para manter a venda orquestrada de drogas. Como o Estado liberou e controlou o consumo pessoal, o acesso às drogas não precisa ser feito de forma clandestina e em locais perigosos, pois quem tiver interesse em usar poderá procurar os pontos de venda e de uso regulamentados por ele.

Queda-se o problema de traficantes ilegais que trabalham às escuras e às margens da lei para fazer a mercancia ilícita de entorpecentes, não havendo razão para uma guerra civil na busca por clientes. O usuário irá acessar os pontos permitidos pelo simples fato de isso ser legal e estar sob a proteção estatal.

Outra fundamentação importante é o **montante bilionário** que está fora da receita estatal pelo simples fato de ser proibida a comercialização de drogas. Caso o Estado exercesse o controle sobre tal comércio, natural que se cobrassem **elevados tributos** para a sua mercancia e utilização, assim como ocorre com as bebidas alcoólicas e cigarros. Com a maconha, poderia até ser cobrado algum tipo de alíquota até mais elevada, por tratar-se de substância utilizada para fins de diversão, prazer e relaxamento.

Tudo isso leva a crer que a **receita tributária aumentaria** de forma relevante e o incremento com esses valores poderia ser utilizado ou até mesmo **vinculado** para o **investimento em saúde pública**, não havendo nem mesmo a alegação costumeira de que a área da saúde está falida e sem condições de melhoria, pois com a liberação e vinculação de receita tributária, o investimento seria feito com certeza e de forma bilionária.

Quanto à saúde pública na Holanda e em outros países, pode-se dizer que a prevenção primária é foco em países de primeiro mundo, o que impede a assertiva de que haverá superlotação de hospitais sem que os eventuais usuários que estiverem em overdose não serão atendidos. Ademais, a liberação da maconha nesses países **não é ampla e irrestrita, existindo uma** quantidade mínima que o cidadão pode usar em determinado período de tempo, caindo por terra a alegação de que a descriminalização lotará as ruas de usuários drogados. Muitos outros países seguem a linha da Holanda, permitindo o uso de maconha, como é o caso de Portugal, que possui uma política até mais liberal no que tange à quantidade de gramas que podem ser utilizados para consumo pessoal.[3]

Assim, a **legalização da maconha**, em princípio como experiência, seria um teste para que o Estado brasileiro pudesse exercer a **regulamentação** nos moldes de outros países que já fizeram isso, bem como acabaria com a venda ilegal e clandestina de drogas, minando os interesses dos traficantes em venderem a droga de forma ilegal, até porque, com a legalização, o Estado seria o responsável em dar as diretrizes para a mercancia lícita de drogas, devendo aquele que almejar fazer o comércio preencher os requisitos mínimos.

Ademais, os usuários poderiam plantar a sua própria erva em casa, em quantidades toleráveis, o que restringiria ainda mais a comercialização das drogas, uma vez que cada cidadão poderia fazer uso das plantas que possui em seu domicílio.

Por fim, não se deve olvidar do principal que seria uma implementação sólida de políticas públicas voltadas para a saúde pública, no viés da prevenção primária, com estruturação de hospitais, clínicas de internação e investimentos na área da saúde, o que acabaria incentivando o Estado a fazer essas implementações, em virtude de ter procedido à legalização.

Dentro da temática do tráfico de drogas, apesar da invisibilidade desse tipo de aprisionamento e mercancia ilícita de drogas, um ponto que merece destaque é o crescente **envolvimento de mulheres** nessa forma de criminalidade, muito em razão de elas buscarem uma nova fonte de renda para poderem sustentar os seus filhos, na maioria das vezes gerados em situações de monoparentalismo.

A **pobreza e a falta de estrutura familiar** são fatores que incentivam a mulher a ingressar nesse mundo das drogas como meio de alcançar a sua "independência" financeira, de forma a poder suprir as necessidades básicas do filho, sendo essa uma forte razão para a prática do tráfico de drogas e, por consequência, o aumento do encarceramento feminino.

Além dessa motivação financeira, cita-se outra bem comum entre o público masculino, que é o **"glamour"** de ser visto como traficante de dro-

---

[3] Disponível em: <https://www.sitedecuriosidades.com/curiosidade/quais-lugares-no-mundo-onde-a-maconha-e-liberada.html>. Acesso em: 21 jan. 2018.

Manual de Criminologia

gas, o que gera poder e respeito por parte da comunidade onde mora. Todavia, dentro da estrutura criminosa do tráfico de drogas, a mulher é vista ainda como mulher e de forma inferior, sendo destinados a ela os trabalhos domésticos relacionados ao crime em testilha, consideradas atividades secundárias e inferiorizadas, reproduzindo nessas organizações criminais os papéis ou tarefas associados ao feminino como cozinhar, limpar, embalar drogas ou realizar pequenas vendas, apenas conseguindo ascender de posição quando mantêm atitudes de extrema subserviência às ordens dos chefes do tráfico. Esta é uma referência à clássica divisão sexual do trabalho, que destina às mulheres o trabalho doméstico, normalmente não remunerado, pois considerado subalterno.

O tráfico de drogas é um crime executado em redes de organização hierárquica, cujos comandos masculinos impõem às mulheres a reprodução da desigualdade e da discriminação. Depois de presas pela prática do crime, tais mulheres continuam sob os controles da lógica masculina da estrutura prisional, que rege os estabelecimentos que não foram feitos para elas e, por isso mesmo, destina às mulheres as sobras de tudo o que é atribuído para os homens.

Nesse ponto, chama a atenção do estudioso a vertente da **Criminologia feminista**, pois a criminalidade praticada pela mulher é praticamente invisível e o preconceito e discriminação são constantes, tendo aplicação a ideia de que o aprisionamento feminino e as atividades exercidas pela mulher na estrutura de uma traficância de drogas são consideradas secundárias e inferiorizadas, o que reproduz as funções domésticas da mulher numa sociedade voltada para o homem.

Com esse viés feminista, a preocupação deve ser deslocada para compreender essa estrutura de poder onde o público feminino também tem atuação e sofre as mazelas sociais do encarceramento e do traficante masculino que submete a mulher a um tipo de trabalho similar ao da atividade doméstica, buscando dar condições mais dignas no encarceramento e impedir uma relação subserviente nessa estrutura de poder. Nesse último ponto (relação subserviente), menciona-se que não se quer dar ao público feminino uma atuação de destaque na estrutura do tráfico de drogas, mas sim retirar a mulher dessa criminalidade perniciosa e inseri-la em situações dignas de trabalho na sociedade lícita.

Para quebrar a reprodução desse padrões de desigualdade e de discriminação, que legam às mulheres a manutenção de suas posições de inferioridade e exclusão social, é necessário a construção, a implementação e o monitoramento de políticas públicas transversais, pensadas e aplicadas a partir do referencial feminino.

Tais políticas devem ser pautadas para prevenir, primariamente, as situações de vulnerabilidade que têm orientado essas mulheres para o ingresso no tráfico de drogas, bem como oportunizar, àquelas que já estão nas prisões, alternativas de caminhos diferentes dos já trilhados.

Dentre as formas de **prevenção primária**, em primeiro lugar, tem-se a atuação direta dos Centros de Referência em Assistência Social (CRAS), direcionada para as mulheres em situação de prisão e suas famílias, com acompanhamento após as saídas dos estabelecimentos prisionais; a inclusão das mulheres egressas do cárcere em programas sociais, como o Bolsa Família; a promoção do aprendizado profissionalizante para a geração de renda, que não reproduza os papéis inferiorizados a elas destinados no mercado de trabalho, mas que as capacitem para exercer a autonomia profissional, dentre outras ações pontuais para reduzir os danos já causados pelas constantes violações de direitos a que essas mulheres estão sujeitas.

Em suma, com espeque na Criminologia feminista e na prevenção primária, a invisibilidade do público feminino nesse tipo de criminalidade vai se tornando cada vez mais aparente.

8 PSICOPATIA, DELINQUÊNCIA PSICÓTICA E PERSONALIDADE PERIGOSA (*SERIAL KILLERS*)

A **psicopatia** é um **transtorno da personalidade**, não podendo ser vista como doença mental e, consequentemente, submetida à medida de segurança. Trata-se de um transtorno que muitas vezes é motivado por alguma ruptura familiar ou social, ocorrendo anomalias no desenvolvimento psíquico, o que a psiquiatria forense chama de perturbação mental. Esses transtornos revelam desarmonia da afetividade e da excitabilidade com integração deficitária dos impulsos, das atitudes e das condutas, manifestando-se no relacionamento interpessoal. De fato, os indivíduos portadores são improdutivos e seu comportamento é muitas vezes turbulento, com atitudes incoerentes e pautadas pelo **imediatismo de satisfação (egoísmo)**. No plano policial forense os transtornos de personalidade revelam-se de extrema importância, pelo fato de seus portadores (especificamente os antissociais) muitas vezes se envolverem em **atos criminosos**.

Esse tipo de **transtorno específico de personalidade** é sinalizado por insensibilidade aos sentimentos alheios. Quando o grau de insensibilidade se apresenta extremado (ausência total de remorso), levando o indivíduo a uma acentuada **indiferença afetiva**, este pode assumir um comportamento delituoso recorrente, e o diagnóstico é de **psicopatia (transtorno de personalidade antissocial, sociopatia, transtorno de caráter, transtorno sociopático ou transtorno dissocial)**.

Os psicopatas, por causa da indiferença afetiva com sentimentos de terceiros, preocupam-se apenas consigo, podendo ocorrer atos ambiciosos desmensurados para alcançar seus objetivos de forma exclusiva, levando ao cometimento de crimes como corrupção, peculato, fraude em licitações, entre outros, que dilapidam o patrimônio público em seu benefício. Também podem praticar atos de crueldade excessiva como alguns casos envolvendo *serial killers* e que será visto ainda neste item.

Christiano Gonzaga

Quanto à classificação dos psicopatas, destaca-se o estudioso Kurt Schneider, que foi um médico, psiquiatra e filósofo alemão pioneiro nessa tônica classificatória. Seu trabalho deixou uma marca importante na história da psicopatologia, podendo ser agrupados os diferentes tipos de psicopatas na forma a seguir exposta, ressaltando-se que ela é baseada na ideia de que um psicopata é aquele que se desvia ambiguamente do comportamento normativo. A partir dessa análise, existem dez tipos que podem ser destacados na forma abaixo explicitada, dentro de uma classificação dos psicopatas (SCHNEIDER, 1943).

O primeiro deles é o **hipertímico**, que se caracteriza por ter um humor alegre, ativo e impulsivo. Trata-se de uma pessoa com temperamento sanguíneo, mas de sangue leve, entendido como alguém que é impulsivo, mas faz tudo de forma superficial. São definidos como amigáveis e charlatães, propensos a crimes como crimes contra a honra, crimes de falsidade documental, as fraudes mais variadas (estelionatos e furtos com fraude) e delitos menores.

O segundo é o **depressivo,** sendo aquele que apresenta estado depressivo, mau humor, pessimismo, desconfiança, pouca criminalidade. É um dos tipos de psicopata com espírito sombrio, embora nem sempre seja fácil reconhecer essa característica neles, pois tendem a esconder o que sentem. Em alguns, prevalece a melancolia, enquanto em outros, o mau humor ou a paranoia.

Muito similar ao que se disse sobre o psicopata, mas sem que possa ser feita confusão conceitual, está a chamada **delinquência psicótica**. Essa pode ser atribuída ao chamado "perturbado mental", isto é, o agente criminoso que ostenta um comprometimento de suas **funções psíquicas**, sendo conhecido antigamente como alienado mental. A delinquência psicótica é a prática delitiva em face de uma **perturbação mental qualquer**, sendo imprescindível que, ao tempo da ação ou omissão, o sujeito ativo seja inteiramente incapaz de compreender o caráter ilícito dos fatos, ocorrendo a aplicação do art. 26, *caput*, do Código Penal, de forma que se aplique a ele uma **medida de segurança.**

Por fim, de interesse no campo das anomalias psíquicas, deve ser estudado o *serial killer,* que é considerado detentor de uma **personalidade perigosa**. Fala-se em personalidade perigosa quando o agente tem uma **propensão para a prática do delito**, em virtude de não ter respeito pelas **regras sociais** e dificuldade em conviver com outras pessoas, o que torna esse tipo de agente um ser **isolado e antissocial**. Quando se analisam os mais variados assassinos em série, percebe-se que todos possuem essas características citadas, sendo para ser considerado como tal necessário ainda

256

Manual de Criminologia

que ele reincida pelo menos três vezes em práticas delitivas semelhantes, dentro de um curto período.

A diferença entre o assassino **em massa**, que mata várias pessoas de uma só vez e **sem se preocupar com a identidade delas**, e o assassino **em série** é que este **elege detalhadamente** suas vítimas, selecionando pessoas que possuam características semelhantes de forma a fazer, ao final, a sua obra-prima. O *serial killer*, como se percebe, é um psicopata que pratica crimes, uma vez que sai do estado latente e passa para o patente e inicia toda a sua trama criminosa.

Deve ser ressaltado que existem dois tipos de assassino em série: o **psicopata**, já descrito acima, e o **paranoico**, que é aquele que comete crimes absortos num **mundo imaginário** que alimenta as suas ideias criminosas. Ele pratica os crimes a mando de **vozes internas** que comandam o seu ato. Já o **psicopata**, muito pior que o paranoico, ele sabe o que está fazendo, sendo um ser extremamente **inteligente, sedutor e dissimulado**, conseguindo sempre enganar as suas vítimas e atraí-las para o seu mundo perigoso.

O psicopata tem a **íntima** convicção de que tudo lhe é permitido, excitando-se com o risco e com o proibido. Quando elimina a vítima, tem por escopo humilhá-la para reafirmar sua autoridade e realizar a autoestima. Para ele, o crime é secundário, e o que interessa, de fato, é o desejo de dominar, de sentir-se superior, subjugando a vítima a um patamar baixo e de irrelevância, assim como ele fora subjugado no passado.

Ambas as espécies de assassinos em série possuem como ponto de análise algum trauma sofrido na infância ou na adolescência, o que desencadeia toda essa sanha assassina. Muitos foram **vítimas de abusos e maus-tratos** por familiares ou colegas em escola, motivo pelo qual buscam no crime a **satisfação e a vingança pelos traumas causados**. Eles travam uma guerra com os demais cidadãos que representam as pessoas que foram os abusadores e os algozes no passado remoto, mas que ainda vivem na mente assassina de forma bem real e presente. As vítimas escolhidas são apenas fantoches que irão pagar pelos ataques sofridos lá atrás.

Outro ponto importante desses assassinos em série é que eles utilizam armas brancas e que causam uma morte lenta e dolorosa, pois com arma de fogo a morte em si não teria nada de emocionante ou teatral. Os assassinos aqui estudados possuem uma devoção pelo ritual da morte, analisando a vítima desde o momento em que irão trazê-la para o seu convívio até o momento último em que realizarão o famoso *grand finale*. A utilização de um objeto perfurocortante, como facas, navalhas e tesouras, ocorre porque permite uma sensação de estar fazendo a vítima sofrer lentamente,

Christiano Gonzaga

de forma que o algoz possa relembrar com detalhes os abusos sofridos e fazer com que ela sofra isso no presente.

Para fechar esse ponto, os assassinos em série podem ser divididos em **organizados e desorganizados**. Os organizados são aqueles que preparam todos os detalhes do crime, pensam muito como irão realizar a empreitada criminosa e preocupam-se em não deixar nenhuma pista. São os mais comuns e perigosos porque agem de forma sorrateira e buscam a impunidade. Ultimamente, em um conhecido canal de filmes e seriados *on-line*, a grande novidade está por conta de retratar inúmeros assassinos em série desse tipo, pois chamam a atenção do público pela forma perversa e calculista com que fazem os delitos, como são os casos do *Manhunt*: Unabomber[1], Mindhunter[2], entre outros que retratam o mundo dos assassinos **psicopatas e organizados**.

De outra feita, os chamados desorganizados são assassinos que não se preocupam tanto com detalhes e procuram apenas satisfazer a sua sanha assassina e cruel, podendo ser pegos por tais erros, mas isso não é relevante para eles. O que importa é a vingança da sociedade que maltratou eles no passado, relegando a segundo plano a sua impunidade, pois o fato de o mundo ter conhecimento das mortes que ele perpetrou já é o suficiente. Também nessa rede de seriados e filmes *on-line* o filme *Batman: O cavaleiro das trevas*[3] demonstra claramente que o personagem Coringa é um psicopata que se preocupa única e exclusivamente em impor o terror na cidade de Gotham City, não se importando ser descoberto o autor das atrocidades, mas sim que haja uma plateia que presencie toda a sorte de eventos criminosos e aterrorizantes, sendo isso que alivia e satisfaz a sua vingança.

No contexto penal, a psicopatia e a personalidade perigosa (*serial killers*) são passíveis de punição, uma vez que não se exclui a imputabilidade, por ausência de doença mental. Logo, se houver a prática de homicídios, roubos, estupros e demais tipos penais, a persecução penal será necessária, culminando-se com a imposição de uma sanção punitiva, pois inexiste qualquer situação de inimputabilidade.

---

[1] Disponível em: <https://www.netflix.com/br/Title/80176878>. Acesso em: 21 jan. 2018.

[2] Disponível em: <https://www.netflix.com/br/title/80114855>. Acesso em: 21 jan. 2018.

[3] Disponível em: <http://netflix-filmes-online.blogspot.com/2016/01/batman-o-cavaleiro-das-trevas-dublado.html?m=1>. Acesso em: 21 jan. 2018.

9 TERMINOLOGIAS ESPECÍFICAS

Este capítulo tem por escopo tornar este Manual de Criminologia completo, de forma a acrescentar inúmeras terminologias que são sempre cobradas em provas de concursos públicos ou até mesmo em discussões forenses, mas que o estudioso do tema tem dificuldade em encontrar. Assim, serão correlacionadas várias expressões que estão ligadas ao farto tema da Criminologia.

- **Tese do Volume Constante:** Trata-se da tese desenvolvida por Guerry e Quetelet, em que se admite um certo número de crimes na sociedade, desde que haja um controle por parte dos órgãos de Segurança Pública de forma a impedir o seu crescimento desenfreado. Em outras palavras, admite-se que o crime é algo natural em qualquer sociedade, mas a sua prática deve ser em número aceitável, em que o convívio social não seja afetado de forma sobremaneira.

- **Direito Penal Subterrâneo:** Consiste na prática de condutas ilícitas por meio dos personagens do controle social formal (Delegados, membros do Ministério Público e Juízes) na investigação das infrações penais. O nome subterrâneo remonta ao termo "às escuras" ou aquilo que está encoberto, como se fosse algo sujo (esgoto), de tal forma que os integrantes da persecução penal usam de técnicas pouco convencionais para descobrir provas de crimes. São os casos de tortura para que o agente confesse onde está a droga ou, em nível da criminalidade moderna do colarinho-branco, quando são feitas interceptações telefônicas sem autorização judicial ou de pessoas que possuem foro por prerrogativa de função. Além disso, tem-se os casos de condenações perpetradas por Juízes com base unicamente em palavra de delator, no seio de alguma delação premiada, em total contradição ao que prega a Lei n. 12.850/2013, art. 4º, § 16.

- **Teoria dos substitutivos penais de Ferri:** Trata-se, na verdade, de uma técnica de prevenção primária dos crimes, de forma a imple-

Christiano Gonzaga

mentar Políticas Públicas na sociedade como forma de frear o cometimento de delitos menores, como furtos, danos e consumo pessoal de drogas.

Ferri propõe que para os delinquentes inofensivos são suficientes medidas de caráter pedagógico, como matricular de forma obrigatória em escolas, prestar serviços em igrejas e assistir palestras sobre os efeitos das drogas.

- **Lei térmica da criminalidade:** Foi criada pelo matemático Adolphe Quetelet e estuda a influência das estações do ano (verão, primavera, outono e inverno) no cometimento de crimes. Por meio de pesquisas estatísticas, constatou-se que os mais variados crimes estavam relacionados a certas estações climáticas. Por exemplo, no verão, aumentam-se os índices de criminalidade dos crimes contra a pessoa; no inverno, são praticados crimes contra o patrimônio; na primavera, destacam-se os crimes contra a dignidade sexual.

- **Leis da imitação:** O estudioso Jean-Gabriel Tarde constatou que os criminosos cometiam delitos com base no comportamento imitativo, de forma que o crime surge porque os integrantes da sociedade interagem entre si e copiam a conduta alheia. Tem fundamento no Determinismo Social, em que o meio determina o homem, notadamente quando o semelhante consegue obter metas sociais difíceis por meio do ganho fácil (práticas criminosas), ocorre uma imitação por parte dos demais cidadãos. No Brasil, os crimes de colarinho-branco são praticados e dificilmente punidos, mas as metas culturais como casas luxuosas, carros caros e outros bens de maior valor são alcançados, o que faz com que outras pessoas pratiquem esse tipo de crime imitando aqueles que praticaram e ficaram impunes.

- **Penologia:** É a ciência que estuda o sistema penitenciário, de forma a dar melhor condição de cumprimento da sanção criminal no ambiente carcerário. Foi idealizado por John Howard, com o livro *O estado das prisões*, em que se defendia um local mais humano na execução penal, uma vez que este já é por natureza um local de difícil convivência.

- **Genética Criminal:** Consiste no estudo de fatores hereditários para o surgimento do crime. Foi comprovado cientificamente por Mendel que a transmissão hereditária de genes influencia na propensão ao crime, de tal forma que fatores biológicos, morfológicos e psicológicos são determinantes na prática de crimes. Além das características físicas, herdam-se também características morais, o que pode levar à probabilidade de praticar crimes por parte dos filhos.

Manual de Criminologia

- **Experimento de Milgram:** Stanley Milgram fez um experimento que demonstra a influência no comportamento humano perpetrado por uma autoridade em relação a outra subalterna, de forma que, quando uma ordem é dada, a outra pessoa tende a obedecer, pelo simples fato de ser alguém superior ou com suposta experiência ou expertise. Pelo experimento, um Professor, um voluntário e um pesquisado interagiam por meio de uma falsa máquina de choques: ficavam numa sala o Professor e o voluntário; em outra sala, o suposto pesquisado, que teria de responder a algumas perguntas. A cada erro era dado um choque nele, aumentando-se a intensidade dos choques após sucessivos erros, até que se chegasse na voltagem mais elevada e ocorria a falsa morte. Tudo era um teatro feito apenas para testar o poder de convencimento do Professor / Autoridade em relação ao voluntário, que era instruído a dar os choques após cada erro do aluno / pesquisado. O interessante é que a maioria das pessoas que participaram do experimento, após dar o primeiro choque e ver que o pesquisado sofria com isso, não parava de continuar a acionar o botão de choque, pelo simples fato de que o Professor ficava ordenando para continuar. Os estímulos eram dados em quatro níveis, a saber: Estímulo 1: Por favor, continue. Estímulo 2: O experimento requer que você continue. Estímulo 3: É absolutamente essencial que você continue. Estímulo 4: Você não tem outra escolha a não ser continuar. Caso o voluntário não obedecesse ao estímulo 1, passava-se ao 2, e assim sucessivamente. Constatou-se que a maioria chegava a infligir o choque mais severo e letal apenas porque era ordenada por um Professor a continuar, ainda que estivesse sentindo piedade, o que demonstrou a influência e o poder que autoridades possuem em ordenar condutas até mesmo criminosas. Tal experimento pode ser utilizado para estudar as atrocidades cometidas pelo Nazismo a mando de uma autoridade.

- **Experimento de Stanford:** Pode ser analisado sob o aspecto da "teoria dos papéis sociais", em que os prisioneiros do experimento passaram a aceitar, durante seis dias, as imposições feitas pelos guardas, desde permanecerem em silêncio, passando por inúmeras humilhações até serem colocados em solitárias. O interessante do experimento é que tudo era uma simulação imposta aos alunos que participaram dele, sem que houvesse qualquer lesão física, mas como todos tinham o compromisso de comportarem-se como se fossem presos, a dor e o sofrimento eram muito próximos da realidade. Em virtude dos papéis sociais que lhes foram impostos, os alunos cumpriam à risca tudo que era ordenado pelos guardas, o que gerava um nível de estresse elevado, mas que era aceito, o que demonstra a importância das regras impostas pelos personagens da comunidade local. O experimento apenas reproduz a prisão que os seres humanos vivem na sociedade ao cumprir certo papel social que lhe foi imputado, sem maiores reclamações.

- **Criminologia Administrativa:** Trata-se de um campo da Criminologia que estuda as práticas cotidianas realizadas nos presídios, nos meios policiais e nos meios forenses que se preocupam apenas em cumprir o básico, evitando-se maiores desordens e crimes mais graves, mas sem preocupar-se com uma modificação relevante da sociedade em geral. A crítica que se faz é a de que tal campo da Criminologia apenas "enxuga gelo" e não incrementa maiores transformações sociais, combatendo-se delitos mais graves como os do colarinho-branco.

- **Criminologia Verde:** É o estudo acerca da responsabilidade penal de pessoas jurídicas por crimes contra o meio ambiente, analisando-se a melhor forma de proteger a biodiversidade. Por essa expressão, compreende-se que as sociedades empresárias são as grandes violadoras do bem jurídico de conotação difusa chamado meio ambiente, e elas mascaram as práticas delitivas por meio de campanhas publicitárias que aparentemente conferem um ar de respeito à biodiversidade. Aliado a esse tema, também se tem a expressão *greenwashing*, em que as atividades praticadas por empresas que exploram o meio ambiente valem-se também da lavagem de capitais, em virtude do lucro obtido pela atividade milionária que degrada a biodiversidade, ou seja, seria a lavagem de dinheiro praticada por empresas exploradoras do meio ambiente, mas por meio de suas próprias atividades.

- **Criminologia Clínica:** É a ciência que se vale dos conceitos, princípios e métodos de investigação **médico-psicológicos**, ocupando-se do indivíduo condenado, para nele investigar a dinâmica de sua conduta criminosa. Inicialmente, será feito um **diagnóstico** de sua personalidade, passando-se na sequência para as perspectivas futuras de voltar ou não a delinquir, o que se chama de **prognóstico**. Após, com o diagnóstico e prognóstico em mãos, irá propor estratégias de intervenção, com vistas à superação ou contenção de uma possível tendência criminal e a evitar a reincidência, o que se chama de **tratamento**. A conduta criminosa tende a ser compreendida como conduta anormal, desviada, como possível expressão de uma anomalia física ou psíquica, tendo importância a análise de sua eventual

Manual de Criminologia

periculosidade. No Brasil, essa Criminologia é feita na execução penal por meio do **exame criminológico**.

- **Vitriolagem:** É a ação de lançar ácido sulfúrico na face de alguém com o fim de desfigurar o seu rosto, ocasionando-lhe lesões permanentes. Trata-se, pelo Direito Penal brasileiro, do crime de lesão corporal gravíssima, na forma do art. 129, § 2º, IV, CP.

- **Tipologia de Sheldon:** Consiste na classificação de criminosos por meio da análise de traços físicos, intelectuais e emocionais. A classificação de Sheldon foi dividida em três marcantes: endomorfo, mesomorfo e ectomorfo. O endomorfo constitui o indivíduo de estrutura corporal adiposa ou gorda. É alguém alegre, brincalhão e sociável. Não é propenso ao crime. O mesomorfo é o indivíduo com estrutura óssea e muscular, sendo ágil, enérgico e esbelto. Propenso a crimes violentos. Por fim, o ectomorfo é o indivíduo pacato, introvertido e calculista, em que predomina a função cerebral. Destaca-se pelo cometimento de crimes de corrupção.

- **Teste de Rorschach:** Também chamado de "Teste do Borrão de Tinta", consiste em apresentar para o examinando dez pranchas com manchas de tinta simétrica; as respostas dadas **vão formatar o comportamento psicológico do indivíduo**, de forma a aquilatar a sua personalidade com base na afetividade, no humor, na inteligência e nos traços neuróticos.

- **Abulomania:** Distúrbio psicológico decorrente da abulia, em que o indivíduo não possui vontade própria e sempre faz aquilo que outro determina em razão da incapacidade de tomar decisões. Trata-se de um comportamento altamente influenciável e com pouca ou nenhuma vontade própria; e tal tipo de pessoa comete crime por interferência alheia, por exemplo, partícipes e coautores.

- **Teoria de Maslow:** Tal teoria preleciona que as necessidades dos seres humanos obedecem a certa hierarquia, de forma que quando se alcança um nível quer se subir ao próximo, ou seja, quando o agente realiza uma meta cultural ele passa a ter outra mais elevada, e assim sucessivamente. Trazendo esse comparativo para o surgimento do crime, quando a pessoa começa a ter metas culturais elevadas e não dispõe de meios para alcançá-las, ela escolhe caminhos mais curtos (prática de crimes) para chegar ao nível mais elevado. Há, assim, uma escala de valores a ser transposta até chegar-se ao próximo; sendo os seres humanos insatisfeitos com determinado nível em que se encontram, a necessidade de transposição pode levar ao cometimento de crimes.

- **Síndrome de Peter Pan:** Também conhecido como espírito de rebeldia, trata-se de um desvio de comportamento em relação às normas penais, de forma que o indivíduo é biologicamente desenvolvido, mas seu campo psicológico é deficiente. São pessoas imaturas e que não conseguem respeitar as normas sociais por motivo de rebeldia, agindo como se fossem crianças ou adolescentes que nunca crescem, daí surgindo o nome "Peter Pan" em alusão à história do menino que nunca crescia e vivia na "Terra do Nunca". Os crimes praticados por esses indivíduos são pichações, danos a patrimônio, uso de drogas, lesões corporais em boates e corrida ("racha") automobilística nas ruas da cidade.

- **Síndrome de Alice no País das Maravilhas:** Também conhecida como "Direito Penal da Fantasia", tal síndrome relaciona-se com aquelas pessoas que não aceitam um Direito Penal mais enérgico e que combata de forma mais contundente a criminalidade moderna. São pessoas que vivem no mundo da fantasia e que acham que não existem organizações criminosas, pessoas más, agentes profissionais voltados para o crime e outros tipos de criminosos extremamente perigosos, como os terroristas. Assim como no conto infantil *Alice no País das Maravilhas*, as pessoas acometidas por tal síndrome pregam que tudo que é feito pelo Direito Penal e pelo Direito Processual Penal para punir alguém é desproporcional e fere garantias e interesse individuais previstos na Constituição Federal, como se nada do que se vê na televisão diariamente fosse verdade e não passasse de uma fantasia dos operadores da persecução criminal (Ministério Público e Polícia).

- **Psicopatia:** Deve ser ressaltado que não se trata de uma doença, ou seja, não gera a imputação de uma medida de segurança. Constitui um transtorno da personalidade caracterizado pelo comportamento impulsivo do indivíduo afetado, sendo assim ele não respeita as normas sociais e é indiferente aos direitos e aos sentimentos alheios. O chamado psicopata é alguém que possui má índole e que não consegue conviver harmoniosamente em sociedade. É considerada uma "doença da alma", e o psicopata é irrecuperável, pois a prática reiterada de crimes é comum nesse tipo de pessoa, uma vez que ele não sente remorso e após cada crime tem uma espécie de renovação enérgica para novos delitos. Importante ressaltar que o psicopata é dotado de um comportamento antissocial que possui as seguintes caraterísticas: egoísmo, manipulação inata, narcisismo, egocentrismo, inteligência, loquacidade, ausência de sentimento de culpa, po-

Manual de Criminologia

breza afetiva, falta de ética, promiscuidade sexual, persuasão e não aprendizado com a experiência.

- **Complexo de Édipo:** Trata-se da obsessão do filho em relação à mãe como uma forma de paixão cega por aquela pessoa que o gerou. O filho que possui tal complexo é tão apaixonado pela mãe que chega a sentir ciúmes de qualquer pessoa do sexo masculino que se relaciona com ela, até mesmo o próprio pai. Em certos casos, o filho chega a matar o pai (parricídio) quando percebe que a mãe também ama outra pessoa do sexo masculino.

- **Complexo de Electra:** Ao contrário do complexo de Édipo, neste é a filha que se apaixona pelo pai e passa a nutrir ódio pela mãe, pois esta divide a atenção do pai com ela. Trata-se de uma paixão gigantesca pela figura paterna em que a filha quer exclusividade e não aceita compartilhá-lo com ninguém, podendo ocorrer a figura do matricídio quando a filha assassina a mãe para ter o pai apenas para si.

- **Personalidade Borderline:** É um transtorno de personalidade em que há uma instabilidade emocional, comportamento autodestrutivo, insegurança, hipersensibilidade às críticas, baixa autoestima, intolerância às frustrações, medo de abandono, solidão, incapacidade de aceitar regras e rotinas, impulsividade. Todos esses sentimentos são, na maioria das vezes, irreais, mas a pessoa fantasia como se isso fosse acontecer, notadamente, nos casos de abandono e quebra de expectativas de algo que nem chegou a ocorrer. Pessoas com transtorno de personalidade Borderline são verdadeiros vulcões prontos a explodir a qualquer instante. Elas apresentam alterações súbitas e expressivas de humor e suas relações interpessoais são intensas e instáveis sendo muito difícil o convívio próximo com elas, podendo terminar até mesmo em condutas criminosas (lesões corporais e homicídio) quando não são aceitas socialmente por algum motivo.

- **Ludopatia:** Trata-se da doença do jogo. O chamado ludopata é alguém que não consegue ficar longe da jogatina, ainda que isso cause o seu prejuízo financeiro, falência nas relações familiares e distanciamento de todas as pessoas do seu convívio social. O agente faz de tudo para estar numa mesa de jogo, passando a reviver as jogadas passadas, o que poderia ter feito, o que deve fazer nas próximas vezes que for jogar, ou seja, passa a viver em função do jogo. É comum que o detentor desse transtorno passe a buscar auxílio financeiro com seus familiares para continuar satisfazendo o seu vício, ainda que isso leva à sua ruína. Quando ele não consegue mais ter apoio

Christiano Gonzaga

financeiro, passa a praticar crimes com o intuito de obter dinheiro e poder estar de novo numa mesa de jogo, que é aquilo que lhe causa excitação e prazer. Na ludopatia, o agente não tem como prioridade obter ganhos financeiros, mas sim estar diuturnamente jogando e satisfazendo a sua vontade de jogar.

- **Oneomania:** Caracteriza-se pela compulsão no consumo de bens materiais. Trata-se de uma doença obsessivo-compulsiva em que a pessoa somente se sente aliviada quando compra algo, caso contrário, ela fica tomada por sentimento de frustração, vazio e depressão. O prazer e a saciedade somente são satisfeitos quando é realizado o ato de comprar; e, após obter o bem desejado, cria-se um novo sentimento angustiante que apenas será eliminado quando houver o consumo. O consumismo está para o oneomaníaco assim como o alcoolismo está para o alcoólatra.

- **Stalking:** Trata-se de algo muito comum nos dias de hoje, em que cada vez mais as pessoas filiam-se a redes sociais e o acesso à sua vida privada torna-se cada vez mais fácil. O *stalker* **é aquela pessoa que age com violência moral e invade a privacidade alheia, por meio de mensagens** amorosas por telefone (sms, WhatsApp etc.), *e-mail*, postagens em redes sociais, envio de presentes não desejados, frequência dos mesmos lugares que a vítima vai, tudo de forma incessante e repetitiva, causando-lhe constrangimento. Outra tática do *stalker* é espalhar certos boatos acerca da vida pessoal da vítima no meio social que ela vive, como exemplo de que ela é devedora, viciada em jogos, com passado criminoso, tudo isso com a finalidade de ganhar controle psicológico sobre ela, ao ponto de a vítima ceder às investidas com medo da divulgação das informações, ainda que falsas. Muito comum a vítima ser do sexo feminino, pois a mulher se preocupa mais com sua imagem no meio em que vive que o homem. De acordo com o Código Penal, em seu art. 147-A, não configura mais mera contravenção penal, que antes era tratada como perturbação da tranquilidade, em seu art. 65 da Lei de Contravenções Penais, mas sim crime de perseguição ou *stalking*, em que o agente persegue, de forma reiterada, qualquer pessoa, ameaçando-lhe a integridade física ou psicológica, restringindo-lhe a capacidade de locomoção ou, de qualquer forma, invadindo ou perturbando sua esfera de liberdade ou privacidade. Diante da inovação legal, pode-se dizer que houve aplicação do princípio da continuidade normativo-típica, em que o tipo penal anterior é revogado, mas não ocorre *abolitio criminis* (descriminalização), mas sim a mudança de endereço legal, que antes era fato típico previsto na Lei de Contravenções Penais, mas hoje é inserto como crime ou delito na sistematização do art. 147-A, CP.

- **Efeito Lúcifer:** Trata-se de um sentimento que acomete indivíduos em momentos de estresse psicológico ou físico causado por certas situações sociais extremas, a ponto de aflorar um instinto de sadismo e crueldade por meio de atos atrozes, podendo gerar lesões corporais e até mesmo homicídios. É um sentimento de rompante que a pessoa submetida a estresse máximo pode ter e desencadear atos de maldade extrema.

- **Teoria de Cohen:** Albert Cohen foi o autor da famosa obra *Delinquent boys*, em que estudou a figura da subcultura delinquente, já citada alhures, quando pessoas que foram excluídas socialmente se reúnem e formam uma associação diferencial, instituindo-se modos de pensar próprios e que usam da violência contra o sistema para serem respeitados. Muito comum ocorrer esse tipo de associação em classes mais pobres da sociedade, em que a taxa de analfabetismo é elevada, há falta de oportunidades e pouca ou nenhuma renda por parte dos integrantes daquele seio social, o que ocasiona inevitavelmente a prática de crimes.

- *Hot Spots*: No jargão popular, seriam as chamadas zonas quentes de criminalidade ou áreas de concentração da delinquência. No Brasil, podem ser citados a cracolândia em São Paulo, as feiras clandestinas em que se vendem produtos de crimes (roubos e furtos, por exemplo) e as inúmeras bocas de fumo que comercializam drogas nas mais variadas comunidades carentes.

- *Slums*: A palavra de origem inglesa significa bairro pobre, onde há grande concentração de pessoas. No Brasil, seriam as comunidades carentes vulgarmente chamadas de favelas, em que há uma clara desorganização social e que ficam localizadas na periferia das cidades.

- **"Three Strikes and you´re out"**: Traduzindo para o português, a expressão significaria "Três chances e você está fora". Com nítida influência da chamada Escola de Chicago, a chamada teoria do "three strikes and you are out" se vale da expressão vinculada ao beisebol, esporte popular nos Estados Unidos. É que nesse esporte, quando um jogador comete sua terceira falha dentro do mesmo jogo, ele é eliminado. Essa lógica, de acordo com a doutrina criminalista ora analisada, deve ser trazida para o direito penal visando à

Christiano Gonzaga

efetiva prevenção à prática do crime. Sob essa ótica, todo agente mereceria três chances antes de ser punido de forma mais severa por uma infração penal que tenha praticado. Caso ele fizesse as três faltas consecutivas, o que equivaleria a três condutas criminosas, não haveria nenhum benefício em sua execução penal. Não se está aqui defendendo a impunidade nas primeiras duas faltas, mas apenas que elas não seriam severamente punidas, sendo permitidos os tradicionais benefícios penais (sursis, livramento condicional, penas restritivas de direitos, transação penal, suspensão condicional do processo). Somente com a terceira falta/infração penal é que cessariam quaisquer benefícios penais. No Brasil, em razão das já altas penas existentes nos preceitos secundários dos nossos tipos penais, os defensores da referida teoria se voltam sobretudo aos menores infratores, atualmente regidos sobre o Estatuto da Criança e do Adolescente. Com base no referido discurso, entendem que se crianças e adolescentes viessem a praticar "faltas penais" (*strikes*) por mais de duas vezes demonstrariam uma personalidade tipicamente voltada para o proibido em lei, razão pela qual deveriam ser punidos como tal. Em suma, defendem, nesse caso, a aplicação de pena (distinta das medidas socioeducativas) sem a submissão ao Estatuto da Criança e do Adolescente para os menores infratores que falhassem por três vezes seguidas em descumprir as normas legais, equiparando-os aos adultos.

- *Ticking Time Bomb Scenario* (**teoria do cenário da bomba-relógio**): Os fundamentos de tal teoria podem ser resgatados do pensamento utilitarista de Jeremy Bentham, em que se relativizam vários princípios em prol de algo mais útil para a sociedade, em que pese o aspecto moral seja desconsiderado. Trata-se de um exemplo de laboratório, em que se supõe que um terrorista esteja nas mãos das autoridades e ele sabe onde está uma bomba que está prestes a ser ativada e matar milhares de pessoas. A indagação é se a tortura é cabível diante desse cenário, tendo em vista que o seu uso vai permitir a manutenção da vida de várias pessoas. Pelo que se percebe, é uma relativização da proibição da tortura, com base no princípio da proporcionalidade de que é melhor prejudicar uma pessoa em benefício de uma coletividade. Alguns países, como os Estados Unidos da América, permitem esse tipo de instrumento para impedir que terroristas façam ataques em massa, como o que ocorrera no fatídico "11 de Setembro". Muitos terroristas capturados possuem informações relevantes acerca de ataques futuros e esconderijos de

Manual de Criminologia

outros terroristas, daí a utilização desse método em bases americanas como a de Guantánamo. Em clara sinalização ao seu possível uso, a Suprema Corte norte-americana já entendeu ser necessário esse meio nada ortodoxo para salvaguardar milhares de americanos. No Brasil, há expressa vedação constitucional a esse tipo de pensamento, como se decorre da Constituição Federal, art. 5º, III. Se aqui pudesse ser adotada a prática de tortura, primeiramente teria que se modificar a Constituição Federal por meio de emenda, isso se o entendimento fosse de que tal artigo não constitui cláusula pétrea, o que é pouco provável, caindo por terra qualquer forma de aplicação no Direito brasileiro desse tipo de teoria. Ademais, o Brasil não é conhecido como país de destino de terroristas, o que distancia mais ainda esse tipo de possibilidade das discussões jurídicas diárias. Todavia, como se trata de tema afeto à Criminologia, importante o operador ter conhecimento de causa e poder saber os embasamentos da aludida teoria.

- **Cifras negras:** Podem ser definidas como os crimes que ocorrem na sociedade, mas que não são conhecidos pelos órgãos oficiais, por falta de comunicação ou por falta de prova. Importante ressaltar que na concepção de Sutherland as cifras negras ou ocultas são os crimes de colarinho-branco que não chegam ao conhecimento das autoridades estatais, enquanto no Brasil são definidos como todo e qualquer delito que as mesmas autoridades policiais deixam de conhecer por ausência de elementos probatórios.

- **Cifras douradas:** Trata-se dos delitos de colarinho-branco que são cometidos e que chegam ao conhecimento das autoridades públicas, também chamados de cifras de ouro. Cumpre ressaltar que essa visão é a encontrada nos pensamentos de Sutherland. Na visão brasileira, pode ser conceituado como qualquer crime que chega ao conhecimento das autoridades estatais, ou seja, que estão nas estatísticas oficiais. São os delitos conhecidos.

- **Cifras cinzas:** Entende-se por essa expressão as infrações penais que ocorrem, mas são solucionadas no âmbito da própria Delegacia de Polícia, por meio de não oferecimento de representação, desistência da vítima de continuar o procedimento e ausência de testemunhas que queiram falar sobre os fatos, ou seja, quando ocorre alguma solução extraprocessual que impede a continuidade do feito. Assim, são as infrações penais que caem no vazio e no esquecimento, como se fossem cinzas ao vento.

- **Cifras amarelas:** Podem ser conceituadas como as infrações penais praticadas por autoridades policiais contra os cidadãos e que não são devidamente noticiadas para os órgãos competentes, como Corregedorias, Ouvidorias e Ministério Público (controle externo) em razão do temor de represálias. Muito comum a pessoa do povo sentir medo de ir até os órgãos citados para falar que foi vítima e não receber a devida atenção por motivos corporativos. Em virtude disso, surgem as cifras amarelas, que são os fatos criminosos não relatados quando feitos por autoridades policiais, tais como tortura e, na sistemática da Lei n. 13.869/2019 (Abuso de Autoridade) os novos tipos penais que envolvem abuso de autoridade.

- **Cifras verdes:** Consiste nos crimes que não chegam ao conhecimento dos órgãos policiais, sendo que a vítima é o meio ambiente, como exemplo: ferir ou mutilar animais, pichações de paredes, monumentos históricos, prédios públicos, danos em locais de preservação permanente. Quando se nota o crime em si, há grande dificuldade de se identificar a autoria, pois o eventual autor já não está mais no local, restando apenas a alteração do meio ambiente, restando o crime ambiental em si sem qualquer investigação ou punição.

- **Cifras rosas:** São os crimes de caráter homofóbico que não chegam ao conhecimento das instituições públicas, como Polícia Militar, Polícia Civil e Ministério Público. Isso se dá muito em razão do preconceito que a sociedade tem para com as vítimas de tais delitos, alguns sendo até mesmo tachados de doentes ou de comportamento desviado. A homofobia ainda é aceita por muitas pessoas, gerando na vítima de tal conduta criminosa um medo de delatar o fato para as autoridades competentes. Esse é o conceito de cifras rosas, como sendo, por exemplo, os crimes de racismo (Lei n. 7.716/89) e homicídio (qualificado pelo motivo torpe) praticados contra *gays*, em que o Supremo Tribunal Federal já entendeu serem capitulados como crimes de homofobia, no julgamento da ação direta de inconstitucionalidade por omissão (ADO) 26, mas que não chegam ao conhecimento dos órgãos de repressão.

- **Síndrome de Estocolmo:** Trata-se de uma síndrome em que a vítima passa a nutrir certa afeição pelo sequestrador por motivo de sobrevivência. Em razão de estar cerceada na sua liberdade e de apenas ter o convívio do sequestrador, a vítima somente tem uma saída que é relacionar-se de forma afetuosa com ele, tentando dessa forma obter a sua compaixão.

Manual de Criminologia

- **Síndrome de Londres:** Ao contrário da síndrome tratada anteriormente, na chamada síndrome de Londres a vítima passa a nutrir certo ódio pelos seus algozes, gerando uma antipatia e, consequentemente, até mesmo a sua morte. A denominação "Síndrome de Londres" surgiu após o evento ocorrido na Embaixada Iraniana, localizada na cidade de Londres, onde seis terroristas árabes iranianos tomaram como reféns dezesseis diplomatas e funcionários iranianos, três cidadãos britânicos e um libanês, durante o período de 30 de abril a 5 de maio de 1980. No grupo de reféns, havia um funcionário iraniano chamado Abbas Lavasani, que discutia, com frequência, com os terroristas dizendo que jamais se dedicaria ao Aiatolá e que seu compromisso era com a justiça da revolução islâmica. O clima entre Lavasani e os terroristas era o pior possível até que, em determinado momento do sequestro, quando decidiram que um dos reféns deveria ser morto para que acreditassem nas suas ameaças, os sequestradores escolheram Lavasini e o executaram.

- **Síndrome de Lima:** Ao contrário da síndrome de Estocolmo, os reféns tornam-se simpáticos aos olhos de seus raptores, que acabam por sucumbir aos seus desejos e necessidades. É possível que essa reação obedeça ao sentimento de culpa e à indecisão moral dos sequestradores. A origem do nome se deu a partir do sequestro de reféns na Embaixada do Japão em Lima (Peru). Catorze membros do Movimento Revolucionário Túpac Amaru (MRTA) tomaram centenas como reféns durante vários dias. Entre eles políticos, diplomatas e militares. Porém, com o passar do tempo, eles foram sendo liberados porque os sequestradores começaram a entender a situação que estes estavam vivendo e passaram a ter compaixão para com as vítimas.

- **Síndrome de Oslo:** Nesse tipo de síndrome, ao contrário das demais, as vítimas passam a acreditar que são merecedoras das agressões morais e físicas que estão sofrendo, em razão de alguma conduta pretérita por parte delas. Na verdade, trata-se de um mecanismo de defesa que a vítima utiliza para deixar o agressor mais calmo, de forma a tentar controlar as suas ações. Ocorre muito em situações de violência doméstica quando a mulher assume para o marido que merecia sofrer as lesões perpetradas por ele, mas isso apenas com o intuito de fazer com que ele cesse imediatamente as agressões e pareça ter razão acerca dos fatos que originaram o episódio.

- **Teoria Behaviorista:** O behaviorismo ensina que os organismos, tanto humanos quanto animais, adaptam-se ao meio ambiente a partir da carga hereditária e do hábito. Além disso, alguns estímulos

Christiano Gonzaga

levam os organismos a apresentar as respostas. Com a resposta, é possível predizer o estímulo; dado o estímulo, é possível predizer a resposta. O objetivo fundamental do behaviorismo é obter conhecimentos precisos sobre os ajustamentos (adequação ao ambiente por hábito individual ou respostas hereditárias) e os estímulos que os provocam. Com isso, tem-se a possibilidade de visualizar qual tipo de estímulo é necessário para que um comportamento seja adequado ao que se pretende naquela sociedade. Assim, três fatores são relevantes para a explicação do fenômeno da criminalidade, quais sejam, o determinismo, o componente genético e a repetição comportamental dentro de um determinado ambiente.

- **Síndrome de Jacobs, "cromossomo do crime" ou constituição cromossômica 47:** Trata-se de estudo feito em 1961 pelo dinamarquês Petra Jacobsen em que o elemento biológico poderia ser utilizado para identificar os criminosos, como no caso da existência do chamado cromossomo XYY. O cromossomo X está relacionado ao sexo feminino, enquanto o Y está ligado ao sexo masculino, como existem dois cromossomos Y, também se chama tal **síndrome do supermacho**, o que denotaria uma propensão à agressividade, visto que teria dois cromossomos masculinos.

Em alguns estudos, foi apontada a existência de algumas características acerca de indivíduos portadores desse cromossomo, a saber:

- estatura superior à média em, aproximadamente, 15 cm;
- inteligência inferior à normal;
- afetividade pobre e relacionamento difícil;
- abstenção de sentimento de culpa ou remorso;
- agressividade anormal contra a propriedade do outro (roubo e incêndio);
- algumas malformações somáticas que não são características.

Essas características, próprias de uma pessoa antissocial, foram identificadas por meio de estudos, mas é bom lembrar que sozinhas não são aptas a aquilatar a necessária propensão à criminalidade, devendo a ambiência ser levada em consideração, pois a ideia de pertencimento e acolhimento sociais podem impedir qualquer tipo de manifestação desse fator de agressividade.

- **Teoria da Graxa:** Trata-se de uma teoria defensora da corrupção no sentido de ela permitir o bom funcionamento econômico das instituições junto à iniciativa privada. A graxa seria aquela sujeira necessária para fazer com que a engrenagem social do desenvolvimento econômico tenha fluidez. Como exemplo, no Brasil, tem-se a propina para liberação de obras públicas, comumente chamada de "caixinha ou jeitinho"; nos Estados Unidos da América, cita-se o *payoff*; na Itália, tem-se a *bustarela*; para os mexicanos, a chamada mordida. Obviamente que tal teoria é apenas uma forma de estudo que não deve ser aceita ou implementada, mas apenas como fator interessante, porque é o que ocorre em muitas situações em que o público encontra com o privado para fins de mercancia ilícita de obras e serviços, tendo como escopo a implementação de políticas públicas e geração de riquezas para a sociedade. O crime em testilha praticado seria o de corrupção (ativa, na forma do art. 333, CP; passiva, na forma do art. 317, CPP) como forma de permitir o funcionamento da engenharia econômica, uma vez que o funcionário público poderia travar a engrenagem com questões burocráticas, caso não se pague a referida propina.

- **Síndrome da Rainha Vermelha**: Em alusão ao conto *Alice no País das Maravilhas*, em que a Rainha Vermelha determina que Alice siga correndo sem parar e, após estar exausta, percebe que não saiu do lugar, permanecendo debaixo da mesma árvore o tempo todo, estando tudo exatamente como antes, o autor Marcos Rolim demonstra, metaforicamente, que as forças de segurança pública estão sempre "correndo" atrás dos criminosos, mas não saem do mesmo lugar, tendo em vista a falta de investimentos públicos para permitir que haja uma investigação mais eficiente e produtiva.

- **Necropolítica:** Trata-se de uma teoria proposta pelo filósofo, teórico político, historiador e intelectual camaronês **Achille Mbembe**, em que o Estado implementa uma "**política de morte**" baseada num discurso político de que certas pessoas merecem morrer, diante de algumas características físicas, sociais e econômicas. Estuda-se o poder de ditar quem pode viver e quem deve morrer, fundamentado no biopoder e em suas tecnologias de controlar populações, tornando-se aceitável o deixar morrer. O parâmetro que define quem pode ser morto é o da raça, sendo que Mbembe explica que, com esse termo, sua proposta é demonstrar as várias formas pelas quais, no mundo contemporâneo, existem estruturas com o objetivo de provocar a destruição em massa de alguns grupos. Tais estruturas são formas contemporâneas de vidas sujeitas ao poder da morte e suas respectivas "zonas de morte" – formas de existência social nas quais vastas populações são submetidas às condições de vida que os conferem um *status* de "mortos-vivos", tais como embargos econômicos, criação de situações de guerra episódicas ou constantes e proliferação de doenças (epidemias e pandemias). Nesse sentido, Mbembe afirma que cabe ao Estado estabelecer o limite entre os direitos, a violência e a morte. Mas, ao invés disso, os Estados utilizam seu poder e discurso para criar "zonas de morte". O filósofo levanta exemplos modernos: a Palestina, alguns locais da África e o Kosovo. **Nessas zonas, a morte se torna um exercício claro de dominação.**

10 QUESTÕES COMENTADAS

1. **(FUNDEP – MP/MG – PROMOTOR DE JUSTIÇA – 2013)** É característica da chamada "nova criminologia":

   a) A concepção de que a reação penal se aplica de igual maneira a todos os autores de delitos.

   b) A busca da explicação dos comportamentos criminalizados partindo da criminalidade como um dado ontológico pré-constituído à reação social.

   c) O estudo do comportamento criminoso com o emprego do método etiológico das determinações causais de objetos naturais.

   d) O deslocamento do interesse cognoscitivo das causas do desvio criminal para os mecanismos sociais e institucionais através dos quais é construída a "realidade social" do desvio.

2. **(FUNDEP – MP/MG – PROMOTOR DE JUSTIÇA – 2012)** De acordo com a vertente criminológica do "etiquetamento" (*labelling approach*), é **CORRETO** afirmar que a Criminologia deve:

   a) investigar as causas da criminalidade do colarinho-branco.

   b) pesquisar as origens ontológicas dos comportamentos "etiquetados" pela lei como criminosos (tipicidade criminológica), a partir da concepção jurídico-penal de delito (conceito legal de crime).

   c) estudar o efeito estigmatizante da atividade da polícia, do Ministério Público e dos juízes.

   d) ocupar-se da crítica do comportamento como bom ou mau, valorando-o como positivo ou negativo do ponto de vista ético (perspectiva da defesa social).

Christiano Gonzaga

3. **(NC/UFPR – DP/PR – DEFENSOR PÚBLICO – 2014)** Em relação às distintas teorias criminológicas, a ideia de que o "desviante" é, na verdade, alguém a quem o rótulo social de criminoso foi aplicado com sucesso foi desenvolvida pela teoria
   a) da anomia.
   b) da reação social ou *labelling approach*.
   c) da subcultura delinquente.
   d) da ecologia criminal.

4. **(CESPE – PC/PE – DELEGADO DE POLÍCIA – 2016)** No que se refere aos métodos de combate à criminalidade, a criminologia analisa os controles formais e informais do fenômeno delitivo e busca descrever e apresentar os meios necessários e eficientes contra o mal causado pelo crime. A esse respeito, assinale a opção correta
   a) A criminologia distingue os paradigmas de respostas conforme a finalidade pretendida, apresentando, entre os modelos de reação ao delito, o modelo dissuasório, o ressocializador e o integrador como formas de enfrentamento à criminalidade. Em determinado nível, admitem-se como conciliáveis esses modelos de enfrentamento ao crime.
   b) Como modelo de enfrentamento do crime, a justiça restaurativa é altamente repudiada pela criminologia por ser método benevolente ao infrator, sem cunho ressocializador e pedagógico.
   c) O modelo dissuasório de reação ao delito, no qual o infrator é objeto central da análise científica, busca mecanismos e instrumentos necessários à rápida e rigorosa efetivação do castigo ao criminoso, sendo desnecessário o aparelhamento estatal para esse fim.
   d) O modelo ressocializador de enfrentamento do crime propõe legitimar a vítima, a comunidade e o infrator na busca de soluções pacíficas, sem que haja a necessidade de lidar com a ira e a humilhação do infrator ou de utilizar o *ius puniendi* estatal.

5. **(FCC – AL/PB – PROCURADOR – 2013)** A avaliação do espaço urbano é especialmente importante para compreensão das ondas de distribuição geográfica e da correspondente produção das condutas desviantes. Este postulado é fundamental para compreensão da corrente de pensamento, conhecida na literatura criminológica, como
   a) teoria da anomia.
   b) Escola de Chicago.
   c) teoria da associação diferencial.
   d) criminologia crítica.
   e) *labelling approach*.

276

Manual de Criminologia

6. **(ACAFE – PC/SC – DELEGADO DE POLÍCIA – 2014)** Quanto ao estatuto da disciplina Criminologia e sua relação com a Política criminal, é correto afirmar:

   a) A Criminologia desenvolvida com base no chamado "paradigma etiológico", de matriz positivista, e a Política criminal dela decorrente, exerceram influência marcante sobre vários níveis do sistema penal brasileiro (legal, doutrinário), exceto na execução penal.

   b) A seletividade do sistema penal significa que a criminalização é desigualmente distribuída entre os vários grupos e classes sociais, apesar da prática de condutas legalmente definidas como crime ocorrer em todos eles e que a Lei, em princípio, é igual e geral para todos, resultando a desigualdade no momento da seleção dos criminosos pela Polícia, Ministério Público e Justiça.

   c) A Criminologia desenvolvida com base no chamado "paradigma da reação ou controle social", que origina a Criminologia crítica, estuda o sistema penal, incluindo a agência policial, como parte integrante de seu objeto, e conclui que a seletividade estigmatizante é a lógica estrutural de seu funcionamento.

   d) A obra "Dos delitos e das penas" (1764), de Cesar Beccaria, constitui a matriz mais autorizada do nascimento da Criminologia como uma disciplina autodenominada de "ciência" causal-explicativa da criminalidade.

   e) A Criminologia é uma disciplina complexa e plural, pois existem diferentes paradigmas e teorias criminológicas que, desde o século XVII, se desenvolvem no mundo ocidental, inclusive na América Latina e no Brasil. Seu objeto varia de acordo com os diferentes paradigmas. Entretanto, seu método experimental tem permanecido constante.

7. **(VUNESP – PC/SP – PAPILOSCOPISTA POLICIAL – 2013)** A prevenção criminal secundária é aquela que atua

   a) na recuperação do recluso, visando a sua socialização por meio do trabalho e estudo, evitando sua reincidência.

   b) em setores específicos ou de maior vulnerabilidade da sociedade, por meio de ação policial, programas de apoio e controle das comunicações.

   c) na qualidade de vida de um povo, na proteção aos bens patrimoniais e nos direitos individuais e sociais.

   d) nos direitos sociais universalmente conhecidos, como educação, moradia e segurança.

   e) na reparação do dano causado em razão da delinquência, assistindo o recluso com programas psicológicos e de assistência social.

277

Christiano Gonzaga

8. **(PC/SP – DELEGADO DE POLÍCIA – 2011)** Constituem objeto de estudo da Criminologia
   a) o delinquente, a vítima, o controle social e o empirismo.
   b) o delito, o delinquente, a interdisciplinaridade e o controle social
   c) o delito, o delinquente, a vítima e o controle social.
   d) o delinquente, a vítima, o controle social e a interdisciplinaridade.
   e) o delito, o delinquente, a vítima e o método.

9. **(VUNESP – PC/SP – PAPILOSCOPISTA – 2013)** Uma das mais importantes teorias do conflito; surgiu nos Estados Unidos nos anos de 1960, e seus principais expoentes foram Erving Goffman e Howard Becker. Trata-se da
   a) teoria do *labelling approach*.
   b) teoria da subcultura delinquente.
   c) teoria da desorganização social.
   d) teoria da anomia.
   e) teoria das zonas concêntricas.

10. **(FCC – DPE/PR – DEFENSOR PÚBLICO – 2012)** Paulo, executivo do mercado financeiro, após um dia estressante de trabalho, foi demitido. O mundo desabara sobre sua cabeça. Pegou seu carro e o que mais queria era chegar em casa. Mas o horário era de rush e o trânsito estava caótico, ainda chovia. No interior de seu carro sentiu o trauma da demissão e só pensava nas dívidas que já estavam para vencer, quando fora acometido de uma sensação terrível: uma mistura de fracasso, com frustração, impotência, medo etc. Nesse instante, sem que nem por que, apenas querendo chegar em casa, jogou seu carro para o acostamento, onde atropelou um ciclista que por ali trafegava, subiu no passeio onde atropelou um casal que ali se encontrava, andou por mais de 200 metros até bater num poste, desceu do carro meio tonto e não hesitou, agrediu um motoqueiro e subtraiu a motocicleta, evadindo- se em desabalada carreira, rumo à sua casa. Naquele dia, Paulo, um pacato cidadão, pagador de impostos, bom pai de família, representante da classe média alta daquela metrópole, transformou-se num criminoso perigoso, uma fera que ocupara as notícias dos principais telejornais. Diante do caso narrado, identifique entre as teorias abaixo a que melhor analisa (estuda/explica) o caso.
    a) Escola de Chicago.
    b) teoria da associação diferencial.
    c) teoria da anomia.
    d) teoria do *labelling approach*.
    e) teoria crítica.

Manual de Criminologia

11. **(PC/SP – DELEGADO DE POLÍCIA – 2012)** Assinale a afirmativa correta:
    a) A Escola de Chicago faz parte da teoria crítica.
    b) O delito não é considerado objeto da Criminologia.
    c) A Criminologia não é uma ciência empírica.
    d) A teoria do criminoso nato é de Merton.
    e) Cesare Lombroso e Raffaelle Garófalo pertencem à Escola Positiva.

12. **(VUNESP – PC/SP – ATENDENTE DE NECROTÉRIO POLICIAL – 2013)** Entende-se por sobrevitimização:
    a) a vitimização secundária, a qual consiste em sofrimento causado à vítima pelas instâncias formais da justiça criminal.
    b) a vitimização secundária, a qual consiste em efeitos decorrentes do crime, como, por exemplo, os danos patrimonial, físico e moral sofridos pela vítima, como consequência do crime.
    c) a vitimização primária, a qual consiste em discriminação oriunda do círculo de relacionamentos familiares e sociais da vítima, em razão do delito.
    d) a vitimização primária, a qual consiste em efeitos decorrentes do crime, por exemplo, os danos patrimonial, físico e moral sofridos pela vítima, como consequência do crime.
    e) a vitimização terciária, a qual consiste em discriminação oriunda do círculo de relacionamentos familiares e sociais da vítima, em razão do delito.

13. **(FCC – DPE/SP – DEFENSOR PÚBLICO – 2013)** (...) instrumento de legitimação da gestão policial e judiciária da pobreza que incomoda – a que se vê, a que causa incidentes e desordens no espaço público, alimentando, por conseguinte, uma difusa sensação de insegurança, ou simplesmente de incômodo tenaz e de inconveniência –, propagou-se através do globo a uma velocidade alucinante. E com ela a retórica militar da guerra ao crime e da reconquista do espaço público, que assimila os delinquentes (reais ou imaginários), sem-teto, mendigos e outros marginais a invasores estrangeiros – o que facilita o amálgama com a imigração, sempre rendoso eleitoralmente. (WACQUANT, Loïc. As Prisões da Miséria.)

    A escola/doutrina descrita pelo autor é
    a) funcionalismo penal.
    b) abolicionismo penal.
    c) tolerância zero.
    d) Escola de Chicago.
    e) associação diferencial.

Christiano Gonzaga

14. **(MPE/SC – PROMOTOR DE JUSTIÇA – 2012)** Julgue os itens abaixo:

I – Entre os princípios fundamentais da Escola de Chicago, liderada por Marc Ancel, encontra-se a afirmação de que o crime é um ente jurídico, o fundamento da punibilidade é o livre-arbítrio, a pena é uma retribuição ao mal injusto causado pelo crime e nenhuma conduta pode ser punida sem prévia cominação legal.

II – São princípios informadores do direito penal mínimo: insignificância, intervenção mínima, proporcionalidade, individualização da pena e humanidade.

III – A Criminologia Crítica, além da consideração de um determinismo econômico, introduz o contexto sociológico, político e cultural para explicar a delinquência e também o próprio direito penal.

IV – A teoria da retribuição, também chamada absoluta, concebe a pena como o mal injusto com que a ordem jurídica responde à injustiça do mal praticado pelo criminoso, seja como retribuição de caráter divino (Stahl, Bekker), seja de caráter moral (Kant), seja de caráter jurídico (Hegel, Pessina).

V – A Escola de Política Criminal ou Escola Sociológica Alemã reúne entre os seus postulados a distinção entre imputáveis e inimputáveis – prevendo pena para os "normais" e medida de segurança para os "perigosos" – e a eliminação ou substituição das penas privativas de liberdade de curta duração.

a) Apenas as assertivas I, II e III estão corretas.

b) Apenas as assertivas III e V estão corretas.

c) Apenas as assertivas I, II e IV estão corretas.

d) Apenas as assertivas III, IV e V estão corretas.

e) Todas as assertivas estão corretas.

15. **(MPE/PR – PROMOTOR DE JUSTIÇA – 2011)** Examine as afirmações abaixo e após responda:

I – A criminologia crítica parte da premissa de que a Criminologia não deve ter por objeto apenas o crime e o criminoso como institucionalizados pelo direito positivo, mas deve questionar também as bases estruturais econômicas e sociais que caracterizam a sociedade na qual vive o autor da infração penal.

II – Entende a doutrina que cabe à criminologia crítica questionar os fatos como expressão da decadência dos sistemas socioeconômicos e políticos.

III – Conforme entendimento doutrinário, cabe à criminologia crítica reter como material de interesse para o Direito Penal apenas o que efetivamente mereça punição reclamada pelo consenso social, e denunciando todos os

Manual de Criminologia

expedientes destinados a incriminar condutas que, apenas por serem contrárias aos poderosos do momento, política ou economicamente, venham a ser transformadas em crimes.

IV – Na visão dos doutrinadores da criminologia crítica, o princípio do fim ou da prevenção da pena é questionado a partir do entendimento de que a ressocialização não pode ser obtida numa instituição como a prisão, que sempre seria convertida num microcosmo no qual se reproduzem e agravam as graves contradições existentes no sistema social exterior.

V – No entendimento dos doutrinadores da criminologia crítica, o princípio da culpabilidade é questionado a partir da teoria das subculturas, segundo a qual o comportamento humano não representa a expressão de uma atitude interior dirigida contra o valor que tutela a norma penal, pois não existe apenas o sistema de valor oficial, mas uma série de subsistemas de valores decorrentes dos mecanismos de socialização e de aprendizagem dos grupos e do ambiente em que o indivíduo se encontra inserto.

a) todas as afirmativas estão corretas.

b) as afirmativas I, III, IV e V são as únicas corretas.

c) as afirmativas IV e V são as únicas corretas.

d) as afirmativas II e III são incorretas.

e) todas as afirmativas são incorretas.

16. **(VUNESP – PC/SP – ESCRIVÃO DE POLÍCIA CIVIL – 2013)** São conhecidas por _____os crimes que não são registrados em órgãos oficiais encarregados de sua repressão, em decorrência de omissão das vítimas, por temor de represália.

Assinale a alternativa que preenche corretamente a lacuna.

a) estatísticas azuis

b) estatísticas brancas

c) cifras douradas

d) cifras negras

e) cifras cinza

17. **(VUNESP – PC/SP – AGENTE DE POLÍCIA – 2013)** O comportamento inadequado da vítima que de certo modo facilita, instiga ou provoca a ação de seu verdugo é denominado

a) vitimização terciária.

b) vitimização secundária.

c) periculosidade vitimal.

d) vitimização primária.

e) vitimologia.

Christiano Gonzaga

18. **(FCC – TRT – 15ª REGIÃO (CAMPINAS) – TÉCNICO JUDICIÁRIO – SEGU-RANÇA – 2013)** A relação existente entre crimes conhecidos ou esclarecidos pela Polícia, ou processados, e o papel desempenhado pela vítima, identificam que os crimes conhecidos ordinariamente resultam de uma proatividade da polícia, ou de uma reatividade. Na proatividade, a polícia seleciona suspeitos pelos estereótipos. Isso pode implicar em procedimentos discriminatórios por parte da polícia, desde que há grupos antecipadamente considerados como mais propensos à prática de delitos, e outros grupos imunes à suspeita, ou investigação. Na reatividade, a denúncia da vítima desempenha papel vital. Mas eles advertem: nem toda vítima faz desencadear investigações. Só as capazes de se justificarem como tais. Ou seja, não é toda vítima que consegue fazer com que a polícia inicie uma investigação. E é a polícia que define quem e o que investigar. (Disponível em: <http://www.doraci.com.br/files/criminologia.pdf>. Consulta em: 8 nov. 2013.)

    Com base no texto apresentado, assinale a alternativa correta.

    a) Os crimes somente são esclarecidos se houver denúncias.
    b) A polícia concentra o seu trabalho em grupos que por vezes estereotipa.
    c) A polícia é também responsável, de certa forma, por alguns crimes.
    d) A polícia apresenta mais reatividade do que proatividade.
    e) A polícia deixa sempre a desejar em suas investigações de reatividade.

19. **(CEFET/BA – PC/BA – DELEGADO DE POLÍCIA – 2008)** No âmbito da criminologia da reação social, o trabalho da Polícia Civil pode ser considerado como a

    a) expressão do controle social informal.
    b) contribuição de uma agência do controle social formal.
    c) manifestação do controle social difuso.
    d) manifestação do controle empresarial.
    e) expressão particular de uma visão de justiça.

20. **(MPDFT – PROMOTOR DE JUSTIÇA – 2004)** É **incorreto** afirmar, no tocante ao Direito Penal, à Criminologia e à Política Criminal:

    a) A Ciência do Direito Penal e a moderna Criminologia diferenciam-se porque aquela se ocupa dogmaticamente do Direito Positivo, enquanto esta é ciência empírica de caráter interdisciplinar que se

Manual de Criminologia

interessa, dentre outros temas, pelo delinquente, pelo crime e pela resposta social ao comportamento desviante.

b) A Política Criminal orienta a evolução da legislação penal e a sua aplicação conforme as finalidades materiais do Direito Penal.

c) A evolução da Criminologia caracterizou-se pela ampliação de seu campo de estudo, compreendendo, ao lado do delinquente, do delito e suas causas, também a vítima, as formas de reação social e de controle da criminalidade.

d) Há despenalização, em sentido estrito, quando a lei penal promove a *abolitio criminis*, substituindo a pena por sanção de outro ramo do Direito.

e) A função simbólica do Direito Penal é marcada pela reiterada edição de normas penais, normalmente mais rigorosas, cuja eficácia real é duvidosa, mas que atuam proporcionando à coletividade uma tranquilizadora sensação de segurança jurídica.

21. **(VUNESP – PC/SP – AGENTE DE POLÍCIA – 2013)** A história da Criminologia conta com grandes autores que, com suas obras, contribuíram significativamente na construção desse ramo do conhecimento. É correto afirmar que Cesare Bonesana (1738~1794), o marquês de Beccaria, foi autor da obra

a) *O homem delinquente.*

b) *Dos delitos e das penas.*

c) *Antropologia criminal.*

d) *O ambiente criminal.*

e) *Sociologia criminal.*

22. **(FCC – DPE/PR – DEFENSOR PÚBLICO – 2012)** Considere os acontecimentos abaixo.

I. No dia 16 de outubro, após um dia exaustivo de trabalho, quando chegava em sua casa, às 23 horas, em um bairro afastado da cidade, Maria foi estuprada. Naquela mesma data, fora acionada a polícia, quando então foi lavrado boletim de ocorrência e tomadas as providências médico-legais, que constatou as lesões sofridas.

II. Após o fato, Maria passou a perceber que seus vizinhos, que já sabiam do ocorrido, a olhavam de forma sarcástica, como se ela tivesse dado causa ao fato e até tomou conhecimento de comentários maldosos, tais como: também com as roupas que usa (...), também como anda, rebolando para cima e para baixo etc., o que a deixou profundamente magoada, humilhada e indignada.

283

Christiano Gonzaga

III. Em novembro, fora à Delegacia de Polícia prestar informações, quando relatou o ocorrido, relembrando todo o drama vivido. Em dezembro fora ao fórum da Comarca, onde, mais uma vez, Maria foi questionada sobre os fatos, revivendo mais uma vez o trauma do ocorrido.

Os acontecimentos I, II e III relatam, respectivamente processos de vitimização:
a) primária, secundária e terciária.
b) primária, terciária e secundária.
c) secundária, primária e terciária.
d) terciária, primária e secundária.
e) secundária, terciária e primária.

23. **(FCC – DPE/PR – DEFENSOR PÚBLICO – 2012)** Com o surgimento das teorias sociológicas da criminalidade (ou teorias macrossociológicas da criminalidade), houve uma repartição marcante das pesquisas criminológicas em dois grupos principais. Essa divisão leva em consideração, principalmente, a forma como os sociólogos encaram a composição da sociedade: Consensual (teorias do consenso, funcionalistas ou da integração) ou Conflitual (teorias do conflito social). Neste contexto são consideradas teorias consensuais:
a) Escola de Chicago, teoria da anomia e teoria da associação diferencial.
b) Teoria da anomia, teoria crítica e teoria do etiquetamento.
c) Teoria crítica, teoria da anomia e teoria da subcultura delinquente.
d) Teoria do etiquetamento, teoria da associação diferencial e Escola de Chicago.
e) Teoria da subcultura delinquente, teoria da rotulação e teoria da anomia.

24. **(PC/SP – DELEGADO DE POLÍCIA – 2011)** Assinale a alternativa **incorreta**. A teoria do etiquetamento:
a) é considerada um dos marcos das teorias de consenso.
b) é conhecida como teoria do *labelling approach*.
c) tem como um de seus expoentes Ervinh Goffman.
d) tem como um de seus expoentes Howard Becker.
e) surgiu nos Estados Unidos.

25. **(PC/SP – DELEGADO DE POLÍCIA – 2011)** O efeito criminógeno da grande cidade, valendo-se dos conceitos de desorganização e contágio inerentes aos modernos núcleos urbanos, é explicado pela:
a) teoria do criminoso nato.
b) teoria da associação diferencial.

Manual de Criminologia

c) teoria da anomia.
d) teoria do *labelling aproach*.
e) teoria ecológica.

26. **(MPE/SC – PROMOTOR DE JUSTIÇA – 2010)** Julgue os itens a seguir:
I – Sustentando que a prisão poderia se constituir num instrumento de transformação dos indivíduos a ela submetidos, Michel Foucalt (*Vigiar e punir*, 1975) a considerou um "mal necessário".

II – Podemos identificar Enrico Ferri (1856-1929) como o principal expoente da "sociologia criminal", tendo através da sua escola definido o trinômio causal do delito (fatores antropológico, social e físico).

III – Segundo a posição de Garófalo (*Criminologia*, 1885) o delito é fenômeno natural, e não um ente jurídico, devendo ser estudado precipuamente pela antropologia e pela sociologia criminal.

IV – Lombroso (*O homem delinquente*, 1876), como estudioso de formação médica, promoveu análises craniométricas em criminosos, com o objetivo de comprovar uma das bases de sua teoria, qual seja, a "regressão atávica" do delinquente (retrocesso ao homem primitivo). Seus estudos, despidos da necessária abordagem científica, tiveram como mérito incontestável o questionamento ao "livre-arbítrio" na apuração da responsabilidade penal (marco teórico da escola clássica do direito penal).

V – Considerando o modelo tradicional da arquitetura prisional, destaca-se em Santa Catarina, fugindo do convencional, a técnica denominada "cela prisional móvel", consistente no reaproveitamento de "conteiners" adaptados para uso na condição unidades celulares.
a) apenas II e IV estão corretos.
b) apenas III e V estão corretos.
c) apenas I, II e III estão corretos.
d) apenas III e IV estão corretos.
e) todos estão corretos.

27. **(VUNESP – PC/CE – DELEGADO DE POLÍCIA – 2015)** Sobre a teoria da "anomia", é correto afirmar:
a) é classificada como uma das "teorias de conflito" e teve, como autores, Erving Goffman e Howard Becker.
b) foi desenvolvida pelo sociólogo americano Edwin Sutherland e deu origem à expressão *white collar crimes*.
c) surgiu em 1890 com a escola de Chicago e teve o apoio de John Rockefeller.

Christiano Gonzaga

d) iniciou-se com as obras de Émile Durkheim e Robert King Merton e significa ausência de lei.

e) foi desenvolvida por Rudolph Giuliani, também conhecida como "teoria da tolerância zero".

28. **(VUNESP – PC/CE – DELEGADO DE POLÍCIA – 2015)** Quando a vítima, em decorrência do crime sofrido, não encontra amparo adequado por parte dos órgãos oficiais do Estado, durante o processo de registro e apuração do crime, por exemplo, o mau atendimento por um policial, levando a vítima a se sentir como um "objeto" do direito e não como sujeito de direitos, caracteriza

a) vitimização estatal ou oficial.

b) vitimização secundária.

c) vitimização terciária.

d) vitimização quaternária.

e) vitimização primária.

29. **(VUNESP – PC/CE – DELEGADO DE POLÍCIA – 2015)** Assinale a alternativa correta em relação aos modelos teóricos de reação social ao delito.

a) São três os modelos: o dissuasório, o ressocializador e o integrador; o primeiro, também conhecido como modelo clássico, tem o foco na punição do criminoso, procurando mostrar que o crime não compensa; o segundo tem o foco no criminoso e sua ressocialização, procurando reeducá-lo para reintegrá-lo à sociedade; e o terceiro, conhecido como justiça restaurativa, que defende uma intervenção mínima estatal em que o sistema carcerário só atuará em último caso.

b) Apresentam dois modelos bem distintos: o tradicional e o moderno, por entender que um tem foco na punição e recuperação do delinquente, e o outro tem foco na reparação do delito; o primeiro olha para o delinquente e o segundo, somente para a vítima, não importando a recuperação do delinquente.

c) Estão divididos em dois modelos: o concreto e o abstrato, nos quais os objetivos são comuns, ou seja, ambos estão focados no sujeito ativo do delito e em como fazer com que ele não volte a delinquir; o primeiro visa aplicar uma pena privativa de liberdade e o segundo, uma pena pecuniária.

d) São três os modelos teóricos: o moderno, o contemporâneo e o tradicional; o modelo moderno objetiva tratar a prevenção do delito como um problema social, no qual todos têm responsabilidade na

Manual de Criminologia

ressocialização do criminoso; o modelo contemporâneo entende que há necessidade de as penas serem proporcionais ao bem jurídico protegido, enquanto o modelo tradicional busca no sistema de justiça criminal (Polícia, Ministério Público, Poder Judiciário e Sistema Penitenciário) a efetividade para a prevenção do delito.

e) São caracterizados por três modelos, também conhecido como as três velocidades do direito penal, um direito penal mais "duro" para os crimes mais violentos, um direito penal mais brando, por exemplo, para os crimes de menor potencial ofensivo e um direito penal intermediário, um meio-termo, para os demais crimes.

30. (VUNESP – MPE/PR – PROMOTOR DE JUSTIÇA – 2014) Analise as assertivas abaixo e indique a alternativa:

I. Das construções doutrinárias de Günther Jakobs acerca do "Direito Penal do Inimigo", extrai-se que aquele que por princípio se conduz de modo desviado, não oferece garantia de um comportamento pessoal, por isso não pode ser tratado como cidadão, mas deve ser combatido como inimigo;

II. Uma classificação atual de justiça – levada em consideração na criação de novos métodos de resolução de conflitos –, que surge como alternativa para que o crime não seja punido de maneira retributiva, mas que o dano causado seja reparado ou minimizado, é a Justiça Restaurativa;

III. O Direito pátrio acolhe muitas das reinvindicações das minorias mediante edição de normas jurídicas que visam manter a convivência harmônica do coletivo;

IV. A afirmativa de João Baptista Herkenhoff (in *Movimentos Sociais*, Porto Alegre: Livraria do Advogado, 2004, p.25) de que "Os movimentos sociais não se submetem aos padrões do Direito estabelecido. Sobretudo em sociedades, como a brasileira, onde milhões de pessoas estão à margem de qualquer direito, num estado de permanente negação da Cidadania, os movimentos sociais estão sempre a ´criar direitos´ à face de uma realidade sociopolítica surda aos apelos de direito e dignidade humana", reflete o confronto dos movimentos sociais com a ordem social cristalizada.

a) Apenas as assertivas II, III e IV são corretas;
b) Somente as assertivas II e IV são corretas;
c) Apenas as assertivas II e III são corretas;
d) Somente a assertiva III é correta;
e) Todas as assertivas são corretas.

Christiano Gonzaga

31. (PC/SP – INVESTIGADOR DE POLÍCIA – 2009) A obra clássica de Cesare Bonesana tem o seguinte título:
a) *Utopia.*
b) *A origem das espécies.*
c) *O homem delinquente.*
d) *O Estado das prisões.*
e) *Dos delitos e das penas.*

32. (PC/SP – INVESTIGADOR DE POLÍCIA – 2009) Considera-se cifra negra a criminalidade:
a) registrada, mas não investigada pela Polícia.
b) registrada, investigada pela Polícia, mas não elucidada.
c) registrada, investigada pela Polícia, elucidada, mas não punida pelo Judiciário.
d) não registrada pela Polícia, desconhecida, não elucidada nem punida.
e) não registrada pela Polícia, porém conhecida e denunciada diretamente pelo Ministério Público.

33. (PC/SP – INVESTIGADOR DE POLÍCIA – 2009) Raffaelle Garófalo, um dos precursores da ciência da Criminologia, tem como sua principal obra o livro intitulado:
a) *Criminologia.*
b) *A Criminologia como ciência.*
c) *Política criminal.*
d) *A ciência da Criminologia.*
e) *O homem delinquente.*

34. (PC/SP – INVESTIGADOR DE POLÍCIA – 2009) A criminologia é uma ciência que dispõe de leis:
a) imutáveis e evolutivas.
b) inflexíveis e evolutivas.
c) permanentes e flexíveis.
d) flexíveis e restritivas.
e) evolutivas e flexíveis.

35. (PC/SP – INVESTIGADOR DE POLÍCIA – 2009) Entre as ideias defendidas pelo Marquês de Beccaria, relativamente aos delitos e às penas, a pena deveria:
a) ser prontamente imposta para que o castigo pudesse relacionar-se com o crime.

Manual de Criminologia

b) ser imposta somente após um período de prisão do delinquente para que este pudesse refletir sobre seus atos.

c) sempre ser imposta de forma a configurar um confisco de bens do delinquente.

d) ser imposta de forma a corresponder a uma ação ofensiva igual àquela praticada pelo ofensor.

e) imposta somente pelo Santo Ofício da Inquisição.

36. (PC/SP – INVESTIGADOR DE POLÍCIA – 2009) Segundo a teoria behaviorista, o homem comete um delito porque o seu comportamento:

a) é uma resposta às causas ou fatores que o levam à prática do crime.

b) decorre de sua própria natureza humana, independentemente de fatores internos ou externos.

c) é dominado por uma vontade insana de praticar um crime.

d) não permite a distinção entre o bem e o mal.

e) impede-o de entender o caráter delituoso da ação praticada.

37. (PC/SP – DELEGADO DE POLÍCIA – 2001) Criminoso portador de personalidade patológica, caracterizada por pobreza nas reações afetivas, conduta antissocial inadequadamente motivada, carência de valor, ausência de delírios, falta de remorso e senso moral, incapacidade de controlar os impulsos e aprender pela experiência e punição, denomina-se:

a) delinquente essencial.

b) psicopata.

c) delinquente psicótico.

d) neurótico.

38. (PC/SP – DELEGADO DE POLÍCIA – 2000) São sintomas comuns que integram uma síndrome psicopática (manifestação de personalidade psicopática):

a) excitação afetiva com instabilidade emocional, fuga de ideias e atos desordenados.

b) afetividade embotada em que a ideação e a afetividade mostram-se dissociadas e perda de contato com a realidade.

c) manifestação de intensa angústia com um comportamento de inadaptação à realidade, incapacidade de desviar o interesse de si mesmo e sensação de insuficiência afetiva e sexual.

d) egocentrismo patológico, falta de remorso ou vergonha, pobreza geral nas relações afetivas e incapacidade de seguir um plano de vida.

Christiano Gonzaga

39. **(PC/SP – DELEGADO DE POLÍCIA – 2008)** Dentre os modelos de reação ao crime destaca-se aquele que procura restabelecer ao máximo possível o *status quo ante*, ou seja, valoriza a reeducação do infrator, a situação da vítima e o conjunto social afetado pelo delito, impondo sua revigoração com a reparação do dano suportado. Nesse caso, fala-se em:
a) modelo dissuasório.
b) modelo ressocializador.
c) modelo integrador.
d) modelo punitivo.
e) modelo sociológico.

40. **(PC/SP – DELEGADO DE POLÍCIA – 2008)** Entre os fatores condicionantes da criminalidade, no aspecto psicológico, alcança projeção, hoje em dia, nas favelas um modelo consciente ou inconsciente, com o qual o indivíduo gosta de se identificar, sendo atraente o comportamento do bandido, pois é "valente, tem dinheiro e prestígio na comunidade". A isso denomina-se:
a) carência afetiva.
b) ego abúlico.
c) insensibilidade moral.
d) mimetismo.
e) telurismo.

41. **(FUNDEP – MPMG – PROMOTOR DE JUSTIÇA – 2008)** Marque a alternativa INCORRETA.
a) A prática do bullying configura-se em uma atividade saudável ao desenvolvimento da sociedade, pois que investe no bom relacionamento entre as pessoas.
b) As principais áreas do estudo do criminólogo são: o delito, o delinquente, a vítima e o controle social.
c) A teoria do etiquetamento diz respeito aos processos de criação dos desvios.
d) A criminologia da reação social procura expor de forma clara e precisa que o sistema penal existente nada mais é do que uma maneira de dominação social.
e) A cifra negra pode ser concebida, resumidamente, no fato de que nem todos os crimes praticados chegam ao conhecimento oficial do Estado.

Manual de Criminologia

42. **(FUNDEP – MPMG – PROMOTOR DE JUSTIÇA – 2006)** Assinale a alternativa FALSA.

a) Para as teorias relativas, a pena não se justifica por si mesma, mas somente na medida em que se cumprem os fins legitimadores do controle da delinquência.

b) As denominadas teorias absolutas entendem que a pena só pode se justificar por razões de justiça ou necessidade moral, figurando Kant e Hegel como dois de seus principais defensores.

c) As teorias mistas preconizam que a pena estatal é retribuição proporcionada ao delito, com vista a evitar futuros delitos e a propiciar a ressocialização do autor.

d) A concepção da pena como prevenção geral positiva é defendida pelas teorias de origem funcionalista e sistêmica.

e) Os postulados teóricos abraçados pela escola positivista levam-na a adotar a teoria da prevenção geral.

43. **(MP/SC – PROMOTOR DE JUSTIÇA – 2008)** Julgue os itens a seguir:

I – O Código de Hamurabi, concebido na Babilônia entre 2067 e 2925 a.C. e na atualidade pertencente ao acervo do Museu do Louvre em Paris, não continha disposições penais em sua composição.

II – Segundo a "Lei Térmica de Criminalidade" de Quetelet, fatores físicos, climáticos e geográficos podem influenciar no comportamento criminoso.

III – Entende-se por "Cifra Negra" da criminalidade o conjunto de crimes cuja violência produz elevada repercussão social.

IV – Seguidor da Antropologia Criminal, Lombroso entendia que havia um tipo humano irresistivelmente levado ao crime por sua própria constituição, de um verdadeiro criminoso nato.

V – Em sua obra *Dos delitos e das penas*, escrita por volta de 1765, Cesare Bonesana, o Marquês de Beccaria, defendeu uma legislação penal rigorosa, aprovando a prática da tortura e da pena de morte.

a) Apenas I, III e V estão corretas.

b) Apenas II e IV estão corretas.

c) Apenas IV e V estão corretas.

d) Apenas II e III estão corretas.

e) Apenas III, IV e V estão corretas.

Christiano Gonzaga

44. **(MP/SC – PROMOTOR DE JUSTIÇA – 2008)** Julgue os itens a seguir:

I – O chamado "princípio da insignificância" pode ser admitido quando reduzido o grau de reprovabilidade da conduta, assim considerado pelo valor da *res furtiva* somado à ausência de periculosidade do agente.

II – Pode se dizer que o "crime de bagatela" tem como fundamento teórico o caráter retributivo do direito penal.

III – O Abolicionismo Penal consiste em movimento expressivo no campo da criminologia, cuja formulação teórica e política reside no "encolhimento" da legislação penal.

IV – O Movimento "Lei e Ordem", cuja ideologia é estabelecida pela repressão, fulcrada no velho regime punitivo-retributivo, orienta como solução para o controle de criminalidade, a criação de programas do tipo "tolerância zero".

V – Programas do tipo "tolerância zero" são estimulados pelo fracasso das políticas públicas de ressocialização dos apenados, uma vez que os índices de reincidência a cada dia estão mais altos.

a) Apenas I e IV estão corretos.

b) Apenas II e III estão corretos.

c) Apenas I, IV e V estão corretos.

d) Apenas II e IV estão corretos.

e) Apenas IV e V estão corretos.

45. **(MP/SC – PROMOTOR DE JUSTIÇA – 2005)** Julgue os itens a seguir:

I – A Criminologia tradicional formou-se, com base em duas vertentes, respectivamente, nos séculos XVIII e XIX: uma, clássica ou liberal, que, concebendo o crime como um ente jurídico, buscava a limitação do poder punitivo estatal e a garantia do indivíduo frente ao uso arbitrário desse poder; e outra, positivista ou etiológica, que, focada no indivíduo, buscava explicar o fenômeno criminal a partir das suas causas biopsíquicas e sociais e propugnava pelo combate à criminalidade.

II – Em meados do século XX, surge a Criminologia Crítica, que, orientada pelo paradigma da reação social (*labelling approach*), passou a estudar o fenômeno da criminalização primária e secundária promovida pelo sistema penal, descobrindo a sua atuação seletiva e estigmatizante.

III – A política criminal prevista na legislação brasileira é preponderantemente penal, uma vez que apresenta a pena como o principal instrumento de combate à criminalidade, à qual são atribuídas as funções retributiva e preventiva.

Manual de Criminologia

IV – A prisão é a principal modalidade de pena utilizada pelo Direito Penal brasileiro, cuja função declarada ou manifesta, a teor do art. 1º da Lei de Execução Penal, é a prevenção especial positiva, embora as pesquisas científicas revelem que essa modalidade de sanção exerce as funções invertidas, latentes ou reais de estigmatização e exclusão social.

V – As estatísticas criminais do Estado de Santa Catarina, relativas ao ano de 2004, revelam que, diferentemente dos demais estados da federação, a população carcerária estadual não superou o número de vagas existente.

a) Apenas II e V estão corretos.

b) Apenas II, IV e V estão corretos.

c) Apenas I e III estão corretos.

d) Apenas I, III e V estão corretos.

e) Apenas I, II, III e IV estão corretos.

46. **(MP/SC – PROMOTOR DE JUSTIÇA – 2008)** "Tratamento e prevenção (do delito), para terem sucesso, demandam amplos programas que envolvam recursos humanos junto à comunidade e que concentrem esforços dos cidadãos em torno das forças construtivas da sociedade. (...) A unidade de operação é a vizinhança. Se o crime é um fenômeno associado à cidade, a reação ao crime também o é. Deve abranger áreas restritas em extensão e com, no máximo, 50.000 habitantes nessa área"(SHECAIRA, Sérgio Salomão. *Criminologia*. São Paulo: RT, 2004, p. 167).

O texto acima é introdutório nas propostas de uma teoria criminológica sobre o problema do crime que tem se destacado na mídia brasileira, sobretudo por projetos planejados e administrados no âmbito municipal, marcados pela intervenção no ambiente que favorece a prática delitiva. Assinale a alternativa que corresponde a essa teoria criminológica:

a) teoria do criminoso nato (Lombroso).

b) teoria da ecologia criminal (Escola de Chicago).

c) teoria da anomia (Durkheim e Merton).

d) teoria do vínculo social (Hirschi).

47. **(MPDFT – PROMOTOR DE JUSTIÇA – 2002)** Assinale a opção **incorreta**:

a) A ideia de bem jurídico funciona como importante critério limitador na formação do tipo penal, orientando a elaboração das leis penais.

b) A política criminal é responsável pela seleção dos bens (ou direitos) que devem ser tutelados jurídica e penalmente, escolhendo o caminho para efetivar tal tutela.

Christiano Gonzaga

c) Todos os bens juridicamente protegidos foram postos sob a tutela específica do direito penal.

d) A criminologia tem como objetivo o estudo do crime, as medidas recomendadas para tentar evitá-lo, a pessoa do delinquente e os caminhos para sua recuperação.

48. (FCC – DPE/SP – DEFENSOR PÚBLICO – 2009) A expressão "cifra negra" ou oculta, refere-se:

a) às descriminantes putativas, nos casos em que não há tipo culposo do crime cometido.

b) ao fracasso do autor na empreitada em que a maioria tem êxito.

c) à porcentagem de presos que não voltam da saída temporária do semiaberto.

d) à porcentagem de crimes não solucionados ou punidos porque, num sistema seletivo, não caíram sob a égide da polícia ou da justiça ou da administração carcerária, porque nos presídios "não estão todos os que são".

e) à porcentagem de criminalização da pobreza e à globalização, pelas quais o centro exerce seu controle sobre a periferia, cominando penas e criando fatos típicos de acordo com seus interesses econômicos, determinando estigmatização das minorias.

49. TJM/SP – JUIZ AUDITOR – 2007) O meio-termo entre o Direito Penal e o Direito Administrativo, sem pesadas sanções, mas garantidor mínimo, com eficácia no combate à criminalidade coletiva, segundo Hassemer, tem a seguinte denominação:

a) Direito de Socialização.

b) Direito de Repressão.

c) Direito de Contenção.

d) Direito da Lei e da Ordem.

e) Direito de Intervenção.

50. CEFET/BA – PC/BA – DELEGADO DE POLÍCIA – 2008) Segundo a Psicologia Criminal, sobre crimes passionais, é correto afirmar:

a) São muito raros e, por isso, não merecem uma atenção muito específica das autoridades policiais.

b) Envolvem apenas os homens, ilustrando o fator cultural machista nesses crimes.

294

Manual de Criminologia

c) Na maioria dos casos, os agressores não têm história prévia de criminalidade.

d) São crimes que nada têm que ver com o verdadeiro amor.

e) É dispensável a perspectiva socioantropológica para a compreensão dos crimes passionais, pois se devem a processos psicológicos.

51. **(CESPE – JUIZ SUBSTITUTO – TJPR – 2019)** Com relação às escolas e tendências penais, julgue os itens seguintes.

I – De acordo com a escola clássica, a responsabilidade penal é lastreada na imputabilidade moral e no livre-arbítrio humano.

II – A escola técnico-jurídica, que utiliza o método indutivo ou experimental, apresenta as fases antropológica, sociológica e jurídica.

III – A escola correcionalista fundamenta-se na proposta de imposição de pena, com caráter intimidativo, para os delinquentes normais, e de medida de segurança para os perigosos. Para essa escola, o direito penal é a insuperável barreira da política criminal.

IV – O movimento de defesa social sustenta a ressocialização do delinquente, e não a sua neutralização. Nesse movimento, o tratamento penal é visto como um instrumento preventivo.

Estão certos apenas os itens

a) I e III.

b) I e IV.

c) II e III.

d) II e IV.

52. **(INSTITUTO ACESSO – PC-ES – DELEGADO DE POLÍCIA – 2019)** A Criminologia adquiriu autonomia e *status* de ciência quando o positivismo generalizou o emprego de seu método. Nesse sentido, é correto afirmar que a criminologia é uma ciência.

a) do "dever ser"; logo, utiliza-se do método abstrato, formal e dedutivo, baseado em deduções lógicas e da opinião tradicional.

b) empírica e teorética; logo, utiliza-se do método indutivo e empírico, baseado em deduções lógicas e opinativas tradicionais.

c) do "ser"; logo, serve-se do método indutivo e empírico, baseado na análise e observação da realidade.

d) do "dever ser"; logo, utiliza-se do método indutivo e empírico, baseado na análise e observação da realidade.

e) do "ser"; logo, serve-se do método abstrato, formal e dedutivo, baseado em deduções lógicas e da opinião tradicional.

Christiano Gonzaga

53. **(INSTITUTO ACESSO – PC-ES – DELEGADO DE POLÍCIA – 2019)** Na atualidade se observa uma generalização do sentimento coletivo de insegurança nos cidadãos, caracterizado tanto pelo temor de tornarem-se vítimas, como pela preocupação, ou estado de ânimo coletivo, com o problema do delito. Considere as afirmativas e marque a única correta.

   a) O incremento dos índices de criminalidade registrada (tese do volume constante do delito) mantém correspondência com as demonstrações das pesquisas de vitimização já que seus dados procedem das mesmas repartições do sistema legal.

   b) A população reclusa oferece uma amostra confiável e representativa da população criminal real, já que os agentes do controle social se orientam pelo critério objetivo do fato cometido e limitam-se a detectar o infrator, qualquer que seja este.

   c) O fenômeno do medo ao delito não enseja investigações empíricas na Criminologia por tratar-se de uma consequência trivial da criminalidade diretamente proporcional ao risco objetivo.

   d) O medo do delito pode condicionar negativamente o conteúdo da política criminal imprimindo nesta um viés de rigor punitivo, contrário, portanto, ao marco político-constitucional do nosso sistema legal.

   e) As pesquisas de vitimização constituem uma insubstituível fonte de informação sobre a criminalidade real, já que seus dados procedem das repartições do sistema legal sendo condicionantes das estatísticas oficiais.

54. **(INSTITUTO ACESSO – PC-ES – DELEGADO DE POLÍCIA – 2019)** A dor causada à vítima, ao ter que reviver a cena do crime, ao ter que declarar ao juiz o sentimento de humilhação experimentado, quando os advogados do acusado culpam a vítima, argumentando que foi ela própria que, com sua conduta, provocou o delito. Os traumas que podem ser causados pelo exame médico-forense, pelo interrogatório policial ou pelo reencontro com o agressor em juízo, e outros, são exemplos da chamada vitimização.

   a) indireta.

   b) secundária.

   c) primária.

   d) terciária.

   e) direta.

55. **(CESPE – JUIZ DE DIREITO – TJBA – 2019)** A explicação do crime como fenômeno coletivo cuja origem pode ser encontrada nas mais variadas

Manual de Criminologia

causas sociais, como a pobreza, a educação, a família e o ambiente moral, corresponde à perspectiva criminológica denominada

a) sociologia criminal.

b) criminologia da escola positiva.

c) criminologia socialista.

d) *labeling approach*, ou etiquetamento.

e) ecologia criminal.

56. (FUNDAÇÃO CARLOS CHAGAS – FCC – DPE-AM – 2018) Sobre as escolas criminológicas, é correto afirmar:

a) A Escola de Chicago fomentou a utilização de métodos de pesquisa que propiciou o conhecimento da realidade da cidade antes de se estabelecer a política criminal adequada para intervenção estatal.

b) A teoria da rotulação social busca compreender as causas da criminalidade por meio do processo de aprendizagem das condutas desviantes.

c) O positivismo criminológico desenvolveu a ideia de criminoso nato, aplicável contemporaneamente apenas aos inimputáveis.

d) O abolicionismo penal de Louk Hulsman defende o fim da pena de prisão e um direito penal baseado em penas restritivas de direito e multa.

e) A teoria da subcultura delinquente foi o primeiro conjunto teórico a empreender uma explicação generalizadora da criminalidade.

57. (VUNESP – TJSP – 2018) O objeto de estudo da Criminologia que mais traduz a função exercida pela polícia judiciária é

a) a vítima.

b) o criminoso.

c) autor do fato.

d) o crime.

e) o controle social.

58. (FUNDAÇÃO CARLOS CHAGAS – FCC – DPE-RS – 2018) A legislação penal brasileira considera típico o ato de pichação (art. 65 da Lei nº 9.605/98 e Lei nº 12.408/11). Contudo, tal comportamento humano é percebido de formas diversas na sociedade, podendo também ser interpretado como arte de rua. Nesse sentido, tal interferência na paisagem urbana pode ser compreendida a partir de uma criminologia

a) iluminista, que afirma o delito como desvio não aceito pelo Rei, que na atualidade é representado pelo Estado.

297

Christiano Gonzaga

b) fenomenal, que desdobra a história do direito penal e o relaciona às tendências punitivistas contemporâneas.

c) biológica, que condiciona o conhecimento do ilícito e a capacidade de autodeterminação do agente à evolução da espécie humana.

d) defensivista, que pretende justificar a criminalização do comportamento ilícito na proteção dos bens coletivos.

e) cultural, que introduz a estética e a dinâmica da vida cotidiana do século XXI na investigação criminológica.

59. **(VUNESP – PC-SP – 2018)** A polícia, o Ministério Público, o Poder Judiciário e o sistema penitenciário são instituições encarregadas de exercer o controle social

a) primário.

b) formal.

c) informal.

d) terciário.

e) secundário.

60. **(VUNESP – PC-SP – 2018)** A _____ é a autorrecriminação da vítima pela ocorrência do crime contra si, buscando razões que, possivelmente, tornaram-na responsável pelo delito.

a) sobrevitimização

b) vitimização primária

c) vitimização secundária

d) vitimização terciária

e) heterovitimização

61. **(VUNESP – PC-SP – 2018)** O saber criminológico, no Estado Democrático de Direito, tem por objetivo evitar a ocorrência do delito; portanto, são aspectos importantes de prevenção terciária

a) o policiamento, a assistência social e o conselho tutelar.

b) a educação, a religião e o lazer.

c) a laborterapia, a liberdade assistida e a prestação de serviços comunitários.

d) as posturas municipais, a classificação etária dos programas televisivos e o civismo.

e) a cultura, a qualidade de vida e o trabalho.

298

Manual de Criminologia

62. **(VUNESP – PC-BA – 2018)** Assinale a alternativa correta no que diz respeito à criminologia e ao controle social.

a) A criminologia crítica radical, através de análises profundas e contundentes, busca apresentar meios eficazes de aperfeiçoamento do controle social exercido pela justiça criminal.

b) A afirmação do criminólogo Jeffery, no sentido de que "mais leis, mais penas, mais policiais, mais juízes, mais prisões significam mais presos, porém não necessariamente menos delitos", refere-se a uma crítica ao controle social informal.

c) A esterilização eugenista aplicada a criminosos contumazes e estupradores com o objetivo de evitar a procriação foi sustentada, no início do século XX, como forma de controle social por correntes criminológicas derivadas do pensamento positivista.

d) a conclusão de uma pesquisa que indica maior punibilidade para negros (mais condenados do que indiciados e mais presos em flagrante do que indiciados por portaria) contradiz os fundamentos da criminologia crítica em relação ao controle social.

e) A incipiente criminologia na escola clássica afastava o livre-arbítrio como fundamento do sistema penal de controle social.

63. **(VUNESP – PC-BA – 2018)** Assinale a alternativa que contém um exemplo de prevenção de infrações penais preponderantemente primária.

a) Construção de uma praça com equipamentos de lazer em uma comunidade com altos índices de criminalidade e de vulnerabilidade social com o fim de evitar que jovens daquele local, em especial em situação de risco, envolvam-se com a criminalidade.

b) Projeto Começar de Novo, que visa devolver aos cumpridores de pena e egressos a autoestima e a cidadania suprimidas com a privação de sua liberdade, por meio de ações de caráter preventivo, educativo e ressocializador, atuando, assim, na humanização, a fim de que referido público valorize a liberdade e passe a fazer escolhas melhores em sua vida, evitando o retorno ao cárcere.

c) Implementação de sistemas de leitores óticos de placas de veículos nas ruas e avenidas da cidade de Salvador para identificação de veículos relacionados a algum tipo de crime.

d) Bloqueio que impeça a ativação e utilização de aparelhos de telefonia celular subtraídos do legítimo proprietário por meio de uma conduta criminosa.

e) Melhoria de atendimento pré e pós-natal a todas as gestantes de uma determinada cidade com a finalidade de reduzir os índices criminais no município.

Christiano Gonzaga

64. **(VUNESP – PC-BA – 2018)** No que diz respeito aos estudos desenvolvidos no âmbito da vitimologia, assinale a alternativa correta.

a) O linchamento do autor de um crime por populares em uma rua pode ser classificado como uma vitimização secundária e terciária.

b) A chamada da vítima na fase processual da persecução penal para ser ouvida sobre o crime, por inúmeras vezes, é denominada de vitimização secundária.

c) A longa espera da vítima de um crime em uma delegacia de polícia para o registro do crime é denominada de vitimização terciária.

d) A vítima só passa a ter um contorno sistemático em sua abordagem criminológica a partir do fim da primeira guerra mundial, na segunda década do século XX.

e) As pesquisas de vitimização têm por objetivo principal mensurar a vitimização secundária.

65. **(VUNESP – PC-BA – 2018)** Em relação ao conceito de crime, de criminoso e de pena nas diversas correntes do pensamento criminológico e ao desenvolvimento científico de seus modelos teóricos, é correto afirmar:

a) A criminologia científica nasceu no ambiente do século XVIII, recebendo contribuições da Escola Positivista, mas ganhando contornos mais precisos com a Escola Clássica.

b) A criminologia crítica compreende que a finalidade da sociedade é atingida quando há um perfeito funcionamento das suas instituições, de forma que os indivíduos compartilhem as regras sociais dominantes.

c) As teorias desenvolvidas nas escolas positivistas a partir do método dedutivo buscaram maximizar as garantias individuais na persecução penal e fora dela.

d) No pensamento criminológico das escolas clássicas, identifica-se uma grande preocupação com os conceitos de crime e pena como entidades jurídicas e abstratas de modo a estabelecer a razão e limitar o poder de punir do Estado.

e) Os modelos teóricos de integração que compõem a criminologia tradicional partem da premissa de que toda a sociedade está, a cada momento, sujeita a processos de mudança, exibindo dissensão e conflito, haja vista que todo elemento em uma sociedade contribui, de certa forma, para sua desintegração e mudança. Sendo assim, a sociedade é baseada na coerção de alguns de seus membros por outros.

Manual de Criminologia

66. **(UEG – PC-GO – 2018)** "Ciência ou a arte de selecionar os bens (ou direitos), que devem ser tutelados jurídica e penalmente, e escolher os caminhos para efetivar tal tutela, o que iniludivelmente implica a crítica dos valores e caminhos já eleitos." (ZAFFARONI, E. R.; PIERANGELI, J. H. *Manual de direito penal brasileiro*. 12. ed. São Paulo: RT, 2018. p. 128)

A descrição apresentada acima se refere a um conceito de

a) criminologia.
b) teoria do delito.
c) política criminal.
d) abolicionismo penal.
e) direito penal do inimigo.

67. **(UEG – PC-GO – 2018)** Para a criminologia positivista, a criminalidade é uma realidade ontológica, pré-constituída ao direito penal, ao qual cabe tão somente reconhecê-la e positivá-la. Neste sentido, tem-se o seguinte:

a) Em seus primeiros estudos, Cesare Lombroso encontrou no atavismo uma explicação para relacionar a estrutura corporal ao que chamou de criminalidade habitual.
b) A periculosidade, ou *temeritá*, tal como conceituada por Enrico Ferri, foi definida como a perversidade constante e ativa a recomendar que esta, e não o dano causado, a medida de proporcionalidade de aplicação da pena.
c) Para Raffaele Garófalo (1851-1934), a defesa social era a luta contra seus inimigos naturais carecedores dos sentimentos de piedade e probidade.
d) Nos marcos do pensamento criminológico positivista, Enrico Ferri, embora discípulo de Lombroso, abandonou a noção de criminalidade centrada em causas de ordem biológica, passando a considerar como centrais as causas ligadas à etiologia do crime, sendo estas: as individuais, as físicas e as sociais.
e) Enrico Ferri e Cesare Lombroso, recorrendo à metáfora da guerra contra o delito, sustentaram a possibilidade de aplicação das penas de deportação ou expulsão da comunidade para aqueles que carecessem do sentido de justiça ou o tivessem aviltado.

68. **(UEG – PC-GO – 2018)** Sobre o *labelling approach* e sua influência sobre o pensamento criminológico do século XX, constata-se que

a) a criminalidade se revela como o processo de anteposição entre ação e reação social.

301

Christiano Gonzaga

b) recebeu influência decisiva de correntes de origem fenomenológica, tais como o interacionismo simbólico e o behaviorismo.

c) o sistema penal é entendido como um processo articulado e dinâmico de criminalização.

d) parte dos conceitos de conduta desviada e reação social como termos independentes para determinar que o desvio e a criminalidade não são uma qualidade intrínseca da conduta.

e) no processo de criminalização seletiva o funcionamento das agências formais de controle mostra-se autossuficiente e autorregulado.

69. **(UEG – PC-GO – 2018)** Em *Vigiar e punir*, Michel Foucault (1926-1984) aborda a transformação dos métodos punitivos a partir de uma tecnologia do corpo, dentre cujos aspectos fundamentais destaca-se

a) a coexistência entre diversas economias políticas do castigo, mas, fundamentalmente, a mudança qualitativa que representou substituição do carcerário pelo patibular.

b) o pensamento criminológico centrado na figura do homem delinquente, o que constitui a força motriz para o surgimento e consolidação da prisão como mecanismo de controle.

c) o cumprimento dos fins declarados da pena de prisão na medida em que separa os espaços sociais livres de castigo e os que devem ser objeto da repressão estatal.

d) o abandono completo do suplício corporal como tecnologia encarceradora que passa ser utilizada a partir do século XIX.

e) o cárcere como dispositivo preponderante sobre o qual se ergue a sociedade disciplinar.

70. **(UEG – PC-GO – 2018)** Sobre a Criminologia, desde a perspectiva de seu conceito, métodos e objetos, tem-se o seguinte:

a) A partir dos estudos culturais (*cultural studies*), a criminologia clínica resgata os estudos do *labelling approach*.

b) Os estudos culturais (*cultural studies*) permitiram o desenvolvimento da chamada criminologia cultural, responsável pela classificação pormenorizada de grupos desviantes, tais como punks ou grafiteiros.

c) As vertentes criminológicas abarcadas sob a terminologia de saber criminológico pós-crítico, ainda que assim possam ser denominadas enquanto legatárias da criminologia crítica, mantêm-se atreladas ao projeto científico de um sistema universal de compreensão do crime.

d) Os estudos realizados por Howard Becker sobre grupos consumidores de maconha, na década de 50, nos Estados Unidos, deram

Manual de Criminologia

origem à perspectiva criminológica cultural, por meio da qual é possível compreender a dimensão patológica do uso de drogas para os fins da intervenção estatal preventiva e também repressiva sobre tráfico de entorpecentes.

e) A primeira referência teórica e metodológica para a realização de estudos criminológicos sobre formas de ativismo político urbano identificados com o chamado movimento punk é a obra *Outsiders*: studies in the sociology of deviance (*Outsiders*: estudo de sociologia do desvio), de Howard Becker, a partir dos estudos que realiza entre grupos consumidores de maconha e músicos de jazz, na década de 50, nos Estados Unidos.

71. (FUNDATEC – PC-RS – 2018) A Criminologia é definida tradicionalmente como a ciência que estuda de forma empírica o delito, o delinquente, a vítima e os mecanismos de controle social. Os autores que fundaram a Criminologia (Positivista) são:

a) Cesare Lombroso, Enrico Ferri e Raffaele Garofalo.

b) Franz Von Liszt, Edmund Mezger e Marquês de Beccaria.

c) Marquês de Beccaria, Cesare Lombroso e Michel Foucault.

d) Cesare Lombroso, Enrico Ferri e Michel Foucault.

e) Enrico Ferri, Michel Foucault e Nina Rodrigues.

72. (FUNDATEC – PC-RS – 2018) A afirmação criminológica "(...) o desvio não é uma qualidade do ato cometido pela pessoa, senão uma consequência da aplicação que os outros fazem das regras e sanções para um 'ofensor'" tem por função indagar:

a) Quem é definido por desviante?

b) Quem é o criminoso?

c) Por que o criminoso comete crime?

d) Quem é a vítima do criminoso?

e) Quando o desvio irá acontecer?

73. (VUNESP – PC-SP – 2018) Com relação ao método, é correto afirmar que a criminologia é uma ciência do

a) dever ser, teorética (observação da realidade), que se vale do método indutivo, utilizando-se de métodos biológico e sociológico.

b) ser, empírica (observação da realidade), que se vale do método indutivo, utilizando-se de métodos biológico e sociológico.

c) dever ser, conceitual e abstrata, que se vale exclusivamente do método indutivo.

303

Christiano Gonzaga

d) dever ser, teórica e especulativa, que se vale do método indutivo, utilizando-se de métodos biológico e sociológico.

e) ser, empírica e teorética (observação da realidade), que se vale exclusivamente do método indutivo.

74. (VUNESP – PC-SP – 2018) É correto afirmar que atualmente o objeto da criminologia está dividido em quatro vertentes, a saber:

a) vítima, criminoso, polícia e controle social.

b) polícia, Ministério Público, Poder Judiciário e controle social.

c) crime, criminoso, vítima e controle social.

d) polícia, Ministério Público, Poder Judiciário e sistema prisional.

e) forças de segurança, criminoso, vítima, controle social.

75. (VUNESP – PC-SP – 2018) As vítimas podem ser classificadas da seguinte maneira: vítima completamente inocente ou vítima ideal; vítima de culpabilidade menor ou por ignorância; vítima voluntária ou tão culpada quanto o infrator; vítima mais culpada que o infrator e vítima unicamente culpada. No estudo da vitimologia, essa classificação é atribuída a

a) Benjamin Mendelsohn.

b) Enrico Ferri.

c) Cesare Bonesana.

d) Cesare Lombroso.

e) Raffaele Garofalo.

76. (VUNESP – PC-SP – 2018) É correto afirmar que a liberdade assistida e a prestação de serviços comunitários pelos criminosos estão inseridas como medidas de prevenção

a) primária.

b) imediata.

c) controlada.

d) secundária.

e) terciária.

77. (VUNESP – PC-SP – 2018) É correto afirmar que os programas de apoio, de controle de meios de comunicação, de ordenação urbana estão inseridos como medidas de prevenção

a) secundária.

b) primária.

304

Manual de Criminologia

c) imediata.
d) terciária.
e) controlada.

78. **(VUNESP – PC-SP – 2018)** Com relação à criminologia no Estado Democrático de Direito, é correto afirmar que as políticas públicas de Segurança Pública devem

a) primar pela repressão ao crime e pelo combate à corrupção.
b) priorizar a prevenção criminal integralizada com todos os entes federativos.
c) priorizar a prevenção criminal terciária e a repressão ao crime organizado.
d) primar pela repressão criminal integralizada com todos os entes federativos.
e) primar pela repressão ao crime e pelo controle social.

79. **(CESPE – JUIZ SUBSTITUTO – TJCE – 2018)** A respeito da política criminal, da criminologia, da aplicação da lei penal e das funções da pena, julgue os itens subsequentes.

I – Criminologia é a ciência que estuda o crime como fenômeno social e o criminoso como agente do ato ilícito, não se restringindo à análise da norma penal e seus efeitos, mas observando principalmente as causas que levam à delinquência, com o fim de possibilitar o aperfeiçoamento dogmático do sistema penal.

II – A política criminal constitui a sistematização de estratégias, táticas e meios de controle social da criminalidade, com o propósito de sugerir e orientar reformas na legislação positivada.

III – O direito penal positivado no ordenamento penal brasileiro corrobora a teoria absoluta, porquanto consagra a ideia do caráter retributivo da sanção penal.

IV – Considera-se o lugar da prática do crime aquele onde tenha ocorrido a ação ou omissão, e não onde se tenha produzido o seu resultado.

Estão certos apenas os itens

a) I e II.
b) I e IV.
c) II e III.
d) I, III e IV.
e) II, III e IV.

Christiano Gonzaga

80. **(CESPE – DELEGADO DE POLÍCIA – MA – 2018)** Afirmar que a criminologia é interdisciplinar e tem o empirismo como método significa dizer que esse ramo da ciência
a) utiliza um método analítico para desenvolver uma análise indutiva.
b) considera os conhecimentos de outras áreas para formar um conhecimento novo, se afirmando, então, como independente.
c) utiliza um método silogístico.
d) utiliza um método racional de análise e trabalha o direito penal de forma dogmática.
e) é metafísica e leva em conta os métodos das ciências exatas para o estudo de seu objeto.

81. **(CESPE – DELEGADO DE POLÍCIA – MA – 2018)** A criminologia considera que o papel da vítima varia de acordo com o modelo de reação da sociedade ao crime. No modelo
a) clássico, a vítima é a responsável direta pela punição do criminoso, sendo figura protagonista no processo penal.
b) ressocializador, busca-se o resgate da vítima, de modo a reintegrá-la na sociedade.
c) retribucionista, o objetivo restringe-se ao ressarcimento do dano pelo criminoso à vítima.
d) da justiça integradora, a vítima é tida como julgadora do criminoso.
e) restaurativo, o foco é a participação dos envolvidos no conflito em atividades de reconciliação, nas quais a vítima tem um papel central.

82. **(NUCEPE – DELEGADO DE POLÍCIA – PI – 2018)** O crime é um comportamento valorado pelo direito. Acerca da Sociologia Criminal, podemos afirmar:
a) Ciência que tem como finalidade o estudo do criminoso-nato, sob seu aspecto amplo e integral: psicológico, social, econômico e jurídico.
b) Ciência que explica a correlação crime e sociedade, sua motivação, bem como sua perpetuação.
c) Busca, precipuamente, explicar e justificar os fatores psicológicos que levam ao crime.
d) Tem como objetivo maior, a ressocialização do preso, estabelecendo estudos de inclusão social.
e) Ciência que estuda as relações entre as pessoas que pertencem a uma comunidade, e se ocupa em estudar a vida social humana.

306

Manual de Criminologia

83. **(NUCEPE – DELEGADO DE POLÍCIA – PI – 2018)** Sobre a Vitimologia, assinale a alternativa CORRETA.

a) De acordo com a classificação das vítimas, formulada por Mendelsohn, a vítima simuladora é aquela que voluntária ou imprudentemente, colabora com o ânimo criminoso do agente.

b) É denominada terciária a vitimização que corresponde aos danos causados à vítima em decorrência do crime.

c) De acordo com a ONU, apenas são consideradas vítimas as pessoas que, individual ou coletivamente, tenham sofrido lesões físicas ou mentais, por atos ou omissões que representem violações às leis penais, incluídas as leis referentes ao abuso criminoso do poder.

d) O surgimento da Vitimologia ocorreu no início do século XVIII, com os estudos pioneiros de Hans Von Hentig, seguido por Mendelsohn.

e) É denominada secundária a vitimização causada pelas instâncias formais de controle social, no decorrer do processo de registro e apuração do crime.

84. **(NUCEPE – DELEGADO DE POLÍCIA – PI – 2018)** Sobre a Criminologia é CORRETO afirmar:

a) o crime é um fenômeno social.

b) estuda o crime, o criminoso, mas não a vítima.

c) é uma ciência normativa e valorativa.

d) o crime é um fenômeno filosófico.

e) não tem por base a observação e a experiência.

85. **(NUCEPE – DELEGADO DE POLÍCIA – PI – 2018)** Acerca da História da Criminologia, marque a alternativa CORRETA:

a) Desde a Antiguidade, o Direito Penal, em concreto, passou a ser compilado em Códigos e âmbitos jurídicos, tal qual como nos dias de hoje, entretanto, algumas vezes eram imprecisos.

b) O Código de Hamurabi (Babilônia) possuía dispositivos, punindo furtos, roubos, mas não considerava crime, a corrupção praticada por altos funcionários públicos.

c) Durante a Antiguidade, o crime era considerado pecado, somente na Idade Média é que a dignidade da pessoa humana passou a ser considerada e as punições deixaram de ser cruéis.

d) Em sua obra *A Política*, Aristóteles, ressaltou que a miséria causa rebelião e delito. Para o referido filósofo, os delitos mais graves eram os cometidos para possuir o voluptuário, o supérfluo.

e) Da Antiguidade à Modernidade, o furto famélico (roubar para comer) nunca foi considerado crime.

Christiano Gonzaga

86. **(NUCEPE – DELEGADO DE POLÍCIA – PI – 2018)** Marque a alternativa COR-RETA, no que diz respeito à classificação do criminoso, segundo Lombroso:
a) Criminoso louco: é o tipo de criminoso que tem instinto para a prática de delitos, é uma espécie de selvagem para a sociedade.
b) Criminoso nato: é aquele tipo de criminoso malvado, perverso, que deve sobreviver em manicômios.
c) Criminoso por paixão: aquele que utiliza de violência para resolver problemas passionais, geralmente é nervoso, irritado e leviano.
d) Criminoso por paixão: este aponta uma tendência hereditária, possui hábitos criminosos influenciados pela ocasião.
e) Criminoso louco: é o criminoso sórdido com deficiência do senso moral e com hábitos criminosos influenciados pela situação.

87. **(VUNESP – ESCRIVAO DE POLÍCIA CIVIL – TJSP – 2018)** Assinale a alternativa que concilia os princípios do Estado Democrático de Direito com a necessidade de prevenção da infração penal, sob a ótica do atual pensamento criminológico.
a) A violação aos direitos fundamentais do preso, ainda que com a intenção de prevenir crimes, acaba por provocá-los.
b) A pena indeterminada em abstrato e aplicada de acordo com a gravidade em concreto do fato, a livre critério de cada juiz, é mais eficaz em termos de prevenção criminal.
c) A superlotação carcerária demonstra um déficit de aplicação da Lei de Execução Penal, contudo pode até contribuir para a prevenção de infrações penais.
d) A conduta do policial que, em legítima defesa própria ou de terceiros, provoca a morte de alguém que se opôs a uma intervenção legal deve ser equiparada aos crimes de homicídios a fim de que seja destacada a letalidade policial.
e) Os limites impostos pelos direitos fundamentais na investigação do crime são obrigatórios nos termos constitucionais, mas reduzem a eficácia da prevenção criminal.

88. **(VUNESP – ESCRIVAO DE POLÍCIA CIVIL – TJSP – 2018)** A atuação da polícia judiciária ao investigar e prender infratores acaba por contribuir com a inserção do infrator no sistema de justiça criminal, inserindo-o em uma "espiral" que o impedirá de retornar à situação anterior sendo, para sempre, definido como criminoso.
Essa afirmação se relaciona, preponderantemente, com qual teoria sociológica da criminalidade?
a) Janelas quebradas.

308

Manual de Criminologia

b) Etiquetamento Social.
c) Anomia.
d) Subcultura.
e) Ecológica do crime.

89. **(VUNESP – ESCRIVAO DE POLÍCIA CIVIL – TJSP – 2018)** Assinale a alternativa correta no que diz respeito à vitimologia.

a) Na década de 80 do século XX, a ONU promulgou um dos principais diplomas internacionais no que diz respeito aos direitos das vítimas.

b) Vitimização terciária é definida como o resultado dos obstáculos e sofrimentos vivenciados pela vítima, em decorrência dos procedimentos legais da persecução penal desenvolvida pelo Estado.

c) No Brasil, a vitimologia é sistematizada por autores nacionais a partir da década de 30 do século XX, ajudando a nortear a elaboração do Código Penal de 1940.

d) Vitimização secundária é definida como o resultado da agressão infligida à vítima pelo autor do crime.

e) O termo "vitimologia" foi cunhado na década de 20 do século XX, ao término da primeira guerra mundial.

90. **(IADES – POLÍCIA MILTAR – DF – 2018)** Cobertura normativa completa, sem lacunas, e com tendência intimidatória por meio de órgãos de persecução penal qualificados, efetivos e implacáveis que, a rigor, retratam um sistema que aplica as penas com celeridade e de maneira severa, reforçando a seriedade das cominações legais, a despeito das infindáveis críticas.

Os postulados apresentados pertencem ao modelo

a) motivacional.
b) ressocializador
c) de segurança cidadã.
d) integrador.
e) clássico.

91. **(VUNESP – DELEGADO DE POLÍCIA CIVIL – BA – 2018)** No tocante às teorias da subcultura delinquente e da anomia, assinale a alternativa correta.

a) Uma das principais críticas às teorias da subcultura delinquente é a de que ela não consegue oferecer uma explicação generalizadora da criminalidade, havendo um apego exclusivo a determinado tipo de criminalidade, sem que se tenha uma abordagem do todo.

b) A teoria da anomia, sob a perspectiva de Durkheim, define-se a partir do sintoma do vazio produzido no momento em que os meios

Christiano Gonzaga

socioestruturais não satisfazem as expectativas culturais da sociedade, fazendo com que a falta de oportunidade leve à prática de atos irregulares para atingir os objetivos almejados.

c) A teoria da anomia, sob a perspectiva de Merton, define-se a partir do momento em que a função da pena não é cumprida, por exemplo, instaura-se uma disfunção no corpo social que desacredita o sistema normativo de condutas, fazendo surgir a anomia. Portanto, a anomia não significa ausência de normas, mas o enfraquecimento de seu poder de influenciar condutas sociais.

d) O utilitarismo da ação é um dos fatores que caracterizam a subcultura deliquencial sob a perspectiva de Albert Cohen.

e) O sentimento de impunidade vivenciado por uma sociedade é antagônico ao conceito de anomia identificado sob a ótica de Durkheim.

92. **(VUNESP – DELEGADO DE POLÍCIA CIVIL – BA – 2018)** Assinale a alternativa que indica a correta relação da Criminologia com a Política Criminal, Direito Penal ou com o Sistema de Justiça Criminal.

a) O Direito Penal é condicionante e moldura da criminologia, visto que esta tem por objeto o estudo do crime e, assim, parte em suas diversas correntes e teorias, das definições criminais dogmáticas e legais postas pelo Direito Penal, e a elas se circunscreve.

b) A Criminologia, especialmente em sua vertente crítica, tem como incumbência a explicação e justificação do Sistema de Justiça Criminal que tem por finalidade a implementação do Direito Penal e consequente prevenção criminal.

c) A Política Criminal é uma disciplina que estuda estratégias estatais para atuação preventiva sobre a criminalidade, e que tem como uma das principais finalidades o estabelecimento de uma ponte eficaz entre a criminologia, enquanto ciência empírica, e o direito penal, enquanto ciência axiológica.

d) A Política Criminal é condicionante e moldura da criminologia, visto que esta tem por objeto o estudo do crime e, assim, parte em suas diversas correntes e teorias, das definições criminais dogmáticas e legais postas pela Política Criminal, e a elas se circunscreve.

e) As teorias criminológicas da integração ou do consenso apontam o sistema de justiça criminal como fator que pode aprofundar a criminalidade, deslocando o problema criminológico do plano da ação para o da reação.

93. **(UEG – DELEGADO DE POLÍCIA CIVIL – GO – 2018)** Tendo a obra *O homem deliquente*, de Cesare Lombroso (1836-1909), como fundante da Criminologia surgida a partir da segunda metade do século XIX, verifica-se que, segundo a sistematização realizada por Enrico Ferri (1856-1929), o pensamento criminológico positivista assenta-se, dentre outras, na tese de que

a) o livre-arbítrio é um conceito chave para o direito penal.

b) os chamados delinquentes poderiam ser classificados como loucos, natos, morais, passionais e de ocasião.

c) a defesa social é tomada como o principal objetivo da justiça criminal.

d) a responsabilidade social, tida como clássica, deveria ser substituída pela categoria da responsabilidade moral para a imputação do delito.

e) a natureza objetiva do crime, mais do que a motivação, deve ser base para medida da pena.

94. **(FUNDATEC – DELEGADO DE POLÍCIA CIVIL – RS – 2018)** A partir da Modernidade, constituíram-se os movimentos e as escolas criminológicas que se concentraram no estudo da criminalidade e da criminalização dos comportamentos, levando em consideração a causa dos delitos. Fatores como a biotipologia humana e o meio ambiente são associados à prática dos delitos. Todavia, pode-se afirmar que uma teoria, em especial, rompe com esse padrão e não recai na análise causal do delito, mas, sim, na análise dos processos de criminalização e do funcionamento das agências de punitividade. Tal teoria é a:

a) Do etiquetamento.

b) Positivista do "homem delinquente".

c) Sociológica do desvio.

d) Evolucionista da espécie.

e) Social da ação.

95. **(VUNESP – PC-SP – 2018)** É correto afirmar que Edwin H. Sutherland desenvolveu a teoria da

a) *labelling approach*.

b) associação diferencial.

c) crítica e autocrítica.

d) escola de Chicago.

e) subcultura delinquente.

Christiano Gonzaga

96. **(VUNESP – PC-SP – 2018)** É considerada como teoria de consenso, criada pelo sociólogo Albert Cohen. Segundo Cohen, esta teoria se caracteriza por três fatores: não utilitarismo da ação; malícia da conduta e negativismo. Trata-se da seguinte teoria sociológica da criminalidade:
a) escola de Chicago.
b) associação diferencial.
c) labelling approach.
d) subcultura delinquente.
e) teoria crítica.

97. **(FUMARC – DELEGADO DE POLÍCIA CIVIL – MG – 2018)** Sobre o sistema penal e a reprodução da realidade social, segundo Alessandro Baratta, é CORRETO afirmar:
a) A cada sucessiva recomendação do menor às instâncias oficiais de assistência e de controle social corresponde uma diminuição das chances desse menor ser selecionado para uma "carreira criminosa".
b) A homogeneidade do sistema escolar e do sistema penal corresponde ao fato de que realizam, essencialmente, a mesma função de reprodução das relações sociais e de manutenção da estrutura vertical da sociedade.
c) A teoria das carreiras desviantes, segundo a qual o recrutamento dos "criminosos" se dá nas zonas sociais mais débeis, não é confirmada quando se analisa a população carcerária.
d) O suficiente conhecimento e a capacidade de penetração no mundo do acusado por parte do juiz e das partes no processo criminal são favoráveis aos indivíduos provenientes dos estratos econômicos inferiores da população.

98. **(FUMARC – DELEGADO DE POLÍCIA CIVIL – MG – 2018)** Sobre a relação entre o preso e a sociedade, segundo Alessandro Baratta, é CORRETO afirmar:
a) A reinserção do preso na sociedade, após o cumprimento da pena, é assegurada a partir do momento em que, no cárcere, o preso absorve um conjunto de valores e modelos de comportamento desejados socialmente.
b) É necessário primeiro modificar os excluídos, para que eles possam voltar ao convívio social na sociedade que está apta a acolhê-los.
c) O cárcere não reflete as características negativas da sociedade, em razão do isolamento a que são submetidos os presos.
d) São relações sociais baseadas no egoísmo e na violência ilegal, no interior das quais os indivíduos socialmente mais débeis são constrangidos a papéis de submissão e de exploração.

Manual de Criminologia

99. (CESPE – DELEGADO DE POLÍCIA CIVIL – MA – 2018) De acordo com a teoria de Sutherland, os crimes são cometidos

a) em razão do comportamento das vítimas e das condições do ambiente.

b) por pessoas de baixa renda, exatamente em razão de sua condição socioeconômica desprivilegiada.

c) em razão do comportamento delinquente herdado, ou seja, de origem biológica.

d) por pessoas que sofrem de sociopatias ou psicopatias.

e) por pessoas que convivem em grupos que realizam e legitimam ações criminosas.

100. (VUNESP – ESCRIVÃO DE POLÍCIA CIVIL – SP – 2018) Com relação às teorias sociológicas da criminalidade, é correto afirmar que

a) a teoria do autocontrole sustenta que as falhas ou negligências na educação em casa, familiar não são causas preponderantes do crime.

b) a teoria da anomia vê o delito como um fenômeno normal da sociedade e não como algo necessariamente ruim.

c) a teoria da associação diferencial foi a primeira a refutar a existência dos crimes de colarinho-branco.

d) a teoria da anomia estabelece que a conduta criminal é algo que se aprende.

e) a teoria da associação diferencial defende que os indivíduos adquirem (ou não) a capacidade de controle da impulsividade e imediatismo (autocontrole) por meio da socialização familiar.

101. (FCC – DEFENSOR PÚBLICO – AM – 2018) A teoria da prevenção

a) geral positiva remonta aos ideais da criminologia crítica de resistência ao poder punitivo estatal.

b) especial negativa tem como exemplo concreto as saídas temporárias na execução penal.

c) geral negativa é utilizada como discurso legitimador de novas incriminações, a despeito de dificuldades empíricas de sua comprovação na realidade brasileira.

d) da pena em suas múltiplas correntes possui efetividade real na sociedade brasileira diante da previsão legal e das estatísticas oficiais.

e) geral negativa foi criada pelo pensamento funcionalista contemporâneo e tem previsão expressa na legislação brasileira.

Christiano Gonzaga

102. (Questões elaboradas pelo autor) Julgue os itens a seguir com V (verdadeiro) ou F (falso):

102.1) A teoria da coculpabilidade tem sua fundamentação nos aspectos da Criminologia Clássica.

102.2) A Criminologia Positivista pautou seus estudos no paradigma da etiologia.

102.3) O chamado controle social informal consiste na atuação da família, da escola e da Igreja na formação do agente delinquente.

102.4) O controle social formal pode ser tido como criador de condutas criminosas.

102.5) Os crimes de colarinho-branco podem ser tidos como aqueles poucos crimes que chegam a ser punidos, ocorrendo, na visão de Edwin Sutherland, o surgimento das chamadas cifras negras.

102.6) O positivismo criminológico, com a chamada *Scuola Positiva*, foi encabeçado por Ferri, Garófalo e Lombroso.

102.7) As modalidades preventivas nas quais se inserem os programas de policiamento orientado à solução de problemas e de policiamento comunitário, assim como outros programas de aproximação entre polícia e comunidade, podem ser incluídas na categoria de prevenção primária.

102.8) A Criminologia e o Direito Penal utilizam os mesmos elementos para conceituar crime: ação típica, ilícita e culpável.

102.9) Entre os modelos teóricos explicativos da criminologia, o conceito definitorial de delito afirma que, segundo a teoria do *labelling approach*, o delito carece de consistência material, sendo um processo de reação social, arbitrário e discriminatório de seleção do comportamento desviado.

102.10) A Escola de Chicago, ao atentar para a mutação social das grandes cidades na análise empírica do delito, interessa-se em conhecer os mecanismos de aprendizagem e transmissão das culturas consideradas desviadas, por reconhecê-las como fatores de criminalidade.

102.11) A ideia de subcultura, em que se aceitam certos aspectos da cultura dominante, mas expressa sentimentos e crenças exclusivas de seu próprio grupo, como as gangues, pode ser facilmente encontrada nas mais variadas organizações criminosas que povoam as comunidades carentes.

102.12) A teoria das janelas quebradas, criada por George Kelling, foi utilizada em Nova Iorque para fundamentar o sistema punitivo adotado por Rudolph Giuliani na famosa "tolerância zero".

Manual de Criminologia

102.13) A Criminologia Crítica fundamenta-se nos conceitos de Karl Marx, em que se vislumbra o capitalismo como o grande vilão e fomentador das práticas criminosas.

102.14) A vitimização secundária ocorre quando a sociedade passa a vitimizar a vítima que sofreu o ataque em seu bem jurídico primário, de forma a excluí-la do convívio social.

102.15) Na terminologia criminológica, criminalização primária equivale à chamada prevenção primária.

102.16) O surgimento das teorias sociológicas em Criminologia marca o fim da pesquisa etiológica, própria da escola ou do modelo positivista.

102.17) A criminalização primária, realizada pelos legisladores, é o ato e o efeito de sancionar uma lei penal material que incrimina ou permite a punição de determinadas pessoas; enquanto a criminalização secundária, exercida por agências estatais como Ministério Público, Polícia e Poder Judiciário, consistente na ação punitiva exercida sobre pessoas concretas, que acontece quando é detectada uma pessoa que se supõe tenha praticado certo ato criminalizado primariamente.

102.18) Em sede de Política Criminal, o Direito Penal de segunda velocidade, identificado, por exemplo, quando da edição das Leis dos Crimes Hediondos e do Crime Organizado, compreende a utilização da pena privativa de liberdade e a permissão de uma flexibilização de garantias materiais e processuais.

102.19) A teoria funcionalista da anomia e da criminalidade, introduzida por Émile Durkheim no século XIX, contrapunha à ideia da propensão ao crime como patologia a noção da normalidade do desvio como fenômeno social, podendo ser situada no contexto da guinada sociológica da criminologia, em que se origina uma concepção alternativa às teorias de orientação biológica e caracterológica do delinquente.

102.20) O Poder Legislativo é considerado uma agência de criminalização primária.

102.21) As ideias sociológicas que fundamentam as construções teóricas de Merton e Parsons obedecem ao modelo da denominada sociologia do conflito.

102.22) O minimalismo, enquanto movimento crítico ao sistema de justiça penal, foi concebido com a proposta de supressão integral do sistema penal por outras instâncias de controle social. Em

Christiano Gonzaga

sentido oposto, revelou-se o movimento "Lei e Ordem", que reconhecia no direito penal máximo o instrumento primordial à resolução dos problemas que afligem a sociedade.

102.23) Em sua obra *O novo em Direito e política*, José Alcebíades de Oliveira Júnior cita interessante trecho da doutrina de Luigi Ferrajoli: "a sujeição do juiz à lei já não é de fato, como no velho paradigma juspositivista, sujeição à letra da lei, qualquer que seja o seu significado, mas sim sujeição à lei somente enquanto válida, ou seja, coerente com a Constituição". A interpretação da frase em destaque nos remete ao conteúdo do modelo garantista.

102.24) No âmbito das teorias criminológicas, a teoria da subcultura delinquente, originariamente conhecida como Escola de Chicago, assevera que a delinquência surge como resultado da estrutura das classes sociais, que faz com que alguns grupos aceitem a violência como forma de resolver os conflitos sociais.

102.25) O italiano Cesare Lombroso, autor da obra *L'Uomo delinquente*, foi um dos precursores da Escola Clássica de Criminologia, a qual admitia a ideia de que o crime é um ente jurídico – infração – e não ação.

102.26) A teoria utilitarista da prevenção geral negativa age para garantir a segurança social, com a concepção de que a reintegração social é medida necessária para impedir ou, ao menos, diminuir a reincidência criminosa dos condenados à pena privativa de liberdade.

102.27) Entre outros, a reparação do dano é um dos objetivos da Criminologia contemporânea.

102.28) A chamada prevenção terciária da Criminologia coincide com a prevenção especial positiva do Direito Penal.

102.29) O Direito Penal do Amigo é aquele que busca tratar de forma benéfica aquelas pessoas que estão no mesmo âmbito social, como ocorre com certos criminosos que possuem um círculo de amizade semelhante aos integrantes do Poder Judiciário, Poder Legislativo e Poder Executivo.

102.30) A Criminologia Abolicionista foi bem trabalhada por Hulsman e Zaffaroni, tendo ambos produzido dois livros que demonstraram que o Direito Penal não possui eficácia alguma no combate à criminalidade. Os livros são *As penas perdidas* e *Em busca das penas perdidas*, o primeiro de Hulsman e o segundo de Zaffaroni.

Manual de Criminologia

102.31) No que tange à Criminologia Ambiental, pode-se afirmar que ela alicerça em temas da ecologia criminal e busca entender os espaços urbanos por meio de quatro teorias, quais sejam, teoria das atividades rotineiras, teoria da escolha racional, teoria do padrão racional e teoria da oportunidade.

102.32) No tema "Erotização do poder", o ponto de análise são os crimes contra a dignidade sexual, como estupro e posse sexual mediante fraude, em que o sujeito ativo subjuga a vítima ao seu poder para praticar as mais variadas atrocidades.

102.33) Há uma relação de dependência científica entre a Criminologia, a Política Criminal e o Direito Penal, podendo ser dito que a Criminologia é multidisciplinar.

102.34) A psicanálise não tem nenhuma influência nos estudos da Criminologia, uma vez que se trata de ramo da ciência que estuda transtornos de personalidade e outras questões psicológicas sem nenhum proveito para o estudo do delinquente e do crime.

102.35) A Criminologia buscou dois conceitos importantes para a análise da criminalidade por vários panoramas, podendo ser citadas as chamadas "Criminologia de Si e Criminologia do Outro". Por meio dessas duas expressões, quando quem comete o crime é outra pessoa diferente de si e pertencente à outra classe social, o tratamento buscado é o pior de todos, com a aplicação das iras da lei penal. O outro é considerado estranho, pária e merece o rigor das leis. Já quando se tem a Criminologia de Si, o criminoso é semelhante a si, pertencendo à mesma classe social, podendo errar e isso é normal, devendo merecer a complacência dos julgadores e flexibilização das leis penais.

102.36) O conceito de modernidade líquida pode ser explicitado na Criminologia nos crimes de colarinho-azul e colarinho-branco, em que os integrantes de cada classe social buscam realizar os seus desejos imediatistas praticando os crimes que estão ao seu alcance.

102.37) A Criminologia Crítica foi uma das escolas de cunho sociológico que apontaram algumas feridas narcísicas do Direito Penal, demonstrando certos vazios nele, como as cifras negras da criminalidade.

102.38) Quanto ao problemático estudo das drogas, a Criminologia entende que a aplicação de penas privativas de liberdade para usuários é o melhor caminho para impedir que esse tipo de crime desencadeie outros tipos de crimes mais graves.

Christiano Gonzaga

102.39) Quanto à criminalidade organizada, existem dois tipos bem delineados: a do tipo mafiosa e a do tipo empresarial, sendo, no atual ambiente brasileiro, somente uma delas passível de ser visualizada.

102.40) A psicopatia é considerada pela Criminologia e pelo Direito Penal um transtorno de personalidade que deve ser tratado por meio das medidas de segurança, não sendo suficiente e possível a aplicação de sanções criminais como pena privativa de liberdade.

102.41) Em relação à chamada síndrome de Oslo, ao contrário das demais, as vítimas passam a acreditar que são merecedoras das agressões morais e físicas que estão sofrendo, em razão de alguma conduta pretérita praticada por elas.

102.42) Na chamada síndrome de Lima, da mesma forma como ocorre na síndrome de Estocolmo, os reféns tornam-se simpáticos aos olhos de seus raptores, que acabam por sucumbir aos seus desejos e necessidades.

102.43) A síndrome de Londres é aquela em que a vítima passa a nutrir um certo ódio pelos seus algozes, gerando uma antipatia e, consequentemente, até mesmo a sua morte.

102.44) Na análise das chamadas cifras da criminalidade, podem ser citadas as cifras amarelas, em que se destacam os crimes de falsificação de medicamentos, considerados, inclusive, hediondos.

102.45) Ainda no conceito das cifras da criminalidade, destacam-se as chamadas cifras cinza, em que os delitos praticados são solucionados no âmbito da própria Delegacia de Polícia, inexistindo ulterior persecução pena.

102.46) A chamada teoria do cenário da bomba-relógio pode ser utilizada no Brasil, uma vez que o princípio da proporcionalidade autoriza esse tipo de pensamento para a solução de graves crimes cometidos, notadamente, por organizações terroristas.

102.47) A Criminologia estuda o chamado "efeito Lúcifer", em que o agente é acometido de um sentimento súbito ou rompante que faz com que crimes sejam realizados de forma impensada, tudo isso causado por situações extremas de pressão.

102.48) Pode-se entender por teoria das atividades rotineiras a conjugação de análise envolvendo uma vítima adequada, agressor motivado e ausência de guardião, sendo o espaço urbano sempre visualizado dessa forma para entender o surgimento da criminalidade.

Manual de Criminologia

102.49) Pela chamada teoria da escolha racional, o agente analisa a relação custo/benefício para realizar a infração penal, não sendo levada em consideração a eventual gravidade do crime a ser praticado com a aplicação de penas privativas de liberdade.

102.50) Pode-se afirmar, no contexto da Criminologia Ambiental, que a teoria da oportunidade contribui para entender como que o criminoso pensa e por que escolheu determinado momento para praticar o delito, devendo ser ressaltado que o horário é fundamental para a análise do surgimento da criminalidade.

GABARITO

1) d

a) **Errada.** A chamada "nova criminologia", também conhecida como "criminologia crítica", busca separar a sociedade em dois grandes grupos. O primeiro dos ricos e o segundo dos pobres, sendo o Direito Penal um instrumento de dominação social. Na mesma linha, demonstra que os crimes punidos são apenas os de colarinho-azul, enquanto os de colarinho-branco gozam do chamado "cinturão da impunidade".

b) **Errada.** A "nova criminologia" trabalha os dados sociais na formatação do crime e do criminoso, sendo dispensável a ideia prévia de condutas positivadas. Os chamados dados pré-constituídos são inerentes à Escola Clássica, em que o crime e o criminoso são criados a partir da perspectiva da própria lei penal, não sendo relevante o aspecto social.

c) **Errada.** O chamado paradigma etiológico (estudo sobre a origem do crime e do criminoso) é visualizado pela Escola Crítica ou "nova criminologia" no aspecto social, em que há uma dicotomia clara entre os criminosos de alta renda (elite) e os de baixa renda (camada mais pobre), ocasionando uma pirâmide social. As causas naturais não possuem influência nenhuma no surgimento do crime e do criminoso.

d) **Certa.** A área de análise (cognoscitivo) da citada escola é puramente social, em que se vislumbra o surgimento do crime e do criminoso no aspecto relativo à interação social. Nessa linha de raciocínio, pugna-se pela análise dos mecanismos de controles sociais como parâmetros para dominar a classe mais desfavorecida. O Direito Penal seria um mecanismo de controle que está nas mãos da elite para subjugar os criminosos de colarinho-azul, de forma a criminalizar apenas as condutas praticadas por esse último grupo de pessoas.

Christiano Gonzaga

2) c

a) **Errada.** A vertente criminológica do "etiquetamento" trabalha os conceitos da Escola Interacionista, em que a análise se cinge ao comportamento chamado de desviado. Os controles sociais formais e informais são os responsáveis em rotular ou estigmatizar as condutas socialmente reprováveis. Quanto ao crime de colarinho-branco, as suas causas não são investigadas por essa escola em especial.

b) **Errada.** De fato, a aludida vertente busca estudas as origens do comportamento etiquetado, mas não a partir da concepção jurídico-penal do delito ou numa perspectiva meramente legal. O que se busca é estudar as causas sociais que deflagram o comportamento criminoso, não sendo relevante a vertente puramente legalista na análise do surgimento do crime e do criminoso.

c) **Certa.** A Escola Interacionista aborda a atuação dos controles sociais formais e informais no estudo do crime e do criminoso. Os controles sociais formais são representados pelos personagens do sistema penal (Polícia, Ministério Público e Poder Judiciário), e eles possuem responsabilidade enorme na rotulação do comportamento chamado de desviado. A forma de atuar dessa espécie de controle social traz um estigma inerente à própria função pública, o que ocasiona inevitavelmente um estigma.

d) **Errada.** Essa assertiva está correlacionada à chamada Escola Crítica, em que a análise é feita com base no maniqueísmo entre o bom e o mau, pobre e rico ou colarinho-branco e colarinho-azul. Todavia, não se relaciona com a Escola Interacionista ou com a vertente do etiquetamento.

3) b

a) **Errada.** A teoria da anomia não se relaciona com a ideia de comportamento desviado ou rotulado como errado, mas sim com a falta de confiança da sociedade nas normas existentes, por desacreditarem que elas são eficazes para reger as relações sociais. Ocorre uma sensação de ausência de leis ou anomia propriamente dita.

b) **Certa.** A teoria da reação social ou também chamada de *labelling approach* trabalha o conceito de rotular os comportamentos desviados. Traduzindo-se a expressão para o português seria o etiquetamento das condutas chamadas de desviadas, notadamente feita pelos controles sociais formais.

c) **Errada.** A chamada subcultura delinquente corresponde à formação de grupos antagônicos ao que prega a cultura dominante, de tal forma que se criam códigos de condutas próprios e contrários aos interesses

Manual de Criminologia

sociais, sendo eles tipificados como criminosos. É o caso das organizações criminosas como Primeiro Comando da Capital (PCC) e Comando Vermelho (CV).

d) **Errada.** A chamada ecologia criminal está ligada à Escola de Chicago, de tal forma que os aspectos ecológicos influenciam na formação da delinquência. Citam-se os três círculos concêntricos que representam a periferia, o subúrbio e o centro cívico, sendo importante no estudo do crime essa análise do meio ambiente ou arquitetura do espaço urbano.

4) a

a) **Certa.** De fato, os modelos de reação ao crime são três: dissuasório ou clássico, ressocializador e integrador. Tais modelos podem ser conciliáveis em determinado ponto, podendo coexistir. O clássico, para crimes mais graves como o homicídio. O ressocializador, quando o delito for de furto, de forma a demonstrar para o agente que o trabalho honesto compensa. O integrador, em casos de infração penal de menor potencial ofensivo, em que vítima e acusado entram num acordo.

b) **Errada.** A Criminologia enaltece o modelo integrador, uma vez que busca a reparação do dano e a volta das partes envolvidas na infração penal para o momento anterior ao delito. Tem o viés de resolver os problemas sociais.

c) **Errada.** A parte inicial da questão está correta, pois o criminoso é o ponto de análise do modelo dissuasório ou clássico, em que se busca impor puramente um castigo a ele. Todavia, a parte final está errada, uma vez que é necessário sim o aparelhamento estatal para esse fim, com penitenciárias bem estruturadas e agentes envolvidos nesse escopo.

d) **Errada.** O modelo conceituado na assertiva é o integrador, em que a vítima tem participação fundamental no cenário de reação. A vítima deve estar presente para compor-se com o criminoso e retornar ao *status quo ante*. A questão está errada porque cita que o modelo conceituado é o ressocializador.

5) b

a) **Errada.** A teoria da anomia representa a ausência de normas capazes de reger uma sociedade adequadamente. Trata-se de uma ausência de normas, nada tendo a ver com o enunciado da questão.

b) **Certa.** O espaço urbano e o aspecto geográfico são fundamentais para o estudo da Escola de Chicago, sendo essa a questão correta. Ademais, é a Escola que trabalhou a ideia de três círculos concêntricos (periferia, subúrbio e centro cívico).

Christiano Gonzaga

c) **Errada.** A teoria da associação diferencial propõe que o comportamento criminoso de indivíduos tem sua gênese pela aprendizagem, com o contato com padrões de comportamento favoráveis à violação da lei em sobreposição aos contatos contrários à violação da lei. Os criminosos tendem a copiar o comportamento daqueles com que convivem ou estão associados.

d) **Errada.** A Criminologia Crítica enfoca a relação de ricos e pobres numa luta constante pela mais-valia consubstanciada no capital, o que gera o cometimento de delitos. Além disso, o Direito Penal seria um mero instrumento de dominação social.

e) **Errada.** A teoria do *labelling approach* trabalha o etiquetamento feito pelos controles sociais quando se relacionam com a conduta criminosa. Preocupa-se com o chamado comportamento desviado.

6) c

a) **Errada.** A assertiva estaria correta se na parte final constasse que a Criminologia e a Política Criminal também exerceram influência na execução penal, uma vez que isso ocorreu, haja vista a possibilidade de remição da pena com base no trabalho e no estudo, o que bem demonstra a prevenção da pena (prevenção especial e prevenção terciária) em relação ao condenado.

b) **Errada.** A criminalização não é igualmente distribuída com base na lei (criminalização primária) em todas as classes sociais. Criminalizam-se mais as condutas praticadas por pessoas de baixa renda (colarinho-azul), não sendo a lei igual para todos, o que está errado na questão. Ademais, a criminalização secundária, que é aquela praticada pelos personagens do sistema penal, de fato atua apenas nas classes mais baixas, o que está correto na assertiva.

c) **Certa.** A Criminologia Crítica alerta para a estigmatização dos sistemas penais em relação ao crime e o criminoso. A agência policial é um exemplo de atuação estigmatizante perpetrado como forma de dominação social, selecionando-se certas condutas (colarinho-azul) para punição.

d) **Errada.** A obra intitulada *Dos delitos e das penas* refere-se ao período anterior ao Positivismo, sendo exemplo da Escola Clássica da Criminologia. No mais, a Criminologia é uma ciência causal-explicativa, mas isso está relacionado ao período posterior à Escola Clássica.

e) **Errada.** A Criminologia não era considerada disciplina autônoma desde sempre, muito menos na América Latina e, principalmente, no Brasil. Além disso, o seu objeto não é variável, pois depois da Escola Positivista ele mudou apenas a sua perspectiva. Quanto ao método experimental,

Manual de Criminologia

ele só foi ser utilizado na Escola Positivista, não sendo usual a sua aplicação durante a Escola Clássica, pois nesta o método utilizado era o dedutivo, com base na análise lógico-abstrata do Direito Penal.

7) b

a) **Errada.** A prevenção que atua na recuperação do recluso é a chamada de terciária, em que se prima pela sua reinserção social.

b) **Certa.** A prevenção secundária atua nos chamados focos de criminalidade, notadamente por meio da atuação policial. Pugna-se pela atuação policial nos locais de maior vulnerabilidade.

c) **Errada.** A prevenção narrada na assertiva é a primária, em que se busca a implementação de políticas públicas, notadamente as que foram elencadas.

d) **Errada.** A prevenção que se preocupa com os direitos sociais é a primária, sendo importante cuidar dos direitos universalmente conhecidos como moradia, educação e segurança.

e) **Errada.** A assertiva conceituou o modelo de reação ao crime chamado de restaurador, em que se busca a reparação do dano como forma de combate à criminalidade.

8) c

a) **Errada.** Os objetos de estudo da Criminologia, conforme o conceito de Edwin Sutherland, são compostos do delito, do delinquente, da vítima e dos controles sociais. O empirismo é apenas o método de estudo da Criminologia, baseado no estudo do caso concreto.

b) **Errada.** A interdisciplinaridade é a forma de relacionar a Criminologia com outras áreas de conhecimento. Trata-se de método de estudo da Criminologia, mas não objeto de estudo.

c) **Certa.** Conforme explicitado na letra A, os objetos de estudo da Criminologia são os quatro assinalados nessa assertiva.

d) **Errada.** Na forma já explicitada, a interdisciplinaridade é método de estudo da Criminologia.

e) **Errada.** O método de estudo da Criminologia não se confunde com os objetos, sendo ele classificado como empírico e indutivo, analisando-se o caso concreto.

9) a

a) **Certa.** A teoria do *labelling approach* ou do etiquetamento é exemplo de conflito, uma vez que se preocupa com os comportamentos desviantes e que são rotulados de criminosos. Trata-se de teoria do conflito em que os

Christiano Gonzaga

personagens criminosos e os controles sociais formais estão em constante conflito.

b) **Errada.** A teoria da subcultura delinquente nasce da chamada associação diferencial, não podendo ser chamada de teoria do conflito, mas sim consensual entre os seus participantes. Há um consenso entre aqueles que se organizam, por exemplo, em determinada gangue para lutar por ideais comuns.

c) **Errada.** A teoria da desorganização social foi um estudo feito na Escola de Chicago, sendo considerada uma teoria do consenso. Assim, as variações de criminalidade e delinquência encontravam sua caracterização nas comunidades desorganizadas socialmente, em que a falta de controle diminuía os obstáculos para se cometer o crime. A teoria da desorganização social, refere à incapacidade de uma estrutura comunitária em alcançar valores comuns a todos os seus residentes e de manter o controle social efetivo.

d) **Errada.** A teoria da anomia em Merton seria esse desequilíbrio entre os meios disponíveis para poucos e as metas culturais estabelecidas para todos, o que geraria uma ausência de oportunidades (desigualdade material) para a consecução dos fins tidos como essenciais (fortuna, sucesso e poder). Não há conflito entre os personagens, mas consenso quanto ao que Merton bem analisou no aspecto social de meios disponíveis e metas culturais estabelecidas.

e) **Errada.** A teoria das zonas concêntricas também foi estudada na já citada Escola de Chicago, que se identifica como sendo de consenso. As zonas concêntricas ou círculos concêntricos representam os três grandes círculos da sociedade, sendo o maior a periferia, o segundo maior os subúrbios e o menor deles o centro cívico.

10) c

a) **Errada.** A questão aborda a teoria da anomia, em que os meios disponíveis para a consecução das metas culturais estabelecidas são diferentes, não estando na mesma proporção. Poucos possuem muito e muitos possuem pouco, o que gera uma sensação de anomia e quebra de expectativas sociais. Nessa quebra, surge a ideia de cometer crimes por causa do descrédito nas normas que regem a sociedade.

b) **Errada.** Conforme se explicitou acima, o tema está intimamente ligado à anomia, e a associação diferencial relaciona-se com a reunião de pessoas com propósitos diferentes da cultura dominante, o que não consta do exemplo prático mencionado.

c) **Certa.** O que ocorrera no caso concreto narrado foi a teoria da anomia, tendo em vista que o agente resolveu cometer crimes por causa das me-

324

Manual de Criminologia

tas culturais estabelecidas não estarem ao seu alcance, diante dos meios disponíveis para ele.

d) **Errada.** A questão não tratou de etiquetar comportamentos desviados por meio dos controles sociais formais.

e) **Errada.** Não foi abordado nenhum ponto envolvendo a dicotomia entre ricos e pobres, na visão de o Direito Penal ser um instrumento de dominação social.

11) e

a) **Errada.** A Escola de Chicago pertence ao marco teórico da Escola Interacionista.

b) **Errada.** O delito é objeto da Criminologia, assim como o criminoso, os controles sociais e a vítima.

c) **Errada.** A Criminologia é uma ciência empírica, ou seja, baseada no estudo do caso concreto, enquanto o Direito Penal é uma ciência dedutiva ou lógico-abstrata.

d) **Errada.** A teoria do criminoso nato pertence ao estudioso da Escola Positivista Cesare Lombroso, que cunhou o personagem que possuía fronte fugidia, zigomas salientes, cabelos em desalinho e insensível à dor.

e) **Certa.** Os estudiosos Garófalo e Lombroso pertencem à Escola Positivista, além de Enrico Ferri, todos eles trabalhando o paradigma etiológico no surgimento do crime e do criminoso.

12) a

a) **Certa.** A sobrevitimização ou vitimização secundária aborda os efeitos do sistema penal na vida de alguém, ocorrendo uma discriminação ou descrédito em relação àquele que sofrera uma lesão ao seu bem jurídico tutelado.

b) **Errada.** A vitimização conceituada é a primária, em que se violam os bens jurídicos tutelados penalmente.

c) **Errada.** A vitimização trabalhada na assertiva é a terciária, em que a sociedade passa a discriminar a pessoa que fora vítima em seu bem jurídico (primária) e depois pelos sistemas penais (secundária).

d) **Errada.** Foi conceituada, novamente, a vitimização primária, em que se analisam os bens jurídicos violados, mas a questão cobrou o conceito da vitimização secundária.

e) **Errada.** A vitimização conceituada está correta, mas o que a questão exigia é o significado da vitimização secundária ou sobrevitimização.

Christiano Gonzaga

13) c

a) **Errada.** O funcionalismo penal foi trabalhado, principalmente, por Claus Roxin e Günther Jakobs, dentro de uma sistematização de expectativas sociais e riscos permitidos. O funcionalismo foi o grande precursor da teoria da imputação objetiva, não tendo nada a ver com o trecho citado acima do livro.

b) **Errada.** O abolicionismo penal prega a extirpação total do Direito Penal, uma vez que ele não fora suficiente para controlar a criminalidade nem mesmo reprimir, sendo um grande escritor sobre o tema Eugênio Raul Zaffaroni.

c) **Certa.** De fato, a tolerância zero foi trabalhada em Nova Iorque e tentou, a qualquer custo, eliminar aqueles que não eram bem quistos pela sociedade local, como mendigos etc. Como originária da tolerância zero, tem-se a teoria das "janelas quebradas", em que não se aceitava nenhuma conduta criminosa, por menor que fosse, sendo essa a retórica militar de punir com pulso firme qualquer conduta desviada, o que também dá ensejo ao chamado Movimento da Lei e Ordem.

d) **Errada.** A Escola de Chicago trabalhou a questão urbana do crime, com aspectos ecológicos e organizacionais, não se confundindo com a tolerância zero implementada na cidade também dos Estados Unidos da América, mas em outra região, que no caso é Nova Iorque.

e) **Errada.** A associação diferencial trata a reunião de indivíduos considerados diferentes da cultura tradicional e que se sentem excluídos e criam as chamadas gangues. Na questão esse tema não foi abordado no trecho do livro, apesar de ter certa similitude.

14) d

a) **Errada.** A assertiva do inciso I está errada, uma vez que o livre-arbítrio é totalmente repudiado pela Escola de Chicago, que possui o viés social na formatação do crime, forte no determinismo. Ademais, o inciso I conceituou de forma total a Escola Clássica da Criminologia, a que se baseava no princípio da legalidade. O inciso II está errado também, uma vez que o Direito Penal mínimo é baseado na intervenção mínima e na insignificância. O inciso III está correto, pois foi definida a ideia da Escola Crítica da Criminologia, baseada nos conceitos do determinismo econômico.

b) **Errada.** De fato, os incisos III e V estão corretos, mas o inciso IV também está correto. O inciso IV definiu de forma certeira a ideia da teoria da retribuição de Hegel, em que se prega ao mal do crime o mal da pena, sem

Manual de Criminologia

nenhuma análise posterior fincada na ressocialização do indivíduo. Além disso, o inciso V está correto, pois a Escola Sociológica Alemã pugnava pena para os imputáveis e medidas de segurança para os inimputáveis, também relegando a segundo plano as penas privativas de liberdade de curta duração. A ideia que se tem é que a pena deve ser aplicada para quem possui culpabilidade, enquanto as medidas de segurança são destinadas para a análise da periculosidade.

c) **Errada.** Apenas o inciso IV está correto, na forma já explicitada acima.

d) **Certa.** Todos os incisos foram definidos corretamente.

e) **Errada.** Os incisos já foram devidamente explicados acima.

15) a

a) **Certa.** Todos os incisos citados estão corretos. O inciso I retrata fielmente a Criminologia Crítica, em que o fator econômico está intimamente ligado ao surgimento do crime e do criminoso. É a ideia da pirâmide social dividida no ápice pelos ricos e na base pelos pobres. O inciso II também aborda o fator econômico-social como estimulador de práticas criminosas, o que é inato à Criminologia Crítica. O inciso III demonstra que o Direito Penal criminaliza condutas apenas como instrumento de dominação social, de forma que uma classe (rica) subjugue a outra classe (pobre). Essa análise é considerada discriminatória pela Criminologia Crítica, uma vez que a lei deveria ser igual para todos. O inciso IV apresenta-se corretamente, pois a prevenção da pena não pode ser vista apenas no papel de castigar o delinquente. Ademais, os presídios são verdadeiras "universidades do crime", restando praticamente impossível ressocializar alguém em locais como esses. Torna-se praticamente impossível alguém sair melhor do que entrou nesses locais de cumprimento de pena que retratam fielmente as desigualdades sociais vivenciadas do lado de fora. O último inciso (V) também está correto, uma vez que existe de fato a teoria das subculturas delinquentes, em que os seus integrantes não apenas desrespeitam as tipificações oficiais, mas também criam as suas condutas ou códigos que regem os seus integrantes, como já se exemplificou acima com as organizações criminosas que possuem subsistemas próprios, citando-se o Primeiro Comando da Capital (PCC).

b) **Errada.** As razões foram expostas na alternativa de letra a.

c) **Errada.** As razões foram expostas na alternativa de letra a.

d) **Errada.** As razões foram expostas na alternativa de letra a.

e) **Errada.** As razões foram expostas na alternativa de letra a.

Christiano Gonzaga

16) d
a) **Errada.** Não há esse tipo de expressão na Criminologia.
b) **Errada.** Inexiste esse tipo de expressão na Criminologia.
c) **Errada.** As cifras douradas ou de ouro representam os crimes que ocorrem e são oficialmente conhecidos pelos órgãos de repressão criminal, sendo exatamente o contrário do que se descreve na questão em epígrafe.
d) **Certa.** As chamadas cifras negras ou ocultas da criminalidade constituem exatamente o que se descreve no enunciado da questão, sendo as infrações penais que ocorrem, mas que não são conhecidas dos órgãos oficias de persecução penal.
e) **Errada.** Não há, na Criminologia tradicional, esse tipo de conceito de cifras.

17) c
a) **Errada.** A vitimização terciária constitui a discriminação e isolamento praticados pelos integrantes da sociedade em relação à vítima de um delito.
b) **Errada.** A vitimização secundária relaciona-se com a forma de atuar do sistema penal contra aquela pessoa que sofreu um ataque ao seu bem jurídico.
c) **Certa.** A periculosidade vitimal significa exatamente o que consta do enunciado, ocorrendo um estímulo ao seu algoz ou verdugo para a prática de um crime. Existem certas pessoas que são propensas a serem vítimas e que criam no agente a vontade criminosa, por meio de provocações diuturnas que acabam por eclodir no comportamento criminoso.
d) **Errada.** A vitimização primária é de fato a lesão ao bem jurídico tutelado, como os danos cometidos ao patrimônio, integridade física e dignidade sexual de alguém.
e) **Errada.** A vitimologia é o estudo do comportamento da vítima de um modo geral, não sendo algo que se relaciona de forma específica com o que está disposto na questão, apesar de ter algum ponto de congruência. Ademais, a assertiva de letra c está perfeitamente enquadrada no que se requer na questão.

18) b
a) **Errada.** A extração do texto demonstra que os crimes são esclarecidos de acordo com aquilo que a polícia reputa mais importante naquele momento, ocorrendo uma rotulação de certos comportamentos como criminosos em detrimento de outros.

Manual de Criminologia

b) **Certa.** A polícia concentra o seu trabalho em certos grupos estereotipados, tais como traficantes de drogas, organizações criminosas, ladrões etc. Esse tipo de criminoso é considerado perigoso pela polícia e taxado como os "verdadeiros bandidos". Esse tipo de prática criminosa é que se considera pernicioso e grave, consubstanciando um verdadeiro etiquetamento de tais condutas.

c) **Errada.** A polícia não é considerada responsável pelos crimes que ocorrem. De acordo com o texto extraído, ela apenas seleciona os crimes que vai investigar, demonstrando claramente a seletividade do sistema penal.

d) **Errada.** A polícia também apresenta reatividade ao que a vítima denuncia para ela, mas há apenas uma seletividade naquilo que será investigado.

e) **Errada.** Isso não foi analisado pelo texto extraído, não tendo sido analisado tecnicamente o trabalho da polícia em si, mas apenas o tipo de comportamento desviado que ela seleciona para investigar.

19) b

a) **Errada.** Os chamados controles sociais formais são representados pela Polícia, pelo Ministério Público e pelo Poder Judiciário, enquanto os controles sociais informais são a Família, a Escola e a Igreja.

b) **Certa.** A Polícia é instituição que representa uma das formas do controle social formal, pois ela é estatal (formal) e exerce um papel fundamental na escolha de comportamentos desviados.

c) **Errada.** Não há na Criminologia esse tipo de controle.

d) **Errada.** Não há na Criminologia esse tipo de controle.

e) **Errada.** A assertiva está totalmente desconexa com a questão do enunciado, nada tendo a ver Justiça (Poder Judiciário) com Polícia.

20) d

a) **Certa.** A assertiva apontou exatamente a diferença entre a Criminologia e o Direito Penal, sendo aquela marcada pela ciência empírica e utilizando-se do método interdisciplinar. Já o Direito Penal é ciência dogmática e que se interessa pelas normas positivadas.

b) **Certa.** A Política Criminal representa o filtro feito pelos legisladores na escolha das soluções estudadas pela Criminologia para criar-se o Direito Positivado (Leis Penais).

c) **Certa.** A Criminologia preocupa-se com os objetos de estudo citados na assertiva, restando correta a afirmação.

Christiano Gonzaga

d) Errada. A despenalização corresponde ao que está descrito na questão, como ocorrera com o art. 28 da Lei n. 11.343/06, em que se substituiu a pena privativa de liberdade por outra espécie de pena, como a restritiva de direitos, a exemplo da prestação de serviços à comunidade. Todavia, a questão relacionou à despenalização a *abolitio criminis*, que é totalmente diferente, pois nela ocorre a descriminalização do tipo penal, deixando a conduta de ser crime, extirpando-se também as penas.

e) Certa. A ideia de Direito Penal Simbólico corresponde ao que está na assertiva, quando se criminaliza algum tipo de conduta apenas para atender a anseios sociais momentâneos, mas que não necessariamente resolvem os problemas sociais existentes num dado momento histórico. Tal fenômeno pode ser demonstrado com a criação do homicídio qualificado como crime hediondo na Lei n. 8.072/90.

21) b

a) Errada. O livro citado nesta assertiva pertence a Cesare Lombroso, integrante da Escola Positiva.

b) Certa. O autor Beccaria foi quem escreveu o famoso livro citado, sendo ele integrante da Escola Clássica da Criminologia.

c) Errada. A antropologia criminal é uma ciência que estuda o crime no aspecto do comportamento humano, não sendo nome de obra.

d) Errada. O ambiente criminal constitui estudo do fenômeno do crime no local de seu surgimento.

e) Errada. A sociologia criminal é um ramo da ciência que estuda o impacto dos aspectos sociais no surgimento do crime.

22) b

a) Errada. O inciso I retrata a vitimização chamada de primária, em que a vítima sofre o dano ao seu bem jurídico protegido penalmente, como no caso em tela a dignidade sexual. Todavia, o inciso II é caso de vitimização terciária, uma vez que a sociedade está vitimizando a pessoa por causa do seu modo de vestir e viver, praticamente impondo a culpa do estupro à própria vítima. O inciso III relaciona-se com a vitimização secundária, pois o sistema penal é quem faz com que a vítima se sinta violada no seu bem jurídico novamente ao buscar ajuda, sendo a Polícia o exemplo de órgão de persecução penal que não sabe lidar com pessoas que estão frágeis e que acabaram de sofrer uma violação ao seu patrimônio sexual.

b) Certa. O inciso I é a vitimização primária, pois aborda o bem jurídico violado. O inciso II correlaciona-se com a vitimização terciária, uma vez que

Manual de Criminologia

leva em conta o comportamento dos integrantes da sociedade diante do cometimento de um crime contra alguém. Por fim, o inciso III é exemplo de vitimização secundária, pois aborda os controles sociais formais, no caso a Polícia e o Poder Judiciário, que fazem com que a vítima relembre todo o drama sofrido com o grave crime de estupro.

c) **Errada.** Pelas mesmas razões já explicadas acima.

d) **Errada.** Pelas mesmas razões já explicadas acima.

e) **Errada.** Pelas mesmas razões já explicadas acima.

23) a

a) **Certa.** As chamadas teorias do consenso, funcionalistas ou da integração são representadas adequadamente por essas três teorias citadas na assertiva. Além dela, tem-se também como exemplo a teoria da subcultura delinquente. Todas elas primam pela convergência de vontades num mesmo sentido para analisar-se a perspectiva social envolta do crime.

b) **Errada.** As teorias crítica e do etiquetamento são exemplos de teorias do conflito, uma vez que se utilizam da força estatal para impor a vontade da cultura dominante.

c) **Errada.** Apenas constituem teorias consensuais as da anomia e da subcultura delinquente, sendo espécie de teoria conflitual a crítica.

d) **Errada.** A teoria do etiquetamento não constitui espécie de teoria consensual, como já explicitado acima.

e) **Errada.** A teoria da rotulação ou do *labelling approach* é sinônimo da teoria do etiquetamento, a qual constitui teoria conflitual, restando incorreta a assertiva por esse motivo.

24) a

a) **Errada.** Esta era a alternativa a ser assinalada, lembrando que o enunciado pedia para marcar a que estivesse incorreta/errada. A teoria do etiquetamento constitui espécie de teoria do conflito, pois se vale dos controles sociais formais para taxar os comportamentos desviados daquilo que se prega pela cultura dominante.

b) **Certa.** Ela tem como sinônimo o nome *labelling approach*.

c) **Certa.** O citado autor foi um dos que preconizou a aludida teoria.

d) **Certa.** Também foi outro autor que desenvolveu as ideias do etiquetamento.

e) **Certa.** De fato surgiu no Estados Unidos, assim como todo teoria relacionada à Criminologia contemporânea.

Christiano Gonzaga

25) e

a) **Errada.** A teoria do criminoso nato remonta às ideias de Cesare Lombroso da Escola Positivista, levando-se em consideração elementos antropológicos na formatação do criminoso.

b) **Errada.** A teoria da associação diferencial refere-se aos integrantes de um certo grupo que se associam por causa de elementos de identidade entre eles, mas que são diferentes daqueles outros pertencentes à sociedade tradicional.

c) **Errada.** A teoria da anomia está ligada à ausência de normas capazes de reger os comportamentos humanos de uma dada sociedade.

d) **Errada.** A teoria do *labelling approach* relaciona-se ao etiquetamento feito pelos órgãos de controles sociais formais na forma de atuar contra os comportamentos desviados.

e) **Certa.** A teoria ecológica trabalha aspectos urbanísticos para aquilatar de forma clara o surgimento do crime, levando-se em consideração elementos da arquitetura de uma cidade, bem como a sua divisão em bairros. Como exemplo, a periferia é onde se concentra o maior número de crimes, uma vez que há uma clara ausência estatal em sua região.

26) e

a) **Errada.** Todos os incisos estão corretos, pois cada um dos temas foi definido de forma correta com o pensamento da Criminologia. O inciso I retrata o famoso pensamento de Michel Foucault, em que prisão deve ser vista com o único meio capaz de impedir que o criminoso ficasse na sociedade livre para o cometimento de crimes. Tal autor, inclusive, em seu livro *Vigiar e punir*, demonstrou várias formas de prisões que deram certo ao longo da História, em especial para aquelas que se utilizaram do chamado "panóptico" de Bentham, que consiste numa torre de vigicolocada no meio do presídio para poder visualizar tudo que os detentos estivessem fazendo. Tal modelo é utilizado até os dias de hoje. O inciso III também está correto, uma vez que cita o nome do autor (Garófalo) que tratou do crime enquanto fenômeno natural regido pela antropologia e pela sociologia, distanciando-se da ideia de ser meramente um ente jurídico, como era próprio na Escola Clássica de Cesare Beccaria, que se valia do princípio da legalidade para cunhar o crime e o criminoso. O inciso V também está correto, pois tal modelo de fato fora utilizado no estado de Santa Catarina como alternativa aos presídios fixos, valendo-se de unidades móveis e mais fáceis de serem utilizadas.

b) **Errada.** Conforme explicado acima, todos os itens estão corretos. O inciso II está correto também, uma vez que Enrico Ferri, apesar de pertencer à

Manual de Criminologia

Escola Positivista, foi o primeiro autor que incrementou os estudos da sociologia na análise do fenômeno criminógeno, mantendo-se os fatores físico e antropológico trabalhados por Lombroso.

c) **Errada.** Conforme já explicitado acima, todos os itens estão corretos.

d) **Errada.** Na forma narrada acima, todos os itens estão corretos.

e) **Certa.** Todos os itens foram corretamente explicados em cada uma das assertivas acima.

27) d

a) **Errada.** Ela é classificada como teoria do consenso, inexistindo participação dos órgãos de persecução estatal na imposição de modelos de condutas a serem seguidos.

b) **Errada.** Edwin Sutherland cunhou a expressão *white collar crimes* para definir os crimes cometidos por pessoas da elite, a exemplo dos crimes de sonegação fiscal, lavagem de dinheiro e fraude em licitações, em contraposição aos chamados *blue collar crimes* que se relacionam aos crimes cometidos por pessoas de baixa renda, tais como furtos, roubos e estelionatos.

c) **Errada.** A teoria da anomia não é atribuída à Escola de Chicago, apesar de ambas serem consideradas teorias do consenso. Trata-se de temas diversos da Criminologia.

d) **Certa.** A assertiva definiu corretamente o que vem a ser a anomia, sendo, em última análise ou numa visão mais literal, a ausência de lei.

e) **Errada.** O prefeito de Nova Iorque Rudolph Giuliani implementou a teoria da tolerância zero, mas que não se confunde com a anomia. Aquela teoria está relacionada à ideia de punição de qualquer conduta, por menor que seja, independentemente do bem jurídico violado.

28) b

a) **Errada.** A assertiva está totalmente em descompasso com a Criminologia, inexistindo, ademais, o nome "vitimização estatal ou oficial".

b) **Certa.** A vitimização secundária é a atuação estatal diante da ocorrência de algum crime, de modo a tratar a vítima como um simples objeto, sendo exemplo claro disso a forma com que alguns policiais lidam com vítimas de certos crimes.

c) **Errada.** Essa vitimização está ligada ao modo com que a sociedade se relaciona com a vítima de um crime.

d) **Errada.** Inexiste na Criminologia essa definição.

e) **Errada.** A vitimização primária é a lesão ao bem jurídico sofrida pela vítima.

Christiano Gonzaga

29) a

a) **Certa.** Os modelos de reação ao crime são os três assinalados na questão. O clássico que se relaciona com a imposição clássica de um castigo a alguém por meio do Estado, sem preocupar-se com a pessoa da vítima ou com a ressocialização do delinquente. O ressocializador que já passa a dar atenção para a reinserção social do agente de um crime, de forma a fazer com que ele volte para a sociedade melhor do que saiu dela, quando fora preso. O integrador que leva em conta o comportamento do autor de forma a reparar o dano causado à vítima por meio da conduta criminosa, sendo o Estado mero coadjuvante nesse tipo de modelo.

b) **Errada.** Os modelos citados na assertiva em nada se relacionam com o que a Criminologia trabalha de forma tradicional.

c) **Errada.** Tais modelos inexistem na sistemática da Criminologia.

d) **Errada.** Da mesma forma explicitada anteriormente, tais modelos citados na assertiva inexistem nos estudos da Criminologia.

e) **Errada.** As velocidades do Direito Penal em nada se assemelham ao que a Criminologia trabalha nos modelos de reação ao crime.

30) e

a) **Errada.** O inciso I conceituou perfeitamente o que vem a ser o Direito Penal do Inimigo trabalhado por Günther Jakobs. Por meio dele, o inimigo não deve ser reconhecido como cidadão porque quebrou todas as expectativas sociais, devendo o sistema penal fazer a sua punição sem preocupar-se com as garantias constitucionais para o seu processamento. Ocorre uma supressão de garantias processuais com o fim de aplicar-se uma pena privativa de liberdade. O inciso II está correto, uma vez que o modelo de reação ao crime chamado de integrador ou Justiça Restaurativa, de fato pugna pela reparação do dano como forma de resolver os conflitos sociais envolvendo algum crime. O inciso III também está correto, pois o Direito busca ouvir também as reivindicações de grupos menores, ainda que seja um meio de fazer valer a ideia de Direito Penal simbólico (atender a anseios sociais momentâneos e fugazes). O inciso IV está correto, de tal forma que a chamada "desobediência civil" constitui uma dessas formas de ir contra aquilo que fora estabelecido por uma minoria elitizada contra uma maioria que busca a realização de direitos sociais.

b) **Errada.** Na forma explicitada acima, todas as assertivas estão corretas.

c) **Errada.** Na forma explicitada acima, todas as assertivas estão corretas.

d) **Errada.** Na forma explicitada acima, todas as assertivas estão corretas.

e) **Certa.** Na forma explicitada acima, todas as assertivas estão corretas.

Manual de Criminologia

31) e

a) **Errada.** O Marquês de Beccaria, expoente da Escola Clássica, elaborou a sua famosa obra *Dos delitos e das penas*, com o fim de tratar a certeza da punição com base no princípio da legalidade.

b) **Errada.** Pela razão já exposta acima.

c) **Errada.** Pela razão já exposta acima e tal obra refere-se a Lombroso.

d) **Errada.** Pela razão já exposta acima.

e) **Certa.** Pela razão já exposta acima.

32) d

a) **Errada.** A cifra negra da criminalidade, numa visão geral e brasileira, constitui a criminalidade desconhecida por completo do sistema penal.

b) **Errada.** Pelo fato de não ser registrada e nem investigada pela Polícia, uma vez que não conhecimento acerca de sua existência.

c) **Errada.** O Poder Judiciário não chega a exercer nenhum papel nas cifras negras, pois ela não entra no sistema penal, sendo totalmente desconhecida.

d) **Certa.** Como ela é totalmente desconhecida do sistema penal (Polícia, Ministério Público e Poder Judiciário), trata-se da criminalidade que não chega ao conhecimento oficial, não havendo, por consequência, nenhum tipo de atuação acerca dela.

e) **Errada.** O Ministério Público, assim como os demais controles sociais formais, não chega a tomar conhecimento da chamada cifra negra, pois ela está fora de qualquer análise oficial.

33) a

a) **Certa.** Para muitos, Garófalo de fato foi o pai da Criminologia, pois elaborou a primeira obra com o nome da citada ciência.

b) **Errada.** De fato, Garófalo tratou a Criminologia como ciência, mas o seu livro teve o título *Criminologia*.

c) **Errada.** Política Criminal é também vista como uma ciência autônoma, mas diferente da Criminologia.

d) **Errada.** Pelas razões já expostas acima.

e) **Errada.** Esse é o título da famosa obra de Lombroso.

34) e

a) **Errada.** A Criminologia é uma ciência que não está pronta e imutável, pois a cada novo episódio criminoso surge uma forma nova de investigar o crime e o criminoso. Diferente do Direito Penal, que é estático, a Criminologia está em permanente evolução.

Christiano Gonzaga

b) **Errada.** A Criminologia não é inflexível, pois não é composta de dogmas fechados como é o caso do Direito Penal. Ela está sempre revendo os seus pensamentos e evoluindo.

c) **Errada.** A Criminologia não é vista como algo imutável ou permanente, pois ela tem sua base metodológica no empirismo, que está sempre apresentando novas formas de pensar.

d) **Errada.** A Criminologia não é restritiva, ao contrário, ela é ampla e pode ser usada em vários campos da ciência.

e) **Certa.** Trata-se da questão correta, pois a Criminologia está em permanente evolução e seus pensamentos não são estáticos e imutáveis.

35) a

a) **Certa.** A ideia de Beccaria era de aplicar-se a pena com base no princípio da legalidade, ou seja, aquele que violou a lei deve responder pelos seus atos, pouco se importando com a dureza ou leveza das penas, mas sim que elas deveriam ser prontamente impostas ao criminoso.

b) **Errada.** A pena não tem cunho reflexivo, devendo ser aplicada imediatamente após o cometimento do delito.

c) **Errada.** Não existe no pensamento de Beccaria a ideia de pena como confisco de bens. Ela deve ser aplicada como impedimento da liberdade do criminoso.

d) **Errada.** Essa ideia de ao mal do crime o mal da pena é de cunho retributivista e está relacionada à teoria absoluta da pena, com fundamento nas ideias de Hegel.

e) **Errada.** Beccaria dissociou a ideia de Religião e Direito, entendendo que a pena deve ser imposta pelos órgãos de persecução do Estado, não devendo haver cunho religioso nas penas.

36) a

a) **Certa.** Com cunho nitidamente social, o homem é uma soma de todos os fenômenos sociais que o cercam, sendo uma resposta aos estímulos que sofre do meio externo. Trata-se da ideia de determinismo social.

b) **Errada.** Essa visão é da Escola Positivista, em que o criminoso tem características físicas que fazem com que ele cometa as infrações penais.

c) **Errada.** Não está relacionada com o fenômeno social do behaviorismo, uma vez que qualquer característica física ou biológica é destoada de tal pensamento.

d) **Errada.** Essa distinção entre bem e mal é proveniente do maniqueísmo, nada tendo de relação com o que pede a questão.

336

Manual de Criminologia

e) **Errada.** Tal tema está relacionado à inimputabilidade e consequente aplicação de medidas de segurança para aquele que não compreende o que está fazendo.

37) b

a) **Errada.** O criminoso exemplificado na questão é o psicopata, uma vez que ele tem o traço marcante de ser antissocial e desprovido de sentimentos de solidariedade.

b) **Certa.** O psicopata é de fato alguém que tem transtorno de personalidade e não é submetido à medida de segurança, uma vez que ele não é considerado doente mental e possui todas as características enumeradas na assertiva.

c) **Errada.** Essa pode ser atribuída ao chamado "perturbado mental", isto é, o agente criminoso que ostenta um comprometimento de suas funções psíquicas, sendo conhecido antigamente como alienado mental. A delinquência psicótica é a prática delitiva em face de uma perturbação mental qualquer, sendo imprescindível que, ao tempo da ação ou omissão, o sujeito ativo seja inteiramente incapaz de compreender o caráter ilícito dos fatos, ocorrendo a aplicação do art. 26, *caput*, Código Penal, de forma que se aplique a ele uma medida de segurança.

d) **Errada.** A neurose, atribuída ao neurótico, é uma doença funcional do sistema nervoso central, que é principalmente caracterizada pela instabilidade emocional. Pode ser vista sob diferentes tipos de transtornos, tais como: ansiedade (fobias, transtorno obsessivo-compulsivo, agorafobia), depressão (ciclotimia, episódios depressivos), dissociativa (despersonalização, posse, transtorno de transe, transtorno de personalidade múltipla), sexual (abuso infantil, masoquismo e sadismo) e sono (insônia, hipersonia).

38) d

a) **Errada.** O conceito está mais relacionado ao comportamento psicótico, sendo totalmente diferente da psicopatia.

b) **Errada.** Relaciona-se mais ao comportamento depressivo, não tendo traços com o psicopata.

c) **Errada.** Também se relacionando ao comportamento depressivo, mas ligado ao campo sexual.

d) **Certa.** Trata-se da definição completa do psicopata, que não tem nenhum tipo de remorso pelos seus atos e possui total dificuldade de relacionar-se socialmente com outros indivíduos, uma vez que vem em si mesmo a razão de tudo.

Christiano Gonzaga

39) c

a) **Errada.** O modelo de reação ao crime chamado de dissuasório busca simplesmente reprimir o criminoso e neutralizá-lo, sem nenhum viés de ressocialização ou de reparação do dano.

b) **Errada.** O modelo de reação ao crime de nome ressocializador, como o próprio nome deixa transparecer, trata de reinserir o indivíduo que cometeu o crime na sociedade, mas não busca a reparação do dano.

c) **Certa.** Trata-se do modelo conceituado na questão, em que o almejado é a busca pela situação anterior ao fato delituoso, ou seja, ao *status quo ante*.

d) **Errada.** Não existe esse tipo de modelo de reação ao crime, sendo apenas três os conhecidos: clássico ou dissuasório, resocializador e integrador ou restaurador.

40) d

a) **Errada.** Nada se relaciona com o que foi conceituado na questão. A carência afetiva é um estado de dependência e o que foi narrado na assertiva é algo de valorização e identificação com o criminoso.

b) **Errada.** A abulomania consiste na submissão do indivíduo portador de ego fraco à vontade de terceiros, ou seja, aquele que é suscetível ao comando alheio, não tendo vontade própria ou determinada.

c) **Errada.** A insensibilidade moral está muito mais relacionada ao indivíduo portador da psicopatia.

d) **Certa.** Pelo que a assertiva descreveu, o agente que se identifica com a vida de *glamour* do criminoso e quer ser igual a ele, está sendo amparado pelas leis da imitação ou mimetismo.

e) **Errada.** Trata-se da influência do meio ambiente no comportamento do homem, não podendo ser inteiramente correlacionado ao que diz na assertiva.

41) a

a) **Certa.** A questão objetivava marcar a alternativa incorreta, sendo a definição de *bullying* exatamente contrária ao que se prescreveu e, ainda, trata-se de uma prática totalmente ruim. O *bullying* pode ser conceituado como atos de violência física ou psicológica intencionais e repetidos, praticados por um indivíduo ou grupo de indivíduos, causando dor e angústia e sendo executadas dentro de uma relação desigual de poder.

b) **Errada.** A assertiva definiu corretamente as áreas ou objetos de estudo da Criminologia.

c) **Errada.** A assertiva tratou de forma correta a teoria do etiquetamento ou de criação de desvios, em que há uma influência direta dos controles sociais.

Manual de Criminologia

d) **Errada.** A Criminologia da reação social define o sistema penal como um mecanismo de controle ao cargo dos grupos dominantes em relação aos grupos dominados, tendo em vista o seu caráter seletivo e punindo-se apenas os crimes cometidos por pessoas de baixa renda.

e) **Errada.** Em termos gerais, a cifra negra de fato é constituída daquele tipo de infração penal que não chega ao conhecimento dos órgãos oficiais.

42) e

a) **Certa.** A questão definiu de forma correta o que vem a ser a ideia de prevenção, devendo ser destacada a preocupação com o delinquente em si.

b) **Certa.** As teorias absolutas não se preocupam com o agente criminoso em si, isto é, sua ressocialização e reinserção social. Hegel e Kant prescreviam que a pena deve bastar por si mesmo, existindo a máxima ao mal do crime o mal da pena, sem maiores considerações.

c) **Certa.** As teorias mistas tratam os dois aspectos da pena, quais sejam, a retribuição e a prevenção, devendo a sanção penal ter o seu caráter de retribuir o mal causado, mas também deve ser lembrado que o criminoso irá voltar ao convívio social, devendo ser pensada a sua reinserção na sociedade, com mecanismos como progressão de regime, livramento condicional e remição da pena.

d) **Certa.** A ideia de prevenção geral aborda apenas a sociedade e as consequentes expectativas sociais, o que remonta claramente aos ideais funcionalistas com base no sistema (sociedade como microssistema).

e) **Errada.** Lembrar que a questão pedia que se assinalasse a assertiva errada. A Escola Positivista tem o seu foco de preocupação no criminoso, como se vê da definição exemplificativa de criminoso nato pertencente ao seu expoente Lombroso. Não se analisa o aspecto social da sanção criminal, que está intimamente ligado aos postulados da prevenção geral da pena.

43) b

a) **Errada.** O enunciado I está incorreto, uma vez que o Código de Hamurabi, também chamado de Lei de Talião, continha disposições penais e pregava a aplicação da máxima "dente por dente, olho por olho", dando nítido caráter penalista ao diploma. O enunciado III está errado, uma vez que cifra negra se refere aos crimes que não ingressam nas estatísticas oficiais. O enunciado V está errado porque Beccaria pregava o oposto do que está descrito, e seus estudos apontaram para a necessidade de penas certas, mas que não fossem desumanas, muito em virtude da influência do período do Iluminismo.

Christiano Gonzaga

b) **Certa.** O enunciado II está correto, pois são de Quetelet os estudos envolvendo as leis térmicas e que influenciam sobremaneira no comportamento criminoso. O enunciado IV também está correto, uma vez que Lombroso foi quem cunhou a expressão criminoso nato com base nos estudos da antropologia criminal.

c) **Errada.** Pelo que já se expôs acima, o enunciado V está errado, pois Beccaria pregou foi o contrário e buscava a humanização das punições.

d) **Errada.** Já foi explicitado acima que o enunciado III está equivocado.

e) **Errada.** Já se explicou acima que os enunciados III e V estão equivocados.

44) c

a) **Errada.** O enunciado I está correto, pois o princípio da insignificância considera o valor da coisa em si, o grau reduzido do comportamento do agente, a periculosidade social da conduta e a ofensividade da conduta. O enunciado IV está correto também porque o Movimento da Lei e Ordem é pautado no Direito Penal máximo e busca satisfazer o seu pensamento por meio da repressão. Todavia, a letra c está mais correta porque o enunciado V também está correto.

b) **Errada.** O enunciado II está errado, uma vez que o "crime de bagatela" tem por fundamento exatamente o contrário do caráter punitivo do Direito Penal, visando a ideia de tipicidade material em que o relevante é a análise da efetiva lesão ao bem jurídico. O enunciado III está errado porque o "abolicionismo" pregava era a extirpação total do Direito Penal, sendo a ideia de encolhimento atrelada ao "minimalismo".

c) **Certa.** Os enunciados I e IV já foram explicados acima e estão corretos. O enunciado V está correto também, uma vez que a política de "Tolerância Zero" veio com o escopo de acabar com a impunidade e aplicar o Direito Penal para todos os casos, uma vez que a preocupação com o criminoso em si demonstrou ter sido falha no passado.

d) **Errada.** Já fora explicitado acima o motivo.

e) **Errada.** Já fora explicitado acima o motivo.

45) e

a) **Errada.** O enunciado I está correto, pois definiu de forma perfeita os marcos teóricos lá tratados (Escola Clássica e Escola Positivista). A Escola Clássica preocupou-se com a limitação legal ao poder punitivo, enquanto a Escola Positivista abordou o caráter etiológico do crime e buscou investigar as suas causas. O enunciado V está incorreto, porque inexiste no país sistema carcerário que esteja trabalhando com o limite legal de presos e sem que haja superpopulação carcerária.

Manual de Criminologia

b) **Errada.** O enunciado II está correto, pois a Criminologia Crítica foi orientada pela Criminologia Interacionista, sendo esta anterior àquela. A base de estudo da Criminologia Crítica era o efeito estigmatizante do sistema penal e também dos controles sociais informais, o que denotava o caráter seletivo do Direito Penal. As criminalizações primária e secundária referem-se a esse tipo de escolha punitiva em relação aos crimes de colarinho-azul, ou seja, os cometidos por pessoas de baixa renda. O enunciado IV está correto, uma vez que a Lei de Execução Penal prega a ideia de ressocialização do criminoso, conferindo-se o caráter de prevenção especial positiva para a pena, de forma que a preocupação do sistema é com a reinserção social do agente.

c) **Errada.** O enunciado I está correto, como já se demonstrou acima. O enunciado III também está correto, uma vez que a Política Criminal tem por finalidade, no Brasil, impor as duas finalidades da pena, quais seja, retribuição e prevenção, como bem destaca o art. 59, *caput*, parte final, CP. Essa não foi a alternativa correta porque além dos enunciados citados outros também estão corretos.

d) **Errada.** O enunciado III está correto como já se explicitou acima. Pelas mesmas razões, já se demonstrou acima que o enunciado V também está incorreto.

e) **Certa.** Essa é a alternativa correta, conforme já se explicitou acima que os enunciados estão corretos, sendo que esta alternativa é a que possui o maior número de enunciados corretos.

46) b

a) **Errada.** A teoria do criminoso nato está relacionada à Antropologia Criminal, considerando-se aspectos biológicos para a investigação da criminalidade, o que não condiz com o trecho do citado livro.

b) **Certa.** De fato, quando se consideram aspectos da arquitetura da cidade para a investigação da criminalidade, encontra-se a ideia da Escola de Chicago, que se abeberou em conhecimentos ligados à ecologia criminal.

c) **Errada.** A teoria da anomia está relacionada à ausência de normas sociais capazes de regulamentar as relações entre as pessoas, que passam a não confiar nas instituições e na própria sociedade, uma vez que as metas culturais estipuladas são elevadas e os recursos institucionalizados disponíveis são pequenos e pertencem a poucos.

d) **Errada.** A teoria do vínculo social ajudou a percepção e compreensão de atos violentos em jovens. O ponto de partida da teoria do vínculo social é o de que as pessoas tendem, naturalmente, a comportar-se de maneira egoís-

Christiano Gonzaga

ta e a desrespeitar as normas sociais ou o bem comum. O crime e o comportamento desviante surgem quando as ligações normativas à sociedade enfraquecem ou nunca se desenvolveram suficientemente. São os vínculos sociais que levam o indivíduo a aceitar e a respeitar os valores, as normas e as expectativas da comunidade a que pertence. O crime e o comportamento desviante surgem quando essa ligação à sociedade enfraquece.

47) c

a) **Certa.** De fato, o bem jurídico tem essa função limitadora e busca tutelar aqueles valores mais importantes para a sociedade, sendo um farol para que o legislador elabore os tipos penais.

b) **Certa.** A Política Criminal é um filtro que busca escolher as soluções mais viáveis propostas pela Criminologia, sendo, após feita a escolha, encerrada em algum tipo penal que vai guiar a sociedade.

c) **Errada.** Tendo em vista o caráter fragmentário do Direito Penal, torna-se impossível a tutela de todos os bens jurídicos existentes na sociedade, uma vez que ele vai proteger apenas os bens mais caros e importantes, restando para os demais ramos do Direito a tutela daqueles bens menos valiosos.

d) **Certa.** A Criminologia tem por missão estudar os objetos aqui assinalados e busca ofertar as melhores soluções para que se evite o crescimento da criminalidade.

48) d

a) **Errada.** As descriminantes putativas estão presentes no art. 20, § 1º, CP, ocorrendo nos casos em que o agente imagina estar atuando dentro dos casos de excludentes de ilicitude.

b) **Errada.** Nada se assemelha com cifra negra da criminalidade o que está na presente alternativa.

c) **Errada.** Também em nada tem de semelhança com a definição de cifra negra da criminalidade.

d) **Certa.** As cifras negras ou ocultas da criminalidade referem-se aos crimes que ocorrem, mas que não são descobertos pelos órgãos de segurança pública, o que permite a assertiva de que elas são bem superiores à chamada criminalidade oficial. Como o sistema penal é seletivo, impossível punir todos os crimes que ocorrem, mas apenas aqueles escolhidos pelos controles sociais formais, tendo em vista a sua maior gravidade aparente.

e) **Errada.** Essa alternativa está conceituando a ideia da Criminologia Crítica, em que os dominantes passam a criar tipos penais para controlar os dominados, utilizando-se do Direito Penal como instrumento de dominação social.

Manual de Criminologia

49) e

a) **Errada.** A ideia de aplicar o Direito Administrativo aos fatos criminais vem com o nome de administrativização, em que se busca o arrefecimento das penas criminais em detrimento de sanções mais rápidas e menos invasivas com o Direito Administrativo. A esse tipo de pensamento, cunhou-se a expressão Direito de Intervenção, expressão típica do Direito Administrativo.

b) **Errada.** Em nada se assemelha ao que está na questão.

c) **Errada.** Em nada se assemelha ao que está na questão.

d) **Errada.** Em nada se assemelha ao que está na questão.

e) **Certa.** Esta é a questão correta, conforme já explicitado na alternativa de letra a.

50) c

a) **Errada.** Ocorrem quase que diuturnamente, sendo falha a ideia de que eles são crimes raros, pois cada vez mais a sociedade está sendo abalada por homicídios de marido e mulher, namorado e namorada e outras relações afetivas.

b) **Errada.** Tanto homem quanto mulher podem cometer esse tipo de crime, não sendo exclusivo do gênero masculino "matar por amor", como se diz para os casos envolvendo homicídios passionais.

c) **Certa.** Como se trata de um momento único de explosão envolvendo a relação amorosa, o autor ou autora desse tipo de crime não costuma ter o passado envolvido em prática de infrações penais. De fato, costumam ser atos isolados na vida daquele que comete esse tipo de delito.

d) **Errada.** A questão apresenta certa ambiguidade, pois há uma relação de amor e ódio ao mesmo tempo, o que denota que a questão não estava toda errada nem toda certa.

e) **Errada.** Os crimes passionais envolvem aspectos sociais e psicológicos, não podendo ser excluído nem um nem outro caráter investigativo. O contexto social em que o agente vive deve ser estudado para a análise do fenômeno criminal, podendo ocorrer situações em que o meio influencia em muito no cometimento desse tipo de infração penal, como nos casos de brigas diárias por ciúmes provocados pela vítima e outras questões sociais.

51) b

a) **Errada.** O item I está correto, pois a escola clássica aponta a responsabilidade penal na imputabilidade moral e no livre-arbítrio, mas o item III está errado, porque a escola correcionalista prega a correção do delinquente

Christiano Gonzaga

de forma de forma real, sem considerar o efeito intimidativo da pena e muito menos a medida de segurança, que é própria da escola positivista.

b) Certa. O item I está correto, conforme já se explicitou acima. O item IV também está correto, uma vez que a defesa social pugna pela ressocialização do agente, de forma a conceber a sua prevenção.

c) Errada. O item II está errado, pois a escola técnico-jurídica vale-se do método dedutivo, próprio do Direito Penal, contrariamente à Criminologia que se utiliza do método indutivo e experimental. O item III já foi explicitado acima o motivo do seu equívoco.

d) Errada. O item II está errado, na forma acima citada, estando apenas o item IV correto, conforme já se demonstrou.

52) c

a) Errada. A Criminologia é uma ciência do ser, sendo que o dever ser é próprio do Direito Penal, que se vale do método abstrato, formal e dedutivo.

b) Errada. A Criminologia é empírica, mas não teorética. Além disso, as deduções lógicas e opinativas não são próprias dessa ciência.

c) Certa. A Criminologia é uma ciência empírica e baseada no ser, sendo que o seu método é o indutivo com o estudo da realidade do caso concreto.

d) Errada. A Criminologia não é uma ciência do dever ser, pois esta é própria do Direito Penal.

e) Errada. A Criminologia não se vale do método abstrato, formal e dedutivo, sendo esse relativo ao Direito Penal.

53) d

a) Errada. Os índices de criminalidade não se confundem com as pesquisas de vitimização, pois são campos distintos. Ademais, não procedem das mesmas repartições.

b) Errada. A análise da população reclusa não é suficiente para ter-se uma amostra confiável da população criminal real, pois, como é cediço, os presos são, em sua maioria, pessoas pobres. Além disso, os agentes do controle social baseiam-se em critérios subjetivos para fazer investigações, o que é lastimável.

c) Errada. O medo é estudado sim pela Criminologia, notadamente na parte que cabe ao estudo da vítima (vitimologia).

d) Certa. De fato, o medo é considerado pela Criminologia para fins de impor um rigor punitivo maior nos tipos penais e ensejar uma aceitação pela sociedade de um viés mais rigoroso.

Manual de Criminologia

e) **Errada.** Não são corretas assertivas totais como a que fora feita, atribuin-do-se de forma insubstituível a precisão das pesquisas de informação. Todas as afirmações absolutas devem ser vistas com reservas no campo da Criminologia.

54) b

a) **Errada.** A vitimização é dividida em três (primária, secundária e terciária), não havendo nesse item a classificação da chamada indireta.

b) **Certa.** De fato, a vitimização abordada é a secundária, em que o próprio sistema penal inflige à vítima os traumas de um processo penal, fazendo com que ela reviva tudo o que sofreu com o ataque ao seu bem jurídico.

c) **Errada.** A vitimização primária seria a lesão ao bem jurídico tutelado da vítima, como no caso do roubo, que é o patrimônio.

d) **Errada.** A vitimização terciária aborda os efeitos no campo da sociedade, em que os populares passam a discriminar e isolar a vítima de algum crime, como se ela não tivesse crédito em relação ao que ocorrera.

e) **Errada.** Na classificação da vitimização não existe a chamada direta.

55) a

a) **Certa.** A sociologia, de fato, aborda e estuda todas as causas sociais que estão em torno do crime, sendo correta a assertiva.

b) **Errada.** A escola positiva preocupa-se com o viés biológico do crime, en-sejando o conceito de criminoso nato.

c) **Errada.** A Criminologia socialista enfoca os estudos marxistas no fenôme-no do crime, nada tendo de conexão com o que está na assertiva da questão.

d) **Errada.** A teoria do etiquetamento estuda os comportamentos estigma-tizantes ocorridos na sociedade, notadamente em virtude dos controles sociais.

e) **Errada.** A ecologia criminal estuda o espaço urbano e o surgimento do crime, mormente em razão da arquitetura urbanística no surgimento da criminalidade.

56) a

a) **Certa.** A Escola de Chicago teve por alvo estudar a arquitetura urbana da cidade para conferir uma resposta científica quanto ao surgimento da cri-minalidade. Com esses dados, a política criminal pode ter em mãos a so-lução para uma correta intervenção estatal no crime.

Christiano Gonzaga

b) **Errada.** A questão está errada porque a teoria da rotulação social busca compreender as causas da criminalidade com base no processo de estudo das condutas desviantes, e não pela aprendizagem.

c) **Errada.** De fato, o positivismo criminológico aferiu a ideia de criminoso nato com Lombroso, mas isso não é aplicável para os inimputáveis, pois estes possuem uma doença que deve ser tratada com base nas medidas de segurança.

d) **Errada.** O Abolicionismo penal defende a extinção total do sistema penal, não havendo a imposição de qualquer espécie de pena.

e) **Errada.** A teoria da subcultura delinquente centra-se no conceito de associação diferencial de Sutherland, de forma a estudar os grupos paralelos e delinquentes que existem, além disso, não foi o primeiro conjunto teórico a explicar a criminalidade.

57) e

a) **Errada.** A função exercida pela polícia judiciária é tratada no controle social formal, em nada tendo a ver com a vítima.

b) **Errada.** O estudo do criminoso também não é função exercida pela polícia judiciária.

c) **Errada.** Da mesma forma que ela não exerce função no criminoso, seu sinônimo (autor do fato) também não é tratado por ela.

d) **Errada.** O crime não é função exercida pela polícia judiciária, mas sim o controle social em si.

e) **Certa.** Os controles sociais formais são traduzidos pelos mecanismos de estigmatização realizados pela Polícia, Ministério Público e Poder Judiciário.

58) e

a) **Errada.** O trecho em testilha trabalha a Criminologia Cultural, que é basicamente o estudo do dia a dia na sociedade com as implicações do fenômeno cultural.

b) **Errada.** Não existe a expressão em tela, bem como a Criminologia é avessa ao punitivismo.

c) **Errada.** Também não há esse tipo de expressão nos estudos da Criminologia.

d) **Errada.** Inexiste, outrossim, a expressão em tela.

e) **Certa.** A Criminologia em epígrafe é a chamada de cultural, em que a manifestação da criminalidade leva em consideração o dinamismo social e as mais variadas formas de manifestação da cultura ao redor do crime.

Manual de Criminologia

59) b

a) **Errada.** Os controles sociais formais podem ser traduzidos como o estudo dos comportamentos estigmatizantes realizados pela Polícia, Ministério Público e Poder Judiciário. A expressão controle social primário não existe.

b) **Certa.** Tais instituições citadas são conhecidas por exercer o chamado controle social formal.

c) **Errada.** Os controles sociais informais são representados pela família, escola e igreja.

d) **Errada.** Não existe a expressão controle social terciário, mas sim a vitimização terciária.

e) **Errada.** Também não existe controle social secundário, sendo essa expressão reservada para a vitimização.

60) e

a) **Errada.** A sobrevitimização constitui a vitimização secundária, em que a vítima passa a sofrer os efeitos deletérios do sistema penal.

b) **Errada.** A vitimização primária é o efeito inicial que a vítima experimenta ao sofrer o ataque ao seu bem jurídico.

c) **Errada.** A vitimização secundária é a já conceituada sobrevitimização, de forma que a vítima passa a sofrer as mazelas do sistema penal.

d) **Errada.** A vitimização terciária seria as consequências de um descrédito social quanto ao crime que a vítima teria supostamente sofrido.

e) **Certa.** A heterovitimização constitui a fundamentação da questão, em que a vítima passa a legitimar, por si só, o crime sofrido por ela.

61) c

a) **Errada.** A prevenção terciária enfoca a pessoa do condenado, com as medidas necessárias ao seu restabelecimento social.

b) **Errada.** A educação, a religião e o lazer podem ser entendidos como implementação de políticas públicas, que são próprias da prevenção primária.

c) **Certa.** Tais exemplos da assertiva bem representam a prevenção terciária que se importa com a ressocialização do agente.

d) **Errada.** Essas características apontam exemplos de prevenção primária.

e) **Errada.** Também tais exemplos estão relacionados com a prevenção primária.

62) c

a) **Errada.** A Criminologia crítica radical busca compreender o fenômeno da criminalidade dentro de uma perspectiva do determinismo econômico.

Christiano Gonzaga

b) **Errada.** A assertiva estaria correta se estivesse referindo-se ao controle social formal.

c) **Certa.** A Criminologia positivista, de fato, buscou combater o tipo de criminalidade oriunda de questões biológicas, conforme foi conceituado na assertiva.

d) **Errada.** A conclusão em tela é exatamente aquilo que fundamenta e justifica a Criminologia crítica, mas não o contrário como está na assertiva

e) **Errada.** De fato, a Criminologia Clássica fundamenta-se na aplicação de pena com base no livre-arbítrio, e não o contrário como diz a questão.

63) e

a) **Errada.** A prevenção primária enfoca a realização de políticas públicas, sendo que a assertiva toca nesses pontos, mas não de forma preponderante.

b) **Errada.** A prevenção enfocada é chamada de terciária, pois enfoca a pessoa do condenado e os mecanismos de ressocialização.

c) **Errada.** Esse tipo de identificação, com viés de impedir a realização de delitos, relaciona-se com a prevenção secundária.

d) **Errada.** A prevenção em tela é a chamada de secundária, pois a Polícia e demais órgãos de persecução penal atuam nesse combate sistemático ao crime.

e) **Certa.** As melhorias elencadas são exemplos de uma formidável aplicação de políticas públicas.

64) b

a) **Errada.** O linchamento pode ser considerado espécie de vitimização terciária, pois é a sociedade desacreditando a vítima.

b) **Certa.** A vitimização secundária tem exatamente essa abordagem, em que a vítima passa a ser pressionada pelos órgãos de persecução penal.

c) **Errada.** O exemplo da assertiva caracteriza a vitimização secundária.

d) **Errada.** O estudo da vítima sempre teve importância na abordagem criminológica, não sendo algo recente.

e) **Errada.** As pesquisas de vitimização não têm interesse apenas na vitimização terciária, mas principalmente na secundária.

65) d

a) **Errada.** A questão inverte a ordem cronológica das escolas, sendo que primeiro veio a Clássica e depois a Positivista.

b) **Errada.** A Criminologia Crítica não aceita uma sociedade pautada em divisão de estratos (ricos e pobres), sendo que ela critica exatamente as regras sociais dominantes.

Manual de Criminologia

c) **Errada.** A Escola Positivista trabalha com o método indutivo e não analisou a questão dos direitos e garantias individuais.

d) **Certa.** A Escola Clássica trabalha o crime como ente jurídico, exatamente da forma descrita na assertiva.

e) **Errada.** O conceito de integração é exatamente o contrário do que fora descrito, pois afasta a ideia de coerção.

66) c

a) **Errada.** A Criminologia não trabalha com seleção de bens jurídicos, mas sim com a análise do crime e do criminoso, bem como com a criminalidade em si.

b) **Errada.** A teoria do delito está intimamente ligada aos estudos do conceito de crime, enquanto fato típico, antijurídico e culpável.

c) **Certa.** Configura exatamente a função da Política Criminal fazer a seleção dos bens jurídicos mais importantes para a sua devida tutela pelo Direito Penal.

d) **Errada.** O abolicionismo penal trabalho com a extinção do modelo atual do Direito Penal, não se preocupando com proteção de bens jurídicos.

e) **Errada.** O Direito Penal do Inimigo é uma teoria que se preocupa em suprimir garantias individuais para aplicar penas privativas de liberdade.

67) c

a) **Errada.** Quem trabalhou a ideia de criminoso habitual foi Enrico Ferri.

b) **Errada.** Quem trabalhou essa ideia foi Garófalo, demonstrando que tal delinquente teria um déficit de moralidade.

c) **Certa.** Garófalo trabalha exatamente essa noção de probidade e piedade como sentimentos ausentes no criminoso.

d) **Errada.** Enrico Ferri, de fato, fora seguidor de Garófalo, mas não abandonou totalmente o lado biológico do criminoso. Ele apenas inseriu o caráter sociológico em tal análise.

e) **Errada.** Esse tipo de pensamento não pertence aos dois estudiosos citados, mas pode ser atribuído em parte a Garófalo.

68) c

a) **Errada.** Na verdade, a criminalidade está exatamente na intermediação entre ação e reação social, mas não antes como citado na questão.

b) **Errada.** O pensamento do *labelling approach* trabalha com a ideia de determinismo social, sem o viés fenomenológico. Além disso, o interacionismo de tal pensamento é o real, não simbólico, bem como o behaviorismo é trabalhado na Escola de Chicago.

Christiano Gonzaga

c) **Certa.** Está perfeita a assertiva quanto ao pensamento destacado no enunciado, pois há uma ligação entre todos os processos de criminalização no seio social.

d) **Errada.** Os conceitos mencionados são termos dependentes e relacionam-se, além disso são inatos à conduta oriundos do processo de criminalização.

e) **Errada.** As agências de controle não são eficazes e muitos menos autossuficientes e autorreguladas.

69) b

a) **Errada.** Foucault critica toda forma de encarceramento, notadamente a ideia do patíbulo.

b) **Certa.** Essa é a ideia central do autor, pois ele entendia que as prisões são locais para o exercício do controle, muito em razão do mecanismo chamado de panóptico.

c) **Errada.** O autor não aceita a prisão como sendo um local onde os fins da pena são satisfeitos. Ao contrário, são verdadeiras masmorras estatais.

d) **Errada.** Ele analisa o suplício corporal que ainda era praticado no período citado na questão.

e) **Errada.** Pelos motivos já expostos, Foucault critica tudo que pode ser oriundo do encarceramento.

70) e

a) **Errada.** A Criminologia Clínica trabalha com aspectos de análise laboratorial, de forma a incidir no corpo do condenado, enquanto o *labelling approach* analisa o determinismo social.

b) **Errada.** Os grupos desviantes citados foram estudados dentro da Escola de Chicago, notadamente em razão da associação diferencial, dentro de uma perspectiva de contracultura.

c) **Errada.** Não há essa fórmula exata de compreensão do crime, notadamente de forma universal. O crime tem suas nuances especiais e cada local tem o seu ponto de análise.

d) **Errada.** O autor e o período de estudo estão corretos, mas ele não deu origem à Criminologia Cultural, pois seus estudos foram muito mais na área de compreensão do fenômeno do crime nas ideias de associação diferencial, gerando os conceitos de contracultura e subcultura delinquente.

e) **Certa.** A análise está perfeita e tudo que fora citado é ideia do próprio autor correlacionado.

350

Manual de Criminologia

71) a

a) **Certa.** Os autores mencionados são exatamente os três que compõem a aludida escola.

b) **Errada.** Tais autores estão ligados à Criminologia Clássica que se confunde em muito com o Direito Penal.

c) **Errada.** Somente Lombroso pertence à escola Positivista.

d) **Errada.** Michel Foucault é ligado ao Abolicionismo penal.

e) **Errada.** Apenas Enrico Ferri pertence à Escola Positivista.

72) a

a) **Certa.** A ideia de conduta desviada é atribuída por meio da sociedade e pelas interações com os controles sociais.

b) **Errada.** A assertiva não indaga a pessoa do criminoso, mas sim a aplicação das sanções pelos controles sociais.

c) **Errada.** Não se indaga o motivo pelo qual o criminoso comete crime, mas sim o seu surgimento no contexto social.

d) **Errada.** A assertiva não indaga a pessoa da vítima, mas sim do ofensor.

e) **Errada.** A ideia de crime não é uma adivinhação, mas sim uma análise do caso concreto após o seu surgimento.

73) b

a) **Errada.** A Criminologia não é uma ciência do dever ser, mas sim do ser, sendo essa parte que estava errada na questão.

b) **Certa.** A Criminologia é uma ciência do ser e seu método é o empírico ou indutivo, na forma descrita na questão.

c) **Errada.** A Criminologia não é uma ciência do dever ser, sendo esta reservada, por exemplo, ao Direito Penal.

d) **Errada.** A Criminologia, conforme já se descreveu, é uma ciência do ser.

e) **Errada.** Está errada porque a Criminologia não se vale apenas do método indutivo, mas também dos métodos biológico e sociológico.

74) c

a) **Errada.** A vertente da polícia está errada, pois deveria estar contida dentro do controle social formal.

b) **Errada.** As três primeiras vertentes são espécies do controle social formal.

c) **Certa.** São essas as quatro vertentes que a Criminologia estuda.

Christiano Gonzaga

d) **Errada.** Trata-se, as três primeiras, de espécies do controle social formal, enquanto o sistema prisional não faz parte dele.

e) **Errada.** As forças de segurança podem ser trabalhadas dentro do controle social formal, mais precisamente na polícia.

75) a

a) **Certa.** O autor Benjamin Mendelsohn é o criador dessa classificação envolvendo a vítima.

b) **Errada.** Enrico Ferri é autor da Escola Clássica e classificou os criminosos.

c) **Errada.** Bonesana é conhecido como o Marquês de Beccaria com o seu livro *Dos delitos e das penas*.

d) **Errada.** Lombroso é estudioso da Escola Clássica e criou a expressão criminoso nato.

e) **Errada.** Garófalo é autor da Escola Clássica e trabalhou os conceitos de probidade e piedade.

76) e

a) **Errada.** A prevenção tratada na questão enfoca o criminoso e sua ressocialização, logo se refere à terciária.

b) **Errada.** Não há esse tipo de classificação para as prevenções.

c) **Errada.** Também inexiste esse tipo de classificação para as prevenções.

d) **Errada.** A prevenção secundária trabalha a ideia de repressão ao crime no seu foco de surgimento, principalmente com atuação policial.

e) **Certa.** A prevenção em apreço é a chamada de terciária, pois relaciona com a pessoa do condenado e seu programa de ressocialização.

77) a

a) **Certa.** A prevenção secundária é aquela que trabalha a inibição do crime nos locais onde ele já surgira, mas de forma a conter que ele se alastre.

b) **Errada.** A prevenção primária trabalha a implementação de políticas públicas.

c) **Errada.** Não há esse tipo de prevenção.

d) **Errada.** A prevenção terciária é aquela que atua na pessoa do condenado, de forma a implementar a sua ressocialização.

e) **Errada.** Não há esse tipo de classificação.

78) b

a) **Errada.** As políticas públicas de Segurança Pública não devem focar apenas no combate à corrupção, mas sim numa ideia de prevenção criminal geral.

Manual de Criminologia

b) **Certa.** A ideia de prevenção criminal geral, envolvendo todos os entes federativos é que deve ser priorizada.

c) **Errada.** A prevenção terciária trabalha apenas a ideia do criminoso, não podendo ter a política pública de Segurança Pública esse enfoque exclusivo.

d) **Errada.** A ideia de primar é equivocada, pois enfoca algo exclusivo, enquanto o correto seria priorizar, uma vez que são várias as frentes que a repressão criminal deve atuar.

e) **Errada.** Da mesma forma, a expressão repressão ao crime resta muito vaga e não pode ser aceita como correta tal assertiva.

79) a

a) **Certa.** A assertiva I está totalmente correta, pois definiu perfeitamente o que vem a ser a Criminologia. A assertiva II também definiu corretamente qual seria a ideia de política criminal.

b) **Errada.** O item IV está errado, pois lugar do crime, pelo art. 6º do, CP seria tanto o local da ação ou omissão quanto o do resultado, aplicando-se a teoria mista. O item I está correto, na forma explicitada acima.

c) **Errada.** O item II está correto, conforme foi explicado acima. Já o item III está errado, pois o Direito Penal consagra a teoria mista, em no art. 59, *caput*, do CP, uma vez que a pena tem caráter retributivo e preventivo.

d) **Errada.** Somente o item I está correto, conforme foi explicado acima.

e) **Errada.** Somente o item II está correto, na forma já explicitada acima.

80) a

a) **Certa.** A Criminologia vale-se do método analítico e concentra-se numa análise indutiva, ou seja, no empirismo (caso concreto).

b) **Errada.** A Criminologia possui método próprio e conhecimentos específicos, não sendo dependente de outros ramos científicos.

c) **Errada.** O método silogístico é próprio do Direito Penal.

d) **Errada.** A Criminologia não possui análise racional e dogmática, sendo essa forma reservada para o Direito Penal.

e) **Errada.** A Criminologia não é metafísica, mas sim uma ciência que observa a realidade, também não podendo ser tida como uma área das exatas.

81) e

a) **Errada.** No modelo de reação ao crime clássico, a vítima não tem participação, mas sim a pessoa do criminoso como receptor da punição estatal.

b) **Errada.** O modelo ressocializador trabalha a pessoa do condenado, mas não da vítima.

Christiano Gonzaga

c) **Errada.** O modelo retribucionista ou clássico busca repreender apenas a pessoa do condenado.

d) **Errada.** A forma restaurativa enfoca, de fato, a vítima, mas ela não tem o papel de julgar o condenado, mas apenas de participar na recomposição dos prejuízos sofridos.

e) **Certa.** A forma restaurativa centra-se na reconciliação, sendo que a vítima tem um papel central na mesa de negociação.

82) b

a) **Errada.** A Sociologia Criminal não analisa os aspectos jurídico e econômico.

b) **Certa.** Essa é a definição correta da Sociologia Criminal.

c) **Errada.** A assertiva está errada, pois ela não busca justificar tais fatores, bem como não analisa elemento psicológico.

d) **Errada.** O enfoque da ressocialização está atrelado à Criminologia.

e) **Errada.** Essa definição seria para a Sociologia pura, mas não para a Criminal.

83) e

a) **Errada.** A vítima simuladora atua com vontade, não sendo a imprudência analisada em seu comportamento.

b) **Errada.** Essa definição corresponde à vitimização primária.

c) **Errada.** Além das lesões físicas e mentais, tem-se também, por exemplo, a lesão patrimonial.

d) **Errada.** O grande estudioso e precursor da Vitimologia foi Mendelsohn,

e) **Certa.** As conceituações de controles sociais e vitimização secundária está perfeita, não havendo reparos.

84) a

a) **Certa.** O crime, de fato, é um fenômeno social, pois as relações sociais explicam muitas origens de comportamentos tipificados em leis.

b) **Errada.** A Criminologia estuda a vítima com bastante profundidade.

c) **Errada.** A Criminologia não é ciência normativa, sendo essa própria do Direito Penal.

d) **Errada.** O crime é um fenômeno social, como já se destacou acima.

e) **Errada.** O método da Criminologia, inclusive, é o empírico, baseado na observação e experiência.

85) d

a) **Errada.** O Direito Penal não fora codificado desde sempre, havendo momentos em que eram os costumes que ditavam as regras, sem nada escrito.

354

Manual de Criminologia

b) **Errada.** Tal código foi o primeiro a prever como crime a corrupção praticada por funcionários públicos.

c) **Errada.** Na Idade Média, inclusive, as penas ainda eram cruéis, somente tendo uma guinada para a dignidade da pessoa humano com o Iluminismo.

d) **Certa.** Aristóteles sempre se preocupou com os crimes praticados para ter-se o desnecessário ou luxuoso, o que demonstra bem a ideia que ele tinha de coisa pública.

e) **Errada.** A assertiva equipara furto ao roubo, bem como alega que o furto famélico nunca fora considerado crime, estando todas as essas colocações equivocadas.

86) c

a) **Errada.** A classificação de criminoso louco fora feita por Enrico Ferri, sendo que a parte instintiva em nada se assemelha ao louco.

b) **Errada.** Tal classificação refere-se ao criminoso louco.

c) **Certa.** Correta a definição, pois essa é a ideia de criminoso passional ou que comete crimes por paixão.

d) **Errada.** A definição em tela está correlacionada ao criminoso ocasional, também classificado por Ferri.

e) **Errada.** Essa é a definição de criminoso ocasional e que usa elementos estudados não por Lombroso, mas por Garófalo.

87) a

a) **Certa.** Essa é a ideia de um Direito Penal Subterrâneo em que se cometem crimes, sob o fundamento de prevenir outros tipos de crimes, considerados mais graves por quem está combatendo-os.

b) **Errada.** A pena não pode ser indeterminada, pois estaria violando a ideia de Estado de Direito.

c) **Errada.** A superlotação carcerária nada tem de positivo e deve ser evitada, pois são perpetradas violações diárias aos direitos e garantias fundamentais.

d) **Errada.** Esse tipo de legítima defesa é justificado quando está o policial atuando para salvar a vida de terceiros ou até mesmo a sua própria vida.

e) **Errada.** Não há redução da eficácia da prevenção criminal, pois esta deve sempre estar em consonância com os princípios constitucionais.

88) b

a) **Errada.** A teoria das janelas quebradas refere-se à aplicação de Direito Penal Máximo e trabalha com a ideia de organização social para evitar o crime.

b) **Certa.** A ideia de ser o agente sempre considerado como criminoso traz à tona o etiquetamento social (*labelling approach*).

Christiano Gonzaga

c) **Errada.** A teoria da anomia destaca a ideia de metas sociais iguais para todos, mas com recursos escassos para alcançá-las, daí surgindo a ideia de crimes cometidos para tanto.

d) **Errada.** A subcultura delinquente está associada à ideia de grupos que cometem crimes e que possuem um código interno de condutas a serem seguidas, numa espécie de estado paralelo.

e) **Errada.** A teoria ecológica do crime foi estudada na Escola de Chicago e tem por fim trabalhar a arquitetura urbana no surgimento da criminalidade.

89) a

a) **Certa.** O documento é a "Justiça para as Vítimas de Delitos e do Abuso de Poder (Nações Unidas – ONU/ 1985)".

b) **Errada.** A vitimização definida é a secundária, pois a terciária enfoca a pessoa do criminoso.

c) **Errada.** A Vitimologia só teve interesse no Brasil com a Reforma Penal de 1984, não tendo sido abordada quando da realização do Código Penal de 1940.

d) **Errada.** A vitimização conceituada na assertiva é a primária.

e) **Errada.** Tal termo surgiu em 1947 com os estudos de Mendelsohn.

90) e

a) **Errada.** Inexiste esse tipo de modelo de reação ao crime, sendo conhecidos apenas três: clássico, ressocializador e restaurativo.

b) **Errada.** A ideia intimidatória de repressão é própria do modelo clássico.

c) **Errada.** Também não existe esse tipo de modelo de reação ao crime.

d) **Errada.** O modelo integrador ou restaurativo trabalha com a ideia de conciliação, não tendo nenhuma característica dele no trecho acima destacado.

e) **Certa.** De fato, o modelo clássico trabalha com a ideia da retribuição ao mal do crime com o mal da pena. Trata-se do modelo intimidativo.

91) a

a) **Certa.** A aplicação da teoria da subcultura delinquente está bem delineada, também sendo demonstrado o problema de sua aplicação a todos os campos da criminalidade.

b) **Errada.** A definição estaria perfeita se fosse correlacionada com o seu pensador, que no caso seria Robert Merton, mas não Durkheim.

c) **Errada.** Da mesma forma, se o conceito estivesse atrelado a Durkheim, tal assertiva estaria correta, mas como fora relacionado a Merton, houve o equívoco.

Manual de Criminologia

d) **Errada.** Não se enfoca o utilitarismo em tal concepção, muito menos em relação a Cohen.

e) **Errada.** Inexiste essa correlação tratada na questão.

92) c

a) **Errada.** A assertiva está errada, pois trata a Criminologia como dependente e subordinada ao Direito Penal, o que não condiz com a ideia de ciência relativa a ela.

b) **Errada.** A Criminologia não busca justificar o Sistema de Justiça Criminal, mas apenas analisá-lo. Além disso, não se busca implementar o Direito Penal, mas sim criticar os seus dogmas.

c) **Certa.** A assertiva está perfeita, tendo correlacionado todos os temas de forma harmônica.

d) **Errada.** Da mesma forma que se explicitou acima, não há dependência entre a Criminologia e a Política Criminal, sendo ambas ciências autônomas. Além disso, a Política Criminal não trabalha com dogmas, sendo esses da competência do Direito Penal.

e) **Errada.** A assertiva estaria perfeita se tivesse mencionado as teorias criminológicas do conflito, mas não do consenso.

93) c

a) **Errada.** A ideia de livre-arbítrio é própria da Criminologia Clássica, mas não do Direito Penal.

b) **Errada.** A classificação citada não tem o criminoso moral, mas sim o habitual que não fora mencionado.

c) **Certa.** A Escola Positivista trabalha os seus postulados no conceito de defesa social.

d) **Errada.** A responsabilidade social veio ser mais definida na própria Escola Positivista com Enrico Ferri, não havendo a citada substituição. Além disso, não se trabalhou a responsabilidade moral nessa Escola, mas sim na Clássica.

e) **Errada.** A natureza objetiva do crime, enquanto ente jurídico, é própria da Escola Clássica.

94) a

a) **Certa.** A teoria do etiquetamento ou do *labelling approach* vem demonstrar a importância do estudo dos processos de criminalização, notadamente os controles sociais formais e informais.

b) **Errada.** A Escola Positivista, em que se estudou a figura do "homem delinquente" de Lombroso, não possui o conceito retirado do enunciado acima.

Christiano Gonzaga

c) **Errada.** O trecho acima mencionado está relacionado com a teoria do etiquetamento.

d) **Errada.** Em nada se refere ao conceito a teoria citada na assertiva.

e) **Errada.** Tal teoria é do Direito Penal, não pertencendo à Criminologia.

95) b

a) **Errada.** Sutherland trabalhou a teoria da associação diferencial, sendo essa bem relevante no estudo da criminalidade.

b) **Certa.** Conforme mencionado acima, Sutherland foi o desenvolvedor da teoria da associação diferencial.

c) **Errada.** Não existe essa correlação com o nome de Sutherland.

d) **Errada.** A subcultura delinquente decorre da associação diferencial, mas não foi esta desenvolvida por Sutherland.

96) d

a) **Errada.** A Escola de Chicago trabalha a ideia de ecologia criminal, forte na arquitetura urbana para conceber o surgimento da criminalidade.

b) **Errada.** A associação diferencial foi desenvolvida por Sutherland.

c) **Errada.** O *labelling approach* ou teoria do etiquetamento não foi criado por Cohen, mas sim decorrente dos estudos do determinismo social.

d) **Certa.** A teoria em apreço, sendo conhecida como de consenso, pois não há nenhuma forma de coerção estatal, é a subcultura delinquente, que pode ser relacionada ao autor Cohen.

e) **Errada.** A teoria crítica trabalha a ideia de determinismo econômico, nada tendo de contribuição o trabalho de Cohen.

97) b

a) **Errada.** Exatamente o contrário do que fora exposto na assertiva, pois quanto maior a atuação dos controles sociais em relação à conduta do menor, maior a chance de ele ter uma "carreira criminosa".

b) **Certa.** Perfeita a assertiva, pois parte do pressuposto da divisão em classes da sociedade, podendo tal divisão ser reproduzida no sistema escolar e no sistema penal, pois ricos e pobres existem nesses dois tipos de sistemas.

c) **Errada.** O sistema carcerário reproduz de forma fidedigna as desigualdades sociais existentes nas zonas mais débeis da cidade, tal como a periferia.

d) **Errada.** Ocorre o contrário na realidade, pois o sistema penal trata de forma discriminatória o cidadão oriundo dos estratos sociais mais pobres, enquanto os provenientes da elite são mais bem recebidos.

Manual de Criminologia

98) d

a) **Errada.** Exatamente o contrário, pois no cárcere o preso aprende a ter uma "carreira criminosa", não sendo nada louvável no aspecto social.

b) **Errada.** Baratta não aceitava a ideia de mudança nos excluídos, mas sim na sociedade para aceitá-los de forma mais igualitária. Além disso, a sociedade não está apta a acolhê-los.

c) **Errada.** O cárcere reflete exatamente a sociedade e suas desigualdades sociais, em que ricos e pobres encontram-se em lados opostos da pirâmide social.

d) **Certa.** A assertiva está correta, sendo que Baratta ainda afirma que o Direito Penal é um instrumento de dominação social dos ricos em relação aos pobres, próprios de um determinismo econômico.

99) e

a) **Errada.** O comportamento da vítima não foi analisado por Sutherland, mas sim por Mendelsohn.

b) **Errada.** Sutherland é um grande crítico dos crimes cometidos pelos ricos, os quais foram chamados de colarinho-branco.

c) **Errada.** O fator biológico não fora trabalhado por Sutherland.

d) **Errada.** Essas formas de transtorno da personalidade foram trabalhadas na Escola Positivista.

e) **Certa.** Tal conceito está atrelado à teoria da associação diferencial.

100) b

a) **Errada.** O controle social informal em tela (família) tem muita contribuição no surgimento do crime e do criminoso.

b) **Certa.** A teoria da anomia apenas explicita o surgimento do crime na sociedade, apontando para os seus efeitos e consequências, bem como destacando que se trata de um fenômeno normal.

c) **Errada.** Foi exatamente o contrário, pois Sutherland, criador da teoria da associação diferencial, foi um grande precursor nos estudos dos crimes de colarinho-branco.

d) **Errada.** A anomia trabalha a ideia, em Merton, de escassez de recursos para alcançar as metas sociais.

e) **Errada.** Tal definição em nada se assemelha à teoria da associação diferencial.

101) c

a) **Errada.** A prevenção geral positiva trabalha a ideia dos efeitos da aplicação da pena perante a coletividade, num enfoque integrador.

Christiano Gonzaga

b) **Errada.** A prevenção especial negativa visa à neutralização do condenado, sendo que a assertiva refere-se à prevenção especial positiva.

c) **Certa.** A definição está perfeita ao destacar a prevenção geral negativa como uma espécie de exemplificação para que os demais membros da sociedade não cometam crimes.

d) **Errada.** A pena, no Brasil, com o viés de ressocializar e retribuir não possui eficácia, pois os presídios não ressocializam os condenados.

e) **Errada.** A prevenção geral negativa tem por fim neutralizar o agente, sendo que também não foi criada pelo pensamento funcionalista.

102)

102.1) F

A teoria da coculpabilidade foi fundamentada nos aspectos sociais do determinismo. A Escola que primeiro abordou esse fenômeno foi a Interacionista, forte na influência social no surgimento do crime.

102.2) V

O paradigma etiológico representa o estudo das causas que originam algo. A primeira Escola da Criminologia que buscou fazer essa análise foi a Positivista, em que o método empírico foi utilizado e aplicado na prática.

102.3) V

Os controles sociais são subdivididos em informais (não estatais) e formais (estatais). Aqueles são compostos, tradicionalmente, da família, da escola e da igreja.

102.4) V

De fato, os controles sociais formais (Polícia, Ministério Público e Poder Judiciário) rotulam as condutas desviadas e acabam, por consequência, criando criminosos com o seu meio de atuação.

102.5) F

Na visão de Sutherland, os crimes de colarinho-branco punidos são chamados de cifras de ouro ou douradas, infinitamente inferiores aos crimes que não chegam ao conhecimento do Estado, que são conhecidos como cifras negras ou ocultas da criminalidade. Em Sutherland, as cifras de ouro e negras são atinentes apenas aos crimes de colarinho-branco, que gozam, na sua visão, de um "cinturão de impunidade".

102.6) V

De cunho italiano, a Escola Positivista teve o seu viés no método empírico e teve como membros Cesare Lombroso, Raffaelle Garófalo e Enrico Ferri.

102.7) F

A prevenção conceituada na assertiva é a secundária, em que o Estado, por meio da Polícia, faz o combate ao crime de modo a evitar a sua ocorrência.

Manual de Criminologia

A prevenção primária relaciona-se com a implementação de políticas públicas para impedir o nascimento do crime.

102.8) F

A Criminologia é uma ciência autônoma e que não se confunde com o Direito Penal. Este último é que conceitua crime como sendo ação típica, ilícita e culpável.

102.9) V

A teoria do *labelling approach* ou do etiquetamento trata o crime como algo que é criado socialmente, tendo em vista o comportamento desviado de certas pessoas.

102.10) V

A Escola de Chicago analisa os aspectos urbanísticos no surgimento do crime. Ademais, por ser Escola que se insere no conceito social de delito, tem interesse no estudo dos comportamentos desviados.

102.11) V

A chamada subcultura delinquente trabalha aspectos importantes da Criminologia, uma vez que se criam modelos de condutas criminosos e próprios de um certo grupo, o que realça a ideia do social influenciando o surgimento do crime. Certas organizações criminosas como o Primeiro Comando da Capital (PCC) e Comando Vermelho (CV) são exemplos práticos de subculturas que se valem de códigos específicos de condutas e diferentes da cultura tradicional.

102.12) V

A teoria das janelas quebradas ou *broken windows* busca fundamentar a punição de qualquer conduta desviada, por menor que seja, sendo ela implementada pela primeira vez na cidade de Nova Iorque.

102.13) V

A Criminologia Crítica trata a sociedade em dois grandes grupos: ricos e pobres. Os ricos praticam crimes de colarinho-branco para serem mantidos no ápice da pirâmide, enquanto os pobres cometem crimes de colarinho-azul para tentar ascender. Essa interação entre ricos e pobres na busca pelo capital é que faz com que surja o crime.

102.14) F

Essa vitimização conceituada é a terciária, em que a sociedade passa a discriminar e isolar a vítima de algum tipo de crime. A secundária é a vitimização imposta pelos controles sociais formais, tendo como exemplo a Polícia no tratamento da vítima de algum crime.

102.15) F

A criminalização primária refere-se ao modo de criar crimes, o qual é feito pelos legisladores, na forma do art. 22, I, CF. A prevenção primária é modo de prevenir o crime, preocupando-se com a implementação de políticas públicas.

361

Christiano Gonzaga

102.16) V

As teorias sociológicas buscam o seu fundamento no aspecto social, abandonando a ideia do paradigma etiológico (ciência que estuda as causas da origem de algo), próprio do modelo positivista capitaneado por Lombroso.

102.17) V

A criminalização primária é a praticada pelos legisladores quando elaboram as leis penais. Já a criminalização secundária é o modo de atuar do sistema penal, composto principalmente da Polícia, do Ministério Público e do Poder Judiciário, ocorrendo uma preocupação em punir os crimes que afrontam a sociedade de forma imediata, como os de colarinho-azul, relegando-se a segundo plano os criminosos de colarinho-branco. Por fim, a criminalização terciária que envolve a sociedade quanto ao combate ao crime, que também se preocupa, notadamente, com a punição aos crimes de colarinho-azul, pois o dano que estes produzem é mais imediato.

102.18) F

O conceito correto de Direito Penal de segunda velocidade é a aplicação de penas restritivas de direitos com supressão de algumas garantias constitucionais, como é o exemplo da Lei n. 9.099/95, em que se aplicam os institutos da transação penal e da suspensão condicional do processo sem a atenção aos princípios constitucionais do devido processo legal, ampla defesa e contraditório. A utilização de pena privativa de liberdade com flexibilização de garantias materiais e processuais é feita no Direito Penal de terceira velocidade, tendo como exemplo no Brasil o Regime Disciplinar Diferenciado (RDD), previsto na Lei n. 7.210/84, art. 52.

102.19) V

A assertiva trabalha a ideia do crime como fenômeno social em contraposição ao pensamento da Escola Positivista de que o crime é algo inerente à condição biológica ou até mesmo genética. A guinada sociológica ocorreu com a Escola Interacionista, coincidindo com o momento em que se estuda a anomia pelos funcionalistas e também dentro da Escola de Chicago. A anomia demonstra claramente que a sociedade pratica crimes por causa de ausência de normas sociais igualitárias para todos, ensejando o sentimento de fragilidade.

102.20) V

A criminalização primária constitui exatamente isso, ou seja, a criação de condutas criminosas é feita pelos legisladores, na forma do art. 22, I, Constituição Federal. Importante destacar que a criminalização secundária é praticada pelos órgãos de persecução penal e a criminalização terciária é feita pela sociedade.

362

Manual de Criminologia

102.21) F

Os autores citados pertencem ao pensamento das teorias de consenso, notadamente ao modelo de análise da anomia. Neste tipo de modelo, não se analisam temas de conflitos sociais, mas sim a forma com que funcionam as regras existentes. Diferentemente das teorias do conflito, em que predominam a força e a coerção, em que um grupo domina outro, nas teorias do consenso há certo acordo quanto ao que deve ser cumprido, podendo gerar, em certos casos, a anomia já citada, mas isso não quer dizer que exista um conflito social entre as pessoas.

102.22) F

O minimalismo foi um movimento que pregava a relativização do Direito Penal, devendo este cuidar apenas das condutas consideradas mais graves (*ultima ratio*), de forma a relegar para os demais ramos do Direito as condutas menos graves e que pudessem ser resolvidas de forma menos enérgica. Dessa forma, exsurge o caráter fragmentário e subsidiário do Direito Penal, mas isso não significa que ele sofrerá uma supressão integral, como assinala na questão. Em relação ao movimento da "Lei e Ordem", está correta a assertiva de que ele se vale do Direito Penal Máximo, posto que qualquer tipo de conduta contrária à ordem positivada deve ser corrigida de forma direta e grave, independentemente se o bem jurídico violado é de magnitude elevada ou não.

102.23) V

O doutrinador Luigi Ferrajoli, em sua famosa obra *Direito e Razão* – teoria do garantismo penal, enfoca claramente que os operadores do Direito devem aplicar todas as garantias e direitos fundamentais previstos na Constituição Federal na persecução penal. Não se deve contrapor a lei ao que prega a Carta Maior (Constituição Federal), devendo sempre esta última prevalecer se estiver em contradição com aquela. O garantismo penal busca a obediência de todos ao que está escrito na Constituição, daí o nome garantismo, correlacionando-se à aplicação das garantias previstas no corpo da Constituição Federal.

102.24) F

A questão trata como se fossem idênticas a teoria da subcultura delinquente e a Escola de Chicago. Em que pese ambas serem consideradas teorias do consenso, cada uma tem um modo específico de pensar, constituindo sistemas diversos de análise do fenômeno do crime. A violência como modo de resolver os conflitos sociais pode ser atribuída à subcultura delinquente, como exemplo do surgimento das gangues.

102.25) F

O autor citado pertence à Escola Positivista, em que o crime é estudado na perspectiva antropológica, não se confundindo com a Escola Clássica, sendo esta sim a Escola que analisa o crime enquanto ente jurídico, consubstanciado naquilo que está positivado na lei.

Christiano Gonzaga

102.26) F

A assertiva está conceituando a prevenção especial positiva, de forma que a reintegração social deve ser buscada para que o delinquente não volte a cometer novos delitos. A prevenção geral negativa utiliza-se da aplicação da pena para intimidar a população de cometer crimes, valendo-se da pena como função exemplificadora.

102.27) V

A reparação do dano é considerada pela Criminologia como um modelo eficaz de reação ao crime, sistematizado, inclusive, naquilo que se chama de modelo integrador ou restaurativo. Nesse modelo, a reparação do dano é vista como a chamada Terceira Via do Direito Penal (Claus Roxin), em que se busca o retorno das partes envolvidas no conflito penal (acusado e vítima) para o momento anterior ao fato criminoso, por meio da reparação do dano. Tal forma de reação ao crime é utilizada em crime de menor potencial ofensivo, em que a composição civil é permitida.

102.28) V

A prevenção terciária para a Criminologia é trabalhada em cima daquele que cometeu o delito, de forma a tentar ressocializá-lo e trazê-lo novamente para o convívio social. Da mesma forma, a prevenção especial (porque visa o autor do fato típico) chamada de positiva também busca a melhor forma de reinserção social do delinquente. Assim, as duas prevenções podem ser tratadas de forma semelhante, mas cada uma delas no seu campo científico específico (Criminologia e Direito Penal).

102.29) V

O citado Direito Penal do Amigo é uma forma moderna de trabalhar a relação promíscua entre os integrantes dos Poderes da República e aqueles que cometem certos delitos, comumente de colarinho-branco. Como são todos pertencentes ao mesmo círculo social (clubes, festas e escolas dos filhos), tende a existir uma certa ajuda para aqueles que cometem crimes e vão ser julgados pelos mesmos amigos.

102.30) V

A assertiva está totalmente correta, pois atribuiu de forma correlacionada as obras dos autores citados e também demonstrou que o Direito Penal não logrou êxito, durante todo esse tempo, em extirpar ou até mesmo diminuir a criminalidade. Pelo contrário, as chamadas cifras negras da criminalidade bem demonstram que o Direito Penal apenas trabalha em cima de poucos crimes que são descobertos, consubstanciados na chamada cifra de ouro.

102.31) V

Está correta a afirmativa, pois o tema da Criminologia Ambiental enfoca a análise dos espaços urbanos por meio das quatro teorias citadas, com o escopo de perquirir o comportamento da vítima, do agressor e da segurança pública.

Manual de Criminologia

102.32) F

O tema "Erotização do poder" está intimamente ligado aos crimes cometidos por pessoas da elite (poderosos) em que a escolha recai sobre os delitos de colarinho-branco. Trata-se de uma subjugação de pessoas mais humildes àqueles que possuem os meios de produção e usam o Direito Penal como forma de dominação social. Assim, como no sexo, existem posições que denotam a dominação entre as pessoas, sendo que os criminosos da elite cometem delitos que se valem de um poder de subjugação social, ou seja, dos ricos em relação aos pobres, sendo essa interação retratada por delitos como corrupção, peculato, fraudes em licitação, lavagem de capitais, entre outros.

102.33) F

As três ciências criminais citadas são autônomas e independentes, não havendo nenhum tipo de subjugação ou dependência. Cada uma tem os seus objetos próprios de estudo. Ademais, a Criminologia é interdisciplinar, ou seja, há uma relação saudável entre as três disciplinas, em que cada uma tem seus métodos investigativos próprios, mas trocam informações entre si. De outra forma, ser multidisciplinar representa a ideia de que a disciplina possui dentro delas inúmeras outras matérias, o que não é o caso da Criminologia.

102.34) F

A psicanálise é uma ciência que cada vez mais influencia a Criminologia, sendo muito comum o estudo da psicopatia no enfoque da criminalidade. Além disso, há duas síndromes relevantes tanto para o Direito Penal quanto para a Criminologia, quais sejam, da Barbie e da Mulher de Potifar, que buscam conceitos da psicanálise para entender aspectos da criminalidade. Assim, conceitos de Freud e outras questões são relevantes para o estudo da Criminologia.

102.35) V

A assertiva está perfeita, pois o tema foi detalhadamente descrito como é usual, sendo comum o criminoso proteger "os seus" em detrimento dos "outros". É uma clara divisão entre "nós e eles", como uma espécie de maniqueísmo reinante na sociedade. É comum ver esse tipo de tratamento quando se analisa a classe política em que os agentes políticos se protegem entre si, ocorrendo casos até mesmo de absolvição em situações típicas de criminalidade. O outro sempre está errado, enquanto o "eu" está certo e merece todos os encômios.

102.36) V

O famoso autor Bauman cunhou o termo "modernidade líquida" para demonstrar que a sociedade moderna está cada vez mais fluida e imediatista, sem qualquer embasamento mais sólido de seus pensamentos. Tal relação pode ser aplicada para os crimes de colarinho-branco e colarinho-azul, de

Christiano Gonzaga

forma que os criminosos de cada classe social buscam realizar os seus desejos materiais imediatos por meio da prática dos crimes que estão no seu raio de possibilidade. Colarinho-azul pratica crime de roubo para obter algum relógio de marca ou carro, enquanto colarinho-branco pratica sonegação fiscal para alcançar desejos como joias e imóveis em balneários famosos.

102.37) V

O Direito Penal, na atual conjuntura, está fadado ao insucesso, sendo o seu egocentrismo de ser suficiente uma ferida que marca toda a sua existência. Além disso, o Direito Penal apenas cuida de uma pequena parcela de crimes que ocorrem na sociedade, ou seja, a criminalidade oficial que entra nas estatísticas. A grande gama de crimes que ocorrem nos espaços urbanos e são desconhecidos (cifras negras ou ocultas) demonstra a fragilidade do Direito Penal em dar vazão à criminalidade e fazer qualquer política preventiva. Se as cifras negras são bem maiores que a criminalidade oficial, o Direito Penal está deixando de cumprir a sua principal missão que é a de combater os crimes que ocorrem nos mais variados espaços urbanos.

102.38) F

A Criminologia, ao contrário, critica a criminalização do tipo penal de uso de drogas, entendendo que o correto seria a descriminalização da conduta prevista no art. 28 da Lei 11.343/06, em compasso com o que ocorre em outros países do mundo que revogaram tipos penais de consumo pessoal de drogas, como Holanda e Portugal. Forte na ideia do princípio da ofensividade de Ferrajoli (consumo pessoal de drogas não faz lesão a bem jurídico alheio), bem como que a correta implementação de políticas públicas é suficiente para frear o tráfico de drogas, a Criminologia busca a descriminalização desse tipo penal.

102.39) F

Em relação ao crime organizado, existem as duas formas de criminalidade (tipo mafiosa e tipo empresarial), sendo que ambas possuem exemplificação no Brasil. A conhecida como mafiosa pode ser representada pelas facções criminosas como Comando Vermelho (CV) e Primeiro Comando da Capital (PCC), enquanto a do tipo empresarial o exemplo mais claro é a organização criminosa desvendada pela operação "Lava-Jato" em que se associaram funcionários públicos e políticos para surrupiarem os cofres públicos.

102.40) F

A psicopatia não é considerada doença mental passível de submissão à medida de segurança. Trata-se, ao contrário, de um transtorno da personalidade que faz com que o agente não consiga relacionar-se socialmente com outras pessoas de forma saudável. O psicopata é antissocial e não tem características básicas do ser humano como probidade solidariedade.

Manual de Criminologia

102.41) V
Na verdade, trata-se de um mecanismo de defesa que a vítima utiliza para deixar o agressor mais calmo, de forma a tentar controlar as suas ações. Ocorre muito em situações de violência doméstica quando a mulher assume para o marido que merecia sofrer as lesões perpetradas por ele, mas isso apenas com o intuito de fazer com que ele cesse imediatamente as agressões e pareça ter razão acerca dos fatos que originaram o episódio.

102.42) F
Na verdade, tal síndrome é exatamente o contrário daquela outra, uma vez que os reféns passam a ser vistos de outra forma pelos sequestradores, havendo compaixão por parte destes em relação àqueles. Na síndrome de Estocolmo, o que ocorre é que os reféns passam a ter certo afeto pelos sequestradores, pois estes são os únicos com que eles convivem e tratam das suas necessidades básicas.

102.43) V
Na chamada síndrome de Londres, a vítima fica enclausurada em certo local, sob o comando do sequestrador, e isso gera nela um sentimento de ódio, ocorrendo situações extremas em que ela vai reagir ao sequestro e pode acabar perdendo a sua própria vida.

102.44) F
Podem ser conceituadas como as infrações penais praticadas por autoridades policiais contra os cidadãos e que não são devidamente noticiadas para os órgãos competentes, como Corregedorias, Ouvidorias e Ministério Público (controle externo) em razão do temor de represálias.

102.45) V
Entende-se por essa expressão as infrações penais que ocorrem, mas são solucionadas no âmbito da própria Delegacia de Polícia, por meio de não oferecimento de representação, desistência da vítima de continuar o procedimento e ausência de testemunhas que queiram falar sobre os fatos, ou seja, quando ocorre alguma solução extraprocessual que impede a continuidade do feito.

102.46) F
No Brasil, há expressa vedação constitucional a esse tipo de pensamento, como se decorre da Constituição Federal, art. 5º, III. Se aqui pudesse ser adotada a prática de tortura, primeiramente teria que se modificar a Constituição Federal por meio de emenda, isso se o entendimento fosse de que tal artigo não constitui cláusula pétrea, o que é pouco provável, caindo por terra qualquer forma de aplicação no Direito brasileiro desse tipo de teoria.

102.47) V
Trata-se de um sentimento que acomete indivíduos em momentos de estresse psicológico ou físico causado por certas situações sociais extremas, a

Christiano Gonzaga

ponto de aflorar um instinto de sadismo e crueldade por meio de atos atrozes, podendo gerar lesões corporais e até mesmo homicídios. É um sentimento de rompante que a pessoa submetida a estresse máximo pode ter e desencadear atos de maldade extrema.

102.48) V

Pelo que se percebe pela teoria das atividades rotineiras, há certa triangulação entre os personagens agressor motivado, vítima adequada e inexistência de guardião, devendo os três elementos serem analisados no ambiente em que o delito vai ser praticado, o que ressalta a importância do estudo dos espaços urbanos como forma de prevenir as infrações penais. Se a vítima for conscientizada de que não deve transitar pelas ruas com objetos de valor à mostra, bem como que deve evitar locais ermos e desertos, mina-se a oportunidade do delinquente em praticar um certo delito, valendo-se da facilidade do espaço urbano. No quesito guardião, se estiverem presentes os mais variados meios de dificultar a prática criminosa, também será bem pequena a chance de uma infração penal ocorrer. São esses os fatores que devem ser levados em consideração para o estudo adequado de prevenir-se o delito.

102.49) V

Na teoria da escolha racional, o guardião existe e inclusive é robusto (empresas de segurança privada e até mesmo policiamento ostensivo), mas não é levado em consideração como ponto relevante, pois o que se está analisando é apenas a relação custo/benefício e a forma de driblar momentaneamente o citado guardião. Nesse tipo de teoria, o agente não irá considerar como ponto fundamental as elevadas penas privativas de liberdade a ser aplicada em caso de ser condenado. O ponto é apenas a recompensa imediata que o crime pode gerar para ele, o que demonstra uma análise imediatista e despida de qualquer estudo mais elaborado.

102.50) V

Um aspecto importante da teoria da oportunidade é o horário a ser praticada a infração penal ou então pelo dia da semana escolhido para tanto. Costuma-se eleger o horário noturno para a prática das mais variadas infrações penais, como furto, roubo, estupro, entre outros. Já quanto ao dia da semana, comum ser praticado crime a partir de sexta-feira até domingo, pois as pessoas estão mais relaxadas e pouco vigilantes, muito por estar em família ou com amigos fazendo alguma confraternização. É nesse momento que o criminoso age e utiliza-se desses elementos que favorecem a prática do crime. Em dias úteis as pessoas estão mais atentas e vigilantes por causa do trabalho estressante e também em virtude de uma rotina pesada.

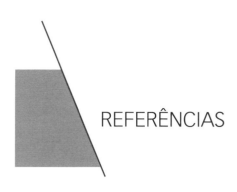

REFERÊNCIAS

ANITA, Gabriel Ignacio. *História dos pensamentos criminológicos*. Tradução de Sérgio Lamarão. Rio de Janeiro: Revan, Instituto Carioca de Criminologia, 2008.

ANIYAR DE CASTRO, Lola. *Criminologia da reação social*. Rio de Janeiro: Forense, 1983.

BARATTA, Alessandro. *Criminologia crítica e crítica do direito penal*: introdução à sociologia do direito penal. Rio de Janeiro: ICC/Revan, 1997.

BARRETO, TOBIAS. Prolegômenos ao estudo do Direito Criminal. *Estudos de direito*. Campinas: Bookseller, 2000.

BATISTA, Nilo. *Introdução crítica ao direito penal brasileiro*. Rio de Janeiro: Revan, 1996.

BAUMAN, Zygmunt. *Modernidade líquida*. Rio de Janeiro: Zahar Ed., 2001.

BECCARIA, Cesare de Bonesana, Marquês de. *Dos delitos e das penas*. São Paulo: Martin Claret, 2004.

BENTHAM, Jeremy. *Teoria das penas legais e tratado dos sofismas políticos*. São Paulo: Edijur, 2002.

BURKE, Peter. Violência urbana e civilização. In: OLIVEIRA, Nilson Vieira (Org.). *Insegurança pública* – Reflexões sobre a criminalidade e a violência urbana. São Paulo: Nova Alexandria, 2002.

CALHAU, Lélio Braga. *Bullying*: o que você precisa saber. Rio de Janeiro: Impetus, 2010.

_____. *Resumo de criminologia*. 9. ed. Niterói: Impetus, 2020.

CALLIGARIS, Contardo. Os 120 dias de Sodoma. *Folha de S.Paulo*, Ilustrada, São Paulo, 11 maio 2006.

Christiano Gonzaga

CARROLL, Lewis. *Alice no país das maravilhas*. São Paulo: .Ed. Martim Claret, 2009

CARVALHO, Salo de. *Antimanual de criminologia*. 5. ed. São Paulo: Saraiva, 2013.

CHRISTIE, Nils. *Los límites de dolor*. Cidade do México: Fondo de Cultura Económica, 1984.

COSTA, Álvaro Mayrink da. *Criminologia*. Rio de Janeiro: Ed. Rio, 1976.

DIAS, Jorge de Figueiredo; ANDRADE, Manuel da Costa. *Criminologia*: o homem delinquente e a sociedade criminógena. Coimbra: Coimbra Ed., 2013.

DOTTI, René Ariel. *Curso de direito penal* – Parte Geral. Rio de Janeiro: Forense, 2005.

FERNANDES, Newton, FERNANDES, Valter. *Criminologia integrada*. São Paulo: RT, 1995.

FERRAJOLI, Luigi. *Diritto e ragione*: teoria del garantismo penale. 5. ed. Roma: Laterza, 1998.

FERRI, Enrico. *Os criminosos na arte e na literatura*. Porto Alegre: Lenz, 2001.

FOUCAULT, Michel. *Vigiar e punir*: história da violência nas prisões. 8. ed. Petrópolis: Vozes, 1991.

FRAGOSO, Heleno Claudio. *Lições de direito penal*. 15. ed. Rio de Janeiro: Forense, 1994.

FREUD, Sigmund. *Mal-estar na civilização*. São Paulo: Abril Cultural, 1978.

GARLAND, David. As contradições da "sociedade punitiva": o caso britânico. *Discursos Sediciosos*. Rio de Janeiro: ICC/Revan, ano 7, n. 11, p. 86, 2002.

GARÓFALO, Raffaelle. *Criminologia*. Campinas: Peritas, 1997.

GIMBERNAT ORDEIG, Enrique. *Conceito e método da ciência do direito penal*. São Paulo: RT, 2002.

GRECO, Rogério. *Curso de direito penal*. 14. ed. Niterói: Impetus, 2012.

_____. *Direito penal do equilíbrio*. 3. ed. Niterói: Impetus, 2008.

HASSEMER, Winfried; MUÑOZ CONDE, Francisco. *Introducción a la criminología y al derecho penal*. Valencia: Tirant lo Blanch, 1989.

HULSMAN, Louk; CELIS, J. B. *Penas perdidas*. Niterói: Luam, 1993.

JAKOBS, Günther; CANCIO MELLIÁ, Manuel. *Derecho penal del enemigo*. Madrid: Civitas, 2003.

370

Manual de Criminologia

LACAN, Jacques. Introdução teórica às funções da psicanálise em Criminologia. *Escritos*. Rio de Janeiro: Zahar, 1998.

LOMBROSO, Cesare. *O homem delinquente*. Porto Alegre: Lenz, 2001.

MATHIESEN, Thomas. La política del abolicionismo. In: SCHEERER, Sebastian et al. *Abolicionismo*. Buenos Aires: Ediar, 1989.

MERTON, Robert K. Estrutura social e anomia. *Sociologia, teoria e estrutura*. São Paulo: Mestre Jou, 1970.

MIR PUIG, Santiago. *Derecho penal: parte general*. 7. ed. Buenos Aires: Euros Editores; Montevidéu: B de F, 2005.

MOLINA, Antonio García-Pablos de. *Tratado de criminologia*. 2. ed. Valencia: Tirant lo Blanch, 1999.

MOLINA, Antonio García-Pablos de; GOMES, Luiz Flávio. *Criminologia* – Introdução a seus fundamentos teóricos. 2. ed. São Paulo: RT, 1997.

MOURA, Grégore Moreira de. *Do princípio da coculpabilidade no direito penal*. Belo Horizonte: D`Plácido, 2006.

MUÑOZ CONDE, Francisco. Prólogo. In: HASSEMER, Winfried. *Fundamentos del derecho penal*. Barcelona: Bosch, 1984.

NIETZSCHE, Friedrich. *Genealogia da moral*. São Paulo: Cia. das Letras, 1998.

PENTEADO FILHO, Nestor Sampaio. *Manual esquemático de criminologia*. 2. ed. São Paulo: Saraiva, 2012.

REID, Sue Titus. *Crime and Criminology*. 11. ed. New York: McGraw-Hill. 2006.

ROLIM, Marcos. *A síndrome da rainha vermelha*: policiamento e segurança pública no século XXI. 2. ed. Rio de Janeiro: Jorge Zahar, Ed: Oxford, Inglaterra: University of Oxford, Centre for Brazilian Studies, 2009.

ROXIN, Claus. *Derecho penal*. Madrid: Civitas, 1997.

RUDINESCO, Elisabeth; PLON, Michel. *Dicionário de psicanálise*. Rio de Janeiro: Zahar Ed., 1998.

SADE, Marquês. *Os 120 dias de Sodoma (ou a escola da libertinagem)*. São Paulo: Iluminuras, 2006.

SANCHEZ, Jesus-Maria Silva. *A expansão do direito penal*: aspectos da política criminal nas sociedades pós-industriais. Trad. de Luiz Otávio de Oliveira Rocha. São Paulo: RT, 2002. (Série As Ciências Criminais no Século XXI, v. 11).

SANTOS, Juarez Cirino dos. *Direito penal*: parte geral. 3. ed. Curitiba: Lumen Juris, 2008.

SCHECHTER, Harold. *Serial killers, anatomia do mal*. Trad. de Lucas Magdiel. Rio de Janeiro: Darkside Books, 2013. 480p.

SEELIG, Ernst. *Manual de criminologia*. Trad. de Guilherme de Oliveira. Coimbra: Arménio Amado – Editor Sucessor, 1959, vol. 1.

SHECAIRA, Sérgio Salomão. *Criminologia*. 4. ed. São Paulo: RT, 2008.

SILVA, Ana Beatriz B. *Mentes perigosas*: o psicopata mora ao lado. Rio de Janeiro: Objetiva, 2008.

SUMARIVA, Paulo. *Criminologia*: teoria e prática. Niterói, RJ: Impetus, 2019.

SUTHERLAND, Edwin. H. *El delito de cuello blanco*. Madrid: La Piqueta, 1999.

THOMPSON, Augusto. *Quem são os criminosos?* Rio de Janeiro: Lumen Juris, 1998.

TOLEDO, Francisco de Assis. *Princípios básicos de direito penal*. 4. ed. atual. e ampl. São Paulo: Saraiva, 1991.

VELO, Joe Tennyson. *Criminologia analítica*: conceitos de psicologia analítica para uma hipótese etiológica em criminologia. São Paulo: IBCCrim, 1998.

WACQUANT, Löic. *Punir os pobres*. Rio de Janeiro: ICC/Freitas Bastos, 2001.

YOUNG, Jock; HAYWARD, Keith. Cultural criminology. *The Oxford Handbook of Criminology*. 4. ed. Oxford: Oxford Press, 2007.

ZAFFARONI, Eugenio Raúl. *Em busca das penas perdidas*. Rio de Janeiro: Revan, 1991.

_____; BATISTA, Nilo; ALAGIA, Alejandro; SLOKAR, Alejandro. *Direito penal brasileiro I*. Rio de Janeiro: Revan, 2003.

_____; PIERANGELI, José Henrique. *Manual de direito penal brasileiro –* Parte geral. São Paulo: RT, 1999.

ZYMLER, Benjamin. *Política e direito*: uma visão autopoiética. Curitiba: Juruá, 2002.